Internationale Cardinal-Newman-Studien
Sechzehnte Folge

# INTERNATIONALE CARDINAL-NEWMAN-STUDIEN

Herausgegeben von
Günter Biemer und Heinrich Fries

Begründet von
Heinrich Fries und Werner Becker

XVI. Folge

PETER LANG
Frankfurt am Main · Berlin · Bern · New York · Paris · Wien

INTERNATIONALE CARDINAL-NEWMAN-STUDIEN

# Sinnsuche und Lebenswenden
*Gewissen als Praxis nach John Henry Newman*

Herausgegeben von
Günter Biemer/Lothar Kuld/Roman Siebenrock

BX 4705 .N5 S53

PETER LANG
Europäischer Verlag der Wissenschaften

Die Deutsche Bibliothek - CIP-Einheitsaufnahme

Sinnsuche und Lebenswenden : Gewissen als Praxis nach John Henry Newman / Günter Biemer ... (Hrsg.). - Frankfurt am Main ; Berlin ; Bern ; New York ; Paris ; Wien : Lang, 1998
(Internationale Cardinal-Newman-Studien ; Folge 16)
ISBN 3-631-33185-1

Diese Veröffentlichung wurde unterstützt vom
Erzbischöflichen Ordinariat Freiburg i.Br.;
vom Bischöflichen Ordinariat Rottenburg-Stuttgart,
vom Bischof von Rottenburg
und von der Internationalen Deutschen Newman-Gesellschaft.

Gedruckt auf alterungsbeständigem,
säurefreiem Papier.

ISSN 0934-7259
ISBN 3-631-33185-1
© Peter Lang GmbH
Europäischer Verlag der Wissenschaften
Frankfurt am Main 1998
Alle Rechte vorbehalten.

Das Werk einschließlich aller seiner Teile ist urheberrechtlich geschützt. Jede Verwertung außerhalb der engen Grenzen des Urheberrechtsgesetzes ist ohne Zustimmung des Verlages unzulässig und strafbar. Das gilt insbesondere für Vervielfältigungen, Übersetzungen, Mikroverfilmungen und die Einspeicherung und Verarbeitung in elektronischen Systemen.

Printed in Germany 1 2 3 4  6 7

# INHALT

| | |
|---|---|
| INHALT | 5 |
| GÜNTER BIEMER: Einführung | 7 |
| BISCHOF WALTER KASPER: Grußwort | 9 |
| »Lead kindly Light«. Neuübertragung von REINHARD FEITER | 11 |

## I. Autobiographie und Bekehrung

| | |
|---|---|
| SILLER, HERMANN PIUS: Newman – ein ausgeprägt autobiographischer Mensch. Zur Pragmatik autobiographischen Handelns | 15 |
| KULD, LOTHAR: Newmans Verständnis von Bekehrung in seinem unveröffentlichten Manuskript »On Conversion« (1821) | 30 |
| BLEHL, VINCENT F.: Newmans Konversion von 1845: Ein neuer Zugang | 37 |
| TROCHOLEPCZY, BERND: Gewissen: Befähigung und Herausforderung zur conversio continua | 51 |
| KULD, LOTHAR: Konversion und autobiographische Kontinuität in Newmans Apologia | 65 |

## II. Biographien im Gespräch mit J.H. Newman

| | |
|---|---|
| CONZEMIUS, VICTOR: Hätte sich Ignaz von Döllinger »Guten Gewissens« bekehren können? | 75 |
| GILLEY, SHERIDAN: Newman and the Convert Mind | 95 |
| BIEMER, GÜNTER: Theodor Haecker: Ein prominenter Konvertit im Bannkreis John Henry Newmans | 108 |
| FRIES, HEINRICH: Lebensgeschichte im Dialog mit Kardinal Newman. Rückblick eines Fundamentaltheologen | 132 |

THEIS, NICOLAS: Ein Weg zu J. H. Newman.
Die Bedeutung des Kardinals für unsere Zeit                      148

GÜNTER BIEMER: Laudatio zur Promotion von Nicolas Theis
zum Dr. theol. honoris causa                                     156

## III. Bekehrung und Erneuerung der Kirchen

BISHOP GEOFFREY ROWELL: Anglican Perspectives on
Newman's »Conversion«                                            163

BIEMER, GÜNTER: Autonomie und Kirchenbindung:
Gewissensfreiheit und Lehramt nach J.H. Newman                   174

SIEBENROCK, ROMAN: Konversion der Kirche bei
John Henry Newman und Karl Rahner                                194

SIEBENROCK, ROMAN: Christsein im Zeitalter der Beliebigkeit.
Christlicher Glaube und Kirche nach John Henry Newman            213

## IV. Beiträge zur Reform der Praktischen Theologie

SILLER, HERMANN P.: Newmans Zustimmungslehre –
Ein Monitum für eine theologische Handlungstheorie               229

BIEMER, GÜNTER: A Vivified Church: Common Structures in the
Ecclesiology of Johann Adam Möhler and John Henry Newman         240


Abkürzungen                                                      269

Autoren                                                          271


SIEBENROCK ROMAN: Newman Bibliographie, 16. Teil                 273

## Günter Biemer

## Einführung

Daß das Gewissen nicht nur die Verantwortungsinstanz und das Entscheidungszentrum in der Mitte der menschlichen Person ist, wo der Mensch seinen Lebenslauf und den Aufbau seiner eigenen Persönlichkeit gestaltet, sondern »der ursprüngliche Statthalter Jesu Christi«, das hat in dieser Prägnanz und Eindeutigkeit und aus der Überzeugtheit eigener Erfahrung kein anderer Theologe vor dem 20. Jahrhundert so gesagt, wie John Henry Newman. Newmans Auslegung der Gewissensfunktion nach den drei Ämtern Christi: prophetisch in seinen Mahnungen, königlich in seiner Bestimmtheit, priesterlich in seinem Segnen und Verwünschen, läßt die Rede von der Teilhabe der Laien am dreifachen Amt der Kirche, wie es im II. Vatikanischen Konzil (AA Nr. 10) zum Ausdruck kommt, *gewissen-haft* verstehen. – Der Katechismus der Katholischen Kirche beruft sich erfreulicherweise auf Newmans christologische Grundformel des Gewissens: »Das Gewissen ist ein ›Gesetz des Geistes‹ und ist darüber hinaus ›eine unmittelbare Einsprechung‹, die ›auch den Begriff der Verantwortlichkeit, der Pflicht, einer Drohung und einer Verheißung‹ in sich schließt ... ›Es ist ein Bote dessen, der sowohl in der Natur als auch in der Gnade hinter einem Schleier zu uns spricht und uns durch seine Stellvertreter lehrt und regiert. Das Gewissen ist der ursprüngliche Statthalter Christi‹ ...« (Nr. 1778).

Weniger bekannt ist, daß Newman diese dichtesten Beschreibungen des Gewissens ausgerechnet in seiner Verteidigungsschrift des unfehlbaren Lehramts der Kirche (1875) formuliert hat. Weniger zitiert werden darum seine dort angestellten scharfsichtigen Analysen der gesellschaftlichen Perversion des Gewissens: »Wenn die Menschen die Rechte des Gewissens verteidigen, dann meinen sie damit in keiner Weise die Rechte des Schöpfers ..., vielmehr das Recht, zu denken, zu sprechen, zu schreiben und zu handeln, wie es ihnen gut dünkt oder paßt ... (Das Gewissen) ist das Recht auf Eigenwillen (geworden)«. – Aus der Biographie Newmans erhalten solche Aussagen eine unvergleichliche und unwiderlegbare Legitimation, weil er selbst sein Leben nach diesem Prinzip gewissen-haften Gehorsams geführt hat und dafür mehrfach öffentliche Gunst, Ansehen seiner Vorgesetzten, ja selbst Stellung und Einkommen riskierte und verlor.

Dies alles, so könnte man meinen, ist hinreichend unter Christen, theologisch geschulten Priestern und Laien, insbesondere unter Lehrern der Theologie, bekannt. Meine Erfahrung ist anders. Dem lebhaften Interesse an Newmans Biographie entschiedenen Christseins, die Hörerinnen und Hörer fasziniert, steht eine häufig nur dilatorische Newman-Kenntnis unter theologischen Fachleuten gegenüber. Daß die häufig mißbrauchte Aussage »Zuerst (auf) das Gewissen, dann (auf) den Papst...!« nur im oben genannten Kontext ihre ekklesiologisch korrekte Auslegung erhalten kann, ist nur ein Beispiel unter vielen.

Newman-Kenntnis unter Laien und Fachleuten zu vertiefen und qualifizierte Nachwuchsforscher in der Newman-Forschung auf ihrem Weg zu fördern, dies ist die Aufgabe, die sich die Deutsche Newman-Gesellschaft vorgenommen hat. Der Initiative ihres wissenschaftlichen Beirats verdanken wir den Inhalt dieser 16. Folge der Newman-Studien.

Anläßlich des 150. Jahrestags der Konversion Newmans am 9. Oktober 1845/1995 wurden mit jungen Kollegen in der Newman-Forschung zwei Tagungen durchgeführt: eine in Zusammenarbeit mit der Akademie der Diözese Rottenburg-Stuttgart in Weingarten (Oktober 1995) unter Leitung von Professor Dr. Kuld, Karlsruhe und eine in Zusammenarbeit mit der Rabanus Maurus-Akademie in Wiesbaden-Naurod (Januar 1996) unter Leitung von Akademiedirektor Dr. Gotthard Fuchs. Erfreulicherweise gab es jedes Mal einen großen Zuspruch an Teilnehmerinnen und Teilnehmern.

Ausgesuchte Referate beider Veranstaltungen über die Gestaltung des Lebenslaufs aus dem Gewissen und über die Bildung des Gewissens im Angesicht der Offenbarung Gottes, wie sie die Kirche überliefert, insbesondere im kirchlichen Lehramt, werden nun publiziert. Die Gruß-Ansprache des Ortsbischofs Dr. Walter Kasper, Rottenburg-Stuttgart, weist auf die geistesgeschichtliche Verbindungen der Tübinger Schule zu Newman hin, die er als junger Systematiker der Theologie einst selbst aufgearbeitet hat (vgl. Kasper, W., Die Lehre von der Tradition in der römischen Schule. Freiburg i.Br. 1962; vgl. H. Wagner (Hg), J.A. Möhler (1796-1838) – Kirchenvater der Moderne. Fulda 1996, 7-9 u.ö.). Sowohl primäre Forschungsarbeit an bisher unedierten Manuskripten (vgl. die Analyse von Newmans Conversio-Manuskript von 1821 durch L. Kuld), wie der Aufweis der theologischen Bedeutsamkeit von Newmans autobiographischem Schreiben (H. P. Siller) wie die Wirkungsgeschichte von Newmans Persönlichkeit in anderen (vgl. Theodor Haecker, Nicolas Theis, Heinrich Fries) spiegeln das weite, aber jeweils konturierte Spektrum der Beiträge. Die ökumenische Perspektive zur Konversionsproblematik sichern u.a. zwei dazu außergewöhnlich qualifizierte englische Newman-Forscher: der kürzlich zur katholischen Kirche konvertierte Kirchenhistoriker Sheridan Gilley aus Durham und der anglikanische Bischof Geoffrey Rowell von Basingstoke.

Die 16. Folge der Newman-Bibliographie hat dankenswerter Weise Dr. Roman Siebenrock, Innsbruck, erarbeitet. Trotz des zunehmenden Zugriffs mittels elektronisch verwalteter Literaturrecherche scheint uns die Weiterführung unserer Bibliographie zweckvoll.

## Bischof Walter Kasper

## Grusswort

Gerade als Bischof und Theologe dieser Diözese mit einer unverwechselbaren eigenen Herkunft und Tradition weiß ich mich Newman auf besondere Weise verbunden. Ich meine, daß es kein Lokalpatriotismus ist, wenn ich sage, daß zwischen Newman und unserer Diözese Rottenburg-Stuttgart eine Geistesverwandtschaft besteht: eine Geistesverwandtschaft, die zurückreicht bis zum Beginn unserer Diözese und der katholischen Tübinger Schule. Es erfüllt uns mit Freude, daß Newman zu einem der überragenden Lehrer am Ursprung unserer Diözese, Johann Adam Möhler (1796-1838), ein besonderes Nahverhältnis hatte. Dabei ist es kein bloßer Zufall, daß Newman Möhler ausdrücklich über den großen Vertreter der Römischen Schule P. Giovanni Perrone SJ kennengelernt hat. Newmans und Möhlers Lehre über die Tradition und über die Kirche als dem mystischen Leib Christi sind eng miteinander verwandt. [...]
Aber nicht allein im 19. Jahrhundert war Newman in dieser Diözese präsent. Ich übertreibe nicht, wenn ich sage, daß in den fünfziger Jahren die deutsche Newman-Forschung ihre akademische Heimat in Tübingen hatte. Hier hat Heinrich Fries, der Nestor der deutschsprachigen Newman-Forschung, nach dem Zweiten Weltkrieg bei Josef Rupert Geiselmann über Newman promoviert. In Tübingen hat Heinrich Fries seine akademische Laufbahn als Fundamentaltheologe begonnen, und in Tübingen hat Professor Günter Biemer über Schrift und Tradition eben bei Heinrich Fries promoviert. In dieser damals so heiß diskutierten Frage, der mein Lehrer Josef Rupert Geiselmann eine bedeutsame Arbeit gewidmet hat, kam die Geistesverwandtschaft Newmans mit der Tübinger Schule wirksam zum Ausdruck. An dieser Frage entwickelte das Zweite Vatikanische Konzil sein Selbstverständnis und seinen Geist. Unabsehbar ist die Wirkungsgeschichte theologischer Anstöße und Impulse: Sie brauchen Zeit und sie haben Zeit.

Wir dürfen aber auch nicht darüber hinwegsehen, daß Newman nicht immer nur Anerkennung gefunden hat. Nicht nur in seiner Mutterkirche, der anglikanischen Kirche, auch in der römisch-katholischen Kirche wurde er zum Anstoß, weil er Impulse und Orientierungen anstieß, die weit über seine Zeit und den Horizont seiner Zeitgenossen hinausreichten. Heinrich Fries erzählt von einer nachdenklich stimmenden Episode im Vorfeld der Veröffentlichung des ersten Bandes der *Internationalen Cardinal Newman-Studien*. Der damalige kirchliche Zensor (1948) habe Anstoß genommen an Newmans Aussagen über die »Grenze des Tyrannischen« im Zusammenhang mit dem Ersten Vatikanischen Konzil; er kritisierte auch die Überbetonung der inneren Glaubwürdigkeitskriterien bei Newman. Das Gegen-Gutachten von Professor Dr. Alfons Hufnagel (1899-1976), Domkapitular in Rottenburg, konnte die Bedenken aus der Welt schaffen und ermöglichte die Drucklegung.

Gehe ich fehl in der Annahme, daß Newman kein Mann großer Programme oder Strategiepapiere war? Daß sein *liebes Licht* nicht die entfernten Horizonte beleuchten wollte, sondern dem nächsten, konkreten Schritt dienen will? Aber mit diesem nächsten Schritt bereitet er das Große vor. Weil auch der große Auszug aus Ägypten mit dem ersten Schritt begann, und weil auch jeder Aufbruch in der Kirche immer mit dem ersten Schritt beginnt und immer vom nächsten Schritt abhängig ist, haben wir seine Zeitgenossenschaft immer nötig.

## »Lead Kindly Light«

### Neuübertragung von Reinhard Feiter

Lead, kindly light,
amid th'encircling gloom,
Lead Thou me on!
The night is dark, and I am far from home,
Lead Thou me on!
Keep Thou my feet, I do not ask to see the distant scene,
one step enough for me.

I was not ever thus, nor pray'd that Thou
Shouldst lead me on;
I loved to choose and see my path, but now
Lead Thou me on!
I loved the garish day, and, spite of fears,
Pride ruled my will. Remember not past years!

So long Thy power hath blest me, sure it still
Will lead me on,
O'er moor and fen, o'er crag and torrent, till
The night is gone,
and with the morn those angel faces smile
Which I have loved long since, and lost awhile!


»führ unscheinbares Licht«

dunkelheit umschließt mich
undurchdringliche nacht
und weitab
habe ich mich verirrt

zeig du den Weg

was israel
die feuersäule war
in seinen nächten
das sei du mir

du unscheinbares licht

nicht verlange ich
zu sehen
zu welchem ende
nur diesen einen

nur den nächsten schritt

nicht immer war mein wunsch
dass du den weg mir weist
selbst wollte ich wählen
wissen wohin es geht

doch nun
führe du

ich folgte dem grellen schein
stolze angst jagte mich

meiner vergangenen jahre
erinnere dich
nicht

erinnere mich

dass du es warst
der mich geführt die ganze zeit
und wirst nicht du
in zukunft auch
mich leiten

über schwankendem grund
auf steinigem weg
wenn wogen fort mich reißen

bis die nacht vorüber ist
und wie der morgen
freundlich mir erstrahlst

du

den ich gesucht
der eine weile
mir verloren schien

# I. Autobiographie und Bekehrung

HERMANN PIUS SILLER

# Newman – ein ausgeprägt autobiographischer Mensch. Zur Pragmatik autobiographischen Handelns

Henry Bremond hat bekanntlich Newman »le plus autobiographique des hommes«[1] genannt. Gemeint hat er vermutlich, daß Newman Verfasser zahlreicher autobiographischer Schriften war: der Autobiographie in Miniatur, der Apologia pro vita sua, zweier autobiographischer Skizzen, des autobiographischen Memoirs und des Berichts »Meine Krankheit in Sizilien«. Darüber hinaus hat er in zahlreichen Briefen und Tagebuchnotizen autobiographische Reflexionen angestellt. Er hat diese Schriften nicht nur verfaßt, er hat sie auch sorgsam aufbewahrt, geordnet, gelesen und immer wieder überarbeitet, nämlich ergänzt, in ihnen gestrichen und korrigiert. Father Henry Tristram schreibt in seiner Einleitung zum autobiographischen Memoir: »Die Andenken oder, wie er sie nannte, die ›Mementos‹, die er mit soviel Ehrfurcht aufbewahrte, ließ er nicht als Staubsammler auf den Büchergestellen stehen; nein, immer wieder wurden sie herausgezogen und von neuem gelesen« (SB 27). Das scheint mir ein merkwürdiger, beinahe befremdlicher Tatbestand zu sein. Father Tristram wiederholt mit Bremond den Verdacht der Autozentrik (SB 181). Newman wird im Alter von 21 Jahren von seinem Vater gewarnt, dem Hang zur Selbstsensibilisierung nachzugeben: »Sei vorsichtig. Du nährst in dir eine Nervosität und krankhafte Sensibilität und Empfindlichkeit des Geistes, woraus etwas sehr ernstes entstehen kann. ...Wenn man die Religion übertreibt, dann führt diese zu einer Weichheit des Geistes« (SB 232). Sicher hatte der Vater mit seiner Kritik auch die vorübergehende Beeinflußung durch den Evangelikalismus im Auge, aber damit verbunden auch die selbstpflegliche Autozentrik. Deshalb schließt der Vater: »Du mußt Sport treiben«, und: »Jener Brief (*im* ›Christian Observer‹ H. P. S.) war mehr das Werk eines alten Mannes als eines Jungen, der eben erst mit Energie und Hoffnung ins Leben tritt« (SB 233). Newman kommentiert dieses Gespräch: »Viel der hier gebrauchten Ausdrücke treffen die Wirklichkeit« (SB 233). Die Frage stellt sich also, weil sie sich Newman selber stellt: Ist die Selbstbeschäftigung der Autobiographie eine Variante evangelikaler Frömmigkeit oder steckt darin anderes? In »An Essay in Aid of a Grammar of Assent«, also als reifer Mann gibt sich Newman selber eine teilweise Antwort: »Egotismus ist wahre Bescheidenheit« (Z 329).

---

1 Zitiert von Father HENRY TRISTRAM, in: SB 181.

Erstaunlich ist aber noch eine andere Feststellung, nämlich, daß die autobiographischen Schriften so reinlich von den theologischen Schriften nicht geschieden werden können. Die theologischen Schriften, wie »An Essay in Aid of a Grammar of Assent«, und die autobiographischen Schriften, wie die »Apologia pro vita sua«, sind vermutlich von einander getrennt überhaupt nicht zureichend verständlich. Die einen implizieren die anderen, so daß das ganze Werk von Newman als das Werk eines ausgeprägt autobiographischen Menschen verstanden und gelesen werden muß.

So stelle ich mir die Frage: Was heißt das, auf autobiographische Weise leben und Theologie treiben? Oder was ist das, autobiographisch handeln? Das Stellen dieser Fragen an und mit Newman hat natürlich schon eine vorgefaßte Hypothese bereit, die ich gerne durch Newman überprüfen lassen möchte. Ich betrachte die Autobiographie als ein Handeln, also unter handlungstheoretischen Aspekten.

## 1 Die Autobiographie: eine kommunikative Handlung.

Nach WILHELM DILTHEY ist die »Selbstbiographie« die höchste und elementarste Form, das eigene Leben zu verstehen. Er ist sich zwar bewußt, daß ein Lebenslauf innerhalb eines bestimmten prägenden Milieus hervorgebracht wird; gleichwohl »die Selbstbiographie ist nur die zu schriftstellerischem Ausdruck gebrachte Selbstbesinnung des Menschen über seinen Lebenslauf.«[2] Ein Autobiograph – so müßte das pragmatisch gesagt werden – handelt nicht kommunikativ, höchstens exprssiv für sich und auf sich hin. So individuell einer seinen Lebenslauf bewirkt, so individuell ist die Tat seiner Biographie. Vielleicht mag im Labor der Neuzeit im Konstrukt des Robinson ein solches individualisiertes autobiographisches Interesse denkbar sein. Vielleicht mag der junge Newman, der sich in der Schulzeit vom Evangelikalismus tangieren ließ, der Meinung gewesen sein, daß er seine ersten autobiographischen Notizen lediglich zum Zweck des Selbstverstehens schreibe. Immerhin hat er später noch einige seiner autobiographischen Notizen mit der Bemerkung versehen: »persönlich«, »streng privat« (SB 151), »ungelesen zu verbrennen« (SB 184), auch wenn er dann später wieder dazu notiert hat: »Ich widerrufe alles. Lesen gestattet.«

Stärker als solche selbstbezogenen Interessen werte ich so grundsätzliche Feststellungen wie die folgende: Es »war meine Gewohnheit oder besser Naturanlage, ohne einen Ruf nicht zu schreiben und nichts zu veröffentlichen. Was ich geschrieben habe, war größtenteils sozusagen dienstlich, Werke her-

---

2 Der Aufbau der geschichtlichen Welt in den Geisteswissenschaften, Gesammelte Schriften Bd VII, Berlin 1927, 199f.

vorgegangen aus einer Dienststellung, die ich hatte, oder einer Verpflichtung, die ich eingegangen war – ... – oder sie entstanden auf besondere Aufforderung oder Einladung hin, aus Notwendigkeit oder einem dringenden Notfall.« Hier wird ausdrücklich die Apologia pro vita sua genannt. »Ich kann ja auch ohne einen solchen Ansporn nicht schreiben Es wäre mir wie eine Abirrung von meinem Weg, oder ich käme mir aufdringlich vor – und dann schreibe ich ohne Geist und Sinn« (SB 353f).

## 1.1 Die Apologia pro Vita sua

Die Behauptung, daß Autobiographien kommunikative Akte seien, in konflikthaften Auseinandersetzungen ihren Ort hätten, ein Zug um Gewinnen und Bewahren von Identität wären, bewährt sich, wenn wir die autobiographischen Werke Newmans durchgehen. Der berühmteste Fall ist die »Apologia«. In einer Rezension ließ der Historiker Charles Kingsley folgende Bemerkung einfließen: »Wahrheit ist nie eine Tugend des römischen Klerus gewesen. Father Newman belehrt uns, daß sie das nicht zu sein brauche und im allgemeinen nicht einmal sein solle, daß die List die Waffe ist, welche der Himmel den Heiligen gibt« (A 3). Daran knüpfte sich ein Briefwechsel, den Newman veröffentlichte, um den Gegner zum Nachweis seiner Behauptungen zu zwingen. Gegenstand der Verdächtigungen war das Leben Newmans in der anglikanischen Kirche. »In weiten Kreisen herrschte derselbe Eindruck, wie vor zwanzig Jahren so heute noch. Man hatte allgemein das Gefühl, daß ich jahrelang dort blieb, wo ich zu sein kein Recht hatte; daß ich in protestantischem Gewand und im protestantischen Dienst ein ›Römling‹ war; daß ich im Schoß der englischen Staatskirche die Sache einer feindlichen Kirche vertrat« (A 12). Kingsley ging von der Unterstellung aus, daß Newman Falschheit und Unehrlichkeit lehre und selber übe. Diese Unterstellung zu beweisen hielt er für unnötig. Er war nur bereit seine Äusserung zurückzuziehen, wenn Newman sich für seine Unwahrhaftigkeit nicht verantwortlich erklärte, sie also eingestand. Dazu kam, daß Newman nicht nur für seine eigene Moralität stand, sondern für den katholischen Klerus.

Wie verteidigt man sich gegen den Vorwurf der Unwahrhaftigkeit, der ausweichenden und doppelzüngigen Rede, der Verschlagenheit, der List, der Glätte, Kniffe und Vorwände (A 8)? Das ist mit Newman »Brunnenvergiftung« (A 8). Die Voraussetzungen eines Diskurses sind nicht gegeben, sondern werden einseitig abgesprochen. Argumente können da nicht ausgetauscht werden. Vorleistungen zur Rekonstruktion der Gesprächsfähigkeit auf der Gegenseite, also auf der Kingsleys, scheinen sinnlos zu sein. Die Lage ist paradox, denn die Öffentlichkeit erwartet einerseits eine Antwort, andererseits ist Newman die Wahrheitsfähigkeit und die Wahrheitswilligkeit also die Kommunikationskompetenz rundum abgesprochen. Wie kann die kommunkative Tragfähigkeit wenigstens der eigenen Existenz wieder glaubwürdig gemacht werden? Wie kann Newman sich als anerkennungswürdig erweisen? Das ist es ja, was ihm Kingsley abspricht. Wie gewinnt er die Anerkennung seiner Wahrhaftigkeit und Wahrheitsfähigkeit zurück?

Es ist bekannt: In einem unglaublichen Kraftakt, der ihn bis zum letzten erschöpfte, hat Newman von April bis Juni 1864 von seinen Korrespondenzpartnern Briefe und Dokumente zurückerbeten, die seine Einstellung und seine Entwicklung wiederspiegeln, und dann daraus ein auch seine Gegner beeindruckendes Dokument erstellt. Aber eine autobiographische Skizze erfordert mehr. Er weiß, daß nicht gefragt ist »nach meinen Worten, Beweisen und Handlungen, sondern nach der lebendigen Intelligenz, mit der ich schreibe, beweise und handle« (A 15). Er weiß, daß seine Gegner nach seinem Geist, seinen Meinungen und Empfindungen fragen (A 16). »Ich sagte mir: Ich muß den wahren Schlüssel zu meinem ganzen Leben geben; ich muß zeigen, was ich bin, damit man sieht, was ich nicht bin, und damit das Phantom, das an meiner Seite umgeht, vernichtet wird. Ich will, daß man mich als lebendigen Menschen kennenlerne. ... Falsche Vorstellungen werden vielleicht durch Beweise widerlegt, aber allein durch wahre Vorstellungen werden sie vertrieben« (A 16).

## 1.2 Das autobiographische Memoir

Autobiographisches Handeln ist, wie im Fall der Apologia sichtbar wurde, nicht nur kommunikatives Handeln, sondern auch konflikthaftes Handeln. Es bewegt sich mit seinen Meinungen von sich selber und mit den geschilderten Lebensintentionen nicht in einem neutralen, unbesetzten Feld. Von vornherein, noch bevor jemand eine Meinung von sich selber hat und geäussert hat, haben andere eine Meinung von ihm. Die biographische Zuschreibung, die Fremdinterpretation des eigenen Lebens ist früher als das autobiographische Handeln. Dieses kommt später und hat sich konflikthaft mit der Fremdinterpretation des eigenen Lebens auseinanderzusetzen. Kingsleys pamphletartige Auslassungen sind nach Newman eine dankbar anzunehmende Herausforderung, weil sie eine allgemein kolportierte Meinung über ihn ausdrückt. Die Autobiographie bewegt sich also in einem Konfliktfeld mit von fremder Seite unterstellten und zugeschriebenen Biographien.

Diese Feststellung gilt auch von dem autobiographischen Memoir. Das Memoir stellt die eigenen Vorarbeiten für einen möglichen späteren Biographen dar. Father Ambrose St. John war dafür erwünscht. Das Memoir ist deshalb in der dritten Person abgefaßt. Es soll für ihn als so etwas wie eine Materialsammlung und Arbeitshilfe fungieren. Das Ganze ging nach dem frühen Tod von Father Ambrose St. John an Anne Mozley.

Warum diese merkwürdigen vorsorgenden Bemühungen Newmans? In einer Notiz für Father Ambrose schreibt Newman: »Nun aber bewegt mich eine Vorahnung, daß irgendeiner, der wenig oder nichts von mir weiß, der mir gut oder übel gesinnt ist, etwas über mein Leben zu sagen haben wird, wenn meine Freunde schweigen. Infolgedessen werden jene, die mich gut kannten, oder mein innerstes Vertrauen besaßen, sich verpflichtet fühlen, durch eine Art von biographischen Notizen vagen und hergeholten Ideen und Berichten entgegenzutreten, die aus der Tagesliteratur oder aus der Kontroverse der letzten vierzig Jahre stammen« (SB 28). Newman verfaßt also seine autobiographischen Notizen im klaren Bewußtsein, in einem harten Konfliktfeld um seine Identität zu stehen, das über seinen Tod hinaus reicht.

## 2 Die Autobiographie: eine interpretative Handlung

Lebenslauf und Biographie unterscheiden sich deutlich in der literarischen Form. Von der bloßen Auswahl und Aufzählung des Faktischen im Lebenslauf verläuft eine kontinuierliche Zunahme des interpretativen Gehalts zu der oft aufs Gleichnishafte und Paradigmatische verdichteten Biographie, die ganz auf die Bedeutung des Faktischen abhebt. In den autobiographischen Schriften Newmans spiegelt sich die ganze Bandbreite. Die beiden »autobiographischen Skizzen« (SB 7-21) nähern sich eher dem Lebenslauf. Das Memoir, die Apologia, »Meine Krankheit in Sizilien« heben trotz ihres Interesses am Tatsächlichen und historisch Erweisbaren stark auf deren Bedeutsamkeit ab. Das gilt auch von der »Autobiographie in Miniatur«. Sie umfaßt acht Sätze, die in acht verschiedenen Lebenssituationen zwischen 1812 und 1884, also während 72 Jahren notiert wurden: in den Schulferien, in der Schule, in den Semesterferien, in Oxford, am Oriel-College, als Katholik, als Priester und Oratorianer und »jetzt Kardinal«. Diese Reihung der Situationen ist vom Schluß her zu lesen. Von dorther kommt ein Reichtum von autobiographischer Bedeutsamkeit zum Vorschein, der durch voluminöse Memoiren nicht einzuholen ist. Die »Autobiographie in Miniatur« hat das Gewicht einer Parabel[3] dessen, worauf John Henry Newman sich von allen Tatsachen seines Lebens angesprochen weiß: die darin zum Vorschein kommende »Providence«[4].

---

3 Vgl. C. D. CAPPS, The Parabolic Event in Religious Autobiographie, in: Princeton Theological Seminary Bd. 4, 1981, Nr. 1, 26-38.

4 »Deus viderit« SB340; »How gracious is this revelation of Gods particular providence to those who seek it.« PPS III, 123 (Auflage von 1838).

## 2.1 »Meine Krankheit in Sizilien«

Über sein Reise nach Sizilien im Frühjahr 1833 und die dortige Erkrankung, die ihn dem Tode nahebrachte, hat Newman mindestens vier ausführliche Berichte verfaßt: in einem Brief an Frederic Rogers vom 5. Juni noch von Palermo aus (SB 144-147), zwei Monate später in einem Brief an Henry Wilberforce (SB 147-150), ein Tagebucheintrag vom 25. Juni 1869, also 36 Jahre später (SB 150) und der ausführliche Bericht »Meine Krankheit in Sizilien«, den er 1834 begonnen, 1840 abgeschlossen und später öfter durchgesehen hat (SB 151). Es ist also davon auszugehen, daß hier ein besonders dichtes und elaboriertes Stück Autobiographie vorliegt: eine Parabel dessen, was Newman seinem ganzen Leben deutend zugrunde legt. Verschiedene Motive in unterschiedlicher Gewichtung spielen in diese Parabel hinein.

Unmittelbar in der Situation seiner Krankheit war er »stark beeindruckt von dem Gefühl, daß sie ein Strafgericht war wegen Verunehrung des Herrenmahles; hatte er doch gegen den Propst des Oriel-College Hawkins Abneigung gehegt (SB 152, 158). Dieser Eindruck ist zur Zeit der Abfassung des Berichts (1834) schon verschwunden (SB 158). Auch konnte er während seiner Krankheit in ihr eine Strafe oder besser einen »Gotteskampf gegen sich«, wegen seiner Eigenmächtigkeit und Eigenwilligkeit erkennen.[5] In dieser Situation wiederholte er sich oft den änigmatischen Satz: »Ich habe nicht gegen das Licht gesündigt.«[6] Auch diese Sichtweise wird zur Zeit der Abfassung des Berichts von einem anderen Komplex zurückgedrängt und aufgesogen.

Schon im Brief an Rogers spricht er von einem »providentiellen Gefühl« (SB 146), das sich während seiner Krankheit eingestellt hat. Er berichtet in dem Brief, daß er seinem Diener die Anweisung gab, die Nachricht von seinem Tode gegebenenfalls nach England zu bringen. »Zu gleicher Zeit jedoch äusserte ich ihm gegenüber die klare und zuversichtliche Überzeugung, daß ich nicht sterben werde. Der Grund, den ich anführte, war der, daß ich glaubte, Gott habe noch ein Werk für mich zu tun« (SB 146). Im Brief an Wilberforce beschreibt er diesen Zustand genauer: »Ich hatte ein so sicheres Gefühl, daß ich genesen werde, daß alle meine Vorsorge für den Tod ... nichts als bare Pflichterfüllung war. Ich hatte den Drang zu sagen: Ich muß so tun, als müßte ich sterben, aber ich glaube, Gott hat noch ein Werk für mich zu tun.« Und seinen Gefühlzustand nüchtern reflektierend fährt er an Wilberforce fort: »So kann ich Deine Frage nicht beantworten, da ich den Einbruch der Ewigkeit in mein Leben nie wirklich erfahren habe. Hingegen machte ich

---

5 SB 148, 152, 158.
6 SB 149, 157, 158, A 55.

mir viel ernste Gedanken.... Ich bin nicht sicher, ob mein Geist immer ganz klar war, um sich seiner Verlassenheit bewußt zu sein. Aber einmal, zweifellos, als ich mich so einsam fühlte, erlebte ich eine Art Offenbarung von Gottes Liebe zu seinen Erwählten und hatte das Gefühl, einer von ihnen zu sein. Natürlich erwähne ich dieses nicht, als legte ich großes Gewicht darauf, sondern weil es ein Beweis für die Güte Gottes gegen mich war; mir fehlen auch die Worte dieses Gefühl zu beschreiben« (SB 148). Was Newman hier andeutet, dürfte die Glaubenserfahrung einer festen tragenden Gewißheit sein. Er verbindet diese Erfahrung mit den Begriffen »Vorsehung« und »Dienst«.[7] Er spricht von dem Empfinden, »daß etwas wie ein Dienst, der getan werden muß, auf mich warte« (SB 152). »Providence« hat wohl mehr als in der deutschen Sprache das Wort »Vorsehung« einen Akzent auf dem Praktischen: sich sorgen um, etwas vorhaben, damit auch des Erwählens für eine Aufgabe. Newman weiß sich in Gottes Absichten stehend. Von dorther wird auch der Satz verständlich, der die Gewißheit, in Gottes Absicht zu stehen, bezeugt: »Ich habe nicht gegen das Licht gesündigt.« Das meint dann wohl: Ich habe diese providentielle Bestimmung nicht verleugnet. Die göttliche Providence ist das Licht des Weges, dem er sich nicht verweigert hat. Deshalb kann er auf dem Schiff von Palermo nach Marseille das Gedicht schreiben »Lead kindly light.«[8] Die Erfahrung der Gnadenwahl, die ihn getroffen hat, und der Begegnung mit Gott hängt eng zusammen mit der Erfahrung des Stehens in der Führung und Fügung Gottes. »Und einmal hatte ich einen überaus trostvollen, überwältigenden Gedanken an die Gnadenwahl der Liebe Gottes und ich glaubte zu empfinden, daß ich Sein sei« (SB 157). Als er in Catania sich nach Palermo aufmachen wollte, hatte er ein »sonderbares Gefühl« in sich, »daß Gott jenen begegnet, die auf seinem Weg voranschreiten, die auf seinem Weg seiner gedenken, auf den Pfaden des Herrn; daß ich mich auf seinen Pfad stellen müsse, auf seinen Weg, und daß ich das Meine tun müsse, und daß er jenen begegne, die sich freuen an der Gerechtigkeit und sie üben und Seiner auf Seinen Wegen gedächten« (SB 160f).

Etwas drängendes lag in dieser Erfahrung der Gewißheit des Lichtes, nämlich in der Absicht Gottes zu stehen. In Palermo erfaßte ihn die Ungeduld. So kann in der Sizilienerfahrung eine Berufung gesehen werden. Und in der Tat: Auf Grund der Predigt John Kebles im Juli schrieb Newman im September den ersten Traktat. Damit begann die Oxford-Bewegung. Newman hat diesen Zusammenhang selber so gesehen: »Die dritte (*Krankheit H.P. S.*) war die von 1833, als ich mich in Sizilien befand, vor dem Beginn

---

7 SB 152, 154,172.
8 Übersetzung von I. F. GÖRRES in: G. BIEMER, John Henry Newman. Leben und Werk, Mainz 1989, 36.

der Oxford-Bewegung.«[9] Newmans Zustand vor der Sizilienreise muß wohl als unsicher, unentschlossen, schwankend, ziellos gelten. Das änderte sich nun. Ein Freund (wohl Richard William Church) schreibt an Anne Mozley: »Er betrachtete stets so offensichtlich all die Einzelheiten des Fiebers als eine Krisis seines Lebens, die teils eine Verurteilung seines früheren Eigenwillens, teils ein Zeichen seiner besonderen Erwählung und gnadenhaften Lenkung war« (SB 151).

## 2.2 Providence

Die »Krankheit in Sizilien« ist aber nicht nur eine Berufungsgeschichte. Sie ist auch im Sinn von Capp ein »parabolic event«, ein Ereignis, das Newman als Parabel dessen lesen kann, was sein ganzes Leben bestimmt hat. In diesem Ereignis sieht er besonders deutlich wirksam, was er als Schlüsselkategorie seiner autobiographischen Reflexionen seit 1822 mit einer erstaunlichen Kontinuität beibehalten hat. Im Memoir, also 1874, berichtet er, daß von dem Zeitpunkt, an dem er Fellow im Oriel geworden war, er seinen Weg klar vor sich sah; »und wie seine Freunde bezeugen, bewahrte er sein ganzes Leben hindurch Jahr für Jahr die dankbare Erinnerung an diese große Barmherzigkeit der göttlichen Vorsehung« (SB 151). In einem Tagebucheintrag von 1869 schreibt Newman: »Die Vorsehung war mein ganzes Leben wunderbar über mir« (SB 346). Daß er unter dem Begriff »Providence« umfassende Führung und Fügung, so etwas wie wirksame eschatologische Bestimmung verstanden hat, wird in einer Predigt 1835 im Anschluß an Jes 43, an die Aussendungsrede bei Matthäus und an Johannes 3 deutlich: »Du bist ein Mensch, erlöst und geheiligt, sein angenommenes Kind, und hast gesegneten Anteil an jener Herrlichkeit und Seligkeit, die er von Ewigkeit her in Fülle seinem geborenen Sohn geschenkt hat« (DP III, 138f). Das Wirken seiner Gegner konnte er als Faktor in dieser Führung und Fügung Gottes erkennen. So wäre, wenn Hawkins nicht Propst am Oriel geworden wäre und ihm und seinen Freunden als Tutoren nicht solche Schwierigkeiten gemacht hätte, die Traktarianerbewegung nicht entstanden (SB 116). In einer Predigt von 1839 gibt er etwas von dem Lebensgefühl wieder, das ihn umfängt: »Uns mag das Gefühl, das uns antreibt, in allen Dingen Gott zu sehen und übernatürliche Werke in den Dingen der Welt zu erkennen, zuweilen sogar in die Irre führen. Es mag uns auf Beweise vertrauen lassen, die wir nicht gelten lassen dürfen, so daß wir uns manchmal mit Recht den Vorwurf der Leichtgläubigkeit zuziehen. Mag auch ein Glaube, der großmütig die ewige Wahrheit umfaßt, zuweilen in Aberglaube ausarten. Er ist dennoch weit besser als der

---

9 Tagebuch vom 25, Juni 1869, SB 348.

kalte zweifelnde, kritische Ton des Geistes, der kein inneres Empfinden für eine über allem waltende, allgegenwärtige Vorsehung hat und kein Verlangen danach, sich seinem Gott zu nahen. Er bleibt vielmehr zuhause sitzen und wartet auf die furchtbare Klarheit der sichtbaren Wiederkunft Christi, den er doch in gebührendem Maß auch schon im Dämmerlicht der gegenwärtigen Welt suchen und finden könnte.«[10] Für Newman signalisiert »Providence« ein Gefühl der Wärme, aber keinen Anflug von Passivität oder beruhigter, weltenthobener Gleichgültigkeit, vielmehr Anstrengung der Vernunft und Entschlossenheit des Handelns (SB 148).

## 2.3 Oikonomia

Als Newman 1872 sich entschließt seine alten Tagebücher nicht zu vernichten, sondern sie wieder aufzunehmen, da setzte er ihnen folgenden Satz voraus: »Misericordias Domini in aeternum cantabo. Ich bringe es nicht übers Herz, den Bericht über das große Erbarmen Gottes an mir gänzlich zu vernichten« (SB 189). Er interpretiert also seine Lebensgeschichte als »das große Erbarmen Gottes«. Günter Biemer sieht in Newmans autobiographischen Aufzeichnungen »eine Art individueller Heilsgeschichte«.[1] Newman selber spricht in seiner Apologia wiederholt von den »dispositiones Dei« und nimmt darin ausdrücklich den Begriff der Oikonomia des Irenäus auf. Er versteht darunter, daß die »Mitteilungen des Ewigen« (A 46) mit Rücksicht auf die Rezeptionsfähigkeit des Adressaten in Stufen und auf mannigfache Weisen erfolge.[12] Deshalb kann »die äussere Welt, die physische und historische, nur die nach aussen in Erscheinung tretende Offenbarung größerer Realitäten sein. Die Natur war ein Gleichnis, die Schrift eine Allegorie, die heidnische Literatur, Philosophie und Mythologie im eigentlichen Sinn nur Vorbereitung auf das Evangelium« (A 46f). »Die sichtbare Welt ist das Werkzeug, ja der Schleier der unsichtbaren Welt – der Schleier, ja teilweise sogar das Symbol und der Anzeiger.«[13] Die »Vorsehung geht und arbeitet in geheimnisvoller Weise mit diesem System, welches ins Auge fällt.«[14] Er nennt dies auch das mystische oder sakramentale Prinzip (A 46). In dieser Perspektive

---

10 In: G. BIEMER und J. D. HOLMES (Hrsg.), Leben als Ringen um die Wahrheit. Ein Newman Lesebuch, Mainz 1984, 201 (G 167).

11 G. BIEMER, »Niebuhrisieren«? Newmans Verständnis der Geschichtsschreibung als Rekonstruktion von Leben, in: MThZ 43 (92) 421-435; hier: 433.

12 Von seinen Kritikern wird die Aufnahme dieses Theorems als Versuch beurteilt, »die Menschen zu Unaufrichtigkeit und List zu verleiten« (A 346, vgl. 309).

13 Newman, J.H., Milman's View of Christianity, in: ECH II, 192, zitiert nach BIEMER, in: MThZ, a.a.O. 430 f.

14 Ebd.

harrt die sichtbare Schöpfung immer noch der göttlichen Deutung entgegen. Auch die Kirche besteht nur fort als Sinnbild der himmlischen Dinge. Ihre Geheimnisse sind nichts anderes als die in menschliche Sprache gekleideten Formeln von Wahrheiten, die der Menschengeist nicht zu fassen vermag. Von der individuellen Lebensgeschichte gilt dasselbe. Wie in der von der Bibel bezeugten Heilsgeschichte sind auch in ihr die Führungen und Fügungen Gottes zu einem guten Ende wirksam und entdeckbar. Eine Biographie sucht sie in den Blick zu bekommen: die Oikonomia, die Manifestationen der göttlichen Vorsehung.[15]

## 2.4 Leben deuten

In einer interessanten Studie hat Günter Biemer beschrieben, was Newman dem deutschen Historiker Barthold Georg Niebuhr und seiner Methode des Verstehens historischer Dokumente verdankt und worin er sich von ihm absetzt.[16] Niebuhr hat sich bewußt gemacht, daß jeder Historiker, der kritisch-analytisch arbeitet, notwendig auch rekonstruktive Entwürfe vom Ganzen machen muß. Nur so ist die kritisch-analytische Methode fruchtbar. Nur so gewinnt sie überhaupt erst ihre Probleme. Niebuhr nennt die Einsicht ins Ganze »Divination«. Die Divination »kann ein komplettes Bild aus den getrennten Fragmenten machen, und ich weiß, wo Teile fehlen und wie sie einzufügen sind.«[17] In seinem »Essay on the Development of Christian Doctrine« und in seinem »Essay in Aid of a Grammar of Assent« bezieht sich Newman ausdrücklich auf Niebuhrs methodische Reflexionen. Der Historiker ist – so Newman sich auf Niebuhr beziehend – »in der Lage, aus isolierten Darstellungen Folgerungen über unbekannte Dinge zu ziehen, die den Resultaten ganz nahe kommen, die aus der Beobachtung der Tatsachen gewonnen werden und deren Platz einnehmen können. Er vermag mit beschränkten Daten ein Bild von den Dingen zu entwerfen, die kein Augenzeuge beschrieben hat.«[18] So wird Geschichtsschreibung Rekonstruktion von Leben. Eine solche »Divination« des Historikers hat freilich ihre Grenzen. Die Perspektive der »Providence« ist von dem Standpunkt eines Historiker oder eines Biographen noch nicht ohne weiteres erreichbar. Erreichbar sind von ihnen lediglich die Dokumente des Zeugen. Für Newman bleibt diese Grenze klar. Immerhin ist sich die historische Wissenschaft damit bewußt geworden, daß es in ihr eine nichtanalytische, ganzheitliche Wahrnehmung von Situationen und von Sinn

---

15 MThZ, a.a.O. 431.
16 MThZ, a.a.O.
17 MThZ 424.
18 Z 260.

gibt und methodisch geben muß. Wilhelm Dilthey spricht hier von der »Bedeutung« der Tatsachen.[19] Damit gibt es in der historischen Wissenschaft für den Glauben durchaus einen Ort der Deutung geschichtlicher und biographischer Daten.

## 3 Leben und Lehre

Newman ein ausgeprägter autobiographischer Mensch. In pragmatischer Perspektive haben wir gesehen, daß Newman in einer Situation angeschärfter Fremdzuschreibung von Biographien autobiographisch handeln muß, um die eigene Identität zu wahren. In semantischer Perspektive ist sein autobiographisches Handeln ein interpretativer Akt, der es notwendig auf eine Ganzheit der Daten in einer biographischen Erzählung, also auf so etwas wie einen Sinn absieht. Für eine christliche und kirchliche Biographie stellt sich nun explizit auch die Frage, welche Art von Lebenssinn das sein kann, und damit die Frage nach der Überlieferung, der Lehre, der religiösen Praxis. Es geht Newman ja um den Weg, »einen Menschen zum Christen zu machen« (SB 17). Aus der Besonderheit seiner Lebenssituation hatte Newman an dem Zusammenhang seines Lebens mit der kirchlichen Lehre ein vitales Interesse.

### 3.1 Evangelikalismus und Liberalismus

Die Gegner, die sich in die Lebensgeschichte Newmans eingetragen haben, sind der Evangelikalismus und der Liberalismus. Wir sind gewohnt, diese beiden Geistesrichtungen für entgegengesetzte Extreme zu halten. Newman sieht in ihnen bemerkenswerterweise Gemeinsames. Beide gleichen sich in ihrer antidogmatischen Haltung. Auch im Evangelikalismus ist eine »moderne Betrachtungsweise« zu erkennen (SB 179). Einem werdenden Christen hätte man früher geraten: »Blick hin auf das menschgewordene Wort, blick hin auf die heilige Dreifaltigkeit, blick hin auf die Sakramente« (ebd.). Der Evangelikale, also »ein Vertreter der modernen Schule«, würde einem erweckten Sünder sagen: »Dein Herz muß sich ändern; solange du keinen Glauben hast, hast du nichts« (ebd.). »Der Glaube oder die geistliche Gesinnung wird als Ziel der Religion angesehen. Der größere Nachdruck liegt auf dem Glauben statt auf dem Gegenstand des Glaubens, auf dem Trost und auf der Überzeugungskraft der Lehre statt auf der Lehre selbst« (SB 180). So kommt es, »daß die Religion mehr in der Selbstbetrachtung als in der Betrachtung Christi bestehe; daß sie nicht einfach auf Christus schaue, sondern

---

19 WILHELM DILTHEY, a.a.O. 201.

auf unsere Gewißheit« (ebd.). Seine Kritik macht Newman in seinen »Lectures on Justification« am Thema des Galaterbriefes, an der Befreiung aus der Knechtschaft fest: »Arme bedauernswerte Gefangene, denen solch eine Lehre als Evangelium vorgelegt wird! Was! ist das die Freiheit, zu der Christus uns befreit hat und in der wir stehen: ist das die Heimstatt unserer eigenen Gedanken, dieses Gefängnis unserer Empfindungen, diese Provinz des eigenen Ichs... Das ist nichts anderes als blendender Götzendienst: wer so gesinnt ist, richtet seine Gedanken beim Gebet nicht einfach auf Gott, sondern gibt acht, ob seine Empfindungen in Ordnung sind oder nicht« (ebd.).

Der Liberalismus wird ähnlich gesehen und ähnlich kritisiert. Mag der Evangelikalismus es bei einer Verschiebung des Standpunktes und der Interessen auf den inneren Nutzen belassen: also bei einer Instrumentalisierung der dogmatischen Sätze. Der Liberalismus macht daraus eine Kritik der Offenbarung. Er lehnt das Bekenntnis ab, wenn es nicht durch Vernunft erweisbar ist, wenn es den einzelnen nicht umwandelt, nicht erbaut usw.[20] »Geoffenbarte Religion ist keine Wahrheit, sondern eine Sache des Gefühls und des Geschmacks, sie ist kein objektives Faktum, gehört nicht in den Bereich des Wunderbaren. Jeder einzelne hat darüberhinaus das Recht, ihr die Aussagen zuzuschreiben, die ihm gerade an ihr gefallen. Frömmigkeit gründet nicht notwendig auf Glauben.«[21]

Die Funktionalisierung der Religion auf Innerlichkeit und der Verlust ihrer Objektivität im Evangelikalismus und im Liberalismus wurden von Newman hellsichtig und frühzeitig erkannt. Die zitierten Texte lassen an Klarheit nicht zu wünschen übrig. Dieselbe Lage, nämlich die Aufgabe des dogmatischen Prinzips und des Objektivitätsanspruch durch die liberale Theologie des 19. Jahrhunderts und zu Anfang des 20. Jahrhunderts, fand Karl Barth am Ausgang seiner dogmatischen Theologie vor. Diese Frontlinie ist auch heute nicht überwunden, sondern unvermindert aktuell.

### 3.2 Objektivität

Newmans Annäherung an den Evangelikalismus in der Zeit zwischen seinem 16. und 20. Lebensjahr unter dem Einfluß von Rev. Walter Mayers und zum Liberalismus in den ersten Jahren des Oriel-College unter dem Einfluß von Dr. Whately tangierten seine dogmatische Grundhaltung, die er mit 15 Jahren eingenommen hatte, nicht. »Als ich fünfzehn Jahre alt war, ging in mei-

---

20 Vgl. Apologia 330 ff.
21 In seiner Biglietto-Rede in Rom anläßlich seiner Erhebung zum Kardinal. Zitiert nach: BIEMER/HOLMES, a.a.O., 111.

nem Denken eine große Änderung vor sich. Ich kam unter den Einfluß eines bestimmten Glaubensbekenntnisses und mein Geist nahm dogmatische Eindrücke in sich auf, die durch Gottes Güte nie mehr ausgelöscht und getrübt wurden« (A 21f).

Wenn ich nun Newmans zentrale theologische Intention recht verstehe, die ja gegen den Liberalismus vorging, dann zielt diese darauf, für Glaubenssätze einen dem Subjekt vorgegebenen und es bestimmenden Wirklichkeitsanspruch stark zu machen. Objektive Geltungen sollen nicht in dem subjektiven Taumel von Innerlichkeit gerade auch der Religiosität aufgehen. Seine Wirklichkeitsemphase ist nicht naiv objektivistisch, aber sie gestattet auch nicht, Wirklichkeit konstruktivistisch allein in der entwerfenden Tätigkeit eines Subjekts zu definieren. Die Begriffe, mit denen er dieser Geisteshaltung standzuhalten sucht, sind: »to realize« und »illative sense«. Beide suchen den objektivistischen Schein des rein begrifflichen Erfassens und syllogistischen Folgerns zu überwinden. Begriffe und Syllogismen allein erreichen die in den Glaubenssätzen deponierten Wirklichkeitsbehauptungen nicht. Allgemeinbegriff und logische Konstrukte verbleiben im Abstrakten und bloß Denkbaren. Die für den Glauben charakteristischen Assertionen sind darin nicht zu fassen. Die Erfassung der Wirklichkeit, die in den Glaubenssätzen liegt, muß also das bloße Fürwahrhalten überwinden; denn Religion ist »kein Satz, sondern ein System, ein Ritus, ein Credo, eine Weltanschauung, ein Pflichtenkreis, alles in einem; und eine Religion annehmen ist weder ein einfacher noch ein vielfacher Akt der Zustimmung zu ihr, sie ist auch nicht eine Überzeugung, ein Vorurteil ... nicht ein bloßer Akt des Bekennens, des Vertrauens, des Meinens, der Spekulation, sie ist vielmehr die Zusammenfassung dieser verschiedenen Arten von Zustimmung« (Z 97f). Ich ergänze: weil nur so Wirklichkeit als Wirklichkeit erfaßt werden kann. Vorrang vor der begrifflichen Erfassung hat also die reale Erfassung von Sätzen. Die Erfahrung von Wirklichkeit in Sätzen zu machen, heißt sie zu realisieren. Um in Sprache Wirklichkeit als solche zu erfassen bedarf es des »Illative sense«. Zu einer Glauben tragenden Gewißheit kommen wir nur durch die Folgerung aus den gesammelten persönlichen Wirklichkeitserfahrungen. Die Gewißheit, die eine Glaubensentscheidung trägt, kommt nicht durch formale, akurate Schlußfolgerungen zustande, sondern durch konvergierende, deshalb Wirklichkeit erfassende Wahrscheinlichkeiten.[22] Die mittelalterlichen Logiker, aber auch die analytischen Sprachphilosophen sprechen in einem solchen Fall von einem synkategorematischen Akt.[23] Damit haben wir vielleicht den eigentlichen, systematischen und tiefsten Grund für die Bevorzugung

---

22 A 38 f., 234.
23 Vgl. F. KAMBARTEL, Theo-logisches, in: Zeitschrift für Evangelische Ethik 15 (1971), 32-35.

autobiographischer Redeweise bei Newman. Die autobiographische Reflexion kommt dem realisierenden Verhalten und damit der synkategorematischen Redeweise am nächsten. In der Biographie, insbesondere in der Autobiographie wird gelebte Wirklichkeit, also Wirklichkeit, die nicht nur gemacht, sondern auch empfangen und erlitten wird, Wirklichkeit als solche, erschlossen.

### 3.3 Öffentlichkeit

Newman der ausgeprägt autobiographische Mensch! Das ist sicher eine neuzeitliche Variante des Christseins, anders etwa als die Augustins. Sie ist überhaupt nur denkbar in dem anbrechenden Zeitalter der Massenmedien. Newman war eine öffentliche Person. Er empfand sich »vor den Augen der Welt« (A 9). Er sorgte selber dafür, daß die Anschuldigungen gegen ihn vor das Forum der Öffentlichkeit kamen. Bei der Radikalität der ihn treffenden Anschuldigungen kann er sich nicht damit zufrieden geben, Rechenschaft über eine Amtsführung abzulegen. Er ist nicht nur nach Worten, Beweisen und Handlungen gefragt, »sondern nach der lebendigen Intelligenz, mit der ich schreibe, beweise und handle« (A 15). Die Glaubwürdigkeit seiner Person rückt er ins Rampenlicht der Öffentlichkeit. »Ich will, daß man mich als lebendigen Menschen kennenlerne« (A 16). Er hat das Empfinden, daß er sich der Öffentlichkeit schulde, denn er stand im Mittelpunkt des öffentlichen Interesses der Kirche von England. Der Konflikt konnte von seiner Person nicht getrennt werden. Ein Rückzug ins Private war hier nicht mehr ernsthaft zu erwägen. Damit legt sich der Begriff des Zeugen nahe. Die Anfechtung des Zeugen ist radikaler als die des argumentierenden Theologen, denn er ist immer in seiner Wahrheitswilligkeit und Wahrheitsfähigkeit in Frage gestellt.[24] Über ihn werden biographische Erzählungen kolportiert, die ihn nicht nur als Zeugen disqualifizieren, sondern auch als Menschen desavouieren sollen.

Aber es sind nicht nur fremdbiographische Konstrukte, von denen sich der Zeuge absetzen muß, um in der Öffentlichkeit seine Glaubwürdigkeit zu verteidigen. In jeder Gesellschaft und in jeder Gruppe herrschen gewisse tradierte oder vom Markt produzierte biographische Muster vor.[25] In ihnen kommen normative Erwartungen zum Ausdruck. Das Selbstverständnis jedes

---

24 Vgl. zum Zeugenbegriff Newmans seine Oxforder Universitätspredigt »Der persönliche Einfluß als Mittel zur Verbreitung der Wahrheit«, in: BIEMER/HOLMES, a.a.O. 280-295.
25 Vgl. H.P. SILLER, Biographische Elemente im kirchlichen Handeln, in: O. FUCHS, Theologie und Handeln. Beiträge zur Fundierung der Praktischen Theologie als Handlungstheorie, Düsseldorf 1984, 193-195.

Gesellschafts- und Gruppenmitglieds wird an solchen biographischen Mustern gemessen. Im Evangelikalismus gibt es solche biographische Muster, die die Mitglieder sich selber aneignen und sich gegenseitig zuschreiben. Zentral ist dabei ein gewisser Typ von Bekehrungsgeschichte. Aus dem Lager der Evangelikalen kam deshalb als Reaktion auf die Apologia die Versicherung, Newman »wisse noch nicht, was Bekehrung sei und die höchst bedeutsame Wandlung müsse erst noch erfolgen, soll er gerettet werden« (SB 96). Es ist eines der Verdienste von Lothar Kulds Habilitationsarbeit »Glaube in Lebensgeschichten. Ein Beitrag zur theologischen Autobiographieforschung«[26], daß er Newmans autobiographische Schriften in ihrem Verhältnis zu den Bekehrungsgeschichten der Evangelikalen untersucht hat. Newman ist sich dieser Nähe bewußt. »Ich spreche von Bekehrung mit großem Mißtrauen, da ich mich dabei der Sprache von Büchern bedienen muß« (SB 97). Er geht also mit solchen Mustern distanziert und interpretierend um. Ähnliches würde vermutlich eine eingehende Studie über den Umgang mit den im Liberalismus gängigen Biographiemustern ergeben: etwa Leben als individuelle Emanzipationsgeschichte. Der Weg in die Römisch-Katholische Kirche war auch damals natürlich ein eklatanter, geradezu verletzender Widerspruch gegen den Liberalismus.

Die Autobiographie steht im Konflikt der öffentlichen Meinung um eine Lebensgeschichte. Dies gilt insbesondere beim Zeugen, der ja in seiner Autobiographie etwas ausdrücklich machen will, von dem er eine allgemeine Relevanz behauptet. Newmans autobiographische Schriften sind eine Behauptung von Providence in jedem Leben. »Ich glaube, jeder Mensch kann so vieles über die Vorsehung Gottes ihm gegenüber sagen. Ohne Zweifel waltet Gott über jedem mit Wachsamkeit und Sorgfalt, so daß jeder, ob er nun gerettet wird oder nicht, am Jüngsten Tag bekennen wird, daß für ihn gar nicht mehr hätte getan werden können, als wirklich getan worden ist - und jeder einzelne wird seine eigene Geschichte als eine besondere und singuläre empfinden« (SB 348). So sind – in der Sicht Newmans – seine autobiographischen Schriften genau genommen keine Erzählungen von seinem Glauben an die Providence, sondern öffentliche Bekenntnisse zu der in seinem Leben »objektiv« wirklichen und wirkenden Providence. Ein ausgeprägt »autobiographischer Mensch« ist Newman insofern, als er herausgefordert durch seine Zeitgenossen, durch die Lage der Kirchen und schließlich durch seinen Lebensweg seine Identität nicht fraglos in Besitz hatte. Er hat sich dieser Herausforderung gestellt und autobiographisch gehandelt.

---

26 Stuttgart-Berlin-Köln 1997.

LOTHAR KULD

NEWMANS VERSTÄNDNIS VON BEKEHRUNG
IN SEINEM UNVERÖFFENTLICHTEN MANUSKRIPT
»ON CONVERSION« (1821)

Glaubensgeschichte als Bekehrungsgeschichte ist ein Topos, hinter dem sich sehr verschiedene Bekehrungskonzepte verbergen können. Newman interpretiert die Geschichte seines Lebens in der *Apologia pro vita sua* (1864) als Geschichte einer großen Konversion. In der Perspektive dieses Erzählansatzes integriert er äußerst unterschiedliche Bekehrungserfahrungen: die Bekehrung des 15jährigen (1816), von der er zum Zeitpunkt der Abfassung der *Apologia* »noch fester überzeugt [ist], als daß [er] Hände und Füße« hat, und die ihm den Glauben gab, er sei »für die ewige Seligkeit auserwählt« (A 22); die Bekehrung durch die Krankheit in Sizilien, die ihn zu einer Neubewertung seiner Gottesbeziehung führt; die Konversion zur römisch-katholischen Kirche am 9. Oktober 1845. Bei aller Verschiedenheit dieser Ereignisse, eine Erfahrung scheint Newman immer fremd gewesen zu sein: die Bekehrung evangelikaler Art, von der die Berichte der sog. Dissenters, heute würde man sagen Freikirchler und Evangelikalen, erzählen, und die nach folgendem Schema verlaufen: Erkenntnis, ein Sünder zu sein; dramatischer Bekehrungskampf; schlußendliche Rettung durch die Gnade. All dies ist in der Regel von heftigen Emotionen begleitet. Über die Distanz Newmans zu dieser Art von Bekehrung ist man sich in der Newmanforschung ziemlich einig.

Ich betrachte im folgenden eine Serie unveröffentlichter Manuskripte von 1821, die in der Newman-Bibliothek des Oratoriums von Birmingham (Nr. A 9.1.c.) verwahrt werden und auf die mich zuerst Gerard Tracey, Archivar der Newman-Bibliothek, aufmerksam gemacht hat. Inhalte dieser Papiere sind evangelikal und wollen – wie mir scheint – nicht so recht in den common sense der Newmanforschung passen. Die Newmanforschung betont die Distanz Newmans zum evangelikalen Muster von Bekehrung.[1] Und sie folgt darin Newmans eigenen Worten, der sich seit 1826 in mehreren autobiographischen Notizen deutlich vom Evangelikalismus abgrenzt.[2]

---

1 Vgl. DESSAIN, NSt III und TRISTRAM AWr 142 (= SB 181), auf die immer wieder verwiesen wird, zuletzt etwa P. WILLI, Sünde und Bekehrung, St. Ottilien 1992, 44, Anm. 13; 53, Anm. 48.
2 Nach TRISTRAM bereits seit 1822. In diesem Jahr wechselt er zum Oriel-College und dem rationalistischen Milieu um Whately (TRISTRAM SB 181).

Ich skizziere zuerst den Stufenweg der Bekehrung nach einem Text aus den Papieren von 1821 und referiere dann Newmans spätere Äußerungen hierzu. In einem dritten Schritt nehme ich die von Newman später in der *Apologia* (1864) und dem autobiographischen *Memoir* von 1874 gelegte Spur zu den Dissenters und Evangelikalen des 18. und beginnenden 19. Jahrhunderts auf, die überraschende Parallelen zwischen der evangelikalen Bekehrungs- und Erbauungsliteratur und den bekehrungstheologischen Äußerungen Newmans im Jahre 1821 offenlegt.

## 1 Der Stufenweg der Bekehrung nach dem paper »On Conversion« (1821)

Im Juni/Juli 1821 skizziert Newman eine Serie von sechs Papieren über Bekehrung.[3] Die Überschriften der Papiere lauten: »On the unconverted man«, »On law« ,»On the scheme of salvation«, »On salvation by Jesus Christ«, »On conversion«, »On good works the necessary fruits of faith«, »On indwelling sin«. Formal geht Newman so vor, daß er zunächst alle einschlägigen Schriftstellen zu diesen Stichworten notiert und dann eine Zusammenfassung mit eigenen Worten anschließt. Im Papier »on conversion« differenziert er das Bekehrungsgeschehen in eine Folge von mehreren Stufen:

– Erkenntnis der Sünde. Die Umkehr geht auf dieser Stufe noch in die falsche Richtung. Sie ist egozentrisch, weil eigensüchtig und selbstbezogen, allein aus Furcht vor dem Strafgericht Gottes vollzogen.
– Es folgt der Wille, sich zu bessern.
– Aber kaum ist der Wille zu wirklicher Umkehr da, schon bricht der sündige Mensch alle seine Entschlüsse wieder. Er verstrickt sich noch tiefer in seine Sünden. Aber jetzt quält ihn dieser Zustand. Er ist verzweifelt.
– Dies ist die Stunde Gottes, der den Menschen dem Chaos entreißt. Hoffnung und Furcht erfassen den Menschen. Newman greift zur Beschreibung dieses Vorgangs auf das Bild vom Geist Gottes über den Wassern zurück, der den rettungslos Verlorenen dem alles verschlingenden Meer entreißt. Spüren wir diesem Bild nach, dann sind wir unwillkürlich an das Anfangsszenario der priesterschriftlichen Schöpfungserzählung (Gen 1) erinnert. Das bedeutet: Für Newman ist Gottes Eingreifen ein Akt der Rettung und der Neu-Schöpfung/ Wiedergeburt zugleich.
– Abschließend notiert Newman die Erkenntnis: Der Mensch vermag von sich aus absolut nichts. (»He feels nothing in himself.«). Theologisch gesagt: Der rettungslos Verlorene wird von Gott gerechtfertigt. An dieser

---

3 Manuscript Nr.: A 9.1.c.

Stelle wechselt Newmans analytischer Stil zu einem sehr expressiven. Mit großer Emotion schreibt er weiter: »Happy, happy soul! [...] he hath laid hold on the appointed mean of justification, he hath brought down from above the robe of righteousness. [...] Alleluja [...] I was poor, + Thou hast made me rich; I was desolate, + Thou visited me; I wandered in a land of shadows, + Thou hast built my house upon a rock [...]«. Weitere Ausrufe und Ausrufezeichen folgen. Sie verweisen über den Satz hinaus in einen Raum der Emphase, den Worte nicht mehr fassen können. Von dort her, nicht durch menschliche Tätigkeit und natürliche Fähigkeiten des Menschen wird der Mensch bekehrt und gerettet. Wirkliche Bekehrung und Rechtfertigung sind allein der Initiative Gottes zu verdanken, will Newman sagen.

Die amerikanische Literaturwissenschaftlerin Linda H. Peterson hat vermutet, daß Newman diese Stufenbeschreibung des Bekehrungsprozesses »direkt« aus »Rise and Progress of Religion in the Soul« (1745) des Dissenters Philipp Doddridge (1702-1751) übernommen haben könnte.[4] *Rise and Progress* beschreibe »the stages in a christians journey from sin to salvation«. Doddridges Überschriften zeichneten »the same progress of conversion that Newman describes: The Careless Sinner Awakened, The Awakened Sinner... Cautioned against Delay, The Sinner Arraigned and Convicted, The Sinner Stripped of His Vain Pleas, The Sinner Sentenced, The Helpless State of the Sinner under Condemnation, News of Salvation by Christ, The Doubting Soul ... Assisted, The Assistance of the Spirit of God, The Christian Urged to ... an Express Act of Self-Dedication« u.s.w.

Ich sehe in Newmans Stufenbeschreibung eine Rezeption des klassischen Musters evangelikaler Bekehrungsliteratur, für die John Bunyans »Grace Abounding to the Chief of Sinners« (1666) das große Vorbild ist. Bunyans Bekehrungsbericht beginnt mit der Erkenntnis, ein Sünder zu sein. Ersten Anzeichen der rettenden Gnade Gottes folgt ein Sturm von Versuchungen, dann eine plötzliche Erwählungsgewißheit, die rein aus Bibelworten gewon-

---

4   L.H.PETERSON, Newman's *Apologia pro vita sua* and the Traditions of the English Spiritual Autobiography, in: Proceedings of the Modern Languages Association 100, No.2 (1985) 300-314, hier: 313, Anm. 6. PETERSON bezieht sich in ihrem Vergleich auf die von Newman im »Memoir« gegebenen Stichworte (AWr 80). DODDERIDGES Werk war sehr populär und wurde in verschiedene Sprachen übersetzt (vgl. Dictionary of national biography, Oxford 1937/38, Vol. V, S.1068). Newman leiht am 27.7.1823 im Oriel-College Doddridge's The Family Expositor: Or a Paraphrase and Version of the New Testament, 6 Volumes, London 1761, aus. Über Ausleihen Newmans in seiner Zeit am Trinity-College gibt es keine Vermerke. (Mitteilung von M. STEGGLE, Archieve Assistent, Trinity College Oxford, 12.11.1993). B. HINDMARSH, Diss. Oxford 1993, sieht in Doddridge's Erzählung »Life of Colonel Gardiner« (1747) eine Vorlage für die »Narrative« von JOHN NEWTON, den Newman im »Memoir« (1874) erwähnt und der besonders in SCOTTs Bekehrungsgeschichte eine Rolle spielt (s.u. Abschnitt 2).

nen ist. Es folgen noch größere Widerstände und Versuchungen, aus denen ihn der endgültige Durchbruch der Gnade und die Gewißheit der Erwählung durch die Gnade erlöst.

## 2 Newmans spätere Äußerungen zu den Papieren von 1821

Wie dem auch sei – Newman kannte jedenfalls Doddridges Werk. Und es ist denkbar, daß er Doddridges Stufenbeschreibung vor Augen hatte, als er seinen Text von 1821 schrieb. Denn ohne Umschweife, fünf Jahre später, 1826, notiert Newman: »Ich schrieb *juxta praescriptum*« (SB 223, AWr 172, Notiz vom 26. Juli 1826). Und es klingt wie ein Widerruf, wenn er an gleicher Stelle fortfährt: »I am persuaded that very many of my most positive and dogmatical notions were taken *from books*. In the matter in question (conversion) my feelings were not *violent*, but a returning to, a renewing of, principles, under the power of the Holy Spirit, which I had *already* felt, and in a measure acted on, when young« (AWr 172; SB 97; 233). Bereits im Juni oder Juli 1821, während er an diesen Papieren über Conversion arbeitet und sich evangelikaler Muster bedient, registriert Newman zugleich seine Distanz dazu: »I speak of (the process of) conversion with great diffidence, being obliged to adopt the language of books. For my own feelings, as far as I remember, were so different from any account I have ever read, that I dare not go by what *may* be an individual case.«[5]

Fassen wir die Situation zusammen. Newman hatte die ihm zugänglichen klassischen, evangelikal gefärbten Bekehrungsbeschreibungen gelesen und in der Sprache dieser Bücher seine Exzerpte biblischer Texte angelegt. Und er stellte überrascht fest, daß diese Beschreibungen mit seiner Erfahrung nicht übereinstimmten.[6] Vor allem habe er nie diese starken Emotionen der Erweckung gespürt, von denen hier berichtet wird.

Es gibt keinen Grund, Newman nicht zu glauben. Aber man bedenke, daß der von Newman bewunderte Anglo-Evangelikale Thomas Scott (1747-1821) in seiner Bekehrungsgeschichte »The Forth of Truth« (1779)[7] ganz Ähnliches schreibt. »I never was taught anything by impulses, impressions, visions, dreams, or revelations«(S.117). Ja, es habe ihn immer ein wenig geniert, für »enthusiastisch« zu gelten. Seine Bekehrung sei jedenfalls nicht plötzlich, sondern schrittweise und nur sehr langsam vorangekommen.[8] Im

---

5  AWr 166
6  Vgl V. BLEHL, The White Stone. The spiritual theology of John Henry Newman, Peterham/ Massachusetts (USA) 1993.
7  The book he »had being possessed of« since his boyhood; Apologia 17. – Am 6. Juni 1824 notiert Newman: »Unterhielt mich mit [Pusey] über Scotts *The Force of Truth*« (SB 257).
8  Vgl. zum Thema Newmans Predigt »Plötzliche Bekehrungen«, 25.1.1832, DP VIII, 227.

Falle von Scott war das immerhin ein Zeitraum von drei Jahren (zwischen 1775 und 1777) »I proceeded very grandually, and with extreme caution.« (S.101) Der Motor seiner Bekehrung sei seine Suche nach Wahrheit gewesen, wo immer er sie träfe. »My leading resolve was to search for the truth diligently and to embrace it whereever I found it an whatever it might cost« (S.95)[9].

Bedeutsamer als die Frage der Emotionalität – die auch im Beispiel Scott sekundär ist – dürfte für die theologische Interpretation Newmans Auffassung von der Rolle der Taufe im Prozeß von Bekehrung, Rettung/ Erlösung des sündigen Menschen und Wiedergeburt sein.

Am 29. September 1820 notiert Newman: »I say then, that it is *absolutely necessary* for *every* one to undergo a *total change* in his heart and affections, *before* he can enter into the kingdom of heaven. [...] the question *then* is, Do we, when children receive this change in baptism? For myself I can answer that I did not; and that, when God afterwards in His mercy created me anew, no one can say it was only *reforming*. I know and am sure that before I was blind, but now I see« (AWr 165). Also nicht die Taufe, sondern die Bekehrung des Herzens bewirkt und ist Anzeichen der Wiedergeburt des neuen Menschen.

Wirkliche Bekehrung, sagt Newman sinngemäß gleichlautend im Manuskript »On the unconverted man« (Juni/Juli 1821) , geschieht nicht durch die Wasser der Taufe (waters of baptism) – »easy receipt, + of inestimable virtue! [...] simple remedy for the radical disease of our nature! We have brought our children to the fount – how rapturous will it be to observe, as reason begins to act, the daily unfolding + discovery of a regenerated nature, of an holy will + godly affections! Alas, Experience teaches a different lesson, + we are constrained to admit that neither the hand of the baptizer, nor the voice of him that exhorteth, nor the example of pious friends, nor afflictions, nor mercies nor anything human is [the] asure + certain method powerful to force the gift of God.«

Newman hielt an dieser Auffassung bis 1824 fest. Nicht die Taufe, sondern die Bekehrung des Herzens bewirkt die Wiedergeburt. Folgerichtig gibt es in der sichtbaren Gemeinschaft der Getauften, der Kirche, Bekehrte und Nichtbekehrte, und die unsichtbare Gemeinde der Bekehrten ist selbstredend die wahre Kirche. Genau diese evangelikale Unterscheidung hat Edward Hawkins, von 1823-28 Pfarrer der Universitätskirche von Oxford und Vorgänger Newmans in diesem Amt, an Newman kritisiert, wie eine Tagebuchnotiz Newmans vom 21. Juli 1824 beweist: »Hatte eine Unterhaltung mit Hawkins über wahres und nominelles Christentum, eigentlich über die Bekehrung. Er gab zu, daß es eine Unterscheidungsgrenze gäbe, setzte sie aber viel tiefer an

---

9 Vgl. Newman am 24.8.1824: »I think I really desire the truth, and would embrace it wherever I found it.« (AWr 202; SB 260, vgl. 94).

als ich. Er meinte, daß der größere Teil meiner Gemeinde von meinen Predigten nicht berührt werde; denn sie seien sich wohl bewußt, daß sie *nicht genug* täten, nicht aber, daß sie nichts täten. Möge ich auf meinem weiteren Weg Erleuchtung empfangen« (21. Juli 1824; SB 260; AWr 201). – Am 24.8.1824 notiert Newman: »In letzter Zeit habe ich viel nachgedacht über Gnade, Wiedergeburt etc. und habe Sumners ›Apostolische Predigt‹ gelesen, die Hawkins mir gab. Sumners Buch[10] droht mich entweder dem Calvinismus oder der Wiedergeburt durch die Taufe in die Arme zu treiben ...« (24.8.1824; SB 260, AWr 202). – Am 16.12.1824: »Ich sprach mich [gegenüber Pusey] für die imputierte Gerechtigkeit aus, er sprach dagegen, ich neigte zu einer Trennung der Wiedergeburt von der Taufe, er bezweifelte diese Trennung etc« (16.12. 1824, SB 262; AWr 203).

Anfang 1825 gibt Newman die dargestellte Auffassung von der Erneuerung des Bekehrten unabhängig von der Taufe auf. »I think, I am not certain, I must give up the doctrine of imputed righteousness and that of regeneration as apart from baptism« (13. January 1825).[11]

## 3  Die Replik im autobiographischen Memoir von 1874

Im autobiographischen *Memoir* von 1874 kommt Newman noch einmal auf die Papiere von 1821 zu sprechen. Er betrachtet sie jetzt als Dokumente seiner evangelikalen Durchgangsphase (AWr 80). Im übrigen spricht er vom Evangelikalismus aber durchaus freundlich. Der Evangelikalismus habe »ihn in seinen gefährlichsten Jahren behütet und beschützt und [...] in frommen Gewohnheiten herangebildet, bis die Zeit kam, da er sich dem geistlichen Amt widmen sollte« (SB 96).[12]

Newman erwähnt John Newton (1725-1807), der Thomas Scott erstmals mit dem Evangelikalismus in Berührung brachte, und dessen Bekehrungsbericht, wie Bruce Hindmarsh gezeigt hat, Doddriges Erzählung »Life of Colonel Gardiner« (1747) nachgebildet zu sein scheint.[13] Newman weist ferner auf Thomas Scott (1747-1821), Williman Beveridge's (1637-1708) »Private Thoughts upon Religion, and a Christian Life« (posthum 1709 erstmals veröffentlich),[14] und Doddridge's, »The Rise and Progress of Religion in the

---

10  In dem Sumner die Wiedergeburt durch die Taufe vertritt (NL 1014 f.).
11  AWr 203; SB 262.
12  AWr 79: »had sheltered and protected him in his most dangerous years [...] and had brought him on in habits of devotion till the time came when he was to dedicate himself to the Christian ministry«.
13  HINDMARSH, B., »I am a sat if middle-man«. John Newton and the English Tradition between the Conversion of Wesley and Wilberforce. Ph.Diss, Oxford 1993 (Ms.).
14  BEVERIDGE, anglokatholisch, vertrat die calvinistische Prädestinationslehre (NL 111 f).

Soul« (1745). Von all diesen Schriftstellern sei der Anglo-Evangelikale Thomas Scott »the writer who made a deeper impression on my mind than any other«. Er sei der Mann, »to whom (humanly speaking) I almost own my soul«. Scotts Bekehrungsgeschichte und die Tradition der evangelikalen Autobiographie war Newman also vertraut, und es überrascht daher nicht, in Newmans Aufzeichnungen und Konversionsgeschichte Spuren dieser Tradition zu finden.

Allerdings – fügt Newman hinzu, es sei ihm bewußt gewesen, daß es ihm immer an jenen besonderen Erfahrungen der Evangelikalen gefehlt habe. Er schreibt über sich: »He was sensible that he had ever been wanting in those special evangelical experiences, which, like the grip of the hand or other prescribed signs of a secret society, are the sure token of a member« (AWr 80; SB 96 f.). Und nach dem Erscheinen der »Apologia« (1864), seiner Konversionsgeschichte, habe er »wohlmeinende Briefe von Unbekannten oder von anonymen Schreibern« bekommen, »die ihm versicherten, er wisse noch nicht, was Bekehrung sei und die höchst bedeutsame Wandlung müsse erst noch in ihm erfolgen, soll er gerettet werden« (SB 96).[15] Newman gesteht, daß diese Schreiber aus ihrer Sicht durchaus Recht hatten. Er habe nie ein wirklich evangelikales Verständnis von Konversion gehabt (vgl. auch A 22).

Stephan Dessain hat dafür plädiert, sich an diese Worte Newmans zu halten.[16] Er kommt zu der auch die Jahre vor 1824 einbeziehenden These: »Newman was never a real evangelical, and had never been through the conventional experience of conviction of sin, terror, despair, followed by full asurance of salvation«.[17] Newmans Konversion habe einen intellektuellen und rationalen Charakter und unterscheide sich darin vom evangelikalen Bekehrungsverständnis, verstanden als gefühlsmäßig heftiges Erleben von Sünde, innerem Kampf und schließlicher Gnadenerfahrung, grundlegend. Hier zieht Newman in seinem Nachtrag von 1826 zu den Skripten von 1821 in der Tat eine deutliche Grenze. Aber man muß – gegen Newman und gegen die ihm darin folgende Forschungsliteratur – wohl daran festhalten, daß der Text von 1821 nicht bloß eine Abschrift von evangelikalen Schriftstellern ist. Dafür ist der Duktus dieser Papiere, wie gezeigt, zu emphatisch und affirmativ.

---

15 AWr 79: »After the publication of his Apologia, letters, kindly intended, were addressed to him by strangers or anonymous writers, assuring him that he did not yet know what conversion meant, and that all important change had still to be wrought in him, if he was to be saved«.
16 NSt III, 53.
17 Ebd., 50.

VINCENT F. BLEHL

# JOHN HENRY NEWMANS KONVERSION VON 1845: EIN NEUER ZUGANG

Es gibt viele verschiedene Wege, den Begriff Konversion zu betrachten und dementsprechend den Übertritt Newmans zur katholischen Kirche vom 9. Oktober 1845. Die Methode, die ich in diesem Artikel vorschlage, besteht darin, erstens zu betrachten, was Newman über Konversion zu sagen hatte, und dies auf sein Leben einschließlich des Ereignisses 1845 anzuwenden. Auf diese Weise werde ich zeigen, daß seine Konversion das Ergebnis fortgesetzter Suche sowohl nach Heiligkeit wie nach Wahrheit war.

## 1 Newmans Idee der Konversion

Newman hat keine systematische Abhandlung über Konversion geschrieben, aber er hat darüber in verschiedenen Zusammenhängen und in Beziehung zu anderen Auffassungen von Bekehrung gesprochen. Deshalb muß man beim Versuch einer Synthese die beiläufige Art seiner Bemerkungen berücksichtigen.

In einer Predigt bemerkte Newman, daß die Leute gemeinhin auf bestimmte Zeiten in ihrer geistlichen Entwicklung den Begriff Konversion/Bekehrung anwenden, z.B. wenn sie anfangen, Gott treuer und ernsthafter als zuvor zu dienen, oder wenn sie »einen plötzlichen Schritt voran« gemacht haben. Andere, wie Ungläubige, Heiden oder Häretiker, wenden den Begriff auf den Zeitpunkt an, da sie ihren Irrtum aufgaben.[1] Solche religiösen Geister werden vom Irrtum zur Wahrheit gezogen, »nicht indem sie verlieren, was sie hatten, sondern indem sie gewinnen, was sie nicht hatten ... jener Teil der ursprünglichen Lehre, der als absolut falsch auszugeben war, wurde nicht direkt verworfen, sondern indirekt zu einer Erkennung der Wahrheit, die sein Gegenteil ist. Wahre Konversion ist immer positiver, nicht von negativer Art.«[2]

Newman war gegenüber sog. »plötzlichen Bekehrungen« mißtrauisch, und er zeigte am Hl. Paulus, daß gegen den Anschein, seine Bekehrung sei plötzlich gewesen, es nicht so war. Es bestätigt, daß ein Großteil seines Charakters nach seiner Bekehrung unverändert blieb, jedoch »auf andere und höhere

---

1 PPS VIII, sermon 15, 226-27.
2 DA 200.

Ziele gerichtet und geläutert; es war sein Glaubensbekenntnis, das sich veränderte und seine Seele in der Wiedergeburt«. Er zeigte sowohl vorher als auch nachher einen energischen Eifer für Gott, eine minutiöse Strenge des Lebens und einen selbstverständlichen Gehorsam gegenüber dem, was er als Gottes Wille betrachtete. (PPS VIII 15, 219-224, 227f).

An diesen verschiedenen Stellen bezieht sich Newman auf zwei verschiedene aber miteinander verbundene Entwicklungen: die eine geistlich oder religiös, die andere theologisch oder glaubensbezogen. Obgleich erstere insbesondere manchmal als der Anfang eines ernsten Bemühens gilt, Gott zu dienen, bestritt Newman, daß dies wirklich ein Anfang ist. Vielmehr enthalten diese Erfahrungen inmitten des Wechsels Kontinuierlichkeit. Der Grund dafür liegt darin, daß Newman Bekehrung im Gegensatz zur evangelikalen Auffassung definierte. Die Evangelikalen behaupteten, daß Konversion eine einmalige Sache sei, obgleich sie verschiedene Stationen haben konnte wie »Überzeugung der Sündhaftigkeit, Erschrecken, Verzweiflung, das Neue der freien und vollen Erlösung, Ergriffenheit von Christus, Sinn für Versöhnung, Gewißheit der Erlöstheit, Freude und Frieden usw. bis zum endgültigen Ausharren«.[3]

Newman hingegen behauptete, daß die Bekehrung der Vorgang und nicht der Anfang eines religiösen Weges ist – allmähliches sich verändern, nicht Veränderungsanfang. Die einzige Zeit, die mit Gewißheit als Anfang bezeichnet werden kann, ist die Taufe, die Newman »Gottes erste Zeit« nannte. In der Taufe wird einem Christen das neue Leben gegeben, aber dieses muß wachsen und sich entwickeln. Diese Entwicklung jedoch verläuft unregelmäßig, weil der Mensch trotz der neuen Natur mit den Resten der Erbschuld in sich zu kämpfen hat, die eine Quelle des Ungehorsams, der Selbstsucht und des Stolzes sind. Obgleich also wer getauft ist, unter göttlichem Einfluß und im Prozeß der Heiligung steht, wird dieser Prozeß »oft unterbrochen, oft aufgegeben, dann wieder aufgenommen, unregelmäßig weitergeführt, von ganzem Herzen betrieben, endlich zur Vollendung geführt wie immer es der Fall sein mag.«[4]

Veränderungen, obgleich sie stufenweise sein mögen, sind nicht gleichmäßig, sondern gehen plötzlich und anfanghaft vor sich, werden durch äußere Ereignisse beeinflußt und andere Umstände. Newman vergleicht das mit dem »langsamen, stufenweisen und kontinuierlichen Wachstum von Pflanzen«, aber eines Tages »wachsen sie schneller als andere; sie schießen auf oder zumindest werden wir durch zufällige Umstände an jenem Tag von ihrem Wachstum beeindruckt« ( PPS VIII 15,25f ). Im allgemeinen ist man

---

3 AWr 80.
4 Remarks on the Covenant of Grace, 1828, Birmingham Oratory Archives. But the same view is given in his PPS VIII, sermon 15 and reaffirmed in letter of 2 June 1883 to George T. Edwards (LD XXX, 224).

sich der geistlichen Veränderung, die in der eigenen Seele vor sich gehen, nicht bewußt bis man plötzlich bemerkt, daß man nicht mehr derselbe ist wie vorher, sondern verändert.

An dieser Stelle mag es nützlich sein, sich bewußt zu machen, daß Newmans Begriff der religiösen Bekehrung nicht dem normalen Verständnis entspricht, gleichwohl ist das, was er sagt, gültig. Geistliche Entwicklung verläuft allmählich und erstreckt sich über die Lebenszeit. Die Glaubensüberzeugungen, die man hat, und deren volleres Verständnis werden erweitert, entwickelt und vertieft. Diese Entwicklungen sind je nach Individuum verschieden und sind Ergebnisse der Gnade, die jemand empfängt und der Weise, wie man damit umgeht. »Göttliche Rufe« solchen Wachstums und solcher Entwicklung sind aufs innigste mit der Antwort verbunden, die man Gottes Anruf erteilt. Gott ruft uns »immer wieder, um uns zu heiligen«, stellt Newman fest. »Wenn wir von unserer Taufe abfallen, ruft er uns zur Reue; wenn wir bestrebt sind, unseren Ruf zu erfüllen, ruft er uns weiter von Gnade zu Gnade und von Heiligkeit zu Heiligkeit, solange uns Leben gegeben ist« (PPS VIII 2, 23). Newman erklärt, daß da nichts Wunderhaftes in diesen Rufen steckt. Christus wirkt durch unsere natürlichen Fähigkeiten des Verstandes und des Wissens und in den konkreten Lebensumständen. Oft sind Rufe plötzlich und unerwartet und »in ihren Konsequenzen unbestimmt und dunkel. Da gibt es verschiedene Prüfungen, die über uns kommen, d.h. etwas, das einen Menschen auf seinem gegenwärtigen Weg bestätigen wird, wenn er gut damit umgeht ... und ihn in einen höheren Stand des Wissens und der Heiligkeit bringt«. Newman gibt eine Reihe von Beispielen, die auf persönlichen Erfahrungen beruhen: Es mag »der Verlust eines lieben Freundes oder Verwandten sein« oder Bekanntschaft »mit jemand, den Gott benützt, um uns eine Reihe von Wahrheiten zu eröffnen, die uns bisher verschlossen waren; wir mögen sie nur halb verstehen und nur halb billigen, und dennoch scheint Gott in ihnen zu sprechen und die Schrift sie zu bestätigen«. Das ist ein Fall, der nicht selten vorkommt, sagt Newman, und er enthält »einen Ruf zur Nachfolge und Erkenntnis des Herrn« (PPS VIII 2, 28f).

Die Beispiele göttlicher Rufe, von denen in der Schrift die Rede ist, zeigen, daß sie sofortigen Gehorsam erfordern; sie rufen einem zu »wir wissen nicht was; sie rufen uns in Dunkelheit. Glaube allein kann ihnen Gehorsam leisten.« (PPS VIII 2,22). Außerdem sind diese Rufe Teil des Wirkens der göttlichen Vorsehung, die die einzelne Seele führt, obgleich sie zur jeweiligen Zeit im allgemeinen nicht als solches erkannt werden. Newman nennt als Grund, daß Gott einem nicht offenbart, wohin er einen führt, daß man Angst bekommen könnte, wenn man die gesamte Strecke sogleich sehen würde. Deshalb ist Vertrauen in Gott eine wesentliche Zutat bei dem Vorgang, sich der Führung durch Gottes Vorsehung zu unterwerfen (PPS I 26, 348f; PPS VI 17).[5]

## 2 Die Verbindung zwischen Heiligkeit und der Entdeckung der Wahrheit

Es gibt eine Verbindung zwischen dem Wachsen der Heiligkeit und dem Suchen nach religiöser Wahrheit. Die Frage ist, wo man solche Wahrheit findet. Als Anglikaner betonte Newman, daß die Leute verschiedene Religionen haben, aber »nur eine ist die wahre und die vollkommene Wahrheit... Gott weiß, welche sie ist; und zu dieser einen und einzigen Wahrheit führt er uns voran«. Durch Gehorsam diesem Anrufen gegenüber »gehen wir von einem Stadium des Wissens in ein anderes über, werden wir von einer niedrigen Region in eine höhere eingeführt.« Dem Licht, das wir haben, zu gehorchen, ist der Weg um mehr Licht zu gewinnen. (PPS VIII 2, 27f)

Der wachsene Liberalismus seiner Zeit folgerte aus der Verschiedenheit der Sekten und Religionen, daß Religion nur eine Sache der persönlichen Meinung sei, und daß man ein Recht darauf habe, seine eigene Meinung zu haben, solange dies ehrlich der Fall wäre. Der Grund für die Verschiedenheit der Meinungen: Die Menschen bemühen sich nicht nach der Wahrheit zu suchen und um sie zu beten. »Religiöse Wahrheit zu finden und zu erlangen ist eine lange und systematische Arbeit« (PPS VIII 192). Darüber hinaus muß die Wahrheit durch Gehorsam dem Gewissen gegenüber gesucht werden. Folgt jemand seinem Gewissen, selbst wenn es im Irrtum ist, wird er dem Pfad der Wahrheit entlang geführt werden, denn seine Meinungen werden dann nicht das Ergebnis »von bloß zufälligen Gedanken oder Vorstellungen sein, sondern eines gebesserten Herzens«. In mehreren Predigten ging Newman auf diesen Punkt aus, wie beispielsweise »Wahrheit verborgen, wenn nicht nach ihr gesucht wird«, »Gehorsam zu Gott, der Weg zum Glauben an Christus« und »Gehorsam das Heilmittel für religiöse Verwirrung« (PPS VIII, 13+14; PPS I, 18).

Wir wollen jetzt Newmans Leben prüfen und an den vorliegenden Berichten die hauptsächlichen Veränderungen seines geistlichen Lebens und seiner religiösen Überzeugungen zeigen. Indem man das tut, kann man das Vorwärtsgehen, die Rückfälle, die Rückkehr zu spirituellen Idealen und die Unterwerfung unter Gottes Willen, wie er sich in Anrufen zeigte, entdecken. Man kann auf diese Weise wahrnehmen, wie sein Wachstum in der Heiligkeit ihn auf dem Weg der Wahrheitssuche geführt hat.

---

5 Diese Begriffe werden stärker ausgefaltet in: VINCENT FERRER BLEHL, S.J., The White Stone: The Spiritual Theology of John Henry Newman. Petersham, Mass.: St Bede's Publications, 1994, 37-45.

## 3 Newmans sogenannte erste Konversion

Im Jahre 1816 erlebte Newman in der Schule von Ealing mit Hilfe evangelikaler und calvinistischer Autoren eine Bekehrungserfahrung, die in Wirklichkeit kein erster Anfang war, sondern, wie er sagte, »eine Rückkehr zu und Erneuerung von Prinzipien unter dem Heiligen Geist, die ich schon gespürt hatte, und nach denen ich schon in gewissem Maße gehandelt hatte, als ich jung war« (AWr 172). Er wandelte sich von einem sündhaften und skeptischen Leben zu einem streng religiösen Leben mit täglicher Schriftlesung und Meditation. Dieser Wandel beinhaltete auch die Annahme bestimmter Wahrheiten. Er wurde der Existenz Gottes so gewiß, daß »die Zweifel an der Wurzel abgeschnitten wurden und eine Kette zwischen der Seele und Gott zustandekam« (AWr 150). Er bestätigt auch, daß er »in seinem Verstand dogmatische Vorstellungen erhielt, die durch Gottes Barmherzigkeit nie mehr ausgelöscht oder verdunkelt wurden«[6]. Er nahm beispielsweise die Lehre von der Erwählung zur Seligkeit und Beharrlichkeit in der Gnade an, aber diese gab er mit der Zeit wieder auf. Mit dem Buch von Beveridge »Private thoughts«, das ihm sein geistlicher Führer Walter Mayers gab, begann er bereits, über seine Überzeugungen nachzudenken und tat dies auch in den folgenden Jahren (LD I 30f). Und so begab sich Newman auf seine Suche nach Heiligkeit und Wahrheit.

## 4 Das Leben in Oxford

In Oxford führte Newman als Student ein religiöses Leben. Im Nachhinein schrieb er in einem Brief, er habe diese Zeit durchlebt, »ohne mein Gewissen mit irgendeiner schweren oder skandalösen Sünde zu verwunden« (LD II 58). Nachdem er ein Stipendium erworben hatte, wandten sich seine Gedanken allerdings einer weltlichen Karriere zu. »Ich hatte große Dinge für mich erhofft, wollte nicht zur Kirche gehen, sondern zur Rechtswissenschaft. Ich habe die Vorlesungen in Geschichte besucht, als ich hörte, daß die Namen dem Minister berichtet wurden« (AWr 45). In der Einsamkeit der großen Ferien von 1820 dachte er bei der Vorbereitung auf seine Examina über sein Leben nach und spürte, daß er stolz darauf geworden war, ein Stipendium erhalten zu haben, und er betete darum, sich im Schlußexamen nicht auszuzeichnen, wenn ihm das zur Sünde gereichen würde. Er versagte im Examen und beurteilte sein Versagen als providentiell (AWr 159f, LD I 30).

Als er mit Hilfe seines Stipendiums nach Oxford zurückgekommen war, bewarb er sich um die Fellow-Stelle am Oriel-College, die er 1822 erlangte.

---

6 AE 4.

Die Zeit von 1821-1824 ist eine Periode markanter Veränderungen und Entwicklungen in seinem geistlichen Leben. Sein privates Tagebuch zeigt seine beständigen und ernsten Bemühungen, ein innerliches Leben des Gebets zu führen, und was er als seine Hauptsünden und Mängel betrachtete zu überwinden: besonders Stolz, Eitelkeit, Ehrgeiz, Zorn und Unbeherrschtheit (besonders seinem Bruder Frank gegenüber) und Streitsucht (AWr 174ff, 188f, 194, 196-198). Er verbrachte Stunden in Gebet und Schriftlesungen. Er ging 14tägig zur Hl. Kommunion und praktizierte die Gewissenserforschung, besonders, bevor er die Hl. Eucharistie empfing. Im Jahre 1823 begann er, große Teile der Bibel auswendig zu lernen, darunter ganze Bücher, und er dachte daran, Missionar in fremden Ländern zu werden (AWr 165f, 175, 194).

In dieser Zeit versuchte er auch, die evangelikalen Glaubensansichten besser zu verstehen. 1821 begann er damit, während des ganzen Ostersemesters, seine Glaubensüberzeugung systematisch darzustellen unter Überschriften wie: »Der Sündenfall«, »Die Gabe des Hl. Geistes«, »Über den unbekehrten Menschen«, »Bekehrung«, »Über gute Werke als notwendige Früchte des Glaubens« und »Die Einwohnung der Sünde«. Überrascht findet er heraus, daß seine eigene Bekehrungserfahrung nicht auf die Muster der evangelikalen Konversion paßt, und von da an muß er sich nach dem richten, was in den Büchern steht (AWr 166f, 172). Diese Phase, die er später als eine der strengsten seines Lebens als Anglikaner bezeichnet, endet mit seiner Entscheidung, sich weihen zu lassen und die Stelle eines Vikars an der Pfarrei St. Clement in Oxford anzunehmen (AWr 138, 198f).

Als Vikar engagierte er sich mit größter Energie, all seine Pfarrangehörigen zu besuchen und hielt jeden Sonntag zwei lange Predigten. Er begann auch seine evangelikalen Glaubensüberzeugungen im Lichte der Kritik von Edward Hawkins, der seine erste Predigt wegen der Einteilung der Christenwelt in zwei Klassen, nämlich bekehrte und unbekehrte, getadelt hatte. Seine Erfahrung in der Pfarrei überzeugte ihn davon, daß der Calvinismus kein »Schlüssel zu den Phänomenen der menschlichen Natur ist, wie sie in der Welt vorkommen« und daß »die Religion, die er von John Newton und Thomas Scott hatte, in einer Pfarrei nicht funktionieren würde, sondern daß sie unrealistisch war«. Sumners »Apostolic Preaching«, das ihm Hawkins gab, hatte großen Einfluß darauf, das evangelikale Credo in ihm zu entwurzeln. Bevor zwei Jahre vorüber waren, spürte er, daß er eine Art Wiedergeburt durch die Taufe akzeptieren mußte, was normalerweise von Evangelikalen geleugnet wird (AWr 76f, 78ff). Trotzdem hat er seine evangelikalen Ansichten nicht gänzlich abgelegt. Im Jahre 1830 hatte er noch immer das evangelikale Verständnis von Rechtfertigung und Heiligung; und die Lehre von der Einwohnung des Heiligen Geistes wurde erst einige Jahre später klar und deutlich von ihm bejaht.[7]

Obgleich sein Vater ihn früher gewarnt hatte, war sich Newman sicher, er würde seine Überzeugung nie ändern. Wie erklärte er sich also die Veränderung? Zum einen machte er sich klar, daß er einen Guttel seines Glaubens von Scott und anderen evangelikalen Autoren hatte und, nach Überprüfung, dies nicht in der heiligen Schrift bestätigt fand. Zweitens, wie er in der »Grammar of Assent« erklärte, ist eine Religion eine Sammlung von verschiedenen Arten der Zustimmung, einige gewiß, andere nur Meinungen. Indem er dies auf die Änderungen seiner früheren Glaubensüberzeugungen anwendet, bestätigt er, daß es vier Lehren gab, die er als sichere Wahrheiten betrachtete, nämlich die der heiligen Dreieinigkeit, der Menschwerdung, der Prädestination und der lutherischen »Erfassung Christi«. Die ersten drei, die Lehren der katholischen Kirche waren, und als solche wahr, verschwanden nicht, während die vierte, die nicht wahr ist, obgleich er glaubte, sie sei es, in der Tat verschwand (AWr 80-82).

## 5  Zurückfallen und sich vorwärtsbewegen

Bei seiner Abschiedspredigt in St.Clement im Juni 1826 bestätigte Newman, daß er mit dieser Aufgabe seiner Vikarsstelle und der Übernahme des Tutorpostens glaubte, er folge Gottes Ruf an ihn. Er betrachtete die neue Aufgabe als pastorale und damit in Einklang mit seiner Berufung als Diener Christi. Es gab somit Kontinuität und Wechsel. Er engagierte sich in seiner Arbeit mit großer Begeisterung und Energie, fand sich aber alsbald in den Vorgängen und der Politik des Universitätslebens gefangen. Nach seinem eigenen Bericht trieb er in der Richtung des üblichen Liberalismus und begann intellektuelle Brillanz der Geistlichen vorzuziehen. Dieser Zustand wurde providentiell beendet durch seine Krankheit und den Tod seiner Schwester Mary (A 14).

Aus seinen Gedichten über Mary und aus einigen seiner Briefe ist es deutlich, daß er einen lebendigen Sinn für die unsichtbare Welt hinter dem Schleier der Sichtbaren erworben hatte, wohin Mary verschieden war und wo sie nun wohnte. Er beginnt zu spüren, daß ihre Gegenwart jetzt wirklicher ist als zur Zeit, da sie auf Erden lebte. Zweitens löste er sich von der Welt.[8] Später schreibt er in einem Gewissensbericht an Keble: »Er hat mich durch eine Reihe von Eingriffen der Vorsehung vom 19. (1820) bis zum 27. Le-

---

[7] John Henry Newman, Sermons 1824-1843. Vol. 2. VINCENT FERRER BLEHL, S.J. (Hg.). Oxford 1993, XV-XVI, and Section II: Sin and Justification.

[8] Für eine detailliertere Darstellung vgl.: LOUIS BOUYER, Newman: His Life and Spirituality. London 1958, 102-110.

bensjahr geführt. ›Ich war das Werk seiner Hände‹, denn er hat mich wiederholt und auf verschiedene Weise gezüchtigt und am Ende nahm er, um mich von der Welt zu gewinnen, meine liebe Schwester von mir, und gerade zu der Zeit gab er mir freundliche Freunde, um mich seinen Weg vollkommener zu lehren.«[9] Diese Freunde waren Hurrell Froude und John Keble, den Newman persönlicher kennenlernte; beide haben seine spirituellen und theologischen Ansichten in großem Maße beeinflußt. Er begann gegen eine Karriere in der Kirche zu beten, um auf solche Weise ehrgeizige Gedanken vollkommen zu überwinden.

Newman versuchte, das Tutorensystem im Oriel-College zu reformieren mit dem Bemühen, es pastoraler zu gestalten und kam dabei in Konflikt mit dem Provost Edward Hawkins, der ihm keine Studenten mehr zuteilte. Newman begann die Kirchenväter zu studieren und sein erstes Buch »The Arians of the Fourth Century« im Juni 1831 zu schreiben. Das hatte zur Folge, daß er entschied, in Oxford zu bleiben und Theologe zu werden (LD II 367). Im selben Jahr hielt er eine Predigt über die Weihe, in der er den Kirchendienst in einem tieferen und volleren Licht betrachtete als bei seiner eigenen Ordination. In Sorge über den Zustand der Kirche, ihre Weltlichkeit und das Wachstum des Liberalismus argumentierte er, daß die Kirche von ihren frühesten Tagen her sich immer dem Irrtum entgegengestellt habe und bestrebt war, »die Wahrheit und Heiligkeit zu fördern«. Es sei deswegen eine besondere Aufgabe des Dieners Christi, »eine systematische Sicht der Wahrheit« zu haben und theologisch richtige Ansichten, so daß er andere führen kann.[10]

Nachdem er die »Arians« im Jahre 1832 vollendet hatte, reiste er mit den Froudes ins Mittelmeer und begab sich allein im April 1833 nach Sizilien, wo er an einem Fieber erkrankte. Die dabei stattfindende geistliche Erfahrung hatte eine bleibende Wirkung auf ihn. Er verurteilte sich selbst, des Stolzes und Eigenwillens schuldig gewesen zu sein, besonders in der Auseinandersetzung mit dem Provost und wegen seiner Rückkehr allein nach Sizilien. Gleichwohl sagte er zu sich: »Ich habe nicht gegen das Licht gesündigt«. Er spürte auch, daß er nicht sterben werde, weil Gott für ihn ein Werk in England habe. Er faßte den Entschluß, sich nach Gottes Willen zu richten und nicht nach seinem eigenen, seinen eigenen Willen in liebender Hingabe und im Vertrauen auf seine Vorsehung Gott zu überlassen, wie er es in seiner berühmten Hymne »Lead kindly Light« zum Ausdruck brachte und in dem

---

9 Correspondence of John Henry Newman with John Keble and Others... 1839-1845. London 1917, 315.

10 »On the Ministerial order as an existing divine institution. Ordination Sermon« (MS sermon No. 323; Birmingham Oratory Archives).

weniger bekannten Gedicht »Providences«, das beginnt mit »When I look back« (»Semita justorum«).[11]

Wie beim heiligen Paulus war die Veränderung nicht ein radikaler Wechsel des Prinzips, sondern seine Energien wurden in eine andere Richtung gelenkt und gereinigt oder, wie er von sich selbst sagte: Ich war »in allen Dingen derselbe, außer daß mir ein neues Ziel gegeben worden war« (PPS VIII 15, 227f; AE 36).

## 6  Die Oxfordbewegung

Bald nach Newmans Rückkehr nach England hielt Keble seine Predigt über »Nationale Apostasie«, am 14. Juli 1833. Darauf datierte Newman den Anfang der Oxford- oder Traktarianerbewegung, deren anerkannter Führer er alsbald wurde. Mit enormem Eifer und Einsatz trieb er die von ihm sogenannten anglikanischen Prinzipien voran: Erstens das Prinzip des Dogmas im Gegensatz zum Liberalismus, wonach Dogmen nur Meinungen seien; zweitens sichere Wahrheiten, die auf dogmatischer Basis beruhen, z.B. eine sichtbare Kirche mit Sakramenten und Riten, die Wege der unsichtbaren Gnade sind; und drittens den Protest gegen Rom. Dieser Protest richtete sich gegen das, was man als Verderbnisse und Zusätze zur ursprünglichen Lehre in Rom betrachtete. Newman brachte daher eine »via media« in Vorschlag, zwischen dem, was er den Ultraprotestantismus oder einfach Protestantismus nannte einerseits und der Verderbnis Roms andererseits. Er hatte höchstes Vertrauen in seine Position, da sie sich auf die führenden anglikanischen Theologen stützte (AE 144-158).

Im Jahre 1836 zeigte sich eindeutig eine klare Entwicklung in Newmans spirituellem Leben. Die Veränderung ist durch den Tod seines engen Freundes Hurrell Froude, den Tod seiner Mutter und die Heirat seiner beiden Schwestern ausgelöst worden. An seinem Geburtstag, dem 21. Februar, immer ein Tag der Gewissensforschung, schrieb er: »Ich glaube, ich bin mir bewußt, daß, was immer meine Fehler sein mögen, ich mir wünsche, zu seinem Ruhm zu leben und zu sterben, mich ihm ganz und gar zu übergeben als sein Werkzeug, zu welchem Werk auch immer und mit welchem persönlichen Opfer auch immer, obgleich ich mir nicht in gebührender Weise über meine eigenen Worte klar bin, wenn ich dies sage« (LD V 240).

Froudes Vater bat Newman, ein Buch von Hurrells Bibliothek als Andenken mitzunehmen. Er bat um Butlers »Analogy«, aber es war bereits jemand anderem versprochen. Rogers schlug vor, daß Newman Froudes Brevier nehme. Er tat dies und begann, es täglich zu beten und drei bis vier Stunden im Gebet zu verbringen. Er veröffentlichte einen Tract »Über das römische

---

11  VVO 187; siehe: AWr 121ff..

Brevier, das die Substanz der Gottesdienste der katholischen Kirche verkörpert« (Tract 75; LD V 246). Er schlug vor, daß man es zur Grundlage der täglichen Andacht mache (LD VI 66). Seiner Schwester Harriett gegenüber erwähnte er die geistliche Gnade, die ihm zu jener Zeit zuteil wurde, eine Erneuerung dessen, was er beim Verlust seiner Schwester Mary gefühlt hatte. »Ich lerne gerade mehr als bisher in der Gegenwart der Toten zu leben – das ist ein Gewinn, den fremde Gesichter nicht wegnehmen können« (LD V 311f).

Zu dieser Zeit verfaßte Newman auch seine theologischen Ansichten systematisch in »Vorlesungen über das prophetische Amt der Kirche« und bot sie an als »Hilfen zur Gestaltung einer anerkannten anglikanischen Theologie«. Er sagte Jemima, daß diese Vorlesungen »keinen Schritt über das hinaus, was ich gesagt habe« darstellten, »sondern eine Systematisierung, Konsolidierung und Ergänzung von Voraussetzungen usw.« seien. Er fügte hinzu: »Ich glaube, ich sage nichts ohne die höchste Autorität unter unseren Autoren« (LD VI 6). Die Vorlesungen zeigen, wie die anglikanische Position sich von der römischen unterscheidet. Er sah deutlich die Notwendigkeit, die anglikanischen Theologen zu »systematisieren« und er fuhr fort dies in einer »catena patrum« zu tun, die er als Tracts veröffentlichte (Nr. 74 und 76). Da nach den anglikanischen Prinzipien die Norm zur Unterscheidung von Lehren in dem besteht, was von der frühen Kirche geglaubt wurde, begannen er und Pusey eine Bibliothek der Kirchenväter zu publizieren.

Auch seine »Vorlesungen über Rechtfertigung« im Jahre 1837 hatten die Systematisierung seiner theologischen Ansichten zum Gegenstand; sie wurden im darauf folgenden Jahr veröffentlicht. An Henry Wilberforce schrieb er, daß dieses Thema schon seit Jahren in seinen Gedanken war: »Ich hatte jedoch nichts wissenschaftlich Produzierbares« (LD VI 212). Diese Vorlesungen waren ein weiterer Versuch, den Kurs zwischen Protestantismus einerseits und römischer Position auf der anderen Seite zu halten. Wieviele Angriffe auch immer gegen die Traktarianer und gegen ihn selbst insbesondere stattfanden, er selbst hatte Vertrauen in die Sache.

## 7 Erste Zweifel an der anglikanischen Kirche

In einem Artikel, der in der Augustausgabe der Dublin Review von 1838 über »Die anglikanischen Ansprüche auf apostolische Sukzession« erschien, überprüfte Nicholas Wiseman die Kontroverse der Donatisten und argumentierte, daß sich die anglikanische Kirche im Schisma befände. Dies wurde zum Anlaß für Newmans erste Zweifel an der anglikanischen Kirche.[12] Am

---

12 »It professed that the *fact* of isolation and opposition *was always taken* as a *sufficient* condemnation of bodies so circumstanced... This was argued chiefly from the language

21. September 1839 vermerkte Newman in seinem privaten Tagebuch Details über eine größere Strenge in seinem gewöhnlichen privaten Fasten und schloß mit den Worten: »Danke Dir, Herr – wohin führst Du mich?« Am 27. Oktober hielt er seine Predigt »Göttliche Rufe«, die er mit der Bestätigung beschließt, daß nichts mit dem Ziel verglichen werden kann, »einer himmlischen Vision gegenüber nicht ungehorsam zu sein« und der Mahnung: »Laßt uns bitten und zu ihm beten, daß er sich von Tag zu Tag immer mehr unseren Seelen offenbare, so in uns zu wirken, daß wir ehrlich sagen ›Du sollst mich führen mit Deinem Rat und mich hernach in Deine Glorie aufnehmen. Wen habe ich im Himmel außer Dir? Und es gibt nichts auf Erden, das ich im Vergleich zu Dir ersehne; mein Fleisch und mein Herz versagen, aber Gott ist die Stärke meines Herzens und mein Anteil für immer‹ « (PPS VIII 2,32; AE 118). Die Zeit vom September 1839 bis 1845 war eine Phase markanter Entwicklung sowohl in seinem geistlichen Leben wie seinen religiösen Ansichten, und beide Entwicklungen griffen ineinander.

## 8   Die strengsten Jahre meines Lebens

So schrieb Newman später seiner Schwester Jemima. Die Zeit zwischen seinen ersten Zweifeln im Jahre 1839 und seinem Eintritt in die katholische Kirche im Oktober 1845 war gekennzeichnet von intensivem Gebet und Fasten, von Suche nach Gottes Willen, dem Unterscheiden, wo die Wahrheit liegt, der inneren Berufung des Selbst und der eigenen Motive, des geduldigen Wartens nach Zeichen von Gott. Klugerweise eröffnete er seinen Zweifel nur zwei Personen und später einem Dritten. Da er es für eine Pflicht hielt, Einwände gegen die eigene Religion auszuräumen, verfaßte er einen Artikel über »Die Katholizität der englischen Kirche« zur Widerlegung von Wisemans Artikel. Da die »via media« keinen Beweis für die Katholizität der anglikanischen Kirche mehr darstellte, lag jetzt Newmans Hauptargument zugunsten der anglikanischen Ansprüche in den faktischen und besonderen Anschuldigungen, die er gegen Rom vorbringen konnte, und so schlug er auf das ein, was er als Roms politische und soziale Handlungslinie betrachtete: ihren Mangel an Moralität und Heiligkeit (AE 120).

Im Februar 1841 veröffentlichte er Tract 90, der eine katholische Interpretation der 39 Religionsartikel der Anglikanischen Kirche darstellt. Das tat er unter anderem deshalb, weil der Einwand erhoben worden war, seine Posi-

---

of St.Augustine, as elicited in the Donatist controversy, and the same sort of *minute* parallel was drawn between the state of the Donatists and our own, which I had felt on reading the history of ›the Monophysites‹« (Letter of J.H. Newman to Mrs. William Froude, 9 April 1844; Birmingham Oratory Archives).

tion sei nicht versöhnbar mit den Artikeln, da sie ja gegen Rom formuliert worden seien. In dem Aufruhr, der daraufhin entstand, zog sich Newman von der Oxfordbewegung zurück, obgleich er die Anglikanische Position weiterhin verteidigte, jedoch mit anderen Argumenten. Er antwortete nicht mehr auf die Anschuldigungen, die gegen ihn ausgesprochen wurden, sondern zog sich im Februar 1842 nach Littlemore zurück, um ein halb monastisches Leben des Studiums und Gebets zu führen. Newman wurde in seinen Zweifeln an der anglikanischen Kirche bestärkt durch das, was er »die drei Schläge« nannte.[13]

Als ein Ergebnis von Tract 90 begann Dr. Russel von Maynooth (Irland) mit Newman zu korrespondieren und überzeugte ihn schließlich, daß das, was Newman als das »sekundäre und traditionelle System« Roms bezeichnet hatte, in Wirklichkeit gar nicht existierte, daß außerdem die üblichen Andachtsbücher zu Unserer Lieben Frau keinerlei Beweis dafür hergaben, daß Rom »Ehrungen der seligen Jungfrau zuließ..., die mit der höchsten, unteilbaren Glorie des Einen, Unendlichen und Ewigen unvereinbar seien« (AE 194-197, 148). Geführt von seinem Gewissen, wie er sagte, veröffentlichte Newman im »Conservative Journal« vom Februar 1843 einen Widerruf seiner wichtigeren Aussagen gegen Rom, ein Akt großer Demut für jemanden. der einmal so viel Vertrauen in seine Position gehabt hatte.

Die Fastenzeit 1843 war für Newman, was das Fasten angeht, die strengste. Eine ein- bis eineinhalbstündige Meditation wurde jeden Morgen zusätzlich durchgeführt, und er und seine Mitbewohner machten Exerzitien nach den »Geistlichen Übungen des heiligen Ignatius von Loyola«. Am 7. September 1843 gab er mit der Zustimmung von Keble seinen Posten an der Pfarrei von St. Mary auf, weil er sich nicht länger imstande sah, guten Gewissens Lehrer in der anglikanischen Kirche zu sein (AWr 221-228, AE 221). Die Überzeugung, daß die Kirche von Rom »die eine wahre Herde Christi« war, war stärker geworden, aber er konnte nicht absehen, wann sie seinen Sinn erfassen würde und praktisch würde. Im Jahre 1843 war Newman bereits von der Entwicklung der christlichen Lehre überzeugt, aber im Juli 1844 war er schon viel weiter fortgeschritten. »Ich bin (gemäß den Kirchenvätern) viel gewisser, daß wir im Stande einer schuldhaften Trennung sind, als daß im Bezug auf das Evangelium nicht Entwicklungen existieren und daß die römischen Entwicklungen nicht die wahren sind. Zweitens: Ich bin mehr

---

13 In connection with his work on St. Athanasius »the ghost came a second time«. »I saw clearly that in the history of the Arians, the pure Arians were the Protestants, the semi-Arians were the Anglicans and that Rome was now what it was then.« Secondly, the bishops one after another began to charge against *Tract 90*. »I recognized it as a condemnation; it was the only one that was in their power.« The third blow came from the establishment by Parliament of the Jerusalem bishopric, allowing Protestants »to put themselves under an Anglican bishop, without any renunciation of their errors or regard to their due reception of baptism and confirmation« (AE 139-146).

gewiß, daß unsere (modernen) Lehren falsch sind, als daß die römischen (modernen) Lehren falsch sind« (AE 194ff). Deshalb entschied er, seine Ansichten über die Entwicklung zu Papier zu bringen und – wenn seine Überzeugungen am Ende nicht schwächer wären – würde er Schritte unternehmen, in die katholische Kirche einzutreten. Bevor er seine Arbeit zu Ende führen konnte, fühlte er sich im Gewissen verpflichtet, um die Aufnahme zu bitten (AE 234).

Warum tat Newman das nicht schon früher? *Erstens*: Er spürte keinen klaren Ruf in seinem Gewissen, dies zu tun. *Zweitens*: Falls er mit seinem Eintritt in die katholische Kirche im Irrtum gewesen wäre, hätte er andere in Irrtum geführt oder, falls sie an der Wahrheit verzweifelt wären, in Skeptizismus. *Drittens*: Er dachte, er könnte unter »urteilsbezogener Blindheit« leiden, eine Strafe für irgend einen geheimen Fehler, und deshalb eröffnete er Keble seinen Gewissenszustand. *Viertens*: Er befürchtete, er könne seinen Gefühlen folgen und nicht der Vernunft und dem Gewissen.

Der Schmerz, den er anderen zufügte und die Verunsicherung in ihren Glaubensüberzeugungen war intensiv. Auch er erkannte den Preis, den er würde zahlen müssen. Indem er einer verachteten Minorität beitrat, würde er von Verwandten und Freunden ausgeschlossen werden. Im Herbst 1844 machte ihn das alles krank, und sein Arzt gab ihm eine dunkle Warnung. Er scheint deshalb das Fasten aufgegeben oder zumindest gemildert zu haben. In einer bezeichnenden aber schmerzvollen Korrespondenz mit seiner Schwester Jemima offenbarte er eine klare Erkenntnis der Opfer, die er brachte, da er katholisch wurde, aber gleichzeitig auch seines vollen Vertrauens in Gottes Vorsehung.[14] Eine Anzahl von Leuten haben damals und in der Folgezeit sein Handeln als heroisch beurteilt.

## 9 Zum Schluß

Wenn man Newmans Definition einer religiösen Bekehrung als lebenslangen Prozeß annimmt, dann war seine Konversion im Jahre 1845 nicht vorüber. Er antwortete weiterhin auf Anrufe von Gott, wie ich andernorts ausgeführt habe.[15] Was ist mit seiner theologischen oder kirchlichen Konversion? In der Apologia schreibt Newman: »Von der Zeit an, da ich katholisch geworden war, habe ich natürlich keine weitere Geschichte meiner religiösen Überzeugungen zu berichten«, aber er »fügt hinzu, daß er aufgehört habe, über theologische Gegenstände nachzudenken«. In der Tat zeigt das Kapitel fünf,

---

14 Letters and Correspondence of John Henry Newman during his Life in the English Church. London 1891, II, 439, 445, 450-51, 459-61, 464.
15 V.F.BLEHL, Newman's personal Endeavour as a Catholic to follow the »Light« and the »Call«, in: NSt XII, 27-34.

daß er das nicht hat. Seine Zugehörigkeit zur katholischen Kirche brachte Frieden und Zufriedenheit und er harrte in ihr aus bis zum Ende (AE 238).

»Leben heißt, sich verändern und vollkommen sein heißt, sich oft geändert haben« bemerkt Newman in seinem »Essay über die Entwicklung der christlichen Lehre« (E 41). In einer Predigt sagt er einmal: »Der vollkommene christliche Zustand ist der, in welchem unsere Pflicht und unsere Freude dasselbe sind, wenn das, was recht und wahr ist, uns natürlich und in dem Gottesdienst vollkommene Freiheit ist. Und in diesem Zustand, auf den hin alle wahren Christen hintendieren, liegt eine äußerste und absolute Gefangengabe ihres Willens an Seinen Willen ihre Fülle und Freude und ewiges Leben« (PPS IV 1,4). Am Sonntag nach seinem Tod predigte ein Mit-Oratorianer über die Anwendbarkeit des Textes »Der Gerechte, der vollkommen wurde« auf ihn. Seit damals hat die Kirche dieses Urteil auch offiziell unterstützt, indem sie erklärt hat, daß Newman in der Tat die Tugenden in einem heroischen Grade praktiziert hat.

BERND TROCHOLEPCZY

# GEWISSEN: BEFÄHIGUNG UND HERAUSFORDERUNG ZUR CONVERSIO CONTINUA

## 1 Bedeutung und Reichweite der Frage nach dem Gewissen

»Das Schicksal und vor allem die missionarische Kraft der christlichen Religion und Theologie wird ganz entscheidend davon bestimmt sein, was für eine erneuerte Gestalt von natürlicher Theologie sie aufzuweisen haben wird, nicht eine Vorhofstheologie, sondern eine Kreaturtheologie mitten im Heiligtum der Religion selbst.«[1] Dies stellte G. Söhngen in der Zeit des II. Vatikanischen Konzils fest. In Blick kam eine solche erneuerte Gestalt der Theologie aber auf keinem anderen Weg als durch die lebenslange Auseinandersetzung Söhngens mit John Henry Newman. Söhngens Forderung nach einer neuen Gestalt von natürlicher Theologie ist nichts anderes als die Konsequenz von Newmans Gewissenslehre: Denn die Frage nach dem Gewissen ist der Ort, wo ebenso sehr in der Mitte der Religion wie auch in der Mitte des Menschen angesetzt wird.

Daß die Gewissenslehre in der Mitte der Religion steht, darüber läßt Newman keinen Zweifel: Zu Gott und zum Gott Jesu Christi führt für ihn der Königsweg der Gewissenserfahrung. Aber setzt die Gewissenslehre auch in der Mitte des Menschen und seiner Fragen an?

Mitunter geben Buchtitel zu denken und gehen deshalb dem Leser nach. »Gibt es auf Erden ein Maß?« Unter dieser Frage erschien 1983 eine Monographie des Freiburger Philosophen Werner Marx.[2] Die Frage führte Marx in eine Auseinandersetzung mit dem offensichtlichen Fehlen einer Ethik bei Heidegger hinein.

Auf Erden maßgebend ist für Newman das Gewissen. Das Gewissen, so wie er es versteht, kann nur Maß geben, weil es über den Menschen hinausreicht. Es übertrifft die Relativität all dessen, was hier auf Erden für gewöhnlich Orientierung gibt: Geschmack, Regeln des sozialen Umgangs, sogar Gesetze und allgemein akzeptierte Gebote und Verbote. Überträfe das Gewissen all dies nicht, wäre es nur ein Maß unter anderen Maßen und die entscheidende Frage bliebe offen, was denn den Maßen Maß gibt.

Zugleich ist es aber auch ein Maß, das gerade nicht jenseits bleibt, das wir zwar in unserem besten Teil erahnen, das aber ganz dem gestirnten Himmel

---

1 SÖHNGEN, G.: Art. »Natürliche Theologie«. In: LThK VII, 2. Auflage, 816.
2 MARX, W.: Gibt es auf Erden ein Maß? Grundbestimmungen einer nichtmetaphysischen Ethik, Hamburg 1983.

über uns zugehört, aber nicht wirklich auf die Erde reicht. Das Gewissen als irdisches Maß spricht konkret, es kennt Ort und Zeit, es nennt das Hier und Jetzt. Nur wenn es ein solches Maß gibt, können wir uns wirklich orientieren. Wenn wir aber sagen, wir seien in der Lage, die Richtung zu finden, geben wir zugleich zu, daß wir auch in die Irre gehen, uns verlaufen können – dann tut Umkehr not.

Zugleich ist es aber auch ein Maß, das nicht jenseits bleibt, das wir nicht nur in unserem besten Teil erahnen, das aber ganz dem gestirnten Himmel über uns zugehört und nicht wirklich auf die Erde reicht. Das Gewissen ist jenes normierende Maß, das konkret spricht. Es kennt Ort und Zeit, es nennt das Hier und Jetzt. Nur wenn es ein solches Maß gibt, können wir uns wirklich orientieren.

Sagen wir, wir seien in der Lage, die Richtung zu *finden*, geben wir zugleich zu, daß wir auch in die Irre gehen, uns verlaufen können. Im glaubenden Vollzug ist dies die Erkenntnis der Sünde, der Trennung von Gott. Der Horizont der Frage nach dem Gewissen ist deshalb stets die Frage der Umkehr.

Für einen theologisch hinreichendes Gewissensverständnis ist nichtsdestoweniger notwendig, das Gewissensphänomen nicht allein moraltheologisch zu betrachten. Nicht von ungefähr kommt dem Gewissen in Martin Heideggers Daseinsanalytik die Funktion zu, ein Schlüsselphänomen zu sein.[3] Bei Heidegger steht die Frage nach dem Gewissen im Zusammenhang der menschlichen Möglichkeit der Uneigentlichkeit, des Verlustes des Eigenen, und der Möglichkeit, in die Eigentlichkeit, in die Fülle eigenen Daseins zu gelangen. Bei Newman ist das in der Frage nach dem Gewissen Erfragte die *conversio continua*, die Frage nach der Möglichkeit wirklichen Handelns.

## 2 Newmans Analyse des Gewissens

### 2.1 Vorbegriff und Kontext der Gewissensauffassung Newmans

Die Gewissensanalyse Newmans ist von weitreichender Konsequenz für das Selbstverständnis einer Theologie, die an der Zeit ist. Dies wird deutlich, wenn die anthropologischen Kontexte der Fragestellung beachtet werden. Newman setzt sich mit einem durchaus umstrittenen Phänomen auseinander: Er kann dies so eindrucksvoll leisten, weil er zwei Gräben meidet: Weder verkommt das Gewissen zur Rechtfertigung privater Interessen und Instanz bloßer Willkür, noch wird es zum Erfüllungsgehilfen einer Autorität reduziert.

---

3  Vgl. HEIDEGGER, M.: Sein und Zeit. 12. Auflage, Tübingen 1972, 267ff.

So gilt Newmans Kritik jenen, die unter dem Gewissen das Recht verstehen, »zu denken, zu sprechen, zu schreiben und zu handeln, wie es ihrem Urteil oder ihrer Laune paßt, ohne irgendwie dabei an Gott zu denken.« Und er fügt hinzu: »Das Gewissen hat Rechte, weil es Pflichten hat« (P 163). Andererseits steht im selben Zusammenhang, nämlich im seinem Brief an den Herzog von Norfolk, das viel zitierte Wort: »Wenn ich genötigt wäre bei Trinksprüchen nach dem Essen ein Hoch auf die Religion auszubringen ..., dann würde ich gewiß auf den Papst trinken, jedoch zuerst auf das Gewissen und dann auf den Papst«.[4] Was Newman aber seine Klarheit in innerkirchlichen Auseinandersetzungen gab, das ist für die Theologie über bestimmte einzelne Streitfragen hinausgehend von Bedeutung. Denn in der Gewissenslehre geht es um nicht weniger als die Eigenart menschlicher Freiheit und verantworteten Handelns im Ganzen. Newman war vom Phänomen des Gewissens gefesselt, weil sich hier eine unbedingte göttlich-personale Anrede und ein Anspruch melden, die in menschlich-personaler Bedingtheit beantwortet werden. Sein Interesse gilt nicht nur dem prinzipiellen Verständnis dieses Zusammenhanges, sondern auch, wie er sich im Konkreten und Einzelnen realisiert.

Insofern ist Newmans Gewissensanalyse Frage nach menschlichem Handeln und bei ihm der zeitlebens eher Inspirator, Prediger, Erzieher und Freund denn Systematiker war, ist dieses Handeln wesentlich pädagogisches Handeln. Anders formuliert: Wie kann sich die Freiheit des Handelns als wahr und die Wahrheit des Handelns als frei ausweisen angesichts dessen, daß die einzelne Handlung stets unter endlichen Bedingungen und Verhältnissen geschieht? Vorweg gesagt, Newmans Antwort lautet: Nur Praxis, die ge-wissenhaft ist, kann diesem Anspruch genügen.

### 2.2 Genese des Gewisssensverständnisses bei Newman

Verfolgen wir nun im einzelnen, wie sich die Gewissensanalyse Newmans zwischen 1830 und 1870 entwickelt hat. Ich folge hierin Erwin Bischofberger,[5] der vor einer »flächenmäßigen Systematisierungen« warnt und eine genetische Analyse fordert. Diese geht Schritt für Schritt der Entwicklung nach, die Newman in seinem Gewissensverständnis in vier Etappen und Jahrzehnten genommen hat. »Bisher hat man in dieser Frage im Grunde lediglich systematisch-statistisch Buch geführt über die Daten, die man bei Newman gesammelt hat.«[6]

---

4 P 171; Ende des Briefes an Herzog von Norfolk (1875).
5 Ebd.
6 BISCHOFBERGER, E.: Die sittlichen Voraussetzungen des Glaubens. Zur Fundamentalethik von John Henry Newmans, Mainz 1974, 101.

Die entscheidenden Jahre sind 1830, 1856, 1859 und 1870. Die ersten beiden Gedankengänge zur Gewissensanalyse sind Teil von Predigten Newmans; der dritte Text findet sich im »Proof of Theism«; dies sind Aphorismen zur natürlichen Theologie, in einem seiner interessantes Werke – dem »Philosophical Notebook«, Notizen, die zunächst nicht für die Publikation bestimmt waren und die wichtig wurden für die Konzeption seiner »Zustimmungslehre«. In ihr, dem »Grammar of Assent«, ist das reife, vierte Stadium dokumentiert. Ein fünfter, sehr bekannter einschlägiger Argumentationszusammenhang aus dem Jahre 1875 unter dem Titel »A Letter to the Duke of Norfolk« stellt die Gewissensanalyse in einen spezifischen Zusammenhang und macht ihn für eine bestimmte damalige Fragestellung fruchtbar: Der Konflikt katholischer Engländer zur Krone und zum Papst. Er bleibt im folgenden unberücksichtigt.

### 2.3.1 Sense und Rules: Die »instinktiv«-intuitive Eigenart des Gewissens

Der erste Text exponiert das Gewissensproblem. Es handelt sich um die zweite Oxforder Universitätspredigt von 1830. Sie steht unter dem Titel »Der gegenseitige Einfluß der natürlichen und geoffenbarten Religion«.[7] Newman unterscheidet hier am Gewissen den *sense* und die *rules*. Wörtlich übersetzt: den Sinn und die Gesetze. Was heißt das aber?

Schon ein Jahr bevor Newman seine 2. Oxforder Universitätspredigt hält, stellt er in einem Brief fest, daß das Gewissen zunächst als ein instinktiver Sinn erscheint: als ein Empfinden für das Richtige oder Falsche (an *instinctive sense of right or wrong*).[8]

So sagt er dann in seiner Oxforder Predigt: Im »Heidentum gibt es schon Glauben an ein Prinzip außer uns, zu dem der Geist instinktiv hingezogen wird, ein unendlich erhabenes, vollkommenes, unbegreifliches Prinzip.«[9] Die Rede von einem *sense* bzw. die mehr metaphorische Rede von einem Instinkt markiert, daß Newman von einem supra-rationalen Moment in der Gewissensanalyse ausgeht. Er spricht vom Gewissen zunächst in einer Weise, wie auch die Rede ist von einem Sinn für das Schöne, für Musik oder die Kunst. Wer einen Sinn für einen bestimmten Bereich hat, kann unterscheiden, was z.B. ästhetischen Rang hat; und er wird in der Folge vielleicht auch lernen, seine ursprüngliche Intuition zu begründen. Einen Sinn für etwas ha-

---

7   The influence of natural and revealed Religion respectively; OUS II (1830); vgl. G, 23 ff.
8   »As each individual has certain instincts of right and wrong antecedently to reasoning, on which he acts – and rightly so – ... so, I think, has the world of men collectively.« 13.3.1829, Mozley I, 205; par. PPS I, 219 (14.10.1830): instinctive sense of right and wrong.
9   G 24.

ben, ist notwendige, wenn auch nicht hinreichende Bedingung, entsprechendes Wissen in einen bestimmten Bereich auszubilden. Genau dieses zweite Moment bezeichnen die *rules* – die Gesetze, oder vielleicht besser im Deutschen: die Gründe.

*Sense* und *rules* stehen dabei zunächst im Verhältnis einer bestimmten Über- und Unterordnung. Ein Beispiel: Will ich wissen, mit welchem Menschen ich es tun habe, werde ich darauf achten müssen, wofür er einen Sinn, einen *Sensus*, hat. Die intuitiven Wahrnahmen sind für die Eigenart einer Person spezifischer als die Weise, wie sie aus ihrer Intuition rational folgert und begründet. Denn die Gesetze der Logik sind allgemein und gelten für jeden in gleicher Weise. Die Art des Instinktes und Intuition des einzelnen Menschen prägt und bestimmt ihn primär und zunächst. Auch die Weise, wie er sich entwickelt und verändert, beruht mehr auf quasi-instinktiven Orientierungen als auf seine logische Deduktionsfähigkeit, die als rationales Moment (rule), erst im zweiten Schritt an Bedeutung gewinnt.

Bischofberger spricht in diesem Zusammenhang in der Übertragung auf das Gewissen von einer inchoativen Einsicht in Gut und Böse.[10] Diese inchoative Einsicht ist für Newman von allem Anfang an selbstverständlich religiöser Natur, deshalb spricht auch schon 1830 von »religious sense.« Wir werden darauf zurückkommen.

Zunächst gilt es, ein zweites Moment zu entfalten: Das Verhältnis von *sense* und *rules*. Steht der *religious sense* auch am Beginn der Einsicht in die Qualität unseres Handelns, so wird dieses Verstehen, in seinem Verlauf weiter ausgebildet und auch zu rationaler Rechenschaft fähig. Erst durch diese rational-kognitive Fähigkeit wird nun andererseits auch aus der religiös-intuitiven Einsicht – Ja, es gibt Gut und Böse; das Gute ist zu tun und Böse zu meiden – eine wirklich sittlich moralische Führerin. Newman schreibt:

»Immer ist also das Gewissen die Sanktion der natürlichen Religion; ist es ausgebildet (improved), so ist es auch das Gesetz der Moral. Aber hier liegt ein Unterschied: Es ist an sich wesentlich religiös; in der Moral ist es jedoch nicht notwendigerweise Führer, sondern in dem Maße, wie es im Einzelmenschen verfeinert und gefestigt ist« (G 25f).

Mit dieser Argumentation kann Newman Einwände zurückweisen, die sich auf die Unsicherheit des Gewissens beziehen, was konkret das Gute oder Böse in der jeweiligen Situation ist.

»Da haben wir auch die Lösung von Einwänden, die man gegen die Existenz des moralischen Sinnes erhoben hat, weil die Menschen sich über Wert oder Unwert der einzelnen Taten nicht einig sind. Diese Einwände beweisen nur – wenn überhaupt – die Unsicherheit des inneren Gesetzes über Gut und Böse. Aber selbst formal genommen, sind sie nicht gegen die Gewißheit des allgemein religiösen

---

10 BISCHOFBERGER, E.: Die sittlichen Voraussetzungen des Glaubens, aaO, 102.

Sinnes (general religious sense) gerichtet, der sich bei Gewissensbissen und der unbestimmten Vorstellung von einem Übel, das eine Verletzung des Gewissens nach sich zieht, zugleich mitgegeben ist« (G 25f).

In einer ersten vorläufigen Systematisierung kann also festgehalten werden: Das Verhältnis von *religious sense* und *general moral rules* kann am besten im Bild der Zirkelstruktur begriffen werden, deren Einstieg aber im *religious sense* liegt, der absoluten Charakter hat. Der *religious sense* wird in seiner instinktiven Wahrnehmung durch die *general moral rules* gestärkt und bestätigt, die den einzelnen wiederum einfordern hinsichtlich seiner Beurteilung, wie das sittlich Gute richtig, d.h. sachgerecht umgesetzt wird. Wie Newman es formuliert: »Je mehr der innere Warner geachtet und gehört wird, um so klarer, erhabener und mannigfaltiger werden seine Befehle«[11]

### 2.3.2 Der religiöse Charakter des Gewissens: Das unbedingte Gebot und die bedingte Handlung

In seiner Predigt am 4. Adventssonntag 1856 über die *Voraussetzungen für den Glauben (Dispositions for faith)*[12] wendet sich Newman noch einmal der Frage zu, was das Gewissen sagt und ob seine einzelnen Befehle immer klar und konsistent sind.

»Ohne auf die Frage einzugehen, was es sagt, und ob seine Befehle immer so klar und folgerichtig sind, wie sie es sein sollten, behaupte ich, schon sein Dasein drängt uns aus uns und über uns hinaus, daß wir hingehen und in der Höhe und Tiefe nach Dem suchen, dessen Stimme es ist.«[13]

In diesem zweiten Schritt klärt Newman vor allem noch einmal sein Erkenntnisinteresse, das er in all seinen Aussagen über das Gewissensphänomen bewahrt: Es ist ursprünglich ein religiöses Organ. So sagt er vom Gewissen, es sei der wahre Führer der Seele (*main guide of the soul*), der dem ganzen Geschlecht Adams gegeben sei (*given to the whole race of Adam*). Newman begründet natürliche Theologie in einer Phänomenologie des Gewissens. Die religiöse Natur des Menschen, welche auch dem eignet, der von der Selbstmitteilung Gottes in Jesus Christus keine direkte Kenntnis hat, ist dadurch bestimmt, daß sie dem Gewissensspruch ausgesetzt ist. Freilich erwächst ihr darin eine Sehnsucht, die das Gewissen allein nicht zu stillen vermag:

---

11 G, 24.
12 SVO V; vgl. G, 351 und DP X, 78-94, bes. 83ff.
13 DP X, 83f. »I say, without going on to the question, *what* it says, and whether its particular dictates are always as clear and consistent as they might be, its very existence throws us out of ourselves, and beyond ourselves, to go and seek for Him in the height and depth, whose Voice is in us.« SVO, 65.

> »So weckt die Gabe des Gewissens ein Verlangen nach etwas, was es selbst nicht gänzlich zu bieten vermag. Es flößt ... [den Nichtchristen] die Idee von einer autoritativen Führung, von einem göttlichen Gesetz ein und das Verlangen, es in ganzer Fülle, nicht in Bruchstücken oder indirekter Eingebung zu besitzen. Es weckt in ihnen einen Durst, eine Ungeduld nach der Erkenntnis jenes unsichtbaren Herrn, Lenkers und Richters, der einstweilen nur im Verborgenen zu ihnen spricht, der leise zu ihrem Herzen redet (who whispers in their hearts), der ihnen etwas sagt, aber nicht annähernd so viel, wie sie wünschen und brauchen. So seht ihr, Brüder, ein religiöser Mensch , der nicht mit der unfehlbaren Lehre der Offenbarung gesegnet ist, fühlt sich gedrängt, danach auszuschauen (look out), eben aus dem Grund, weil er religiös ist ..... Dies ist die Definition, möchte ich sagen, jedes religiösen Menschen, der von Christus nichts weiß; er hält Ausschau (he is on the look-out).«[14]

Mit dieser Bestimmung des religiösen Menschen als jenem, der auf der Suche ist und ausschaut, ist allerdings noch nicht das Problem gelöst, wie das Gute in der Jeweiligkeit der Situation zu verwirklichen ist. Newman ist hier am religiösen Ursprung des Gewissens interessiert: Sittliches Tun weist wiederum zurück auf religiösen Glauben, der das Sittliche wiederum vollendet.[15] Den Vorrang des Religiösen im Phänomenbereich des Sittlichen hat Newman bereits in einem Text der Dubliner sprachgewaltig und nicht ohne Ironie beschrieben:

> »Spalte erst einmal den Granit mit Rasierklingen und vertäue ein Schiff mit einem Faden von Seide, dann darfst du auch hoffen, mit so feinen Instrumenten wie der menschlichen Bildung und der menschlichen Vernunft gegen jene Riesen, die Leidenschaft und den Stolz des Menschen den Kampf bestehen zu können.«[16]

---

14 DP X, 85. »[T]he gift of conscience raises a desire for what it does not itself fully supply. It inspires in them the idea of authoritative guidance, of divine law; and the desire of possessing it in its fullness, not in mere fragmentary portions or indirect suggestion. It creates in them a thirst, an impatience, for the knowledge of that Unseen Lord, and Governor, and Judge, who as yet speaks to them only secretly, who whispers in their hearts, who tells them something, nut not nearly so much as they wish and as they need. Thus you see, my Brethren, a religious man, who has not the blessing of the infallible teaching of revelation, is led to *look out* for it, for the very reason that he *is* religious. He has something, but not all; and if he did not desire more, it would be a proof that he had not used, that he had not profited by, what he had. Hence he will be on the look-out. Such is the definition, I may say, of every religious man, who has not the knowledge of Christ; he is on the look-out« (SVO 66).

15 BISCHOFBERGER, E.: Die sittlichen Voraussetzungen des Glauben, aaO, 103: »Auch hier zeigt sich das Dilemma, daß das Gewissen viel eher der Freiheit gebietet, *daß* sie das sittlich Richtige zu tun und das Falsche zu lassen habe und so sittlich gut handle, als daß es im einzelnen bestimmt, *was* nun konkret zu verwirklichen sei. Newman ist auch hier zuerst darauf bedacht, die Botschaft von der ›göttlichen Stimme‹ des Gewissens zu verkünstigen, die den Menschen in die Verantwortung ruft.«

16 U 132; vgl. Sermon Notes, 327: Conscience – there are two ways of regarding consciene: ... a taste teaching us to do this or that – echo of God's voice – 29. Mai 1850.

### 2.3.3 Exkurs: Kontexte von Newmans Gewissensauffassung[17]

Newmans Abwehr gilt der liberalistischen Konzeption einer bloßen Selbstgenügsamkeit der Vernunft. Einer seiner Hauptgegner, in dessen Tradition er nichts desto weniger steht, ist Anthony Ashley Cooper, Third Earl of Shaftesbury. Shaftesbury hat den Begriff des *moral sense* in die britische Moralphilosophie eingeführt. Bei ihm jedoch ist der *moral sense* ganz anders bestimmt als bei Newman. Shaftesbury vertritt in der Konsequenz seiner deistischen Ausrichtung die Lehre vom natürlichen, von der Bindung an einen göttlichen Richter unabhängigen Gutsein des Menschen allein aufgrund der Selbstbesinnung. Wenn Newman – wie wir später noch näher sehen werden – das Gewissen bestimmt als Echo der Stimme Gottes im Menschen, dann ist damit genau jene Position markiert, gegen die Shaftesbury polemisiert, wenn er dem Christentum unterstellt, »es [sei] der Feind sittlicher Tugend, weil es den Menschengeist durch das Motiv der Furcht vor Gott und nicht durch die Liebe zum Guten beeinflusse.«[18] Shaftesbury behauptet: »Solange nicht der Wille erfaßt wird und die Neigung durch Einwirkung veredelt wird, sondern nur die Furcht herrscht und zum Gehorsam treibt, so lange ist Gehorsam und alles, was im Gehorsam getan wird, knechtisch und nichts mehr.«[19]

Und umgekehrt gilt, was Shaftesbury ablehnt, das Moment der Furcht, genau dies wird bei Newman zu einem wichtigen Moment der Gewissensanalyse. Die Bindung an Gott äußert sich zunächst in der Phänomenologie Newmans in Furcht. Die Selbstgenügsamkeit kennt demgegenüber keine Furcht. Newman bringt das »Andere der Vernunft« wieder in den Diskurs ein, welches die rationalistische Aufklärung meinte vernachlässigen zu können. Auf diesem Hintergrund ist alles zu hören, was Newman über die Furcht sagt. In ihr schlägt der Andere einen Riß in den Solipsismus des ästhetischen Gentleman-Ideals Shaftesburys[20]: ein Mann, der niemals Unannehmlichkeiten bereitet – ein Mann aber auch ohne Eigenschaften.[21]

Newman bestimmt das Verhältnis letztlich in der Weise, wie Freiheit und Bindung sich nicht ausschließen, sondern die Freiheit von der Bindung an Gott ermöglicht und getragen wird. So kann auch Karl Rahner in Übereinstimmung mit der Tradition feststellen: radikale Abhängigkeit und wirkliche

---

17 Vgl. zum folgenden auch GRÄFRATH, B.: Moral sense und praktische Vernunft. David Humes Ethik und Rechtsphilosophie, Stuttgart 1991, 17-19.
18 U 195.
19 U 195.
20 Vgl. Newmans Aufsatz in: Ders., Vom Wesen der Universität, Mainz 1960 [=AW V], 1818-207: »Geistesbildung in ihrer Beziehung zur Religion«.
21 U 205; he is one who never inflicts pain, UE 227.

Eigenständigkeit des Geschöpfes vom Schöpfer wachsen im gleichem und nicht in umgekehrten Maße.[22]

### 2.3.3 Das Zueinander von Unbedingtheit und Bedingtheit im Gewissen (act of judgment und particular judgment formed)

Die Lösung der Frage, wie unter endlichen Bedingungen dem unbedingten Anspruch religiös initiierter Sittlichkeit entsprochen werden kann, faßt Newman im *Proof of Theism*[23] präziser. Newman gelingt es hier, die Diskussion nach dem Zueinander von Unbedingtheit und Bedingtheit im Gewissen weiterzutreiben. In diesem Zusammenhang greift er im übrigen auch auf die zweite Oxforder Universitätspredigt und die Predigt *dispositions of faith* zurück.[24] »Hier sind also zwei Bedeutungen des Wortes ›Gewissen‹ zu unterscheiden. Es steht entweder für den Vollzug moralischen Urteilens oder für das einzelne Urteil, das sich gebildet hat. Im ersten Fall ist es die Begründung der Religion, im letzteren der Ethik.

Um dies ausführlicher zu erklären: Wenn ich betrüge oder sehr maßlos oder egoistisch bin, so habe ich eine doppelte Empfindung – zunächst, daß ich Unrecht tue, dann, daß ich dieses oder jenes Gesetz überschreite. Die letztgenannte Verurteilung kann ich verändern und doch bleibt die erste <Einsicht>. Wenn in irgendeinem besonderen Fall mein Gewissen falsch ist und es mir gelingt dies einzusehen, dann überprüfe ich mein Urteil in dem besonderen Fall daraufhin, was richtig oder falsch ist, aber keinesfalls schwäche ich dadurch <meinen> Sinn für das Recht und die daraus folgende Verpflichtung.«[25]

---

22 Zitiert bei SCHOCKENHOFF, E.: Ethik des Lebens. Ein theologischer Grundriß, Mainz 1993, 140. Vgl. RAHNER, K.: Grundkurs des Glaubens, Freiburg 1976, 85-87. »Erst dort, wo man sich als freies Subjekt vor Gott verantwortlich erfährt und diese Verantwortung übernimmt, begreift man, was Eigenständigkeit ist und daß sie im selben Maße wächst und nicht abnimmt mit der Herkünftigkeit von Gott. Nur an diesem Punkt geht uns auf, daß der Mensch in einem selbständig und von seinem Grunde her abhängig ist«.

23 Vgl. PhN II, 31-78 (vom 7.11.1859-1868; Verbesserungen bis 1877).

24 Er zitiert hier SVO V (z.B. PhN II, 53) und OUS II, 51.

25 »Here then are two senses of the word conscience. It either stands for the act of moral judgment, or for the particular judgment formed. In the former case it is the foundation of religion, in the latter of ethics.« PhN II, 47f: »To explain this more fully. If I practice deceit, or am grossly intemperate, or commit some very selfish act, I have a double feeling – first that I am transgressing a law, secondly that the law says this or that. This latter conviction I may change & yet the former <notion> will remain. If in any particular case my conscience is false, and I come to see it, then I review my judgment in the particular case about what is right or wrong, but I do not thereby at all weaken … <my> sense of a law and consequent obligation.« (*unterstrichene Hervorhebung: BT*)

Newman zeigt hier, wie der *religious sense* auf der *moral sense* ungetrennt und unvermischt ineinanderspielen: Der religiöse Sinn liegt nicht getrennt neben dem moralischen, sondern Newman kann zeigen: *religious sense* ist der aktive, mit Sanktionen verbundene Erkenntnisvollzug (*act of judgment*), der sich im konkret-partikularen Urteil realisiert und so tatsächlich wird (*particular act of judgment formed*) – freilich um den Preis möglicher Unterbietung und entsprechender Sanktionierung. Dem *act of judgment* als der lebendigen und verdankten Urteilswirklichkeit (so stellt Newman im *Grammar* mit seiner Rede vom *sense of duty* als »Echo der Stimme Gottes« klar), kommt größere Dignität zu: Indem ich die Sanktionen des *religious sense* »empfinde« (wiederum akzentuiert Newman hier das vor- und überrationale Moment), werde ich eins meiner Existenz versichert: *it is bound up in the very idea or fact of my existence*.[26]

Mit Eintrag vom 9. Mai 1868 gibt Newman seinem Philosophischen Notizbuch ein Beispiel dafür, wie die absolute Geltung des Gewissensspruches auch und gerade angesichts der Bedingtheit gilt, unter endlichen Umständen handeln zu müssen:

> »Man mag fragen: Wie kann ein Orakel göttlich sein, das in seinen Antworten nicht unfehlbar ist? Nur, das Gewissen irrt – aber nicht prinzipiell, sondern in Einzelheiten. In seinen Diktaten ist immer etwas Wahres. In keinem der menschlichen Geschlechter gibt es eine Empfindung dafür (feeling), daß es keine Sünde wäre, Kinder und alte Menschen zu töten. Wenn die Leute damals dachten, daß es ein Gottesdienst wäre, die Apostel zu töten, so ist, was das Gewissen ihnen tatsächlich sagte: Blasphemie muß (gemäß dem Mosaischen Gesetz) mit dem Tode bestraft werden. Das Gewissen sagte ihnen nicht, daß die Apostel Blasphemie begangen hatten. Wahrheit und Irrtum sind hier auf Erden immer vermischt.«[27]

Das Gewissen irrt, nicht prinzipiell, sondern in Einzelheiten. Dies tut dem unbedingten Anspruch des Gebotes des Gewissens im *sense of duty* keinen Abbruch: Das Gebot »Du sollst das Gute unter endlichen Bedingungen tun« muß unbedingt realisiert werden.

---

26 PhN II, 49. Die Person wird am Gewissen (also ethisch) zur Person und nicht folgernden Urteil im Sinne des »cogito ergo sum« Descartes.

27 »It may asked, How can an oracle be divine, which is not infallible in its answers? But conscience errs, not in principles, but in details. There is always something true in its dictates. There is in no races of men a feeling of its being sin not to kill children & old men. If [-men] <Jews> thought that putting the Apostles to death was doing God service, what conscience really told them was that blásphemy should (according to the Mosaic Law) be punished with death, not that the Apostles were blasphemers. Truth & falsehood are ever intermingled here below.« PhN II, 58.

### 2.3.4 Die abschließende Sicht Newmans auf das Gewissen: Die Stimme Gottes und die Antwort des Menschen

Im »Grammar of Assent« von 1870 wird das Gewissen im *sense of duty* als »Echo einer Ermahnung von außen«[28] vorgestellt. »Die göttliche Stimme ruft aber nicht dem Menschen zu: Tu dies und laß jenes, sondern sie ist gleichsam immer hinter ihm her, fordert ihn auf, nötigenfalls herrscht sie ihn an, sein sittliches Urteilsvermögen und seine Freiheit wahrzunehmen und das sittlich Richtige zu tun.«[29]

Entscheidend bleibt für Newman in *der Zustimmungslehre* der *sense of duty*: Er darauf gerichtet, das *Echo der Stimme einer – die menschliche Person unbedingt einfordernden unendlichen Person* wahrzunehmen. Denn Person ist wesentlich auf Person resonant; insofern ist der *sense of duty* von grundlegend personalem Charakter; wohingegen der *moral sense* der spezifisch *menschliche* Sinn für das Richtige oder Falsche hier und jetzt ist. In dieser letztgenannten Bedeutung geht es darum, »sachgemäß« zu handeln. Dies setzt wiederum personale Kompetenz voraus, welche sich in und aus der Erfahrung bei gleichzeitiger Einübung im Hören auf den Gewissensspruch ausbildet. Wiederum zeigt sich: Das Gewissen als Index liegt nicht einfachhin neben dem Judex – der Index wird vielmehr verfeinert und tauglicher, wo er sich dem Judex stellt. Die terminologische Unterscheidung von Index und Judex findet sich als ein im philosophischen Notizbuch festgehaltenes Zitat von Justus Lipsius von 1637: »Est autem conscientia ... bonorum malorumque facinorum iudex et index.«[30]

Übersicht: Schematische Darstellung der Gewissenslehre Newmans

| Gewissen | sense of duty<br>general religious sense<br>act of moral judgment | moral sense<br>rule of morals<br>particular judgment formed |
|---|---|---|
| Herkunft | Stimme Gottes | menschliche Folgerung |
| Eigenart | Judex<br>unbedingt | Index<br>bedingt, wenn dies so oder so ist, dann... |
| Bereich | personal<br>gut oder böse | sachgerecht<br>sittlich richtig oder falsch im Einzelfall |

---

28 Z 73.
29 BISCHOFBERGER, E.: Die sittlichen Voraussetzungen des Glaubens, aaO, 108.
30 PhN II, 54.

Hier schließt sich der Kreis: Vielleicht allein in einer Kreaturtheologie – in ihr aber gewiß – ist das Gewissen jener Ort, den sich das göttliche Wort für seine Ankunft im Menschen bereitet hat.

»Das Gewissen ist weder weitsichtige Selbstsucht noch das Verlangen, mit sich selbst in Einklang zu stehen; sondern es ist ein Bote von Ihm, der sowohl in der Natur als auch in der Gnade hinter einem Schleier zu uns spricht und uns durch seine Stellvertreter lehrt und regiert. Das Gewissen ist der ursprüngliche Statthalter Christi, ein Prophet in seinen Mahnungen, ein Monarch in seiner Bestimmtheit, ein Priester in seinen Segnungen und Bannflüchen. Selbst wenn das ewige Priestertum in der Kirche aufhören könnte zu existieren, würde im Gewissen das priesterliche Prinzip fortbestehen... «.[31]

*Fassen wir zusammen:* Newmans Zugang zu Gott eröffnet sich vom Gewissen her und seine Konzeption des Gewissens von Gott her. Mit Eberhard Schockenhoff gesprochen: »Das Gewissen ist nicht nur eine Stimme des Inneren, die zu sich selbst ruft [und ihn zwischen gut und böse unterschieden läßt], sondern auch zum Inneren des Menschen als göttliche Anrede, die neue Möglichkeiten des Handelns wirksam zuspricht.«[32] Dies bedeutet: Wer Verantwortung trägt vor seinem Gewissen, trägt auch Verantwortung für sein Gewissen.

## 3 Die Aktualität des Gewissens: Handeln im Raum von Institutionen

Wie steht es nun um die Aktualität des Gewissensphänomens in unserer Zeit? Es gibt nun viele Felder, für die man zeigen kann, wie bedeutsam das Gewissen als Befähigung und Herausforderung zur *conversio continua* ist. Eines dieser Felder schien zur Zeit Newmans weniger akut, beschäftigt uns aber – nicht zuletzt auch im Bereich der Kirche unserer Tage – zentral: das Verhältnis von Institutionen, Handeln und konversionsbereiten, d.h. gewissenhaften Menschen. Es scheint, daß uns die großen Institutionen vom Handeln und vom Gewissensanspruch zu entlasten drohen und daß wir zurückfinden müssen zur Eigenverantwortlichkeit, deren großer prophetischer Anwalt Newman war — sonst hätte seine Insistenz auf dem Gewissen keinen Sinn. Deshalb finden wir bei ihm auch wesentliches zur Kritik unserer moderner Grundverhältnisse. Der genaue Ort ist seine Auseinandersetzung mit

---

31 P 162.
32 Vgl. SCHOCKENHOFF, E.: Das umstrittene Gewisen. Eine theologische Grundlegung, Mainz 1990, 55ff [=UG].

dem Liberalismus und Rationalismus seiner Zeit, der in verwandeltem Kostüm auch heute begegnet.

Wo geschieht Handeln, das gewissenhaft ist? Handeln geschieht nicht nur als privates Tun im engsten sozialen Kreis, sondern wird weitgehend durch Institutionen ermöglicht und geschützt: So ist die Schule eine Institution, in der Lehren, Lernen und Erziehen als Handlungsvollzug ihren Ort haben; in den Parteien und staatlichen Einrichtungen geht es um politisches Handeln: Institutionen sind dafür da, daß Handeln möglich wird und bleibt — und nicht zuletzt auch Kirche kann unter dem Gesichtspunkt verstehen und analysieren, daß in ihr eine Praxis, nämlich der Glaube ermöglicht wird. Nun ist Quantität und Qualität der institutionellen Bestimmtheit des Menschen in unserem Jahrhundert gegenüber dem 19 Jahrhundert immens gewachsen – mit ihnen auch das »Unbehagen an der Institution«. Angesichts dieser Situation hat Alsdare McIntyre darauf hingewiesen, daß dieses Unbehagen damit zusammenhängt, daß sich drei Wirklichkeiten sich von einander zu separieren drohen, die innerlich zutiefst zusammengehören und die – wer Newman folgt – untrennbar zusammensehen muß: Die Praxis, den handelnde Menschen und die Institution.[33]

Institutionen garantieren Rahmenbedingungen: Sie sind auf äußerliche Güter gerichtet. Wer in einer Universität arbeitet, erfährt das anläßlich von Mittelkürzungen und allfälligen administrativen Regelung – sind sie auch notwendig, so machen sie dennoch nicht das Wesen der Universität aus. Ein anderes Beispiel: Soll Erziehung in der Schule möglich sein, dann bedarf der Räume, eines Zeitplanes, der Errichtung einer Ordnung, in der Erziehung und Bildung möglich sind. Nun wissen wir aber alle, wie leicht diese äußeren Rahmenbedingungen sich lösen von dem, wozu es sie eigentlich gibt.

Es gibt sie, damit eine Handlung möglich ist, die sich auf innere Güter richtet: Im Beispiel der Erziehung auf Selbsttätigkeit und Bildsamkeit (zu Freiheit, Geschichtlichkeit und Sprache, D. Benner). Im Beispiel der Universität auf – um Newman zu zitieren – liberal knowlegde – in der Politik, damit die Freiheiten in ein Gefüge kommen. All dies ist nicht durch Techniken ablösbar: In der Erziehung nicht durch Erziehungstechnik, in der Politik nicht durch Experten, in der Universität nicht durch Administration. Es bedarf vielmehr, damit Praxis Praxis bleibt – und dies ist der zentrale Gedanke – unverzichtbar des gewissenhaften Menschen. Nur er kann dafür sorgen, daß die Praxis nicht verdirbt, sich nicht veräußerlicht, das Rahmenbedingungen nicht die inneren Zielsetzung des Handelns verstellen oder gar zerstören.

Moderne Institutionen schaffen ihre eigene Regeln. Ihre Logik ist nicht aus Papier, sondern aus Eisen. Ihre Akteure sind Experten, die nach Sachlogik

---

33 MACINTYRE, A.: After Virtue. A Study in Moral Theory, Notre Dame (Indiana) ²1984, deutsch.: Der Verlust der Tugend. Zur moralischen Krise der Gegenwart, Frankfurt/M. 1995, 260.

handeln und auf Effizienz achten müssen. Dies wird sich nicht ändern lassen. Auch für die Politik als gilt ähnliches: Auch die Politik droht sich Experten auszuliefern, droht fällige Entscheidungen, die gewissenhaft getroffen werden wollen den Sachlogikern zu überlassen. Newman hat gezeigt, daß sich Denken und Handeln nicht voneinander getrennt werden dürfen, weil sonst der Mensch mit seiner Logik und damit auch mit seiner Verantwortlichkeit verschwindet.

Er entwickelte seine Lehre vom Gewissen angesichts zweier Bedrohungen, welche die Glaubensmöglichkeit in seiner Zeit einschränkten: Rationalismus und Liberalismus. Der Rationalismus drohte die Glaubenslogik als Handlungslogik in Frage zu stellen, weil er negiert, daß die Logik des Glaubens immer die Logik des konkret Glaubenden ist. Der Glaubende kann sich von seiner Praxis selber glauben zu dürfen und zu müssen durch kein scheinbar einwanddichtes Glaubenssystem entlasten. Deshalb ist für Newman auch ein von der Glaubenstat ablösbarer »demonstrabler« d.h. von der allgemeinen Vernunft ausgehender Gottesbeweis auch recht uninteressant. Wenn Newman den Rationalismus angreift, um den Glauben zu verteidigen, so verteidigt er ineins mit dem Glauben auch das Handeln und dessen Nichtsubstituierbarkeit durch Systeme.

Die andere Seite des Rationalismus zeigt sich in der liberalen Auffassung der Religion, die diese zur bloßen Meinungssache herabmindert.[34] Der Liberalismus macht die Religion und ineins das Handeln verantwortungslos, weil er beidem kein Wahrheitsrecht zuerkennt Indem er den Rationalismus als Übertreten der Grenzen des Rechtes einer allgemeinen Vernunft und den Liberalismus entsprechend als Beschränkung auf Meinungen (Doxa) zur Wahrheitsfindung und als Verdrängung der Ersten Prinzipien für die Wahrheitsfindung deutete, prangert er die abgründige Dialektik an von zwei scheinbar entgegengesetzten Grenzüberschreitungen auf als spiegelbildliche Aberrationen von der wahren Mitte auf.

Was hat dies nun mit der Frage nach den Institutionen zu tun? Newmans Denken erscheint dort von höchster Aktualität, wo es eindringlich mahnt, uns nicht damit abzufinden, von der Plage eigener Verantwortung entlastet zu werden: Erziehung, Politik und Glaube sind Praxen. Sie müssen deshalb verantwortet werden – nicht durch Institutionen, sondern durch Menschen, die diese Praxen ausüben. Es gilt, zu uns als Handelnde umzukehren – erst dann wird *conversio continua*, als dessen Organ Newman das Gewissen verstand, möglich in einer Zeit, die des Maßes bedarf.

---

34 »Liberalism consists in looking at all conclusions <in religions> as strong only in proportion to the strength of their premises (vid Locke) or *resolving all beliefs into opinions*. For this purpose it denies that a moral <certain ethical> state of mind is necessary out <in> pe. <and> of which the perception of first principles in religions and methods of reasoning come to life and exercise.« PhN II, 170; herv. BT.

Lothar Kuld

# Konversion und autobiographische Kontinuität in Newmans *Apologia*

## 1 Der Schreibanlaß

In der verregneten Nacht vom 8. auf den 9. Oktober 1845 bittet der frühere Fellow des Oriel-College, Oxford, Prediger der Universitätskirche St.Mary, und einst führende Kopf der sog. Oxfordbewegung, die eine Reform der Kirche von England aus dem Geist der Väterkirche bewirken wollte, John Henry Newman, den vorbeireisenden italienischen Passionister-Pater Domenico Barberi (1792-1849) um die Aufnahme in die römisch-katholische Kirche. Die viktorianische Öffentlichkeit ist entsetzt. Ein so brillianter Kopf wie Newman ausgerechnet in den Armen der Kirche von Rom! Dieser Schritt war zwar für Newmans Freunde nicht ganz überraschend gekommen. Schließlich hatte er zwei Jahre zuvor sein Pfarramt in Oxford aufgegeben und hatte es bis hin zu einer Falschmeldung in der Presse genug Gerüchte über den bevorstehenden Schritt gegeben. Dennoch erschien vielen Zeitgenossen Newmans Konversion als unbegreiflich, und man reagierte entsprechend irrational, machte ihn für weitere Konversionen in jenen Jahren verantwortlich und sah in all dem ein unehrliches Spiel Newmans. Newman konnte und wollte gegen solchen Argwohn nichts unternehmen.

Er wußte, daß seine Konversion den Abschied von Freunden bedeutete, den Wechsel der Milieus, den Verlust der Arbeitsstelle und Einkünfte, das Ende seiner kirchlichen und beruflichen Karriere; aber er wußte auch, und das war entscheidend, daß diese Konversion kein Bruch in seiner religiösen Lebenslinie war. Der Augenblick, diese Kontinuität seiner religiösen Überzeugungen darlegen zu können, kam ganz unerwartet, fast zwanzig Jahre nach seiner Konversion.

Charles Kingsley (1819-1875), ein damals bekannter Romancier und Prof. der neueren Geschichte in Cambridge, schreibt im Januar 1864 in Macmillans Magazine einen kleinen Artikel, in dem er in einer Nebenbemerkung dem katholischen Klerus einen fundamentalen Mangel an Wahrhaftigkeit vorwirft, wofür J.H.Newman ein Beispiel sei. »Wahrhaftigkeit um ihrer selbst willen ist nie eine Tugend des römischen Klerus gewesen. P. Newman belehrt uns, daß sie das nicht zu sein brauche und im allgemeinen nicht einmal sein sollte, daß List die Waffe ist, welche der Himmel den Heiligen gibt, um der rohen, bösen Macht der gottlosen Welt [...] zu widerstehen.«

Süffisant, Newman gleichsam von seiner Kirche noch einmal isolierend, fügt Kingsley hinzu: »Ob [Newmans] Auffassung eine korrekte Wiedergabe der kirchlichen Lehre ist oder nicht, bleibt gleichgültig; historisch ist sie auf alle Fälle.«[1] Als Newman von Kingsley Beweise für diese ungeheure Behauptung verlangt, gibt dieser Newmans Predigt über »Klugheit und Einfalt« (1843, DP IX, 321 ff) an und bedauert sein »Mißverständnis«. Newman veröffentlichte diese Korrespondenz, woraufhin Kingsley die Flugschrift: »Was meint Dr. Newman eigentlich?« (20.3.1864) publiziert. Der Titel sagt schon, worum es Kingsley geht: Newman sei ein Mann, dem man kein Wort glauben dürfe.

Newman zögert nur kurz. Dann entschließt er sich, »zu zeigen, was ich bin, damit man sieht, was ich nicht bin« (A 18). Er schreibt die Geschichte seiner religiösen Überzeugungen, die zuerst als Flugschrift in sieben wöchentlichen Lieferungen und dann unter dem Titel *Apologia pro vita sua* als Buch (1864) erscheint.

## 2 Konversion in der Lebensgeschichte – Newmans APOLOGIA

Die *Apologia* ist zunächst das, was ihr Untertitel ankündigt: eine Geschichte der religiösen Überzeugungen Newmans, eine Antwort auf Charles Kingsley und all jene, die sich über den Verlauf der Entwicklung seiner religiösen Überzeugungen vielleicht Fragen stellen. Im Blick auf diese Adressaten sagt Newman einleitend: »Ich will, soweit das möglich ist, die Geschichte meines Geistes schreiben; [...] ich muß [...] Rechenschaft geben über die Tatsache, die vielen so seltsam erscheint, daß ich wegen einer Kirche [...] ›Verwandtschaft und Vaterhaus‹ verließ« (A 16 f).

Die entscheidenden Jahre sind für Newman die Jahre zwischen 1839-1845. Was danach kommt, ist im gestellten Problemhorizont unerheblich, was davor liegt, kann einiges erklären. Newman greift deshalb weit zurück. Die Geschichte seiner religiös bewußten Überzeugungen beginne, sagt er, mit der Entdeckung des 15jährigen, »daß es zwei und nur *zwei Wesen* gebe, die absolut und von einleuchtender Selbstverständlichkeit sind: *ich selbst und mein Schöpfer*« (A 22, vgl. 229, 278). Diese Entdeckung habe eine »innere Umkehr« bewirkt, eine Bekehrung zu Gott hin und Intensivierung seiner Gottesbeziehung, von der er zeitlebens und auch jetzt zur Zeit der Abfassung der

---

1 Zit.v. Newman in der Einleitung zur *Apologia*. – J.H.Newman, Apologia pro vita sua. Geschichte meiner religiösen Überzeugungen, Übers. v. M. Knoepfler, Mainz [1951], S. 3 (= Bd. I der Ausgewählten Werke von John Henry Newman, hrsg. v. M.LAROS / W.BECKER. Die Zitate im Text sind dieser Ausgabe entnommen. Im folgenden zit. A); vgl. LD XX, 671 f. – Zur Auseinandersetzung Newmans mit Kingsley siehe die Einleitung von M.J.SVAGLIC zur kritischen englischen Ausgabe der *Apologia*, Oxford 1967.

*Apologia* (1864) noch »fester überzeugt« sei, »als daß ich Hände und Füße habe« (A 22).

In der Tat enthält die Bekehrung mit 15 im Kern das Grundmuster der Newmanschen Gottesbeziehung: Ich selbst und mein Schöpfer, das er dann im weiteren Lebensverlauf variieren, entfalten und differenzieren wird. Im Kern aber ist es ab dem 16. Lebensjahr Newmans da, und so nimmt diese nach allem, was man weiß, evangelikal gefärbte Bekehrung mit 15 provisorisch die gesamte religiöse Lebensgeschichte Newmans schon vorweg. Newman nennt in den kritischen Wochen seiner Krankheit in Sizilien – er ist jetzt 32 Jahre alt – diese Beziehung metaphorisch auch die Führung durch das Licht, und er identifiziert sie als vierzigjähriger, als er sich die Frage vorlegt, ob er nicht einer anderen Glaubensgemeinschaft beitreten müsse, mit der Stimme seines Gewissens (A 268).

Newmans Glaubensgeschichte variiert also das eine Thema seiner Gottesbeziehung als die Geschichte einer großen Konversion. Die Konversion zur römisch-katholischen Kirche ist darin eingebunden. Die Schritte im Vorfeld dieser Konversion beleuchtet Newman, dem Schreibanlaß entsprechend, in der *Apologia* mit besonderer Sorgfalt. Ihre Vorgeschichte reicht bis in die 30ger Jahre seines Lebens zurück.

Man habe, sagt Newman einleitend über diese Jahre, allerdings nicht »eine romantische Geschichte zu erwarten« (A 57), er meint damit: Eine plötzliche Umkehr oder irgendein dramatisches Ereignis, von dem die Bekehrungsliteratur des 18. und 19. Jahrhunderts puritanischer und evangelikaler Provenienz voll ist und die Newman gut kannte (vgl. A 22 f.). Nichts von all dem fand in seinem Leben statt, sagt Newman. Wovon er als erstes zu sprechen habe, sei seine Option für die anglikanische Kirche, die sein Engagement in der anglokatholischen Reformbewegung, der sog. Oxfordbewegung, begründet.

»Sie [die Kirche von England] zu verlassen, kam mir nie in den Sinn, wohl aber stand der Gedanke mir ständig vor der Seele, daß es etwas Größeres geben müsse als die Staatskirche und daß dieses Größere die am Anfang gestiftete katholische und apostolische Kirche sei, von der unsere Kirche nur die lokale Verkörperung und das Organ war. Wenn sie das nicht war, dann war sie überhaupt nichts. Es mußte mit aller Kraft gehandelt werden, um ihr zu helfen, sonst war sie verloren. Sie bedurfte einer zweiten Reformation« (A 52). Scheinbar widersprüchlich bricht Newman im Anschluß an diese Proklamation zu einer Mittelmeerreise auf. Die Reise (1832/33) erscheint wie ein Moratorium, ein Handlungsaufschub; aber näher betrachtet leitet sie schon eine Neuorientierung ein. Zwei gegenläufige Tendenzen laufen nach Newmans Rückkehr parallel: Er wird ein Wortführer der anglikanischen Reformbewegung und er sieht mehr und mehr für sich die Notwendigkeit, diese Kirche verlassen zu müssen. Die Mittelmeerreise von 1832/33 nimmt für Newman im Rückblick beide Bedeutungen an. Sie verschafft ihm Distanz zu den Problemen in Oxford, und zugleich übt er mit dieser Reise den Abschied von Freunden ein und den Wechsel seiner geistigen Heimat. »Nun trat für mich eine große Wendung ein: ich verließ meine geregelte Lehrtätigkeit und einen gelehrten, stillen und liebenswürdigen Freundeskreis, in dem ich die letzten sechs Jahre verlebt hatte, um hinauszuziehen in fremde Länder und in eine unbekannte Zukunft« (A 52). Der geographische Raum wird zum Bild für den zu durchschreitenden geistigen Raum, die äußere Bewegung weist auf die innere: »Daher kam mir unwillkürlich der Gedanke, daß auch innere Umwandlungen und ein weiterer Wirkungskreis meiner warteten« (A 52). Die äußere Reise ist eine innere. Das erklärt das Verhalten Newmans auf dieser Reise. Er nimmt mit Einheimischen so gut wie keinen Kontakt auf. »Vom Verkehr mit Katholiken hielten wir uns auf der ganzen Reise fern« (A 53). »Ich sah nur das Äußere; vom inneren Leben der Katholiken hatte ich keine Ahnung.« (ebd.) Nicht die Fremde, sondern das, was er verlassen hat, schlägt ihn in Bann. »Immer mehr zog es mich in mich selbst zurück; ich fühlte meine Einsamkeit. England allein lag mir im Sinn.« (ebd.) Aber anstatt mit seinen Begleitern heimzukehren, geht Newman – wieder scheinbar paradox – nach Sizilien, wo er schwer erkrankt.[2]

Doch die Reise [– in der Skizze »Meine Krankheit in Sizilien« war es noch die Krankheit –] zeitigt eine Lösung. Newman weiß am Ende, was er zu tun hat: »Ich habe ein Werk in England zu vollbringen« (A 55). Dieses Werk ist der anglokatholische Reformversuch der Oxfordbewegung. Dieser Versuch dauert für Newman von 1833 bis 1841 (vgl. A 100). Newman ist auf dem Höhepunkt seiner Wirksamkeit. Er hat »das Bewußtsein, im Dienste eines Werkes zu stehen, von dem ich geträumt hatte und das ich für grundlegend und fruchtbar hielt. Ein unbedingtes Vertrauen in unsere Sache beseelte mich« (A 65). Und: »Menschlich betrachtet war es die glücklichste Zeit meines Lebens. Ich war wirklich daheim« (A 100).

Und doch, gleichsam hinterrücks bahnt sich in Newmans Kampf um die wahre Kirche aus dem Geist der Väterkirche seine Konversion zur katholischen Kirche an. Von 1841 an unternimmt er eine Art Raumbeschreibung

---

2 D.CAPPS hat die Sizilienreise Newmans als Eskapismus gedeutet. Newman sei sich im unklaren, welches Leben Gott von ihm fordere: das nach dem Konflikt mit Hawkins mehr oder weniger erzwungene, zurückgezogene Leben eines Privatgelehrten oder die Rückkehr in den Kampf gegen den Liberalismus in Oxford. Die Krankheit lasse Newman begreifen, daß seine Fahrt nach Sizilien eine Flucht in ein kindliches Paradies ist – in der Tat empfindet Newman die Landschaft als Paradies – und eine Flucht vor seiner Aufgabe in Oxford. So kämpfe nun Gott gegen den sich seiner Berufung entziehenden Mann. Die Nähe dieser Konstellation zur Jonaerzählung liegt auf der Hand. Die Genesung gibt Newman – wie Jona die Rettung aus dem Meer – eine zweite Chance, seine Mission zu erfüllen. (CAPPS, Newman's Illness in Sicily, in: The biographical process, ed. by F.E.REYNOLDS, Den Haag 1976, 201-220) In dem Gedicht »Lead kindley Light« bekennt Newman diese metanoia. Bekehrt von seinem »Eigensinn« unterwirft er sich dem »Licht«.

zwischen Anglikanismus und Katholizismus. Er dachte, die katholische Kirche habe die Katholizität, der Anglikanismus die Apostolizität bewahrt (vgl. A 186). Dann: es gebe eine »via media«, einen mittleren Weg zwischen Protestantismus und Katholizismus. Diese Position zerbricht über dem Studium der Häresien in der Kirche der Väter (A 147, 174, 186, 200). Und sie löst sich unter dem Satz des Augustinus: »Securus judicat orbis terrarum«, »vollständig in Staub auf« (A 144). Ab 1843 ist er »noch nicht Katholik, aber [...] mit der Wahrscheinlichkeit vor Augen, daß ich eines Tages werden müsse, was ich jetzt noch nicht war« (A 217).

Die »via media« wird schließlich Papier, als der anglikanische Episkopat eine, wie Newman es verstand, katholische Auslegung der 39 Artikel der Anglikanischen Kirche ablehnt. Damit fehlt für ihn seiner Kirche, was die katholische Kirche bewahrt hat. »Wir waren Samaria« (A 183, vgl. 235, A.67). Die Anglikaner waren die »Semiarianer«. Nur »Rom [war] jetzt noch dasselbe [...] wie damals« (A 168). »Nach und nach« gibt Newman nun nicht ohne Widerstand »den anglikanischen Standpunkt« auf (A 179). Er muß viel überwinden: seine »eingefleischte Furcht vor Rom« (A 195), die Schwierigkeit, wie er seinen Zustand seinen Freunden mitteilen soll, schließlich die Befürchtung: »Was für eine innere Bürgschaft hatte ich, daß ich meinen Glauben nicht wieder wechseln würde, wenn ich Katholik war?« (A 264) Knapp neunzehn Jahre nach dieser Zeit (A 311) schreibt Newman die *Apologia*. In dieser Zwischenzeit, sagt er, habe er »keine Änderungen mehr durchgemacht« (A 275). Er lebe seit seiner Konversion »in vollkommenem Frieden und ungestörter innerer Ruhe«, »ohne je von einem einzigen Zweifel heimgesucht zu werden« (A 275).

Wie ist das möglich? Newman verweist hier auf seine Gottesbeziehung, von der er zu Beginn der *Apologia* schon gesprochen hat. Diese Beziehung ist für ihn so präsent und selbstverständlich, daß er »die Welt« nur als totales Gegenverhältnis, als einen Ort völliger Gottvergessenheit wahrnehmen kann. »Wenn ich in einen Spiegel blickte und darin mein Gesicht nicht sähe, so hätte ich ungefähr dasselbe Gefühl, das mich jetzt überkommt, wenn ich die lebendige, geschäftige Welt betrachte und das Spiegelbild ihres Schöpfers nicht in ihr finde. Das ist für mich eine der großen Schwierigkeiten dieser unbedingten, ersten Wahrheit, von der ich gesprochen habe. Wäre es nicht diese Stimme, die so deutlich in meinem Herzen spricht [...]« (A 278 f.).

War dies nicht schon die Entdeckung des 15jährigen? Gewiß; aber dort war diese Entdeckung in das Erleben eines Menschen eingebunden gewesen, der sich in der Spiegelung gegenüber einem anderen erfährt – entwicklungspsychologisch ist das ein typischer Ausdruck jugendlicher Religiosität. Danach, in seiner Krise um 30, formuliert Newman seine Zugehörigkeit zur anglikanischen Glaubensgemeinschaft als bewußte Option, die ihr Zentrum in ihm selbst hat. Zugleich legt aber die Metapher vom »Licht«, dem er folge, auch die Spur für weitere Entwicklungen. Die Treue zum ›Licht‹ führt Newman aus der Sicherheit im Schoß seiner anglo-katholischen Glaubensgemeinschaft unaufhaltsam heraus. Als Newman Zweifel an seiner Option zugunsten dieser anglikanischen Position kommen und ihm seine Konstruktion von Glaube und Glaubensgeschichte zu zerbrechen droht, stellt er sich die Frage: »Kann *ich* (ganz persönlich, nicht ein anderer, sondern kann *ich*) in der englischen Kirche selig werden? Könnte ich noch in dieser Nacht ruhig sterben? Ist es eine Todsünde für *mich*, nicht einer anderen Gemeinschaft beizutreten?« (A 268) Diese Frage verunsichert Newman zutiefst, und er löst diese Spannung dadurch, daß er sich selbst mit seinen Vorstellungen in der Beziehung zum Gott seines Gewissens relativiert. Umkehr und Bekehrung, Krankheit, Reise, Exil, Fremde und Heimkehr sind nun die Metaphern, mit denen Newman tastend Schritt für Schritt seine religiöse Suchbewegung beschreibt. Ihr Ergebnis sei »Friede«. So sagt es Newman am Schluß seiner Bekehrungsgeschichte.

## 3 Hat Newman sein Ziel erreicht?

Autobiographische Texte beruhen auf einem Pakt zwischen Leser und Autor.[3] Sie geben das Versprechen, daß Autor, Erzähler und Protagonist der Geschichte identisch sind. Der Autor, dessen Name auf dem Buchdeckel steht, versichert, mit dem Erzähler, der im Text spricht, und mit demjenigen, von dem erzählt wird, identisch zu sein. Übertragen wir diese Einsicht in die Produktions- und Rezeptionsvoraussetzungen autobiographischer Texte auf den Entstehungszusammenhang der *Apologia*, dann stehen wir vor der prekären Lage, daß im Falle der *Apologia* nach Kingsleys Attacke diese Voraussetzungen gerade nicht gegeben sind. Als Autobiographie kann dieser Text aber nur funktionieren, wenn der Leser die Identität der Namen durch seine Lektüre bestätigt. Genau vor solcher Zustimmung hat Kingsley mit seiner Verwirrung mimenden Frage »Was meint Dr. Newman eigentlich ?« gewarnt.

Bedenkt man diese Ausgangslage der Newmanschen Autobiographie, dann begreift man, daß Newman sein Vorhaben »das größte« Wagnis und Experiment seines Lebens genannt hat und einen »Wahnsinn«, überhaupt damit zu beginnen, wenn er, Newman, »nicht des gewollten Enderfolgs sicher [gewesen] wäre«(A 118). Die Aufgabe treibt Newman an den Rand der physischen und psychischen Erschöpfung. Einem Freund schreibt er, (als er an den Jahren über seine Oxforder Zeit arbeitet): »Ich kam nicht voran vor Weinen vom Anfang bis zum Schluß« (LD XXI, 99). Einem andern: »Ich war niemals unter solcher Anstrengung des Kopfes und solcher Pein des Herzens...mir kamen beständig die Tränen ... Ich bin sicher, kühlen Blutes oder einen

---

3  Vgl. PH. LEJEUNE, Der autobiographische Pakt, Frankfurt 1994

Monat später hätte ich nicht sagen können, was ich sage.« Hinzu kam die Angst: »Daß ich nicht gut sage, was so wichtig ist« (LD XXI, 107).[4]

Newman nennt seine Arbeit eine »schmerzhafte Operation« (A 117). Er weiß, daß er »alte Wunden« (A 118) aufreißt; aber er weiß auch, daß er nicht anders kann, wenn er zeigen will, wer er in all den Jahren als Anglikaner war und wer er jetzt als Katholik ist. Das Ergebnis seiner Erinnerungsarbeit ist eine Lebens- und Glaubensgeschichte, die relativ stabile Phasen *und* dramatische Übergänge kennt, Übergänge, in denen zwangsläufig Vorhandes aufgelöst und Neuorientierungen und Neubewertungen des Lebensglaubens unausweichlich sind. Newman expliziert in diesem Sinne Glaubensgeschichte als Konversionsgeschichte. Konversion ist dabei Inhalt und Konstruktionsprinzip. In der Perspektive dieses Konstrukts erscheint Newmans Konversion zur römisch-katholischen Kirche als Folge einer über alle scheinbaren Brüche und Ungereimtheiten hinweg in sich stimmigen glaubensgeschichtlichen Entwicklungslinie. Als ein Buch, das diesen Nachweis erbringt, wurde die *Apologia* bald nach ihrem Erscheinen von Katholiken und Anglikanern begeistert aufgenommen. Newmans viktorianische Zeitgenossen waren mit ihm versöhnt. Als ein Glanzstück autobiographischer Literatur des 19. Jahrhunderts gilt sie bis heute.

## 4 Religionspädagogische Notiz zum Konversionsphänomen

Angesichts der heute gegebenen Pluralität der Glaubensstile stößt die Bekehrungsgeschichte Newmans immer wieder auf Unverständnis. Konversionen erscheinen als nun wirklich nicht mehr zeitgemäß. Innerhalb der Religionspädagogik ist dieser Begriff fast vergessen. Der Grund dieses Unverständnisses ist in der Regel eine konfessionalistische Engführung des Konversionsbegriffs. Newman, darin dem Milieudenken seiner Zeit voraus, beschreibt seine Konversion aber nicht einfach als Wechsel der kirchlichen Szene, sondern als Konkretion seiner Gottesbeziehung. Schaut man seine Konversion unter dieser Perspektive an, dann versteht man erst, daß Newman hier wie dort nichts anderes als den Ort dieser Beziehung in dieser Welt sucht und er deshalb nichts zu widerrufen oder zu verleugnen braucht von dem, was ihm auf diesem Weg einmal als richtig erschien. Newmans Gotteserfahrung brachte ihn dazu, seine Glaubensgeschichte als Konversionsgeschichte zu verstehen. Diese Geschichte hat ihr ganz eigenes Tempo und geht mitunter mäandrische Wege. Nichts konnte Newman in ihr forcieren, und erst im nachhinein wird

---

4  Vgl. G.BIEMER, Stufen des Glaubens. Newmans Treue zur inneren Stimme, in: G.GRESHAKE (Hg.), Ruf Gottes – Antwort des Menschen. Zur Berufung des Christen in Kirche und Welt, Würzburg 1991, 218

sie überschaubar. Sie liegt damit quer zu aller religionspädagogischen Forschheit.

Eine zweite Lehre, die aus Newmans Konversionsgeschichte zu ziehen ist, betrifft den Konversionsbegriff. Es zeigt sich, daß dieser Begriff im Kontext heutiger Ökumene neu bedacht und für die religionspädagogische Begriffsbildung wiedergewonnen werden sollte, damit Glaubensgeschichten als Bekehrungsgeschichten verstehbar bleiben.

## II. Biographien im Gespräch mit J. H. Newman

VICTOR CONZEMIUS

## Hätte sich Ignaz von Döllinger »Guten Gewissens« bekehren können?

Das Thema ist als Frage formuliert. Die Spannung wird nicht aufgehoben, wenn gleich zu Anfang ausgeschlossen wird, daß der seit dem 17.April 1871 mit dem großen Kirchenbann belegte Ignaz v.Döllinger sich »guten Gewissens« hätte bekehren können.[1] Was heißt hier »gutes Gewissen« und was heißt »Bekehrung«? Döllinger hatte ein gutes Gewissen, als er am 28.März 1871 dem Erzbischof von München erklärte, warum er die ihm zugemutete Annahme der Beschlüsse des I. Vatikanischen Konzils nicht nachvollziehen könne. Bekehrung als Unterwerfung, als »sacrifizio dell intelletto«: In diesem Kontext präsentierte sich ihm die Wiederherstellung der vollen Einheit mit der Kirche und ihren Amtsträgern. Von der Kirche trennen wollte er sich ja nicht. Im Gegenteil, es war unerbittliche Liebe zur Kirche, die ihn dazu trieb, dem Nachfolger Petri ins Angesicht zu widerstehen und den Papstdogmen seine Zustimmung zu verweigern. Am 19. September1871, ein knappes halbes Jahr nach seiner Exkommunikation, schrieb er dem Freunde Acton: »Damit die falsche Lehre in der Kirche nicht herrschend werden oder doch später wieder ausgestoßen werden könne, muß es eine Anzahl von Menschen geben, welche sie laut und offen fort und fort verwerfen und bestreiten, die sich aber nicht selber von der Kirche trennen. Das ist es, was wir wollen - dazu gehört ein gewisser modus vivendi, I.v.Döllinger und diesen zu finden ist jetzt die Aufgabe«.[2] Diese Position hat Döllinger in den 20 Jahren irdischer Existenz, die ihm noch beschieden waren, konsequent durchgehalten. Von hier aus sind seine Warnungen an den Münchner Altkatholikenkongress 1871 zu verstehen, doch nicht »Altar gegen Altar«[3] zu errichten; es lag in dieser Konsequenz, daß der gleichfalls exkommunizierte Fakultätskollege Johannes Friedrich dem bereits Bewußtlosen auf dem Sterbebett die letzte

---

1 Zu Döllinger vgl.: FRIEDRICH, J., J.Ignaz von Döllinger. Sein Leben aufgrund seines schriftlichen Nachlasses dargestellt. 3 Bde. München 1899-1901 (noch immer als Materialsammlung unentbehrlich). Neuere Zusammenfassungen bei CONZEMIUS, V., J. I. v. Döllinger. In: Theologische Realenzklopedie . Bd. 9 (1982) 20-26; ders., I.v.D. In: M. GRESCHAT (Hg.), Gestalten der Kirchengeschichte. Bd.9. Stuttgart – Berlin – Köln – Mainz 1985, 263-280. Eine Bibliographie bis 1990 bei G. DENZLER – E.L. GRASMÜCK (Hg.), Geschichlichkeit und Glaube. Gedenkschrift zum 100. Todestag Ignaz v. Döllingers, München 1990.
2 Döllinger an Acton, in : V. CONZEMIUS (Hg.), I. v. Döllinger: Briefwechsel 1850-1890, Bd.3, München 1971, 37.
3 Ebd., 33, Anm.2.

Ölung spendete.[4] Gerade deshalb stellt sich die Frage: Stieß hier nicht eine tief verinnerlichte Treueauffassung zur Kirche zusammen mit einem formalistischen, extrinsisch erscheinenden Loyalitätsverständnis, das die Entscheidung über volle Kirchenzugehörigkeit in die Alleinzuständigkeit eines den Gewissenskonflikt ignorierenden kirchlichen Amtes stellte? Warum gelang es nicht, beide zur Übereinstimmung zu führen?

Der Beitrag umfaßt drei Teile: Das Fiasko der Bekehrungsversuche (1), die Hintergründe dieses Scheiterns und – in eins damit – die Verschiedenheit der Wege Newmans und Döllingers (2).

## 1 Das Fiasko der Bekehrungsversuche

Es hat nicht an Versuchen gefehlt, Döllinger mit der Kirchenleitung auszusöhnen, die am 17. April 1871 schwerwiegende kirchliche Strafen über ihn verhängt, insbesondere ihm die Ausübung seiner priesterlichen Vollmachten entzogen hatte. Bischof Hefele von Rottenburg bestürmte seinen früheren Fachkollegen: »Döllinger, so lange, lange und so frühe schon, wo noch andere schliefen, der Vorkämpfer für die katholische Kirche und ihre Interessen, der Erste unter den deutschen Theologen, der Ajax des Ultramontanismus, soll suspendiert oder gar exkommuniziert werden und das von seinem Erzbischof, der nicht den tausendsten Teil der Verdienste Döllingers hat. Das ist schrecklich.«[5] Der Brief des Bischofs, der selber unter der Schwergeburt der Anerkennung der Papstdogmen stöhnte[6], verursachte Döllinger eine schlaflose Nacht, wie Frau von Kobell, eine langjährige Bekannte, berichtet.[7] Doch zu einer Sinnesänderung war er nicht zu bewegen. »Wenn auch wir das Schauspiel der Unterwerfung aufführten, müßte die Welt glauben, daß der Wahrheitssinn im katholischen Klerus völlig ausgestorben, das Priestertum nur noch ein Gewerbe sei. Der moralische Bankrott des katholischen Klerus in der öffentlichen Meinung ist ohne – dies fait accompli, schrieb er am 20. März 1871 an Heinrich Reusch nach Bonn.[8] Nach Kardinal Turrecremata, dem Verteidiger Papst Eugen IV., könne auch ein allgemeines Konzil eine irrige Entscheidung treffen.

---

4 Vgl.: CONZEMIUS, V., Der Todestag Ignaz v. Döllingers in den Briefen der Freunde. In: Festgabe für Hubert Schiel. Kurtrierisches Jahrbuch 8 (1968) 300-316.

5 Hefele an Döllinger, 11.3.1871, in: SCHULTE, J.F.V., Der Altkatholizismus. Giessen 1887, 229.

6 H. WOLF (Hg.), Zwischen Wahrheit und Gehorsam. Carl Joseph von Hefele (1809-1893). Ostfildern 1994

7 Zitiert nach Friedrich (Anm.1): Bd. 3, 567.

8 Ebd.

In diesen Wochen und Monaten häufte sich die Post in der Münchner Frühlingsstraße. Bei weitem überwogen die Zustimmungsadressen, die zum Widerstand gegen römische Hybris ermunterten. Anspielungen auf den Schlachtensieg von Sedan und die nationalpatriotische Hurrastimmung der Reichsgründung tauchten häufig in der Berichterstattung der Presse auf. Einem solchen markigen, gegenwartsbezogenen Pathos gegenüber konnten diejenigen, die Döllinger zuredeten, seine Position zu überdenken, nur hilflos-fromme Zumutungen an ihn richten, wenn sie sich nicht in Vorwegnahme des göttlichen Strafgerichtes ereiferten. Unter allen Zuschriften, die ihn zu diesem Zeitpunkt und darüber hinaus ereichten, gibt es ein document humain ersten Ranges. Die Verfasserin braucht keine Einführung und keine Legitimation. Es treibt sie kein Bekehrungseifer, auch versteckt sich kein betulicher Prälat hinter ihren Worten. Cathérine de Montalembert, Ordensfrau im Sacré-Coeur von Conflans bei Charenton[9], weiß, wovon sie spricht und an wen sie das Wort richtet: an einen Mann, der ihrem Vater in vierzigjähriger Freundschaft verbunden war.[10] Am 13. März 1870 war dieser mit einem Stoßseufzer gegenüber dem übertriebenen Papstkult »l'idole qu'on s'est érigée au Vatican«– aus dieser Zeitlichkeit geschieden.[11]

Sie schreibt: »Ich komme zu Ihnen mit der Bitte, ein wenig Ihre Seele zu lieben, mit ihr Mitleid zu haben, denn sie hat viel getan, viel sich gemüht und zweifelsohne auch viel gelitten während ihrer Laufbahn. Es darf nicht sein, daß diese Mühen und Anstrengungen für immer verloren gehen. Während vielen Jahren haben Sie eine große Zahl von Menschen im reinen Licht der Wahrheit unterrichtet; Sie haben ihnen die Größe und Schönheit des Glaubens gezeigt, aber auch den Preis der Opfer, die sie verlangt. Sie haben auf alle Freuden dieser Welt, sogar auf die erlaubten, verzichtet, um sich der Entfaltung und Verteidigung der katholischen Wahrheit zu widmen. Ich war Zeuge, wie Sie ihre heiligen Geheimnisse mit jener Einstellung verehrten, wie es Ihrer Seelengröße und gottgeschenkten Geistesart entspricht. Doch jetzt, an Ihrem Lebensabend, wird etwas Größeres und Schwierigeres von Ihnen im Namen dieses Glaubens verlangt; es wird Ihnen der Verzicht auf frühere, liebgewordene und tiefverwurzelte Anschauungen zugemutet, ja vielleicht auf rationale Einsichten, die Ihnen sehr viel bedeuten. Gewiß kann ich keineswegs den Anspruch erheben, diese in langem Studium gewonnene Überzeugung zu entkräften, zumal ich als arme kleine Frau schon gar nicht mit der Spannweite und dem Scharfsinn Ihres Geistes Schritt halten kann. Ich füge hinzu, daß ich ganz gut verstehe, warum die Vernunftgründe der

---

9   Cathérine de Montalembert (1841-1928); über sie und ihre Verbindung zu Döllinger vgl.: LÖSCH, S., Döllinger und Frankreich. Eine geistige Allianz 1823-1871. München 1955, 348.
10  Über Döllinger und Montalembert siehe: LÖSCH, 138-175.
11  Vgl.: Meinen Aufsatz (Anm. 1), 42; ferner LÖSCH, 155 ff.

besten Theologen Sie nicht zufriedenstellen – aber ich beschwöre Sie, einen Augenblick von all diesen Erwägungen zu Personen und Auffassungen abzusehen und nur zwischen Gott und Ihnen selber zu erwägen, was er in diesem Augenblick intensiver innerer Auseinandersetzung zu Ihnen spricht. Was spricht die Stimme der Wahrheit in der Tiefe Ihres Herzens, in dem sie sich ein für allemal niedergelassen hat? Gibt es nicht Umstände, unter denen man auf einige rationale Einsichten verzichten muß oder vielmehr durch den Glauben die Vernunft zu Erfüllung ihres Lichtes bringen kann, da sie ohnehin alle Glaubenslehren nicht begreifen kann?«[12]

Der Brief geht dann auf die konziliaren Kontroversen ein, für die sie durchaus Verständnis zeigt. Jetzt aber, nach der Zustimmung des um den Hl. Vater versammelten Weltepiskopats, gelte es die Verheißungen Christi an Petrus (Mt.16, 18) ernstzunehmen. Die Verfasserin ruft in Erinnerung – das ist wohl der Höhepunkt ihres Briefes –, daß ihr Vater in einer ähnlichen Krise, als Gregor XVI. 1832 in der Enzyklika »Mirari vos« die Ideen des »Avenir« verurteilte, gerade in München von Döllinger und seinen Freunden zur Anerkennung des päpstlichen Spruchs ermuntert wurde. Wie anders wäre sein Leben ohne den Zuspruch des Döllinger-Görres-Kreises verlaufen, vielleicht ähnlich wie des Meisters Lamennais, den die Nichtunterwerfung aus der Kirche hinausführte. Montalembert muß sich im Familienkreise öfter darüber ausgesprochen haben, welche Bedeutung der Rückhalt bei den Münchner Freunden für seinen Weg in und mit der Kirche bedeutet hat.[13]

Von allen Versuchen, die nach 1871 gemacht wurden, Döllinger zur Umkehr zu bewegen, ist derjenige von Cathérine de Montalembert auch in seiner sprachlichen Formulierung der überzeugendste. Der Döllinger- und Möhlerforscher Stefan Lösch wird geradezu elegisch, wenn er auf diesen Brief zu sprechen kommt. »Es gibt in der religiösen Literatur des 19. Jahrhunderts wohl kein Memorandum aus Frauenhand, das kraftvoller im Glauben, beredter in der Besorgnis, eindringlicher in der Beweisführung, klassischer in der Zielrichtung, bewegender in den Accenten Geist und Herz eines Mannes, eines Gelehrten, eines Priesters bestürmt hätte als dieses Dokument vom 31. Juli 1871.«[14] Hat es aber auch bei demjenigen, an den es gerichtet war, diesen Eindruck gemacht?

Johannes Friedrich, Döllingers Biograph, hätte diesen Brief am liebsten bei der Kategorie »ächt weiblich« abgelegt, wie er das bei ähnlichen Versuchen,

---

12 Der Brief von Cathérine de Montalembert ist abgedruckt und übersetzt bei LÖSCH, S. (Anm. 9) 490-497 [die etwas altertümelnde Übersetzung von Lösch wurde von mir überarbeitet].

13 Vgl.: CONZEMIUS, V., Montalembert et l'Allemagne. In: Revue d'histoire de l'Église de France (1970) 17-46. Siehe dazu Band 2 der Tagebücher von Montelembert, der bereits im Alter von zwölf Jahren mit persönlichen Aufzeichnungen begann: Charles de Montalembert: Journal intime inédit. 2 Bde. Hg. L. LE GUILLOU. Paris 1990.

14 LÖSCH, 357.

die meist von Frauen ausgingen, getan hat. Er erwähnt bloß den Brief und fügt hinzu, daß Döllinger sich wegen seiner freundschaftlichen Beziehungen zur Familie Montalembert gehalten fühlte, eine Antwort zu geben. Diese Antwort ist leider bisher nicht aufgetaucht.[15] Immerhin hat Döllinger den Brief von Cathérine aufbewahrt und noch 1887 eine Veröffentlichung seiner Antwort im Zusammenhang mit ähnlichen Bekehrungversuchen erwogen. Zu erwähnen ist ferner, daß Cathérine mit keinem Wort die Verstimmung ihrer Angehörigen Döllinger gegenüber erwähnt, der in der Hitze des antivatikanischen Kampfes einen Privatbrief von Montalembert vom November 1869 in die Öffentlichkeit geworfen hatte. Diese Verstimmung wuchs weiter in der Nachkonzilszeit, als eine unveröffentlichte Schrift Montalemberts über Spanien mit scharfen antirömischen Spitzen, von der Döllinger eine Abschrift[16] besaß, von altkatholischer Seite zum Druck befördert wurde.

Periodisch wurde in der Folgezeit immer wieder behauptet, Döllinger sei drauf und dran, sich mit der römischen-katholischen Kirche auszusöhnen. In einem Brief an einen Altkatholiken in Dortmund vom 23. Juni 1878 erwähnt Döllinger, nun tauche bereits zum 14. Male eine solche Zeitungsente auf.[17] Im Februar 1880 wandte sich Prinzessin Adelheid von Braganza[18] in bescheidenerer Prosa als Cathérine de Montalembert an den Münchner Stiftspropst und bezog sich auf Erinnerungen an eine Predigt, die er über das selige Ende des hl. Franz von Assisi gehalten hatte. Die hohe Herkunft der Schreiberin gebot eine Antwort. Döllinger ging zwar nicht auf sein eigenes, huldvoll angemahntes Ende ein, noch auf die als sicher dargestellte Offerte »ewiger Glückseligkeit und unermeßlicher Belohnungen im Jenseits«. Vielmehr legte er ihr dar, wie er aus dem Stande der Rechtgläubigkeit urplötzlich durch die Vatikanischen Dekrete vom 14. Juli 1870 in den Stand des Ketzers befördert wurde. »Nur durch eine lange Kette von List und Gewalt, Bestechung, Trug und Fiktion ist es gelungen, die alte Lehre, trotz ihrer tausendfachen Begründung, Schritt um Schritt zurückzudrängen und der neuen, in mönchischem Interesse ersonnenen den endlichen Sieg zu verschaffen. Man hat freilich mehrere Jahrhunderte dazu gebraucht.« Der Brief schloß mit einer Anrufung von Bossuet und Fénélon und dessen, was Hunderte der frömmsten und gelehrtesten französischen Bischöfe gelehrt hätten. Das Gleiche zu bekennen, was sie bekannt hätten, sei er gerne bereit; einen Eid auf das neuste Konzil abzulegen, käme einem Eidbruch gleich und moralischer Selbst-

---

15 Ebd., 355.
16 Ebd., 155 ff. (dazu wären auch die seit einigen Jahren zugänglichen Akten der römischen Indexkongregation zu konsultieren).
17 IGNAZ V. DÖLLINGER, Briefe und Erklärungen über die Vatikanischen Dekrete. 1869-1887. München 1890, 108.
18 Ebd., 114-117; Döllingers Antwort ebd., 118-122.

vernichtung. Es bedeute, mit der furchtbaren Last eines Meineids hinüberzugehen. Was Döllinger hier in Sachen Meineid behauptete, war genau das, was er dem Grafen Arco am Ostersonntag, dem 9. April. 1871, nach dem Mittagstisch versichert hatte, mit einer Lüge könne und werde er nicht aus der Welt gehen.[19] Diesen Anspruch hat er stereotyp wiederholt. An der subjektiven Glaubwürdigkeit dieses Ausspruches ist nicht zu zweifeln. Ärgerlich ist nur, daß er keinen Gedanken daran verschwendet, daß er als Ajax des Ultramontanismus, wie Bischof Hefele formuliert, jahrzehntelang am Ausspinnen des feinen Netzes geholfen hatte, das den deutschen Katholizismus 1870 fest in römischen Fängen hielt.[20] Später wird darauf zurückzukommen sein, wie wenig sogar ein infulierter Stiftspropst und Reichsrat der Krone Bayerns iudex in propria causa sein kann. Vorerst soll die Übersicht über die Bekehrungsversuche abgeschlossen werden. Eine Einladung von Bischof Hefele an den 87jährigen vom 10. Juni.1886, seinen Frieden mit der Kirche zu machen, ließ Döllinger unbeantwortet.[21] Zu vollmundig war die Ankündigung von Hefeles Widerstand gegen etwaige Papstdogmen gewesen, zu offensichtlich sein »Umfallen« in der Nachkonzilszeit, als daß Döllinger ihn jetzt einer Antwort gewürdigt hätte.

Anders verhielt es sich mit Erzbischof Antonius von Steichele, der im Jahre 1878 die Nachfolge Gregor v. Schers als Erzbischof von München antrat. Steichele, in jüngeren Jahren ein Schüler von Döllinger, versäumte nicht, dem ehemaligen Lehrer beim Amtsantritt und Namenstag einen Friedenszweig anzubieten. Er konnte auch ein geheime Besprechung mit Döllinger arrangieren, die allerdings nicht zu dem erhofften Ergebnis führte. Auf eines dieser Schreiben antwortete dieser am 1. März.1887 ausführlich.[22] Er wiederholte sein an den Vorgänger des Erzischofs gerichtetes Angebot, einem Gremium ausgewählter Theologen in zu protokollierender Rede und Antwort zur Verfügung zu stehen. Es sei ein beispielloser Vorgang gewesen, einen Greis, der sich im 45jährigen Lehramt nie einen bischöflichen Verweis oder Tadel zugezogen hatte, der Verdammung zu übergeben. Unter Berufung auf das vom Kanonisten Johann Friedrich von Schulte kurz zuvor herausgegebene Werk »Der Altkatholizismus«[23] wiederholte er seine Vorwürfe gegenüber

---

19 IGNAZ V. DÖLLINGER, Briefwechsel (Anm.2) Bd.4, 710 (Aufzeichnungen Charlotte Lady Blennerhassett).
20 Vgl. dazu meinen Aufsatz: J. Adam Möhler und Ignaz v. Döllinger. In: H. WAGNER (Hg.): Johann Adam Möhler (1786-1838) – Kirchenvater der Moderne. Paderborn 1996, 51-69.
21 Briefe und Erklärungen (Anm.17), 123 (siehe: die diesbezügliche Bemerkung des Herausgebers Reusch, ebd., V; vgl. auch den Beitrag von Barbara Schüler über Hefele im Lichte der nichtkirchlichen Presse in der Zeit von 1863-1893. In: WOLF (Anm.6), 102-223.
22 FRIEDRICH (Anm.1), Bd.3, 589ff., 587ff.; die ausführliche Antwort Döllingers vom 1. März 1887, in: Briefe und Erklärungen (Anm. 17) 129-143.
23 Vgl. Anm. 5.

dem Konzil: Unfreiheit, Bruch mit der Tradition und Inauguration des jesuitischen Sonderweges des Papalsystems. Neu in diesem Schreiben ist, daß er beiläufig auf die Revision seines eigenen Kirchengeschichtsbildes eingeht. Er bezeichnet es zwar nicht so deutlich wie in anderen Privatbriefen als sukzessives Abstreifen von Irrtümern.[24] Der rote Faden, der den Brief, als Voraussetzung eines Rückzugs, durchzieht, ist der Vorschlag eines theologischen Streitgesprächs, das er bereits 1871 Erzbischof v. Scherz angeboten hatte. Dabei läßt er allerdings keinen Zweifel, wie sehr er sich selber auf dem Boden unwiderruflicher Tatsachen für nichtwiderlegbar hält.

Klaus Schatz, der Historiker des 1. Vatikanums, hält das Angebot von 1871 für kein echtes Signal einer Gesprächsbereitschaft.[25] Auch diesmal ging Erzbischof Steichele nicht weiter auf das Ansinnen ein, verwahrte sich jedoch gegen Döllingers Vermutung, er habe im Auftrag Dritter gehandelt.[26] Ein solcher Verdacht war nicht unbegründet. Denn zu diesem Zeitpunkt (1886/87) häuften sich die Annäherungsveruche an den Exkommunizierten. Emmerich Arco-Vally berichtete von einer Audienz vom 16. April 1886, in der Leo XIII. von seinem Wunsch einer Aussöhnung sprach.[27] Kurz zuvor hatte der Papst dem geistlichen Lantagsabgeordneten Alois Rittler gegenüber sich in ähnlichem Sinne ausgesprochen. Döllinger kommentierte lakonisch: »Der gute Papst ist gebunden – und ich bin es auch – freilich in ganz anderer Weise.«[28] Am 1. Oktober 1887 schrieb Nuntius Ruffo Scilla an Döllinger, ob er dem Hl.Vater nicht zu dessen 50-Jahr-Priesterjubiläum eine spezielle Freude machen wolle.[29] Er stehe für eine Vermittlung zur Verfügung.

Döllinger antwortete höflich, er sehe keinen Ausweg aus dem Dilemma, entweder als in die Kindheit zurückgefallener Greis – er gebrauchte den italienischen Ausdruck »rimbambito« – oder als Lügner dazustehen. Der Brief, konziser als alle seine anderen Schreiben, ist – anders als derjenige des Nuntius – in vorzüglichem Französisch abgefasst und hält fest in Anspielung auf die Bischöfe, die sich 1870 unterworfen hätten, um kein Schisma zu riskieren: »Auch ich möchte kein Mitglied einer schismatischen Gemeinschaft sein; ich bin isoliert. Überzeugt, daß die gegen mich erlassene Sentenz ungerecht und rechtlich nichtig ist, sehe ich mich fortwährend als Mitglied der großen katholischen Kirche, und die Kirche selbst sagt mir durch den

---

24 Vgl. meinen zitierten Aufsatz (Anm. 1) bei GRESCHAT (Hg.).
25 SCHATZ, K., Vaticanum I. 1869-1870. 3 Bde., Paderborn – München – Wien – Zürich 1992-1994, bes. Bd.3, 239ff.
26 Steichele an Döllinger, 19.März 1887, in: Briefe und Erklärungen (Anm.17), 146.
27 I. v. Döllinger:Briefwechsel (Anm.2) Bd. 3, 352.
28 Ebd., 354.
29 I.v.DÖLLINGER, Briefe und Erklärungen (Anm. 17), 145.

Mund der hl.Väter, daß eine solche Exkommunikation meiner Seele nicht schaden kann.«[30]

Auf die sehr schwache Antwort des Nuntius vom 14. Oktober 1887 hat Döllinger nicht mehr reagiert.[31] Ein letzter Bekehrungsversuch sei noch erwähnt. Seine Anfänge liegen zeitlich im Jahre 1885; er reicht aber bis in die Wochen vor Döllingers Tod. Anregerin war Mrs. Lulu Renouf-Brentano, die Gattin des englischen Ägyptologen Sir Peter le Page Renouf.[32] Sie und ihr Mann hatten gute Beziehungen zu Döllinger, in dessen Haus Renouf während seiner Studienjahre in München gewohnt hatte. Döllinger hatte sich wiederholt bei englischen Freunden, unter anderem bei Gladstone, für Renouf verwandt. Die Brentanos kannte Döllinger seit seiner Aschaffenburger Zeit. Lulu Renouf gelang es, die Mainzer Domkapitulare Johann Baptist Heinrich und Christoph Moufang für das Vorhaben zu gewinnen.[33] Diese machten Leo XIII. den wenig realistischen Vorschlag eines päpstlichen Handschreibens an Döllinger. Der Papst wäre laut Auskunft von Staatssekretär Jacobini bereit gewesen, einen Brief an einen Vertrauten des Stiftspropstes zu richten, falls ihm ein solcher benannt würde. Hierzu waren die Mainzer jedoch nicht in der Lage. Weder konnten sie sich selber in Vorschlag bringen, noch auch Erzbischof Steichele oder den Eichstätter Bischof Franz Leopold v. Leonrod dafür gewinnen. Dem Briefwechsel, der in dieser Angelegenheit geführt wurde, ist zu entnehmen, daß Erzbischof Steichele, der, wie wir wissen, öfter versucht hatte, über direkte und indirekte Kontakte Döllinger zu einer Sinnesänderung zu bewegen, den Vorschlag für zwecklos hielt. »Döllinger denkt an keine Aussöhnung mit der Kirche«, schrieb er am 12. August 1885 an Moufang, »er ist in seiner Richtung mehr verrannt als je. Als mich vor ein paar Monaten eine Verwandte von ihm fragte: Welche Hoffnung haben Sie für den Onkel?, antwortete ich: Für jetzt gar keine, er wird immer verbissener; Ihr Onkel wird verstockt bleiben, wenn ihn nicht ein Wunder der göttlichen Gnade oder eine schwere Heimsuchung, etwa eine lange dauernde Krankheit, beugt«[34]. Bischof Leonrod fügte hinzu, falls Rom einen Schritt täte, sei es mehr als wahrscheinlich, daß Döllinger seinem

---

30 Ebd., 149-154
31 Ebd., 155
32 Über Sir Peter Le Page Renouf (1822-1897) vgl. die Angaben in DÖLLINGER, Briefwechsel (Anm.2) Bd. 1, 161. Ludovica (lulu) Brentano de la Roche starb 1921. Sie scheint bereits nach dem Tod Pius IX. eine Demarche bei Leo XIII. eingeleitet zu haben. Vgl. DÖLLINGER, Briefwechsel, Bd. 3, 184.
33 Vgl. GÖTTEN, J., Christoph Moufang. Theologe und Politiker. Mainz 1969, 163-170. Götten identifiziert die Dame irrtümlich mit Charlotte Lady Blennerhassett. Die Anregerschaft geht eindeutig auf Mrs. Reouf zurück (vgl. Anm. 32 und 38).
34 Brief Steicheles vom 12.Aug. 1885, GÖTTEN (Anm. 33), 167 (die Datenangaben bei Götten stimmen nicht).

Sarkasmus Luft machen würde. Nach seinem Tode könne der Mißerfolg gegen Rom ausgebeutet werden.³⁵

Als Moufangs Gesundheit 1888 zusammenbrach, führte Lulu Renouf die Bemühungen um Aussöhnung weiter. Über einen Bekannten, Dr. Campell, den Rektor des schottischen Kollegs in Rom, wurde Kardinal Pecci, ein Bruder Leos XIII., eingeschaltet.

Eine einzige Quelle liegt bisher zu diesen Versuchen vor: Aufzeichnungen der Tochter, Miss Edith Renouf³⁶, und der Kommentar von Friedrich, der die Angelegenheit so darstellt, als ob Döllinger die Sache lästig gefallen sei und er die beharrliche Dame nur aus Rücksicht auf die langjährige Familienfreundschaft gewähren ließ, zumindest die Kontakte nicht abbrach. Im November 1889 sah Lulu Renouf Döllinger wieder. Er verwarf die Sache nicht, verlangte aber, daß von Rom aus ihm zuerst bestimmte Garantien sollten gegeben werden. »Ich fand die Forderung stark«, schreibt Mrs. Renouf, »da ich aber wußte, wie innig Leo XIII. die Versöhnung wünschte, erklärte ich mich bereit, das Gehörte und Verlangte in Rom zu berichten.«³⁷ Es geht nicht daraus hervor, was Döllinger unter Garantien verstand. Während ihr Mann mit Campell sich in der Angelegenheit beriet, starb Döllinger am 10. Januar 1890 an einer Lungenentzündung.

Im Zusammenhang mit diesen Aussöhnungsversuchen³⁸ wurden allerhand Spekulationen über eine mögliche Rückkehr Döllingers zur Kirche angestellt – die Phantasie gutmeinender Seelen wird auf diesem Gebiet öfter geradezu ekstatisch. Eine rationale Betrachtung seines Verhaltens läßt jedoch keine solchen Schlüsse zu. Die gegen ihn erlassenen Sentenzen hielt er für ungerecht; den Kirchenhistoriker Döllinger mag das Wissen um die außer Kontrolle geratene Exkommunikations- und Interdiktspraxis der spätmittelalterlichen Päpste und Gegenpäpste beruhigt haben, auch wenn in der zweiten Hälfte des 19. Jahrhunderts eine kirchliche Strafsentenz für einen Theologen

---

35 Ebd., 168.
36 Der Brief von Edith Renouf an mich vom 11.Aug. 1956 ist im Anhang dieses Beitrages wiedergegeben.
37 FRIEDRICH (Anm. 1), 605.
38 FRIEDRICH hat ein ganzes Kapitel (Bd. 3, 567-606) diesen Bekehrungsversuchen gewidmet. Es ist zu erwarten, daß die ungedruckte Münchner Theologische Habilitationsarbeit von F.X. BISCHOF (Theologie und Geschichte. Ignaz v. Döllinger 1799-1890 in der zweiten Hälfte seines Lebens. Ein Beitrag zu seiner Biographie. München 1995) sich eingehender mit diesem Problemkreis beschäftigt. In einem Brief des Bonner Kirchenhistorikers Heinrich Floss (1819-81) an Nuntius Gaetans Aloisi Masella vom 6 Okt. 1877 hält dieser folgendes nach einem Gespräch mit Döllinger fest. »Er ist der Meinung, daß von dem altkatholischen Schisma nichts mehr zu fürchten sei. Auf Negationen baue man keine Kirchengemeinschaften. Der Altkatholizismus könne nur als Protest gegen die Vatikanischen Dekrete ein lediglich historisches Interesse haben.« Vgl.: WOLF, H., Rekonzilation Döllingers durch Johann Heinrich Floß? In: Thelogische Quartalschrift 172 (1992), 121-125.

eine einschneidende Bedeutung hatte. Überblicken wir Döllingers Zurückweisung der Aussöhnungsversuche, so bleibt ein Motiv konstant und wird zur Stereotype: der Verlust an innerer Glaubwürdigkeit und der Gesichtsverlust nach außen.

Hätte er etwa bei größerer Demut und weniger Eigenliebe nicht über den eigenen Schatten springen können? Dafür fehlten die Voraussetzungen. Es war nicht so sehr mangelnde Gefühlswärme oder der vielberufene Gelehrtenstolz, die ihn daran hinderten; vielmehr war er in einen anderen Prozeß verwickelt, in die Ablösung von einem teilweise unreflektierten übernommenen, teils autoritär-hierarchischen, teils romantischen Kirchenverständnis, das sich auf einen kämpferischen Ultramontanismus gestützt hatte. Es war kein Weg, der aus der Kirche hinausführen mußte, aber notwendige kritische Unterscheidungen verlangte. Sie sind ihm jedoch in seiner Zeit auf Grund eines gewissen theologischen Klassizismus seiner Ausbildungszeit, eines veränderten Lebenskontextes und z.T. auf Grund seines Temperamentes nicht gelungen. In einem Gesamtbild wird versucht, diese Gründe auszuleuchten.

## 2 Die Hintergründe des Scheiterns

Döllingers Anfänge stehen im Zeichen eines selbstbewußten, kämpferischen Ulramontanismus, der im Freundeskreis um Joseph Görres seinen Zusammenhalt besaß. Bei aller emsigen wissenschaftlichen Tätigkeit wirkte er nicht nur in den akademischen Raum, sondern zugleich in die Öffentlichkeit, und zwar in Frontstellung gegen das Erbe von Josephinismus und Aufklärung: Kampf gegen das Staatskirchentum, gegen den theologischen Rationalismus, gegen die kulturelle Vormachtstellung des Protestantismus. Es war ein Katholizismus, der von einer europäischen alliance intime träumte. Er war sich seiner Wurzeln im Volke bewußt und verstand es, sich als freiheitlich-demokratische Bewegung durchzusetzen. Eine draufgängerische Selbstüberschätzung war mit diesem Aufbruch verbunden; in den Mitteln der Auseinandersetzung war man nicht besonders wählerisch. »Ultramontan« wurde als Ehrentitel verstanden. In diesen Jahren zwischen 1815 und 1848 war Rom Partner und stärkster Rückhalt der nationalen Katholizismen im Kampf gegen staatskirchliche Bürokratie. Das patriarchalisch-autoritäre Kirchenregiment in Rom nahm man diesseits der Alpen nicht so genau unter die Lupe; es wurde kaum als einschnürend empfunden.

So fällt auf, wie schnell man nach Krisen, z.B. nach der Verurteilung von Lamennais, im Münchner Görreskreis zur Tagesordnung überging und – mit der Ausnahme Franz von Baaders – sich herzlich wenig aus einer päpstlichen Politik machte, die den eigenen freiheitlichen Impetus andernorts desavouierte. Die Wessenbergianer waren für die Jungtürken des Görreskreises

»von gestern«; Wer kirchliche Reformvorstellungen hegte, die an sie erinnerten, wurde ins kirchliche Abseits gedrängt. Es sind die Jahre, in denen Döllinger gegen Martin Luther und die Reformation bittere Worte schleudert, in der Kniebeugefrage die königliche Order verteidigt, der Münchner Nuntiatur gerne als Informant dient und deswegen auch als Bischofkandidat ins Gespräch gerät.[39] Sein Bischof, Graf Reisach, mit dem er sich später wegen dessen extrem engherziger Gesinnung überwarf, schlug ihn den römischen Zensurbehörden als Gutachter im Verfahren gegen die Schüler des Bonner Theologen Georg Hermes vor.[40] Der junge Hefele verbündete sich 1845 mit ihm, um über die Münchner Nunitiatur die Wahl des Rottenburger Domkapitulars Jaumann zum Kapitelsvikar zu verhindern. Als dieser dennoch gewählt wurde, riet Döllinger dem Hl. Stuhl, seine souveräne Autorität ins Spiel zu bringen und die Wahl zu kassieren.[41]

Im Klartext hieß das: Er riet zu einem Rechtsbruch im Interesse freilich der guten Sache und zur Rettung der moralischen Autorität des Hl. Stuhles; dieser wagte allerdings nicht so weit zu gehen, wie Döllinger vorschlug. 1848 ließ er sich einspannen in die Bestrebungen, die römische Bestätigung des rechtens zum Bischof von Mainz gewählten Giessener Professors Leopold Schmid zu verhindern[42], was denn auch geschah. Die Wiederlegung von Hirschers Reformschrift »Die kirchlichen Zustände der Gegenwart« erschien ihm ein »dringendes Bedürfnis«.[43]

Die Liste ließe sich fortsetzen. Nach 1848 wird sich die rückhaltlose Identifizierung Döllingers mit der römischen Kirchenpolitik sich allmählich ändern. Einmal weil sich der Ultramontanismus jetzt in verschiedene Flügel aufteilt. Eine Reihe von Zielen der früheren Bewegung war erreicht: Die Freiheit der Kirche war im großen und ganzen gesichert, das Staatskirchentum alten Schlages auf dem Rückzug, die Sensibilisierung der katholischen Öffentlichkeit für die eigene Sache in die Wege geleitet, das katholische Vereinswesen stand in voller Blüte. Die Kirche hatte die Volksfrömmigkeit gut im Griff; es zeigten sich Ansätze, daß sich Katholiken von kirchlicher Gesinnung im höheren Bildungswesen behaupten können, auch wenn von einem Duchbruch in den protestantischen Bildungssupremat nicht die Rede sein kann.

Schließlich machten sich die Auswirkungen des neuen Pontifikates Pius IX. bemerkbar: stärkere Reglementierung kirchlichen Innenlebens in den Be-

---

39 Zum Gesamtkomplex des Übergangs vgl.: SCHWEDT, H.H., Vom ultramontanen zum liberalen Döllinger. In: DENZLER – GRASMÜCK (Anm.1), 107-167.
40 Ebd., 108.
41 Ebd., 109-117.
42 Ebd., 117ff.
43 Ebd.

reichen Theologie und Frömmigkeit, Konzentration auf das kirchliche Eigenleben und Abschottung nach außen.[44]

An den Rändern einer viele Jahre nach dem 2. Vatikanum in Schwung gekommenen, vorwiegend katholischen Historiographie, die ihre Vergangenheitsbewältigung vornehmlich in der Jagd auf Sündenböcke für Fehlentwicklungen sieht, hat sich für diese Orientierung der römischen Kirchenleitung die Bezeichnung »Kampfansage an die Moderne« eingebürgert. Gerne schwingt in dieser pauschalen Bezeichnung ein naiver Glaube an eine nicht in Frage zu stellende Wertbeständigkeit und Güte der Moderne mit. Jedenfalls befand sich das Gros des katholischen Kirchenvolkes, soweit es nicht der Kirchlichkeit entglitt – und das war für Zentraleuropa, Deutschland, Frankreich und Italien nicht der Fall –, recht wohl unter dem Protektorat eines Papsttums, das ihm durch seine Widerständigkeit die gar nicht so leichten Übergänge in die Moderne milderte.[45]

Ein Intellektueller wie Döllinger hat von dieser Verschärfung zunächst nicht viel gemerkt. Am 16. Februar 1855 wurde er Mitglied der römischen Accademia Cattolica (1801 gegründet), die sich gegen die Aufklärung zur Verteidigung der Religion und zur Abwehr von Irrtümern richtete und eine vornehmliche Aufgabe in der Zensurierung von Büchern sah.[46] 1852 schlug Kardinal Fornari ihn als Fachmann mit den richtigen Ansichten und den uneingeschränkten katholischen Prinzipien für die Ausfertigung eines Verzeichnisses der zeitgenössischen Irrtümer vor.[47] Daraus ging 1864 der berühmte Syllabus hervor, an dessen unmittelbarer Ausarbeitung Döllinger allerdings keinen Anteil hatte. 1857 wurde er päpstlicher Geheimkämmerer »Cameriere segreto sopranumerario«, die niedrigste Stufe päpstlicher Prälatur.[48]

Nach außen werden die großen Gegensätze, die Döllinger in Opposition zur Kirchenleitung bringen, erst in den sechziger Jahren aufbrechen. Es ist die Inkulturation des Ultramontanismus in Deutschland, die sich jetzt zu einem Dauerkonflikt auswächst. Verstünde man unter Ultramontanismus die Zurücksetzung oder Vernachlässigung der Eigentümlichkeiten des deutschen Volkes und wollte man ihm dasjenige aufdrängen, was andere Nationen in religiöser Beziehung nach ihrer Eigentümlichkeit entwickelt haben, so würde er sich als erster entschieden gegen einen solchen Ultramontanismus wen-

---

44 Zusammenfassend: K. SCHATZ (Anm. 25) Bd. 1.
45 Diese Zusammenhänge sind bisher zu wenig erforscht. Es ist zu einfach, die Ursachen für diese Entwicklung global auf das Papsttum abzuschieben.
46 SCHWEDT (Anm.39), 146 ff.
47 Ebd., 130 ff.
48 FRIEDRICH (Anm. 1) Bd. 3, 185.

den.[49] Diese Erklärung gab er 1857 in seiner Rede auf der Katholikenversammlung in Salzburg ab. Konkret stieß er in der Frage der Priesterausbildung mit dem Konzept seines Bischofs, des Grafen Reisach, zusammen. Während Reisach die Priesterausbildung, die weitgehend an den theologischen Fakultäten erfolgte, in bischöfliche Seminare verlegen wollte, plädierte Döllinger für die Beibehaltung der deutschen Eigenart universitärer Ausbildung der Priesteramtskandidaten. Die Meinungsverschiedenheiten begannen bereits 1859 auf der Freisinger Bischofskonferenz; sie verschärften sich im Laufe der Jahre insbesondere im Zusammenhang mit der Münchner Gelehrtenversammlung von 1863 und erreichten den Höhepunkt in einem Gutachten, das Döllinger im Jahre 1865 für die bayerische Regierung über das Seminarprojekt von Bischof Weis von Speyer abgab.[50] Der Zusammenstoß mit dem Erzbischof belastete Döllingers Verhältnis zur Kurie, da Reisach im Jahre 1855 nach Rom berufen wurde und hier aus erster Hand ein negatives Bild des Münchner Professors verfestigte. Das wirkte sich aus bis zu seiner Nichtberufung als Konzilstheologe 1869.

Hinter Döllingers Eintreten für die Ausbildung künftiger Theologen und Priester an Universitäten stand weit mehr als die Sorge um Hörernachwuchs für die theologischen Fakultäten. Der Bildungsrückstand für die deutschen Katholiken, die fast völlige Absenz der Katholiken in der deutschen Bildungskultur[51] beschäftigte ihn nach 1848 in zunehmendem Maße. Wie sollte dieser Zustand überwunden werden, wenn eine abgeschottete katholische Binnenkultur des Klerus, damals einer der wichtigsten Bildungsträger, als einzig zukunftsträchtiges Lösungsmodell angepriesen wurde? Die Befürchtungen verschwanden auch dann nicht, als Reisach sein klerikales Bildungsideal nicht durchzusetzen vermochte. Sie nahmen zu, als Preußen die politische Führungsrolle übernahm und der protestantische Norden den katholischen Süden aufzusaugen drohte.[52] Im August 1866 schrieb er an Charlotte Gräfin Leyden: »We are to be swamped, überflutet, gleichsam aufgerollt zu werden von dem protestantischen Norden, das ist unser Schicksal, das uns sichtlich bevorsteht. Die wechselseitige Mischung und Durchdringung wird mit beschleunigtem Schritte fortgehen, und was soll nun werden, wenn wir,

---

49 DÖLLINGER, I.v., Kleinere Schriften. Stuttgart 1890.
50 Vgl. GARHAMMER, E., Seminaridee und Klerusbildung bei Karl August Graf. v. Reisach. Eine pastoraltheologische Studie zum Ultramontanismus des 19. Jahrhunderts. Stuttgart – Berlin – Köln 1990, 114-210, bes. 208 ff.
51 Vgl. OSINKI, J., Katholizismus und deutsche Literatur im 19. Jahrhundert. Paderborn – München – Wien – Zürich 1993; dazu die Besprechung von P.K. KURZ, in: Stimmen der Zeit 119 (1994) 325 f.; SCHMIDT. S, Handlanger der Vergänglichkeit. Zur Literatur des katholischen Milieus 1800-1950. Paderborn – München – Wien – Zürich 1994.
52 Siehe hierzu den Briefwechsel Döllingers mit Charlotte Gräfin Leyden, der späteren Lady Blennerhassett. DÖLLINGER, Briefwechsel (Anm. 2).

der geistigen Vormundschaft der Jesuiten unterstellt, auf allen Gebieten von der unaufhaltsam vordringenden protestantischen Wissenschaft überflügelt, nicht mit ihr und auch nicht ohne sie leben, uns ihrer nicht erwehren und ihr auch nicht Raum gewähren können?«[53]

Von außen gesehen, wird Döllingers Leben gerne in drei Phasen eingeteilt, die nebeneinander, ja gegeneinander stehen: Kampf für die Kirche, Kampf mit der Kirche und nach 1870 Kampf gegen die Kirche. So hat es tatsächlich den Anschein. Für den Betroffenen stellt es sich jedoch keineswegs so dar, war es immer ein Einsatz für die Kirche. Die Situation in der Kirche hatte sich 1848 und 1870 geändert; er hatte sich jeweils auf die gewandelte Lage eingestellt. Mißtrauisch gegenüber seiner Person blieben einige hartgesottene Wessenbergianer, die die Zeitwende überlebt hatten, und vor allem Protestanten, die seine polemischen Stellungnahmen der vierziger Jahre nicht vergessen hatten.[54]

Der Hang zur Polemik war in allen Phasen seines Lebens eine Konstante seines Schaffens; die Kirche, wie sie ihm im Kontext der Restauration Johann Adam Möhlers aufgeleuchtet war, war der Brenn- und Bezugspunkt seines gesamten Schaffens bis hin zu seiner Exkommunikation und, in einer abstrakt idealisierten Form, sogar darüber hinaus.

So sehr er von der inneren Einheit seines Lebens, zuletzt auch im Widerspruch und Bruch, überzeugt blieb, so wenig war er in der Lage, nach 1871 seine eigene Entwicklung theologisch zu reflektieren. Dazu fehlte die Distanz. Was er 1872 über die Wiedervereinigung christlicher Kirchen publizierte, waren ursprüngliche Teile seines in den sechziger Jahren konzipierten Werkes »Cathedra Petri«, das die Stellung des Papsttums als Chance zur Wiedervereinigung untermauern sollte und das die Ankündigung des Konzils ihm aus der Hand gerissen hatte, ebenso wie der polemische Torso des »Janus«.[55] Nach dem Bruch hat er sich nicht mehr mit theologischen Themen befaßt – die Bonner Unionskonferenzen sind ein Nachhall früherer Beschäftigung mit den kirchlichen Reunionsversuchen – und ist auf Themen der Weltgeschichte ausgewichen. Gerade dieser psychologisch verständliche Rückzug auf ein scheinbar unproblematisches und unverfängliches Gebiet, hat eine kritische Entwicklung bei ihm beschleunigt. Sie brachte das idealisierte Kirchenbild der Möhlerschule zum Einsturz. Es kam zu größeren und umso nachhaltigeren Erschütterungen, wie sie bereits die Entdeckung der mitteralterlichen Fälschungen und ihre – subjektiv überschätzten – Einwirkungen auf das Papalsystem bei ihm in den sechziger Jahren ausgelöst

---

53 Ebd., 145.
54 SCHWEDT (Anm. 39), 149, Anm. 8.
55 Vgl. DÖLLINGER, Briefwechsel (Anm. 2) Bd. 1, 530 ff.; vgl. auch NEUNER, P., Döllinger als Theologe der Ökumene. Paderborn – München – Wien – Zürich 1979.

hatten. Bei diesem Revisionsprozess vermochte er nicht, sich auf eine halbwegs adäquate katholische Historiographie zu stützen, die ihm eine Hilfe hätte bieten können. Luther und die Reformation sah er jetzt mit anderen Augen, die Schuld der Christen an der Verfolgung der Juden trat deutlicher in sein Blickfeld, die Verstrickung des Papstums in weltlich-politische Interessen bei der Behandlung französischer Kirchenpolitik war vorgegeben.[56]

Der Ablösungsprozess war so mit einem Revisions- und Umdeutungsprozess gekoppelt. Die alte Selbstsicherheit, die ihn früher leichter über die Defizite der Kirchengeschichtsschreibung hinwegsehen ließ, taugte nicht mehr. 1878 schrieb er an Gladstone von einer »all-engrossing examination and revision of the whole edifice of my theological convictions«.[57]

Lord Acton, der früher als Döllinger sich aus dem Bannkreis eines idealisierten Milieukatholizismus gelöst hatte, sah die Schwierigkeit einer solchen inneren Auseinandersetzung mit dem Ethos des Kirchenhistorikers voraus. Er schrieb ihm Anfang Januar 1872: »Ich glaube, Sie haben eine gewisse polemische Neigung mitgebracht aus der Zeit, wo der Katholizismus nicht viel galt und sich Autorität schaffen mußte, und den Wunsch, was irgend haltbar ist, doch irgendwie zu verteidigen. Ich erinnere mich z.B., manchmal auf eine Frage einen Witz oder ein Kraftwort erhalten zu haben, was mich eine Zeitlang beruhigte und später nicht entscheidend schien. So war doch eine gewisse Parteistellung, die noch nicht im Stande war, immer der Wahrheit den Spiegel zu halten.«[58] Um es in Kürze zu sagen: Es gab keinen festen Punkt mehr, von dem aus Döllinger hätte Distanz zum Konzil von 1870 gewinnen können; die Revision führte zu einem »πάντα ῥεῖ«, bei dem alles in Fluß geriet. Das war der entscheidende Grund, warum er sich nach 1870 nicht hat »bekehren« können.

Ein zweites Motiv für die Nicht-Bekehrung ist sein Herunterspielen einer Theorie der Dogmenentwicklung. Zwar hatte auch die infallibilistische Seite keine solche Theorie und beugte entgegenstehende Fakten und historische Zweifel im Sinne der späteren Doktrin. Wenn Döllinger behauptet, daß sich Newman in den drei ersten Jahrhunderten der Kirche besser auskannte als in den nachfolgenden Perioden seit dem 6. Jahrhundert, so ist das nicht zu bestreiten. Döllinger war der überlegenere Kenner der mittelalterlichen und

---

56 Bereits FRIEDRICH (Anm. 1) Bd. 3, 623 ff. deutet unter dem Stichwort »innerer kritischer Prozess« auf diesen Ablösungsprozess hin, ohne allerdings deutliche Konsequenzen für die Abhängigkeit des Historikers zu ziehen.
57 Ebd., 626; vgl. auch 663 f.
58 DÖLLINGER, Briefwechsel (Anm. 2) Bd. 3, 46-47. In gleicher Weise, doch noch viel deutlicher, drückt Acton, der 1850 zu Döllinger kam, das Fortdauern eines wenig reflektierten Ultramontanismus bei Döllinger aus. Der Brief, von dem FRIEDRICH (Bd.3, S. 72) einen bemerkenswerten Auszug brachte, wurde von mir nicht mehr vorgefunden bei der Vorbereitung der Edition des Acton-Döllinger-Briefwechsels und figuriert deshalb nicht in der Edition.

neueren Kirchengeschichte. Allerdings bleibt unverständlich, daß er sich auch hier mit Kraftsprüchen, wie Acton bereits früher auf anderem Felde erfahren hatte, den theologischen Problemen, die die Entwicklung der Lehre aufgab, einer Diskussion entzog. Newmans Theorie des Development sei mit derjenigen Darwins zu vergleichen, meinte er, mit dem Unterschied allerdings, daß bei Darwin der Affe zum Menschen, bei Newman der Mensch zum Affen werde. Oder: die höchst elastische Theorie des Development sei wie Didos Kuhhaut in der Fabel, mit der man ganze Länder in der Geisteswelt umspannen kann, ein allzeit dienstfertiges Auskunftmittel.[59] Nach der Lektüre von Newmans Brief an den Herzog von Norfolk beschuldigte er Newman, dreist »die offensten Unwahrheiten« vorzutragen. »Ich kann seinen Charakter nur auf Kosten seines Wissens (d.h. auf Grund seiner Ignoranz) retten.« Das war so stark, daß Gladstone in seiner Antwort an seine stets freundlichen Beziehungen zu Newman erinnerte und diesem völlige Absenz von Ehrgeiz attestierte.[60]

Die Schärfe von Döllingers Urteil kontrastiert mit der ruhigen Kritik Newmans an Döllingers historizistischer Urteilsperspektive. Dabei brachte er großes Verständnis für dessen Schwierigkeiten auf und befand, er sei nicht fair behandelt worden. Er erwog sogar, 1879 nach der Entgegennahme des Kardinalshutes auf der Rückreise von Rom in München einen Besuch zu machen, mußte jedoch aus gesundheitlichen Gründen davon Abstand nehmen. Angesichts der starken Äußerungen Döllingers über Newman ist nicht anzunehmen, daß eine solche Begegnung einen Sinneswandel hätte herbeiführen können.[61] Es läßt sich noch ein weiterer Grund anführen, warum die Aussichten für eine »Bekehrung« schlecht waren: Döllingers Einstieg in die publizistische Agitation vor und während dem Konzil, der Appell an die Öffentlichkeit. Wer seiner polemischen Ader freien Lauf in der Art läßt, wie Döllinger das 1869/70 getan hat, und die innerkirchliche Gegenrichtung mit so gezielter Schärfe und verletzender Übertreibung bloßstellt, kann sich später selbst schwer zurücknehmen und korrigieren.[62] Es stellt sich hier das

---

59 Die Belege bei CONZEMIUS, V., Acton, Döllinger and Gladstone. A strange variety of antiinfallibilists. In: J. D. BASTABLE (Hg.), Newman and Gladstone. Centennial Essays. Dublin 1978, 39-55.

60 Ebd., 43.

61 Über Newman und Döllinger vgl. KLAUSNITZER, W., Päpstliche Unfehlbarkeit bei Newman und Döllinger. Ein historisch-systematischer Vergleich. Innsbruck – Wien – München 1980; CONZEMIUS, V., Lord Acton, Ignaz von Döllinger und John Henry Newman. Lebenssituationen und Kirchenkonflikte, in: G.BIEMER – H. FRIES (Hg.), Internationale Cardinal-Newman-Studien, Bd. XII, Sigmaringen 1988, 83-103; ders,: Newman und Döllinger. Vom Umgang mit Konflikten in der Kirche, in: Stimmen der Zeit 113 (1988) 723-732; ders.: Die Kirchenkrise Ignaz von Döllingers. Deutsche gegen römische Theologie? in: Historisches Jahrbuch 108 (1988) 406-429.

62 Vgl. CONZEMIUS, V., »Römische Briefe vom Konzil«. Eine entstehungsgeschichtliche und

Problem des Umgangs des Theologen mit der Öffentlichkeit, ein neuzeitliches Problem, das auch in unseren Tagen Fragen aufwirft. Döllingers Münchner Rede vor den deutschen Theologen 1863 in gewissen Passagen als Verfälschung der politischen Wirkabsicht der Theologie zur politischen Wirkmethode zu bezeichnen, scheint mir überzogen.[63] Der so verhängnisvoll hemmungslose Einstieg Döllingers in den Konzilsjournalismus in Jahre 1869 jedoch entspricht durchaus jener Verfälschung. 1863 sprach er zu katholischen Theologen, das Publikum allerdings, das die von ihm redigierten Quirinusberichte in der »Augsburger Allgemeinen« las, war am wenigsten befähigt, sich über die Konzilsthematik ein Urteil zu bilden. Nach geschlagener Schlacht entwickelte sich ein »esprit de corps«-Bewußtsein mit denjenigen Leuten, die ihm Beifall gespendet hatten und die nun in eine Richtung drängten, die weit über das hinausging, was er sich vorgenommen hatte.

In einer Frage, die in die so schwer einsichtige Sphären subjektiver Entscheidungen hineinreicht, können wir uns nun vorsichtig an letzte Motivationen herantasten. Rätselhaft bleibt, warum er seinen jüngeren und besten Freunden Acton und Charlotte Leyden keineswegs die Bindung an die Romkirche übelnahm. Lord Acton, dem nach eigener Aussage die kirchliche Communio so lieb wie das Leben war, brachte das 1874 auf den Punkt, als er bekannte, er könne sich nicht von der Kirche lossagen, die er gerade durch Döllinger kennengelernt hatte: »Im Zweifelsfall verzichte ich darauf zu verzweifeln«.[64]

Es gilt zur Kenntnis zu nehmen, daß es genau so Wege von Rom weg gibt, wie es Wege nach Rom gibt.[65] Hier liegt eine Forschungsaufgabe vor, die die katholische Seite bisher recht wenig beschäftigt hat. Konversion wird katholischerseits im allgemeinen als Weg nach Rom verstanden[56]; die Konversion Newmans und die Oxfordbewegung gelten als Musterfall dieser Orientierung. So ließ 1995 die Rückkehr nach Rom einer Gruppe von Anglikanern wegen der Frauenordination den Gedanken an eine Zweite Oxfordbewegung aufkommen. Unbewußt begleitet viele römische Katholiken das Bild, das Mia Woodruff, eine Enkelin von Lord Acton, mir einmal zu Neujahr schick-

---

quellenkritische Untersuchung zum Konzilsjournalismus Ignaz v. Döllingers und Lord Actons. In: Römische Quartalschrift 59 (1964) 186-229; 60 (1965) 76-119.

63 SECKLER, M., Kirchliches Lehramt und theologische Wissenschaft. In: W. KERN (Hg.): Die Theologie und das Lehramt. Quaestiones Disputatae 91. Freiburg – Basel – Wien 1982, 17-62; vgl. auch GARHAMMER (Anm. 50), 206 ff.

64 Acton an Döllinger, 25.Nov. 1874. In: DÖLLINGER, Briefwechsel (Anm.2) Bd. 3, 135.

65 Vgl. Meine Besprechung biographischer und autobiographischer Werke zu diesem Problemfeld: Wege nach Rom und Wege weg von Rom. Konversionen und Laisierung im biographischen Zeugnis. In: NZZ Nr.64 v.17./18. März 1990 (Beilage).

66 Als pars pro toto sei zitiert: MICHAEL, E., Ignaz v. Döllinger. Eine Charakteristik. Innsbruck 1892.

te: Im Hintergrund der Peterskirche ein Nazarenerjesus, die Arme der Kolonaden von Bernini weit geöffnet, um die von allen Seiten ins Oval eintrabenden Schafe und Schäflein zu empfangen. Darunter hatte sie geschrieben: This is my vision of unity.

Diese römische Apokatastasis, die auch sogenannte progressive Katholiken gerne als ihre Ökumenevorstellung herumtragen – allerdings indem sie Petersdom und Berninikolonnaden sprengen –, liefert denn auch gleich den Wertungsraster mit für Persönlichkeiten mit gegenläufiger Entwicklung. Es kann sich hier nur um Stolz und Überheblichkeit handeln, um schleichenden Abfall, dessen früheste Anzeichen mit akribischer Sorgfalt zusammengestellt werden, wie es das katholische Döllingerbild nach 1870 festhält. Genauso verfehlt ist es, aus seinem Schicksal ein antirömisches Lehrstück herauszudestillieren und es parallelisierend im Meinungsstreit heutiger Entwicklungen und Spannungen einzusetzen. Gewiß gibt es Parallelen zu heute, und die Frage stellt sich eindringlich, warum die beiden Herolde des Ultramontanismus, Lammenais und Döllinger, zuletzt kirchlich zensiert wurden, ebenso wie sich zunächst überaus päpstlich gesinnte Jesuiten, wie der Begründer der »Civiltà cattolica«, Padre Curci, und P. Passaglia nur knapp vor ihrem Tod mit Rom aussöhnten. Es gibt eben auch eine Abwendung von Rom aus Gewissensgründen.[67] Newman, den die Scheiternden bekümmerten – ungeachtet dessen, daß diese ihr Scheitern als ein Zu-Sich-selber-kommen betrachteten –, wäre ein guter Patron für diese Reflexion.

---

67 Vgl. die Beiträge verschiedener Autoren zum Thema Konversion in: Theologische Realenzyklopädie Bd. 19 (1990), 559-578.

# ANHANG

## BRIEF VON EDITH RENOUF AN VICTOR CONZEMIUS VOM 11.AUGUST 1956

Dear Reverend Father

At Munich Dr. Döllinger certainly became intimate with several of the Brentanos. The centre of meeting was at Goerres's house; there frequently met Montalembert, Möhler, Dr. Ringseis, Professor Haneberg (later a Benedictine Abbot), Dr. Phillips (Englishman, lawyer and philologist) and other interesting persons. Döllinger also had English pupils in his own house. Personal acquaintance with my father began, when Renouf came to Munich to purchase Dr. Ringseis's medical library for the Catholic University of Dublin. In the following year my parents became engaged and Dr. Döllinger gave a luncheonparty to celebrate the event. When Döllinger's »The Gentile and the Jew« was unsatisfactorily translated into English (Döllinger said: I have been translated like Bottom!), my mother rewrote the translation to his satisfaction; a fact which has, I believe, been hushed up. When my mother's health broke down under the damp climate of Dublin, Döllinger exerted his influence with Gladstone and Lord Granville to procure my father a post as Inspector of Catholic Elementary Schools south of the Hiamber. Döllinger had already many illwishers in Munich. His endeavours to raise the standard of examinations did not make him popular; and candidates grumbled at a habit he had of drumming on the windowpans whilst exams were in progress; they declared it made them nervous. I met Dr. Döllinger first in Holy Week 1871. I well remember my mother saying earnestly: But what if you are excommunicated? and his answer: It is a very grievous matter, still nothing can justify denial of the truth. But, said she, had you not been rushed into declaring yourself, what then? Then, he said, I would gratefully have held my peace, out of respect for the Church.

Child, he then said to me, I'll give you a book, but I can't write my name in it; were I to do so, you could never show it to a friend! That was compromised by his writing »from an old friend of your father«. He promised me a book for each visit I paid him, a promise kept throughout the years. They were as a rule Greek or Latin classics, once a manual of Palaeontology.

In 1871 my mother and I guests at the Motherhouse of the Armen Schulschwestern. On Eastersunday the preacher thundered from their pulpit: The old tree lies on the ground, the rotten oak is fallen etc. One might have imagined it was Döllinger's excommunication, not the Resurrection that made it a glorious day.

The sequel is accurately told in my father's lifework vol.IV. The episode with Reusch did not close matters. Cardinal Pecci and Monsignore Campbell – maybe others – worked at a document which my father was to take to Döllinger, and if he agreed to it, the Pope (Leo XIII.) was prepared to declare himself satisfied. My father had an attack of influenza, but as the document was not yet drawn up, that cannot have been of graet importance. Then one day our friend Father Lockhart, Provincial of the English Fathers of Charity, came to us at Rome and said: »You are anxious about Dr. Döllinger; you need no longer be anxious. He is in good hands – the best of hand – the hands of God.«

It is ridiculous of Dr. Friedrich to write in his biography of Döllinger that he was unable to speak freely to my mother on account of my presence at their last meeting. I was not then a child, but was 21, and Döllinger had always treated me as a young friend.

The correspondence my mother started between good canon Moufang and Döllinger had raised Moufang's hopes, but no traces of those letters have been found – only a very peculiar letter of Döllinger to bishop or archbishop of Mayence, complaining that whereas Pelagius had been allowed many years before expounding his belief, he himself had been rushed into a hasty declaration. I do not know what became of that letter.
And that is all I can tell.

Respectfully yours

Edith Renouf

SHERIDAN GILLEY

# Newman and the Convert Mind

There would have been converts to Roman Catholicism in England even without John Henry Newman. Most converts have been ordinary folk, converted by some sort of family connection, especially on their marriage to a practising Catholic.[1] Even on a more exalted intellectual level, the tradition of conversion among poets like Gerard Manley Hopkins and Coventry Patmore goes back to the seventeenth century, to Richard Crashaw and John Dryden, and in Newman's own day, some of the most notable Catholic converts owed little enough to him. Thus the convert-makers of the Roman Gothic revival, Ambrose Phillipps de Lisle, Augustus Pugin and Kenelm Digby were all received into the Church before Newman came to national prominence,[2] while there were some who felt the influence of another strong figure like that of Henry Edward Manning. Yet Newman is Rome's great converter in England. His writings, above all the »Apologia« and the glamour of his Anglican life in its Oxford setting, have contributed immeasurably to the modern English fascination with Rome; and through his books that »most entrancing of voices, breaking the silence with words and thoughts which were a religious music - subtle, sweet, mournful«,[3] still makes conversions to Rome today.

Thus one modern Roman convert, Muriel Spark, has written that »if there is one comprehensive thing that can be said for Newman's writing, it is that he has a ›voice‹; it is his own and no one else's. To me, at least, it is a voice that never fails to start up, radioactive from the page, however musty the physical book.« Newman is supremely the thinker who taught that faith - and unfaith - are communicated by personal influence, as first by his Lord and Master, and he is the still-living embodiment of his own theory, for his voice

---

1 PAULINE ANN ADAMS, Converts to the Roman Catholic Church in England c 1830-1870 (unpublished B. Litt. thesis, University of Oxford, 1977). On the statistical patterns of conversion to Catholicism in Britain in the twentieth century, see: ROBERT CURRIE, ALAN GILBERT, LEE HORSLEY,Churches and Churchgoers: Patterns of Church Growth in the British Isles since 1700. Oxford 1977, 30-61.

2 Digby was received in 1824, De Lisle in 1825, and Pugin, according to the best authority, in June 1835. PHOEBE STANTON, Pugin. London, 1971, 10. The eminent named converts are listed in W. GORDON GORMAN, Converts to Rome (London 1910), which is dedicated to the »Heralds of the New Spring«, all pre-Newman converts, Henry Digby Best, Kenelm Digby, De Lisle, and Fr. George Ignatius Spencer.

3 CITED BASIL WILLEY, Nineteenth-Century Studies: Coleridge to Matthew Arnold. London 1964, 82.

conveys his person, a personality with an enchantment to the literary-minded like no other. Miss Spark declares that Newman »is far less dead, to me, than many of my contemporaries; and less dead, even, than Socrates for whom, in the day-dreams of my young youth, I thought it would be lovely to lay down my life ... It was by way of Newman that I turned Roman Catholic. Not all the beheaded martyrs of Christendom, the ecstatic nuns of Europe, the five proofs of Aquinas, or the pamphlets of my Catholic acquaintance, provided anything like the answers that Newman did.«[4]

Although Miss Spark was born a Scot, with a Jewish father, she passed through an Anglo-Catholic phase, with a keen love of the King James Bible and Book of Common Prayer, and her words are characteristic of the way in which Anglican converts to Rome feel a special proprietorship in Newman, as their patron and prototype, the greatest of all those among them who have crossed the Tiber. Here is their own little story on an epic scale and with a proper hero, who like them, was not born into the Catholic purple, but found the pearl of great price only after a long and arduous journey. In the phrases of Monsignor Ronald Knox, the convert who supremely inherited Newman's literary versatility and fastidiousness, Newman is the »Great Auk« among Anglican converts, and his Spiritual Odyssey or Aeneid is their own.[5]

Newman is, then, a representative figure, though his path to Rome is all his own. One important landmark on his intellectual pilgrimage is the »Lectures on the Prophetical Office« of 1837, the work in which he stands poised on the point of making the paradigm shift between Anglicanism and Roman Catholicism, by balancing an Anglican way of looking at things, in the credal essentials or fundamentals of the Episcopal Tradition, against the more generally Roman Catholic view which he calls the Prophetical Tradition, and which embraces the whole faith in the manner of the new »Catholic Catechism«. Newman's formal defence of his Roman conversion is his »Essay on the Development of Christian Doctrine«, which is in apologetic terms largely an answer to the Anglican objection to modern Rome that Rome is so unlike the Church of the early centuries. Yet for all its occasional passage of fine rethoric in which the theme of the growth of Christian ideas and institutions reflects an underlying image of the growth in heart and mind of the individual believer, Newman's most personal, impassioned and accessible work remains the »Apologia«, the history of his religious opinions, that highly selective spiritual biography of which every reader knows the end before its

---

4 MURIEL SPARK, Foreword, in: VINCENT F. BLEHL (ed), Realizations: Newman's own Selection of his Sermons. London 1964, V-IX; cited LEON LITVACK, The Road to Rome: Muriel Spark, Newman and the Nevertheless Principle, in DAVID BEVAN (ed), Literature and the Bible. Atlanta, Georgia,1993, pp. 31-2.

5 RONALD KNOX, Barchester Pilgrimage. London, 1938, 82; RONALD KNOX, A Spiritual Aeneid. London 1918 (edition of 1958).

beginning, and which might be retitled »How I became a Roman Catholic«. The »Apologia« shows the inner life as a work of divine grace, but so binds grace to natural gracefulness as to seem to make the life a work of art.

This is partly why its influence has been strongest among converts with a literary calling or vocation like Miss Spark, who have come to Newman with an ear for his verbal music, and partly why the Catholic revival has been so much a literary affair, with a greater impact upon writers than among the scientists or businessmen who have no such notable Catholic convert model.

The Catholic convert mind is, then, more literary in the old belle lettrist sense than it is scientific or philosophical; though Newman's philosophy is important to it, as shall be shown. Even the work of the great convert scholars, like Edmund Bishop among liturgists and Christopher Dawson among historians, is marked by a kind of literary refinement traceable to Newman's influence. The literary dimension of conversion is demonstrated by Fr Stephen Brown's listing, of 1940, of more than three thousand novels in English by Catholics, at least half of them converts or the children or grandchildren of converts.[6] Minor convert novelists, - Robert Hugh Benson, Maurice Baring, John Oliver Hobbes, John Ayscough, Sheila Kaye-Smith, - were especially numerous. And among them is Newman, the author of two novels, both in different ways novels of conversion to Catholicism, «Loss and Gain« about conversion from Anglicanism and »Callista« about conversion from paganism.[7] This is where, despite all the magical resources of Dr. David Newsome's own prose, itself not unmarked by Newman's influence, the comparison of Newman with his rival Manning must be to Newman's advantage, for Manning was not an original or creative thinker and did not write like an angel.[8] The Catholic Manning had two great practical universal ideals, the first on the challenge to faith, the second on the challenge to social order. Manning thought that an infallible Church and pope were the answer to the religious doubt of the age, and that the Church which championed social justice was the answer to its poverty. Thus his published literary output is both highly respectable and moving, - his pamphlet »The Child of the English Savage«, a denunciation of cruelty to children, can still make the blood boil; but with the exception of »The Eternal Priesthood«, a book which needs to be republished, his work has hardly been reprinted in our century. His private and personal influence in his way and in his own day was just as

---

6 STEPHEN J. BROWN, S. J., Novels and Tales By Catholic Writers. Dublin 1940. There is also a listing of Catholic biographies by Fr STEPHEN BROWN, An Index of Catholic Biographies. Dublin 1930.

7 ALAN G. HILL, Originality and Realism in Newman's Novels, in: IAN KER and ALAN G. HILL, Newman after a Hundred Years. Oxford 1990, 21-42.

8 DAVID NEWSOME, The Convert Cardinals: John Henry Newman and Henry Edward Manning. London 1993.

great as Newman's, but as it belonged to the realm of deeds and to the spoken rather than the written word, so it died with those who had known him, whereas heart still speaks to heart wherever Newman finds readers.

Indeed Newman's influence is only confined by that of his printed medium, and has only suffered as young people, even middle class ones, have deserted the culture of the printed book, though few can have ever, like the young A. N. Wilson, taken to Newman as other adolescents now take to drugs. But it was Newman who made the Catholic Church a power in the realm of all lovers of English prose, not merely of elegiac and poetic prose, but of irony. No convert, not even Evelyn Waugh, can equal him in deadly, withering, wit, and in satire sharper than a sword, though nothing seems to stop them trying. Wit, then, is one characteristic of the Catholic convert mind, and for that, Newman is in part responsible. The association has continued into our day; as one convert wrote upon another:

> Mary of Holyrood may smile indeed,
> Knowing what grim historic shade it shocks
> To see wit, laughter and the Popish creed
> Cluster and sparkle in the name of Knox.[9]

Aldous Huxley thought that Catholic converts matched their socks to the colours of the liturgical year, put on weight and wrote comic verse; the last at least is sometimes true, and Newman, who wrote the satirical novel »Loss and Gain« a few years after his conversion, and the delicious satire of the »Present Position of Catholics«, was the archetypal convert wit.[10] Indeed he is the only Catholic convert revolutionary in literature, with the possible exception of one figure he converted, Gerard Manley Hopkins, the fountainhead of modern English poetry. Otherwise Newman is perhaps the only intellectual convert revolutionary, again with one possible exception, Augustus Pugin, whom Newman rightly called a bigot, but who was a giant to architecture and architectural theory, and whose reputation lengthens with the years.

Newman's impact on Roman Catholic theology has also been enormous, but no one feels this quite as strongly as the Anglican convert, whose initial objection to Roman Catholicism has usually been that Rome was a papal and clerical tyranny which allowed no freedom of conscience, no freedom for the laity and no freedom for original theological thought. Newman made conscience the very foundation or fulcrum of his whole conception of religion; he argued for the right of the lay faithful to be consulted, albeit in a somewhat passive sense; and he expounded a constitutional conception of the Church, in which the institutional or Regal element exercised by Rome

---

9 EVELYN WAUGH, The Life of the Right Reverend Ronald Knox. London 1959, 199.
10 IAN KER, Newman the Satirist. in: KER and HILL (eds), 1-20.

was held in tension and balance by the Priestly or devotional office of pastors and people and the Prophetical or intellectual office of the theologians.

Manning thought that Newman was seeking to introduce »the old Anglican, patristic, literary, Oxford tone«[11] into Roman Catholicism, and in a sense he was right, that Newman was the Church of England's great gift to Catholic theology, his Catholic theology being the development and fulfilment of his theological work as an Anglican. His insistence on the continuities of his own life declares that a convert is someone who discovers he is wrong; but that in some profound sense he is already right. Indeed as Newman argued himself in the »Lectures on Anglican Difficulties«, Rome was the proper destination of the Movement of 1833. Newman feared in turn that Manning's aggressive infallibilism was responsible for presenting to his countrymen those aspects of the Catholic Church most consonant with their prejudices against her, and that the definition of 1870 would inhibit Anglo-Catholic conversions. Peace be on both their ashes. There are Manning converts and Newman converts. Manning's militancy has appealed to one class of Anglican convert, in full flight from a Church which never knows its own mind;[12] but for many another, Newman has been a reassurance that creative thought and conscience are not incompatible with a proper Catholic loyalty, and that while the Church is a monarchy, she need not be a despotic one, but one with distributed and delegated powers. In this sense, Newman has done much to make the Catholic Church a much more Anglican convert-friendly place.

Yet while none would dispute Newman's influence on Catholic theology, he is much more powerful there, and as a literary figure, than in the world of non-Catholic British theology, where he is an isolated or token orthodox presence in a desert of liberal negation. He is not ignored by non-Catholic British theologians, but some of his principal themes - the role of the personal and the liturgical in acquiring and imparting religious knowledge, the development of doctrine, the non-propositional dimension of divine Revelation and the inadequacy of human reason and language to describe the infinite mystery of God, are put to liberal theological uses which he would himself have abhorred.

Thus Newman's demonstration of the historical elements in the progressive definition of Christian doctrine, which neatly disposed of the Anglican appeal to a fixed or frozen antiquity, is taken by Anglican liberals to imply that all doctrine is relative, and that no final authority is to be accorded to the

---

11 J. DEREK HOLMES, More Roman than Rome: English Catholicism in the Nineteenth Century. London and Shepherdstown 1978, 127.

12 Thus KNOX: »I came into the Church, it seems to me, in a white heat of orthodoxy, Manning's disciple rather than Newman's; and when I took the anti-modernist oath, it was something of a disappointment that the Vicar-General was not there to witness the fervour I put into it - he had gone out to order tea« (A Spiritual Aeneid, p. XX).

definitions of Nicaea or Chalcedon. The liberal understanding of the development of doctrine is that there was no doctrine worth developing. The non-propositional character of Revelation is liberally interpreted as declaring that Christianity is a religion so verbally evanescent or elusive that any generation can reshape it at will, while the idea that faith is personally and liturgically appropriated and communicated is made to mean that there can be as many systems of religious truth as there are persons and liturgies. And how often has that fateful sentence from the »Essay on the Development of Christian Doctrine«, »to live is to change, and to be perfect is to have changed often«, left without its introductory clauses, and twisted by knaves to make a trap for fools, who can be induced to think that any odd change must be a step towards perfection?

There are, then, two ways of drinking Newman down, like drinking whiskey, neat, or with a liberal quantity of soda water. In my Anglican green and salad days, I was a consumer of liberal lashings of soda water. For there is an orthodox understanding of Newman, which takes him whole, and which sees in his personalism, individualism and apophaticism the necessary elements in an objective and apprehensible Catholicism; and from the era of Catholic Modernism, there has been the liberal mode of interpreting Newman, which takes him in part, which delights in his infinite suggestiveness and nuance, but which turns the very bulwarks and defences which he devised for orthodoxy into materials for an assault upon it.

This is where the literary Newman becomes the liberal Newman, and is a trap and a snare. The idea comes partly from the Ultramontane understanding of Newman as a »Liberal Catholic«. The greatest of the mid-Victorian Liberal Catholics, Acton, saw that this was not so, even if it is granted that the Liberal Catholics were more Catholic than Liberal; and Newman had no thanks from either Acton or the Ultramontane William George Ward in his efforts to mediate between them.

But as Newman was not even a Liberal Catholic, so the non-Catholic or anti-Catholic liberal appropriation of Newman is even more of a misappropriation of the man whose life was a crusade against the influence of liberalism in religion. Not that Newman was a conservative; rather, his commitment was to an orthodoxy transcending both liberalism and conservatism. Newman was never simply interested in preservationism because, while in certain circumstances it might protect the truth, the same could be said for bigotry and prejudice, and none of these was a sufficient answer to the wild living intellect of man. It was the challenge to the faith from the infidelity of his own day that moved Newman from Protestantism to Catholicism. It was Newman who, from his reading of Locke and Hume, demonstrated that belief is just as reasonable a way of looking at the world as unbelief, though it draws on different intellectual traditions, and first principles, and assumptions. And in his anti-liberalism, Newman unites a reason and a passion that reinforce each other in English pure and undefiled. »The quality of his logic«, wrote Chesterton of Newman, »is that of a long but passionate patience, which waits until he has fixed all corners of an iron trap«[13] for the apostles of liberal irrationalism. He was, above all, anti-liberal in that his gaze was firmly fixed on God and not on man; or rather on God and on the man who is centred on God. Against the whole liberal man-centred view of things which dominates our day, and which is now so influential even in English religion, Newman sought, like Augustine and Calvin before him, the two things most necessary which all Christians must seek, the knowledge of God and of themselves.

And it is the Anglican convert who by his own particular position feels this most keenly. Newman is a hero to him because despite the thinnest of hides, he did not shrink from the duty of controversy. Newman knew from the Fathers of the Early Church, and from his beloved Athanasius, that for all the human weaknesses to which it gives rise, controversy advances the cause of Christian truth. Though he did not like the battle, yet he fought. That »subtle, sweet, mournful voice« had bite. He fought with wit and with passion. May God forgive those who forget Newman the controversialist, who flayed poor Kingsley alive, so that it was hardly a merit that Newman also forgave him. And he has the singular significance of having first defined the enemy. The Protestant objections to Rome are now mostly dead; on a range of traditionally Protestant issues, from prayer for the dead and arbitrary predestination to the merit of good works and the freedom of the will, the popular mind is papist and not Protestant. Even the old Protestant objections to Rome are now largely liberal ones, which tend to be as antipathetic to Catholicism as to Protestantism, indeed to any traditional form of Christianity.

For the sort of Protestantism which still maintains the mighty central Christian dogmas must look benign to Catholics beside the kind of liberalism which is the dissolution of all traditional types of Anglican, High or Low, or nothing in particular, through its steady advance within the Church of England. Here the drama of Newman's farewell to his Church in the loveliest and most haunted of its holy cities, Oxford, comes to the Anglican convert with a particular poignancy. For the convert has typically begun his religious life in a love affair with the Church of his baptism, and with an ardent desire to see her prosper. If of mildly romantic disposition, he rejoices in her imperial culture, in her ancient churches and cathedrals, in her choral tradition, in her great poets and her great divines, in her lay saints like Johnson and Gladstone, in the splendid cadences of the Prayer Book, and in the sense that here is the natural conjunction of being both English and Christian. Against this backdrop of English gentleness, and tolerance, and peace, Rome looks brisk and harsh and distinctly anti-national, un-English, if not an Italian

---

13  G. K. CHESTERTON, The Victorian Age in Literature. London, 1908, 48.

Mission, then an Irish one. This Englishness has been part of the Church of England's appeal to such twentieth-century expatriates as the middle-European Sir Lewis Namier and the American T. S. Eliot, who felt that becoming Anglican was a normal and natural part of becoming English. Nor is this an unworthy motive, but like many a love affair, it may end in tears, if the liberal influence comes into conflict with the traditionalist temper and frame of mind in which the love affair was born.

Of course, no Anglican becomes a Catholic simply by way of alienation from Anglicanism, but in conversion, there is push as well as pull; as a man moves to a more desirable house partly out of dissatisfaction with his own. Anglicans generally become unhappy with their Church when some Anglican bishop or divine denies the very faith that she has taught them, on a central doctrinal matter like the Virgin Birth or Resurrection, or some aspect of the moral law; and as the modern Church of England is ever oscillating between periods and parties of orthodoxy and liberalism, so she is, by shifts and turns, in this time and that place under liberal control, ever surrendering her most loyal sons and daughters to bodies more orthodox than she.

Of course Newman did not slay the liberal hydra, either within the Church of England or outside it, but he showed how it could be opposed, on its own ground and with its own weapons. When Newman defined liberalism as »the anti-dogmatic principle«, he meant the anti-Christian anti-dogmatic principle, for he went on to define a range of liberal dogmas, and thereby fathered Chesterton's fundamental conviction that there are only two kinds of people, »those who accept dogmas and know it and those who accept dogmas and don't know it.«[14] For Newman saw that there is no dogma more binding than liberal dogma, no view more deeply founded than the liberal view on unexamined preconception and prejudice, and so he was among the first to foresee and to oppose that liberal dechristianisation of the Church of England which has been part of the dechristianisation of England. In that he is a hero to all those Anglican converts to Rome who in much humbler measure have tried to do the same, and then given up the task as hopeless.

The liberal reaction tried to take over Newman as it has sought to take over everything, even in his own day, as in the secularisation of Newman's faith into Matthew Arnold's conception of religion as »morality touched by emotion« and an aesthetic of »sweetness and light«, while the transformation of Newman into Walter Pater's »hard gem-like flame«is a subject almost as morally depressing, as is the twentieth century substitution, now being deconstructed, of the religion of literature for a living faith. Of course, even a liberal Newman keeps alive ideas among liberals which would otherwise die for want of nourishment, and which lie lurking like good angels in some robber's cave to lead a man into a better way. More flies are caught with ho-

---

14 MAISIE WARD, Gilbert Keith Chesterton. London, 1944, 189.

ney than with vinegar, and the beautiful can be the path to truth. Newman himself united the moral power of the Hebrew with the grace of the Hellene; but he also ridiculed aestheticism as dandyism, and a merely aesthetic interest in him is to be sharply distinguished from a moral one. Newman's first love and final architectural preference was for the neo-classical Trinity College Chapel, and he was never very sympathetic to that Gothic Catholic convert frame of mind, born out of a passion for the middle ages and all its works, which reached its apotheosis in the splendid extravagances of John Patrick Crichton-Stuart, third Marquess of Bute.[15] Indeed Newman was authentically Victorian as well as Catholic in his instinctive hostility to the idea of art for art's sake, the battle cry of the late Victorian reaction against Victorianism. Hence his withering remarks in »The Tamworth Reading Room« on the powerlessness of a purely philosophical or literary religion; and so the work about Newman which most completely misunderstands him is G. Egner's »Apologia pro Charles Kingsley«, which represents the mind in the »Grammar of Assent« as arbitrarily choosing its beliefs according to its aesthetic preference for one set of images over another.[16] For as Newman insisted, faith is not aesthetics, or philosophy, or knowledge; as one Anglican convert to Catholicism put it of his conversion:

> The sages have a hundred maps to give
> That trace their crawling cosmos like a tree,
> They rattle reason out through many a sieve
> That stores the sand and lets the gold go free;
> And all these things are less than dust to me
> Because my name is Lazarus and I live.[17]

Yet faith is knowledge of a kind. It is notable that Miss Spark came to Newman not through an aestheticism, but as one wanting answers; and wanting answers from religion, especially God-given ones, is, to modern liberals, the cardinal sin. The bishop in C. S. Lewis's »The Great Divorce« prefers his Theological discussion Society in hell, which considers all questions open, to heaven, where there will be only answers.[18] So, too, the main interest in Miss Spark's work, as Leon Litvack makes clear in his excellent article on the subject, lies in her fascination with the moral opacity of human nature, a mystery almost as great as the ultimate divine mystery. But to Spark it was Newman who supremely tried to make the moral darkness day, as he looked into himself. It was, above all, Newman's sincerity that attracted her, his ruthlessness about himself: »He was sincere as light: ›Every thought I think

---

15 See: J. MORDAUNT CROOK, William Burges and the High Victorian Dream. London 1981.
16 G. EGNER, Apologia Pro Charles Kingsley. London 1969.
17 G. K. CHESTERTON, The Convert, in: Collected Poems. London 1927, 84.
18 C. S. LEWIS, The Great Divorce. A Dream. London 1945, 40, 42.

is a thought, and every word I write is writing‹ «,[19] as he set out to make clear, in words of utter clarity and simplicity, that most treacherous of all knowledge, the moral self-knowledge by which man either lives or dies.

That quest for self-knowledge is part of the mental condition of the convert: how can I be sure of what I must believe? How can I know that I am right? Newman offers an argued assurance that the believer can know, that he can be certain, without any moral treason to himself; that the subjective quest for certitude in matters of religion, the very certitude to which the liberal declares that no one has a right, can look to the eternal order of things and find there a response. The philosophical demonstration of the right to certitude is, of course, the »Grammar of Assent«, with its argument that there is nothing unreasonable about believing what, in one sense, cannot be wholly proven and what in another, cannot be wholly understood. But Newman declared in his Anglican sermon on »The Testimony of Conscience«:

> »Now, I suppose, absolute certainty about our state cannot be attained at all in this life: but the nearest approach to such certainty, which is possible, would seem to be afforded by this consciousness of openness and singleness of mind, this good understanding ... between the soul and its conscience, to which St. Paul so often alludes. "Our rejoicing is this", he says, "the testimony of our conscience, that in simplicity and godly sincerity we have had our conversation in the world." He did not rejoice in his faith, but he was justified by faith, because he could rejoice in his sincerity.«

So much is this the case that Newman argues that the individual in such a condition »is accepted *in* that state in which he is, be it ... heathenism, schism, superstition, or heresy; and that, because his faults and errors *at present* are not wilful.«[20] He is as sincere as he can possibly be.

It may seem odd to fasten on sincerity as a touchstone of Newman's appeal to the convert. As a moral category, sincerity has been employed by liberals to declare the superiority of the subjective, the individual and the personal over the objective, the collective and the authoritative, from the archetypal Latitudinarian Anglican Bishop, Benjamin Hoadly, never mentioned by Newman without a snap or a sigh, to J. D. Salinger in »The Catcher in the Rye«; it does not matter what one believes as long as one is sincere about it. Newman's sincerity was partly his literary art; he was »absolutely himself in his power of writing«,[21] and as Gerard Manley Hopkins himself said, his tradition is »that of cultured, the most highly educated, conversation, ...

---

19 Foreword to Realizations, cited LITVACK, 45.
20 PPS V, 285, 287.
21 ANNE MOZLEY, Letters and Correspondence of John Henry Newman. 2 vols. London 1891. Vol I, p. 9; cited WALTER E. HOUGHTON, The Art of Newman's Apologia. New Haven. 1945, 71.

[which] gives it a charm of unaffected and personal sincerity which nothing else could.«[22] But in Newman the duty of sincerity is also an awesome thing, not easily or lightly achieved, being the inner character of the soul, whatever its beliefs, which is hungering and thirsting after righteousness; which is utterly resolved to do its best to find the truth and to obey it. For sincerity arises for Newman from the sovereign conscience, an endowment of human nature which is ultimately revealed as the channel of the divine grace which has prompted it to life from the first, the pope within, the aboriginal Vicar of Christ, the very voice of God. And conscience is the origin of sincerity, which in turn is the author of conversion.

Thus sincerity is linked in Newman to a whole range of themes belonging to the darker or severer side of his religion. There is a liberal tendency to deprecate these aspects of Newman's Anglican preaching, like so much Evangelical preaching of its time, the constant call to seriousness and holiness, the nearness of Hell, death and judgement, the worry as to the likely fewness of the elect, the unrelenting moralism, the demand for the Law's stern fires and a perpetual Ash Wednesday, which is hardly a balanced view of the Christian Year. But while Newman outgrew too one-sided an emphasis on these things, the thirst for moral and spiritual truth for Newman is rooted in this primal moral sense, and without this longing for righteousness no one would ever be properly converted to anything.

This longing has its links to the affections and the imagination, but it is to be rigidly distinguished from them. Newman learned from his Evangelical mentor, Thomas Scott, that conversion moves the mind even as it touches the heart, and it brings, not the freedom from the moral law beloved by Calvinist antinomians, but the power to obey it. Newman came to reject Evangelicalism in part because he thought it overstressed certain sorts of spiritual excitement, especially in an emphasis on sudden conversion; for conscience is the true root of faith as a lasting principle, the spiritual mind, and not just the heart. Newman's philosophy can be called either moralism or personalism. His interest in what creates character and the moral life derives from his first Evangelical conviction of sin, and those who dislike this element in Newman must simply dislike Christianity, because this is a part of any Christianity deserving the name. The greatest of the twentieth-century English literary converts after Newman was Chesterton, who came to the Church »to restore his innocence«,[23] asking for absolution from sin. This is no more than the New Testament teaching in which conversion is above all else metonoia, repentance. None of this is very attractive to the modern liberal temperament, but as Chesterton remarks, we need the Church to tell us when we are

---

22 C. C. ABBOTT (ed), Further Letters of Gerard Manley Hopkins. London, 1938. 232; cited HOUGHTON, loc. cit.

23 MAISIE WARD, 396.

wrong, not when we are right, and as Newman declares, the fashionable religion of the day, which shies away from conscience, sin, death and judgement, is merely the religion of this passing world.

All this, then, is in a good sense Evangelical, for Newman was an Evangelical convert before he was a Roman Catholic one; he had two conversions, one Protestant, and one Catholic. His Protestant conversion, in 1816 when he was fifteen, might be called in neo-scholastic fashion his conversion to a *fides qua creditur*, in the individual act of faith, by which every believer believes; while his Catholic conversion in 1845 might be defined as the *fides quae creditur*, the collective fulness of the faith which is believed, that whole body of belief which is the Church's faith, and in which even the devils believe and tremble. The first conversion was, by his own account, primary to the whole of the rest of his life; and without his primitive consciousness of himself and his Creator he would hardly have become a Catholic. Of course he rejected much of his Evangelical phase: Lutheran justification by faith alone, Calvinist final perseverence, and above all what followed from this, the Evangelical insistence on seeing everyone in morally black and white terms as all saint or sinner. Miss Sparks loves Newman's moral subtlety, his delight in the nuance of personality. Yet it was a blessing that he encountered Protestantism in its most intellectually hard-headed form, the religion of John Calvin, the only form of Protestantism which can hold a candle for precision and self-coherence to Roman Catholicism. For all his later reservations about calling that first conversion »Evangelical«, Newman was the principal if not the only means by which the great English Evangelical tradition, the tradition of Baxter and Bunyan, passed into Roman Catholicism, so that the once converted might be converted yet again.

For a convert is someone who has passed through water and fire. He is twice-born. His decision is a matter of life and death. To feel the force of the great rhetorical conclusion to the «Essay on the Development of Christian Doctrine«, with its refrain that »time is short, eternity is long«, one needs to undergo something of the experience of conversion behind it. But its theme is to consider its argument, not to dismiss it as the result of mere emotion, even while the passage conveys the very passion it denies. Conversion comes with tears, and sorrow, as well as joy; Newman is the poet of both moods, even while his perfect self-restraint intensifies the emotion in the very act of expressing it, and so saves himself, with that wonderful English reserve which is again supremely his, from the indecency of too public an emotional display.

Now it is perfectly possible to read Newman and ignore his stern moralism; but it is here, supremely, that Newman speaks to the convert mind, even more in what he writes of the individual act of faith than in the faith to be believed. No one is converted either to Catholicism or to Christianity by the literary Newman, by the spiritual beauties of Newman, bound up in some limp

Victorian purple leather volume, but by the moral Newman, the Augustinian Newman, the Evangelical Newman; it is in his stern unbending call to sincerity and seriousness that Newman is the master of the convert mind.

Last, he is master of that mind in his desire for inclusiveness and continuity. As early as the second of his »University Sermons«, he had come to the idea that Christianity must contain whatever is true in other religions within itself; that Catholicism is the completion and fulfilment of all those other aspirations to the good and true which otherwise wander forlorn throughout the world. Thus Newman thought that in becoming a Catholic, he was going from a smaller house into a larger one. The Church is greater than the world to which it ministers, and so the convert is always conscious of an inferiority, like Ronald Knox's response to an Irish priest's offer of a triple measure of whiskey:»Whoa! I'm only a convert.«[24] The Catholic convert is an heir, not by birth but by adoption. Like the Magi of the famous prayer in Evelyn Waugh's *Helena*, he has come late into the kingdom. But Newman's undying love for his old Anglican friends, Keble and Pusey above all, and his continuing solicitude for Anglicans, which please God still continues, may lead the convert to hope that there is a place for four centuries of Anglican thought and achievement in full communion with Peter, in the Universal Church. A recent distinguished Anglican convert to Rome remarked that he had waited for more than an hour for Fr Michael Seed to say to him what he had to hear: that in becoming a Catholic, he left no true and valuable part of his Anglican heritage behind him. Yet the convert must also see, as Newman did, that Catholicism is richer than his much-prized Anglican inheritance. A modern Catholic convert, George Marshall, in his study of Edwin Muir, who never formally entered the Church of Rome, has described how Muir was overwhelmed in a church in Rome by the Incarnational principle in an image of the Annunciation: »I discovered in Italy that Christ had walked on earth«. This accompanied the sense that the Bible and sermon-centred Scottish Calvinism of Muir's youth had turned the Word made flesh back into a religion of words. »The Word made flesh is here made word again.«[25] Newman always distrusted »unreal words«[26]; but his real words had always the aspiration to truth. There are many roads to Rome, and some only travel a part of the journey; but Newman was sure that all roads lead there.

---

24 PENELOPE FITZGERALD, The Knox Brothers. London 1977, 177.
25 GEORGE MARSHALL, In a Distant Isle: The Orkney Background of Edwin Muir. Edinburgh 1987, 124, 127.
26 »Unreal Words«, in: PPS V, 33-52.

GÜNTER BIEMER

# Theodor Haecker: ein prominenter Konvertit im Bannkreis John Henry Newmans

## Annäherung an Haecker

Es besteht ein fast widersprüchlicher Eindruck zwischen dem intensiven Einfluß, den Haecker durch seine Schriften ausübte, und der Atmosphäre, die er als Person verbreitete. Selbst nach einem halben Jahrhundert ist es nicht leicht, sich ihm als historischer Persönlichkeit zu nähern. Er hat über sein persönliches Leben fast keine autobiographischen Notizen hinterlassen. Richard Seewald, ein Maler und über Jahrzehnte sein Freund, hat zwei Porträts von Haecker geschaffen; er schreibt über ihn in einer Würdigung nach seinem Tode: »Er war einer der schweigsamsten und verschlossensten Menschen, die ich kannte... « Die meisten Menschen, die ihm begegneten, mögen große »Hochachtung vor der mutigen Geradheit« gehabt haben, aber auch »Angst, durchschaut zu sein von diesen klaren blauen Augen, die eine ungewöhnliche Kraft ausstrahlen ... Sie fühlten sich unter diesen Augen nicht wohl, die ständig zu fragen schienen: Ist es dir eigentlich ganz ernst, mit dem, was zu sagst; entspricht dein Leben deinen Worten?«[1] Hingegen berichtet Sophie Scholl, eine der Märtyrer der »Weißen Rose«, einem Freund über die »eindrucksvollen Stunden«, die sie am Nachmittag des 4. Februar 1943 mit Haecker verbracht habe, als er im Freundeskreis aus seiner Theodizee »Schöpfer und Schöpfung«[2] vorlas: »Seine Worte fallen langsam wie Tropfen, die man schon vorher sich ansammeln sieht und die in diese Erwartung hinein mit ganz besonderem Gewicht fallen. Er hat ein sehr stilles Gesicht, einen Blick, als sähe er nach innen. Es hat mich noch niemand so mit seinem Antlitz überzeugt wie er.«[3] – Vierzehn Tage später, am 18. Februar 1943, wurden Hans und Sophie Scholl verhaftet. Haeckers Wohnung wurde von der Gestapo durchsucht und nur durch die geistesgegenwärtige Initia-

---

1 (Abkürzungen: N = Notate (Nummerierung der TNB); SIEFKEN, T.H.= Theodor Haecker (1879-1945) bearb. von HINRICH SIEFKEN, Marbacher Magazin 49. TNB = Th. Haecker, Tag- und Nachtbücher 1939-1945. Erste vollständige und kommentierte Ausgabe von H. SIEFKEN, Innsbruck 1989. WW = Ausgabe der Gesammelten Werke in fünf Bänden, München 1958-1967). RICHARD SEEWALD, u.a. Abschied von Theodor Haecker, in: Der Brenner 16 (1946) 259.
2 Erste Auflage Leipzig 1934; WW IV, München 1965.
3 TNB S. 15

tive seiner Tochter Irene wurde das Manuskript von Haeckers »Tag- und Nachtbüchern« aus dem Haus geschmuggelt und zum Pfarrer, einem Freund der Familie, gebracht.

## Wer war Theodor Haecker?

Auch die Urteile über seine Bedeutsamkeit als *philosophischer Denker* sind widersprüchlich. Als Walter Benjamin Haeckers »Vergil, Vater des Abendlandes«[4] rezensierte, bescheinigte er ihm »glänzende schriftstellerische« Fähigkeiten, aber »sehr bescheidene denkerische« Gaben, und er bedauerte, daß Haecker »die dilettantische Fragestellung«, wer uns Vergil sei, behandelt habe, statt zu fragen »was die Geschichte der Vergilschen Dichtung... uns lehrt«.[5] – Im Gegensatz dazu war Matthias Laros von Haeckers »Satire und Polemik« (1922) und »Christentum und Kultur« (1927) sehr beeindruckt und stellte fest: »Seit Nietzsche ist kein leidenschaftlicherer Denker aufgestanden... (seine) leidenschaftliche Liebe gilt der Echtheit und existenziellen Wahrhaftigkeit ... (deshalb) ist auch sein Zorn gegen alles, was ihm jene Echtheit und Wahrhaftigkeit zu bedrohen scheint, unbändig. ... Haecker ist, wie er selber sagt, nicht so sehr ein zoon politikon als ein zoon polemikon.«[6] – In der Tat hatten nicht alle, die er als zweideutig oder unecht kritisierte, die souveräne Toleranz des Hanseaten Thomas Mann, der am 23. August 1934 in seinem Tagebuch schreibt: »Haecker ist ein katholischer Denker von etwas zelotischen Manieren. Obgleich er mich mehrmals hart (und unmißverständlich) angreift, empfinde ich für seine christliche Humanität tiefe Sympathie (›Was ist der Mensch?‹) und war bewegt von seiner mutigen Apologie des Geistes«.[7] Welche Rolle spielt John Henry Newmans Gedankenwelt in Haeckers Leben?

## 1 Theodor Haeckers frühe Entwicklung

Theodor Haecker wurde am 4. Juni 1879 in Ebersbach bei Künzelsau in Schwaben geboren; seine Eltern heirateten 4 Jahre später und die Familie lebte in Esslingen am Neckar. Von Hause aus war er Protestant. Mit 12 Jahren verlor er seine Mutter. Auf Wunsch seines Vaters verließ er mit 16 das

---

4 Leipzig 1931; 7. Aufl., München 1952.
5 W. BENJAMIN, Privilegiertes Denken. Zu Theodor Haeckers Vergil, in: Schriften, Bd. II, Frankfurt a.M. 1955, 315-323; 322.
6 M. LAROS, Theodor Haecker, in: Literarischer Handweiser 1927/28, 165-170; 167.
7 THOMAS MANN, Tagebücher 1933 – 1934, hrsg. von PETER DE MENDELSSOHN, Frankfurt a.M. 1977, 513.

Gymnasium und machte eine kaufmännische Lehre. Nachdem er anschließend drei Jahre in Antwerpen tätig gewesen war, versuchte er sich 1903 als Student in Berlin, wo er Vorlesungen verschiedener Fakultäten hörte und »in Melancholie und Einsamkeit« lebte. 1905 folgte er der Einladung seines Freundes Ferdinand Schreiber, um im Verlag Schreiber in München Herausgeber eines illustrierten Familienmagazins zu werden. Gleichzeitig setzte er seine Studien in Philosophie an der Universität München, besonders bei Max Scheler und in der Literatur der Klassik, bis 1910 fort. Haecker war Autodidakt.

1913 veröffentlichte er sein erstes Buch »Sören Kierkegaard und die Philosophie der Innerlichkeit«. Haecker führte den dänischen Theologen bei seinen Zeitgenossen als einen Mann von leidenschaftlicher Hingabe an Gott ein, dessen persönliche Glaubwürdigkeit in seiner ethischen Lauterkeit gründete. Als Konsequenz von Kierkegaards philosophischem Ansatz wird Haecker zwanzig Jahre später, 1935, schreiben: »Diese Geschichte der Person ... ist der eigentliche Kern der Geschichte« der Menschheit[8], und die Freiheit des persönlichen Willens schließt die Pflicht mit ein, »den Menschen zum moralischen Schöpfer seines ethischen Selbst zu machen«.[9]

Obgleich die Wurzeln seiner Einsichten in den Zusammenhang zwischen individueller Verantwortung und der allgemeinen Geschichte in seiner Begegnung mit Kierkegaard zu suchen sind, ist der Ursprung seines Strebens nach Lauterkeit sein ganz persönliches Anliegen. Deshalb fühlte sich der frühe Haecker auch zu dem Schweizer protestantischen Rechtsgelehrten Carl Hilty hingezogen, dessen mehrbändiges Werk über das »Glück«[10] den Aufweis enthielt, daß die Glückseligkeit des Menschen auf christlichem Glauben und auf der Realisierung der ethischen Postulate des alltäglichen Lebens aufgebaut war. Aus diesem Grunde hatte Haecker auch eine hohe Achtung vor Karl Kraus, der für ihn »der einzige große, durch die Ethik gedeckte Polemiker und Satiriker der Zeit« war[11]; und aus diesem Grund hatte Haecker eine lebenslange Bewunderung und persönliche Sympathie zu Kierkegaards Leidenschaft für die Wahrheit.

Im Rückblick auf die Jahre seiner frühen Publikationen zwischen 1913 und 1920 spricht Haecker von den »sieben Jahren der Dunkelheit«[12], eine Feststellung, die uns indirekt auf das Licht verweist, das er während der Übersetzung von John Henry Newmans Essay »In Aid of a Grammar of Assent« im Jahre 1920 entdeckte.

---

8   T. Haecker, Der Christ und die Geschichte, Leipzig 1935, 264
9   Ebd. 252.
10  C. HILTY, Glück, 3 Bände, 1891 – 1899.
11  T. Haecker, S. Kierkegaard und die Philosophie der Innerlichkeit. München 1913, 57f.
12  T. Haecker, Satire und Polemik. 1914 – 1920, Innsbruck 1922, 11.

## 2 Die Begegnung mit Newman. Haeckers Weg zur Gewissheit in Glaubensfragen

Um die Szene zu erweitern und Newmans Einfluß zu jener Zeit zu illustrieren, richten wir die Aufmerksamkeit für einen Moment auf *Teilhard de Chardin* (1881-1955), der als Soldat am 9. Mai 1916 in sein Tagebuch schrieb: »Ablauf der Ideen bei Newman: 1. Er erkennt die Evolution des Dogmas. 2. Dann die des ganzen Christentums... Die Entwicklung ist › in itself a remarkable philosophical phenomenon‹ (= die Evolution). 3. Er bemerkt, daß die Gesetzmäßigkeit für die Geschichte des Ganzen, die der Individuen im Erwerb des Glaubens ist... 4. Für sich insbesondere sieht er die Gewißheit des Glaubens am Zielpunkt der ›konvergierenden Wahrscheinlichkeiten‹ entstehen, und dieses Gesetz ... erscheint ihm als ein zweites und neues großes Prinzip jeglicher Evolution der Überzeugungen. – Newman sieht sich bestätigt, weil seine Bekehrung sich in Übereinstimmung mit dem Ablauf jeder Entstehung und Verwandlung vollzieht. Denn wir glauben, daß die Natur, die Welt, sich in ihren Wegen nicht irrt und auf etwas zugeht.«[13] Zwei Monate später schreibt Teilhard zusammenfassend: »Je mehr ich Newman lese, umso mehr spüre ich eine Verwandtschaft (eine sehr bescheidene, ganz gewiß!) zwischen seinem Geist und dem meinen. Und eine Folge dieser Harmonie ist der Anreiz, den mir sein Beispiel gibt, › mein‹ Werk zu verwirklichen.«[14].

Wie Teilhard das fehlende Verbindungsglied für seinen Schlüsselbegriff der Evolution bei Newman fand, so entdeckt Haecker bei Newman, wie *die legitime Rolle des Verstandes beim Glaubensakt* zu verstehen ist. Und als Haecker dieses Gewebe von Vernunft und Glaube als die erkenntnistheoretische Grundlage der katholischen Tradition erkannt hat, läßt er sich in die Römisch-katholische Kirche aufnehmen. Diese meine Aussage ist jedoch nur eine Folgerung aus den historischen Fakten. Es gibt keine persönliche Beschreibung seiner Glaubensreise von Haecker selbst. Vielleicht hat er in seiner Scheu vor subjektiver Selbstdarstellung bereits 1920/21 gedacht, was er 1940 in seinen »Tag- und Nachtbüchern« schreibt: »Zum Verlogensten gehören Selbstbiographien«[15].

Wir wollen für unsere Analyse die Gründe aus seinen Schriften und bekannten Fakten seines Lebens sammeln, um die Details seines Weges zur Katholischen Kirche zu rekonstruieren, indem wir (1.) seine Korrespondenz mit den Oratorianern in Birmingham aus der Zeit seiner Übersetzung der Grammar of Assent auswerten; (2.) die Gründe, die er selbst für seinen

---

13 T. DE CHARDIN, Journal, Tom I, Paris 1975, 82f. Vgl. H. RIEDLINGER, J. H. Newman und T. de Chardin, in: NSt XI, Nürnberg 1980, 173-189; 182.
14 Vgl. ebd. Journal 90f.
15 TNB S. 48 N. 164.

Schritt indirekt angibt, zusammenstellen; (3.) auf die Folgerungen achten, die er für sich zieht.

### 2.1 Haeckers Korrespondenz mit den Oratorianern in Birmingham zwischen November 1920 und November 1924

Am 18. November 1920 schrieb Haecker an Fr. Francis Joseph Bacchus (1860-1937): »Aus Liebe zu Kardinal Newmans Geist und Werk habe ich die Absicht, die Grammar of Assent ins Deutsche zu übersetzen. Ich wäre Ihnen sehr verbunden, wenn Sie mich darüber informieren würden, ob dies ohne Beschädigung des Copyright-Gesetzes oder der Privilegien des Oratoriums geschehen kann.«[16] Noch 20 Jahre danach war sich Henry Tristram der Überraschung bewußt, die der Brief auslöste: »Selbst jetzt erinnere ich mich noch lebhaft an den Augenblick, als Fr. Joseph Bacchus ... zu mir hereinstürmte und mit einer gewissen Erregtheit ausrief, daß eine deutsche Übersetzung der Grammar of Assent in Vorbereitung war und daß Sie der Übersetzer seien.«[17]

In einem zweiten Brief vom 30. November bat Haecker um eine neuere Ausgabe der Grammar of Assent, da das Exemplar, das er zu seiner Übersetzung benützte, eine Erstausgabe war, »die ein Autograph vom Kardinal selbst hat«, ein Geschenk aus der »Bibliothek von Döllinger, das jetzt der Universität zur Verfügung steht«. Ein erstes Exemplar der neuesten Ausgabe, das Fr. Bacchus schickte, ging verloren; Haecker bestätigte den Empfang eines zweiten Exemplares am 19. Januar 1921.[18]

Welches waren Haeckers Motive, die Grammar zu übersetzen, außer seiner »Liebe zu Kardinal Newmans Geist und Werk?« Es war die philosophische Bedeutsamkeit, die er in diesem Werk für die Erklärung des Glaubensaktes sah und für das religiöse Leben überhaupt. Nach Haeckers Auffassung gab es in der philosophischen Szene Deutschlands einen Kairos dafür, seitdem Edmund Husserls Schule der Phänomenologie eine Alternative sowohl zu

---

16 HENRY TRISTRAMs Briefexzerpte von Haecker: MSS (Archives of the Birmingham Oratory).

17 Aus einem Brief von H. TRISTRAM an den Herausgeber des Hochland im August 1939, der als Beitrag zu einer Festschrift zu Ehren Theodor Haeckers anläßlich seines 60. Geburtstags am 4. Juni 1939 gedacht war. Hernach benützte TRISTRAM sein Manuskript, das im Archiv des Oratoriums aufbewahrt wird, zu einem Gedächtnisartikel über T. Haecker in »The Tablet«: »Newman in Germany. A note on Theodor Haecker« (6. Oktober 1945, S. 165). TRISTRAM vermutet mit Recht, daß die Festschrift »auf Grund des Kriegsausbruchs vielleicht niemals veröffentlicht wurde«. Allerdings wurde ein persönliches Exemplar mit allen Artikeln einschließlich TRISTRAMs Brief für Haecker angefertigt: »Erst gegen Ende 1940 werden ihm die Beiträge ... in einem einzigen Exemplar überreicht« (SIEFKEN, T. H. S. 55f).

18 Vgl. TRISTRAMs Brief von 1939.

Hegels Deutschem Idealismus wie auch zum philosophischen Psychologismus jener Zeit geschaffen hatte. »Vor etlichen zehn oder zwanzig Jahren«, so schrieb er an Fr. Bacchus,»wäre die tiefe Originalität von Kardinal Newmans Denkweise selbst von unseren Philosophen kaum erkannt worden, aber jetzt, seit der neuesten Entwicklung der Philosophie in Deutschland, hauptsächlich infolge von Edmund Husserls »Logischen Untersuchungen«, hat man weithin das Vorurteil und die willkürlichen abstrakten Konstruktionen eines skeptischen Psychologismus zugunsten einer ehrlichen Prüfung der wirklichen Struktur des Geistes aufgegeben«.[19] – In diesem Zusammenhang nennt Haecker seine eigene Einschätzung von Newmans Grammar: »Die einfachhin klassische Erklärung des Wesens (substantiveness) von Zustimmung und Gewißheit wird von der gebildeten Klasse meines Landes voll verstanden und verdientermaßen geschätzt werden, dabei spreche ich noch nicht von der großen religiösen Wohltat, die das Werk möglicherweise bewirken kann.«[20] Im Rückblick von zwei Jahren bestätigt Haecker noch einmal: »Gewisse Partien der Grammar of Assent sind für mich einfach klassisch und von mehr als nur vorübergehender oder vorbereitender Bedeutung.«[21]

Der religiöse Gewinn von Haeckers Beschäftigung mit Newmans Gedanken bei der Übersetzung der »Grammar« ist sicher seine Aufnahme in die Katholische Kirche. Aber Haecker hat dieses markante Ereignis vom 5. April 1921 in seinen Briefen nach Birmingham offenbar nicht erwähnt. Erst zwei Jahre später erfuhren die Oratorianer von seiner Bekehrung im Schreiben vom 13. Januar 1923: Darin bedankt sich Haecker, der zwischenzeitlich zehn wichtige Werke Newmans aus dem Oratorium erhalten hatte, für »das schöne Exemplar der Apologia« und fügt hinzu: »Ich sende Ihnen mein Buch › Satire und Polemik‹. Die Artikel, die es enthält, wurden geschrieben und publiziert, bevor ich katholisch geworden war.«[22]

Jahre später verwies Henry Tristram auf Haeckers Konversion, als er im Glückwunschbrief vom Sommer 1939 schrieb: »Hat Newman etwas für Sie getan als Gegenleistung für das, was Sie zu seinem Gedächtnis getan haben?

---

19 Vgl. Anm. 16. – Was HUSSERLS »Logische Untersuchungen« angeht (3 Bände, Tübingen 1900 – 1901), so befaßt sich ihr Autor in Bd. II/1 über die »Phänomenologie und Theorie der Erkenntnis« mit »neueren Abstraktionstheorien« nach J. ST. MILL, H. SPENCER, J. LOCKE, G. BERKELEY und D. HUME etc. Dabei gibt es eine Reihe von Berührungspunkten mit Newmans Verweis auf angelsächsische Erkenntnistheoretiker, beispielsweise in der Differenzierung zwischen »ideal« und »real« bei HUSSERL. a.a.O., 128f.
20 Brief an FR. J. BACCHUS vom 30.11.1920.
21 Brief an BACCHUS vom 14. November 1922.
22 Brief vom 13.1.1923. – Die in der Korrespondenz erwähnten Bücher Newmans, die er erhalten hat, sind: »Grammar of Assent«, »Arians«, »Essay on the Development«, »Sermons of Subjects on the Day«, »Discourses to Mixed Congregations«, »Historical Sketches«, »Tracts Theological and Ecclesiastical«, »Certain Difficulties Felt by Anglicans«, »Dream of Gerontius«, »Apologia«.

Ich kann nicht mit der Gewißheit des Wissenden sprechen, vielleicht erlauben Sie mir eine Vermutung anzustellen. Während der Zeit, da Sie mit der Übersetzung seiner Werke engagiert waren,[23] haben Sie die Gnade der Konversion erhalten. Es ist nicht müßig anzunehmen, daß Sie ihm das Licht des Glaubens verdanken. Wenn es so ist, dann sind Sie in Ihrer eigenen Person ein lebendes Beispiel für die allgemeine Rede, daß niemand von intellektuellem Zuschnitt in jüngerer Zeit je katholisch geworden ist, ohne direkt oder indirekt unter seinem Einfluß gewesen zu sein. Wir vertrauen darauf, daß dies in Ihrem Fall so war.«[24]

## 2.2 Die philosophischen und theologischen Gründe für T. Haeckers Schritt von Kierkegaard zu Newman

Haecker hat keinen Bericht über seine geistliche Reise zwischen dem Jahr 1917, als er Newmans Name zum ersten Mal erwähnt,[25] und 1921, als er sich nach der Übersetzung der Grammar in die Römisch-katholische Kirche aufnehmen ließ, hinterlassen. Es gibt jedoch Beschreibungen der Differenz der theologischen und philosophischen Position zwischen Kierkegaard und Newman, die seine Konversion mittelbar erklären. Die erste Quelle ist das Nachwort zur »Philosophie des Glaubens« im Jahre 1921.[26] Haecker beschreibt darin die einzigartige Bedeutsamkeit, die die »Grammar« für Philosophie, Theologie und den christlichen Glauben, einschließlich seiner eigenen Glaubensgeschichte, hatte.

(a) Die Subtilität, Differenziertheit und Originalität der Newmanschen Darstellung des (religiösen) Erkenntnisprozesses faszinierte Haecker und

---

23 Nach der Übersetzung der »Grammar of Assent« begann Haecker mit der Übersetzung des »Essay on the Development of Christian Doctrine«: »Die Entwicklung der christlichen Lehre und der Begriff der Entwicklung«, München 1922; 2. Auflage: »Über die Entwicklung der Glaubenslehre. Durchgesehene Neuausgabe der Übersetzung von T. Haecker... von JOHANNES ARTZ«, Mainz 1969.

24 Vgl. Anm. 17.

25 In seiner Übersetzung: S. KIERKEGAARD, »Der Begriff des Auserwählten« (Hellerau 1917), schrieb Haecker im Nachwort: »Was Augustinus über die Trinität sagt: ›Dictum est ›tres personae‹ non ut illud diceretur, sed ne taceretur‹, ist ja der reine Typus der paradoxen und antithetischen Grenzsprache, in der die ganze Theologie Kierkegaards gedacht und geschrieben ist; aber der Kardinal Newman erzählt von einem mystischen Erschauen der Trinität, das also jenseits jener Dialektik liegen muß. Doch kein Mißverständnis: für den › natürlichen‹ Verstand ... gibt es ewig und wesentlich, was das Christliche anlangt, nur das Paradox ... und in alle Ewigkeit nicht ... : die Mediation, die Hegelei ... « Cf. WW Bd. I Essays, München 1958, 28.

26 J. H. Kardinal Newman, Philosophie des Glaubens (Grammar of Assent), München 1921, 429-448. – Vorauspublikationen seiner Übersetzung und seines Nachworts vgl. in: Der Brenner 6, 1919/21, von August 1920 – Juni 1921.

überzeugte ihn; allem voran die Unterscheidung von *notional* (begrifflich) und *real* (wirklichkeitshaltig). Während ihm die deutsche Philosophie eher intellektualistisch erschien, als ein Produkt von Abstraktion und Systematisierung, garantierte Newmans Ansatz die Nähe zur Wirklichkeit, zum Konkreten. Wenn Bild für wirklich steht, so wie Begriff für begrifflich, dann vermittelt das Bild, selbst, wenn es verzerrt oder mangelhaft wiedergibt, noch immer die Spur von Wirklichkeit, während der Begriff nur im Verstand des denkenden Individuums existiert. Es gibt folglich in diesem erkenntnistheoretischen Ansatz Newmans auch einen besonderen Zugang zur inkarnatorischen und sakramentalen Wahrheit.

(b) Ein zweites grundlegendes Element der religiösen Zustimmung nach Newman ist das Gewissen, wichtig für Haecker bereits auf Grund seiner kierkegaardschen Herkunft. Newman jedoch führt das Gewissen »in Bezügen und Parallelen zu anderen Akten des Geistes« ein, so daß das Gewissen ein »Organ und Vermittler von Wissen« wird, dessen Gegenstand zwar schwierig zu fassen ist, aber nur deshalb, weil er »der transzendente verborgene Gott« selbst ist.[27]

(c) »Vollkommen neu« im Vergleich zu J. Lockes »Essay Concerning Human Understanding« ist nach Haecker Newmans »Lehre von der Zustimmung und der Gewißheit als eigenen von der Folgerung sich unterscheidenden Bestandstücken des menschlichen Geistes«. Haecker ist begeistert über die »meisterhaft klare Diskretion des Wesens (.) dieser Akte« und nennt sie einen »philosophischen Fund von großer Wichtigkeit«.[28]

(d) Newmans Anliegen, so Haecker, ist die Unterscheidung zwischen Person und System, zwischen lebendigem Geist und abstrakten Gesetzen, kreativem Wollen und steriler Ordnung. Seine Philosophie ist personalistisch auf Grund des »machtvollen überwältigenden Eindrucks, den das Geheimnis des Wesens der einzelnen Seele auf Newman gemacht hat: das individuum ineffabile, die schließliche Unsagbarkeit und Unverstehbarkeit alles Persönlichen, außer für Gott ... «.[29] Haecker verweist an dieser Stelle auf Newmans Predigt über die »Individualität der Seele« von 1836: »Jeder Mensch muß ewig für sich leben; niemand außer ihm kann ihn eigentlich berühren, kann seine Seele berühren, seine Unsterblichkeit. Er hat eine unergründliche Tiefe in sich, einen unendlichen Abgrund des Seins.«[30] Newman

---

27 Ebd. S. 437.
28 Ebd. 439. In diesem Zusammenhang erwähnt Haecker, daß man »vor kaum zwanzig Jahren diese Entdeckung infolge psychologistischer Befangenheiten in Deutschland als nicht ernst zu nehmende willkürliche Konstruktion betrachtet« hätte, daß aber »heute nach den ›Logischen Untersuchungen‹ Husserls Newmans Lehre von der Zustimmung in ihrer Klassizität erkannt und gewürdigt werden wird.«
29 Ebd. 441.
30 Ebd. 441; vgl. J. H. Newman, PPS IV, 82f.

machte auf zwei grundlegende Elemente dieser personalistischen Erkenntnistheorie aufmerksam: die Lehre von den Ersten Prinzipien, die er in seinen »Vorlesungen über die gegenwärtige Lage der Katholiken in England« (1851) praktisch angewandt hatte und den Folgerungssinn (Illative Sense), von dem er schreibt: »Er bestimmt, was die Wissenschaft nicht bestimmen kann, die Grenze konvergierender Wahrscheinlichkeiten und die Gründe, die für einen Beweis zureichen. Es ist der schlußfolgernde Geist selber, ... durch den wir imstande sind zu entscheiden und daraufhin gewiß zu sein... «[31].

(e) Am Ende faßt Haecker zusammen: Der Hauptzweck der »Grammar« bestand darin, die Vernunftgemäßheit des Christentums zu beweisen. Dazu macht Haecker die für uns bedeutsame Aussage: »Hier befinden sich nun zwei große Denker des 19. Jahrhunderts, Newman und Kierkegaard, in einer Hinsicht in schroffstem Antagonismus zueinander« über das Paradox, »daß, was logisch nur wahrscheinlich ist, zu unbedingter Gewißheit führen soll ... Während der eine, Kierkegaard, den Weg des feurigen Jünglings und absoluter Leidenschaft geht und sozusagen alle menschlichen Wahrscheinlichkeiten wegschafft und wenn möglich, den Raum noch luftleer macht, um den ›Sprung‹ zum äußersten Glaubenswagnis zu machen (...), geht Newman den Weg des reifen Mannes und der Besonnenheit und füllt, wo immer und wie immer er kann, die Lücken und häuft die Wahrscheinlichkeiten immer mehr bis zu dem Punkt, wo der Qualitätsübergang zur Gewißheit stattfindet.«[32] Hier folgt m.E. Theodor Haeckers entscheidendes Bekenntnis; denn er ist von Newmans Glaubensbegründung überzeugt, wenn er sagt: »Ich gestehe für meinen Teil, daß ich den letzten Weg für den menschlich und göttlich natürlichen, gewollten und normalen halte, während der erste nur ausnahmsweise von Gott nur einzelnen Seelen und zu bestimmten Zwecken gestattet wird, im übrigen aber äußerst gefährlich ist.«[33]

### 2.3 Haeckers Aufnahme in die Römisch-katholische Kirche

Theodor Haecker war 38 Jahre alt, als er während des Ersten Weltkrieges, im Februar 1918, Christine Margarethe Braunsberg (1889-1935) heiratete. Sie lebten in München und bekamen 1919 einen Jungen, Johannes, und ein Mädchen, Irene, am 30. März 1921. Sechs Tage nach ihrer Geburt, *am 5. April 1921*, ließ sich Haecker in die Römisch-katholische Kirche aufnehmen.[34] Wenn man Haeckers indirekten und objektiven Stil in Betracht zieht,

---

31 Philosophie des Glaubens a.a.O., 307.
32 Ebd. 442.
33 Ebd. 442-443.
34 Vgl. SIEFKEN, T. H. 19: »Übertritt in die Katholische Kirche.« Bis jetzt ist kein offizieller Eintrag in einem Pfarregister gefunden worden, weder in St. Bonifacius noch in St.

ist es möglich, aus der folgenden Äußerung zu schließen, daß jener Schritt unter Newmans Einfluß und Patronat geschah; er schreibt: »Die Sache des Christentums wird in . höherem Grade durch die Personen entschieden als durch die Systeme. Die Katholische Kirche lehrt durch göttliche Gnade und Verheißung das wahre Glaubenssystem, das ist unerschütterlich wahr; aber das allein und ohne die Person wäre doch nur tönend Erz und eine klingende Schelle, hätte sie nicht so heilige Seelen wie Newman.« Und noch einmal: »Das Geheimnis der Überzeugungskraft Newmans liegt darin, daß er einmal die für unsere Zeit bestehenden intellektuellen Schwierigkeiten des Glaubens klar erkannt und gewürdigt hat und ohne die strengste Verantwortung jedes einzelnen... auch nur einen Augenblick zu leugnen, nie der naiven ... Meinung war, daß ihnen mit einem nackten Syllogismus begegnet werden könne ... (vielmehr) in einer edlen Humanität und in seinen geheiligten Tugenden der Liebe, Wahrheit und Gerechtigkeit. So hat er, soweit das eben ein Mensch kann, dem Arme Gottes geholfen.«[35]

## 2.4 Folgen seiner Konversion

Als Haecker im Herbst 1921, dem Jahr seiner Konversion, auf sein Leben zurückblickte, kommentierte er seine bisherige Arbeit: »Ich habe nicht bloß gekämpft für einen Herrn oder ein Ideal und im Grimm, weil das Erbe der Väter vor Hunden und Schweinen ... lag; ich habe auch gekämpft um mich und gegen die eigene drohende Verzweiflung und um die eigene Erkenntnis ... – Es mag sein, daß es Menschen gibt, die sofort bei sich sind; ich gehöre nicht zu ihnen, ich mußte große Umwege machen, bis ich zu mir selber kam.«[36] Aber bei der Beurteilung seines eigenen schriftstellerischen Werkes sagt er im selben Kontext: »Nicht sehr vieles hätte ich heute zu ändern. In ästhetischen Dingen weniger als nichts, aber auch in ethischen nicht vieles ... Die einzige und wesentliche prinzipielle Wandlung – von Zweifel zu Gewißheit – habe ich in religiös-theologischen Fragen deutlich anzugeben.« Und Haecker fügt sogleich seine Korrekturwilligkeit an: »Ist etwas in diesem Buch (das die wichtigsten Artikel der vergangenen Jahre enthält, G. B.), das Zweifel ausdrückt an der Autorität der Katholischen Kirche in allen Fragen der Lehre und Sitten ... , so ist es wie nicht geschrieben. ... «

---

Ursula, München, die Pfarreien, zu denen Haecker zu jener Zeit gehört haben könnte, als er in der Rankestraße wohnte oder in Heiligblut, als er in der Möhlstraße lebte. Der Taufeintrag seines zweiten Sohnes Reinhard, der 1927 geboren wurde, in der Pfarrei St. Peter, bezeichnet Haecker als katholisch.

35 T. Haecker, Philosophie des Glaubens, a.a.O. 444 und 447f.
36 T. Haecker, Satire und Polemik, Innsbruck 1922, Vorwort.

## 2.5 Haeckers Liebe zu Kierkegaards Leidenschaft für die Wahrheit im Lichte von Newmans Heiligkeit

Obgleich Haecker Kierkegaards philosophische Mängel entdeckt hatte, gab er doch seine Sympathie für ihn nicht auf. Zwei bedeutende Essays zeigen seine bleibende Hochschätzung: »Der Begriff der Wahrheit« von 1929 und »Der Buckel Kierkegaards«, eine posthum veröffentlichte Arbeit.

a) Mit berührenden Worten beginnt Haecker seinen Artikel »Der Begriff der Wahrheit bei Sören Kierkegaard«: »Zu stark noch immer unter dem Eindruck Kierkegaards auf meine Jugend, kann ich am Anfang nicht ohne Bewunderung und Dank von ihm reden.«[37] Er nennt ihn einen festlichen Denker wie keinen anderen der neueren Zeit und in äußerstem Kontrast zu der »unfestlichen Schar jener privaten Systemmacher, wachsend mit jeder neu besetzten ordentlichen oder außerordentlichen Professur« der Philosophie an den Universitäten. Anderseits: »Vor Gott ist auch das Genie ein Nihil. Einer der Lieblingssätze Kierkegaards als Genie.«[38] Im Verlauf dieses Artikels befaßt sich Haecker mit Kierkegaards Darstellung des Glaubensakts und differenziert: Es ist Wahres und Falsches in Kierkegaards Ansatz. Es ist wahr, daß der Mensch keine wissenschaftlichen, philosophischen, theologischen Beweise kennen muß, um Christ zu werden. Es gibt keinen Primat des Wissens über den Glauben, wie auch Newman in der Grammar erklärt; soweit ist Kierkegaard gegen Hegel im Recht.[39] Aber sein großer Irrtum war anzunehmen, daß es nur auf den Daß-Glauben ankommt und daß der Glaubensakt keine Gewißheit braucht, »ja, sogar paradox, absurd sein könne – dieser Satz ist sicherlich falsch und löst alles auf. Er leugnet den Verstand schlechtweg.« »Es ist die verzweifelte Preisgabe des Verstandes selber«, klagt Haecker: Das ist gegen die Regeln der Schöpfung und des Schöpfers, gegen die Würde des Menschen. – Andererseits gibt es aber auch eine offensichtliche Übereinstimmung zwischen Kierkegaard und Newman: im Verständnis des individuellen Gewissens. Zum Beweis zitiert Haecker Kierkegaard: »Was du ganz im geheimen weißt, ... gerade noch in der allen anderen unzugänglichsten Ecke deines Geistes ... : die objektivste Wahrheit ... daß Gott ist, ist dir – dir im emphatischen Sinne – am sichersten gegeben und verbürgt durch die subjektivste (Wahrheit), die in der Unermeßlichkeit der Schöpfung nur für dich gilt ... in deinem Gewissen. In der Subjektivität liegt die Wahrheit.«[40]

---

37  Hochland 26, 1929, 476-493; 476. Eine erweiterte Form wurde 1932 veröffentlicht und ist abgedruckt in: T. Haecker, Opuscula, Olten, 1949, 153-223.
38  Opuscula a.a.O., 177.
39  Ebd., 211f.
40  Ebd., 222f. – Die Wahrheit des Menschen liegt im Werden, so interpretiert Haecker Kierkegaards Wahrheitsbegriff (ebd., 195), und auch darin liegt eine Assoziation zu Newmans

b) Haecker veröffentlichte weiterhin bis 1938 Kierkegaards Tagebücher und Predigten und hinterließ ein Manuskript »Der Buckel Kierkegaards«, das zwei Jahre nach seinem Tod, 1947, publiziert wurde. Haeckers Absicht war es, in dieser Analyse zu zeigen, daß nicht körperliche Mängel Kierkegaard davon abhielten zu heiraten, sondern daß seine unüberwindbare Schwermut über den sündhaften Zustand der menschlichen Natur der Grund für seine besondere Berufung zu einem zölibatären Leben war. – In diesem Artikel setzte Haecker zum letzten Mal Kierkegaard kritisch in Vergleich zu Newman. »In dem großen Werke des großen Mannes, der Kierkegaard ist, war gerade dieses immer meine größte Enttäuschung und mein Nichtverstehen, in ihm nicht den Eifer und die klar brennende Leidenschaft des Intellekts für die weiße Unbeflecktheit und schneeige Reine der wahren Lehre zu finden, von der doch die Briefe der Apostel und Väter und die Geschichte der Kirche und der Heiligen so eindringlich zeugen, von der auch ungefähr zur selben Zeit Newman ruhelos umgetrieben wurde, bis er schließlich blutenden Herzens seine geliebte Stiefmutter, die Anglikanische Kirche, um der Wahrheit willen verließ, um in den Schoß der echten Mutter zurückzukehren.«[41] Zu Kierkegaards Betonung, man solle nicht so sehr über die wahre Lehre reden als vielmehr das Rechte tun, antwortet Haecker: »Aber beides, beides, beides macht das Ganze, und wo Gott selber der Lehrer ist ... , geht die Lehre voraus! Newman war doch nicht minder auf das Tun, das ›Realisieren‹ ... des bloß Gelehrten und Gesagten und Gepredigten aus, er hatte das Licht des Intellekts – die Wahrheit und das Feuer des Herzens – die Liebe zu Gott – aber beide als Einheit.«[42]

## 3 Newman »Wie ein Kirchenvater«. Weitere Übersetzungen

Im Jahre 1921 übersetzte Haecker Newmans »Essay on the Development of Christian Doctrine«, das er im folgenden Jahr veröffentlichte. In seinem »Nachwort« nennt er die Grammar of Assent die erkenntnistheoretische Einführung in das Essay on Development. Haecker betont, daß Newmans grundlegender Begriff der Entwicklung von analoger Natur war, weil er sowohl Merkmale des geistigen Lebens von Ideen enthielt als auch biologische aus der Welt des Wachstums; deshalb sei er auch für die Erklärung von Veränderungen in der christlichen Lehre ebenso gut geeignet wie für die in der Heilsgeschichte der Kirche. Haecker ist davon überzeugt, daß das Essay der Theologie eine bedeutsame Theorie beschert und hält es für charak-

---

Verständnis des Realize: daß die Wahrheit nicht so sehr gesagt als getan werden soll (PPS I, 27).
41 T. Haecker, Der Buckel Kierkegaards, in: Opuscula, a.a.O., 225-310, 257f.
42 Ebd., 258.

teristisch für das Verständnis von Newmans Denkstil. Haeckers Absicht war es, mit seiner Übersetzung denen, die nach Gott suchen, einen Dienst zu erweisen, weil in seiner eigenen Erfahrung unter Umständen »auf dem Weg der Vorbereitung ... ein Buch von relativ großer Bedeutung ist und es ... in der Kette, die den religiösen Menschen ... zur Wahrheit führt, ein notwendiges Glied bildet«.[43]

Obgleich sechzehn Jahre vergehen sollten, bevor Haecker das dritte seiner sieben Newman-Bücher 1938 veröffentlichte, ist es sehr eindrucksvoll zu sehen, wie Newman gleichwohl in fast allen Jahren dazwischen sein ständiger Begleiter war:

Im Jahre 1926 wandte sich Haecker gegen die künstliche Trennung von *Verstand und Leben* in der Philosophie und versicherte: »Wir erinnern uns, daß eines der Hauptworte ... im Werk Kardinal Newmans eben das Wort ›realisieren‹ ist, daß nämlich der Mensch immerzu sein ganzes Leben lang streben müsse, sowohl was ihm durch natürliches Wissen gegeben ist, wie auch, was ihm durch Gnade geschenkt wird, zu › realisieren‹ – das ist ja das Wort Schelers! – es nicht beim Wissen oder beim toten Glauben bewenden zu lassen«. Verstand und Glaube sollten so vereint sein, wie in Newman selbst, »dieser letzten Einheit von Genialität und Heiligkeit«. Er sei, so Haecker, »einer der innerlichsten Christen (gewesen), die je gelebt haben«.[44]

Im Jahre 1927 schrieb Haecker »Christentum und Kultur« und bezog sich darin auf Newmans Illative Sense als Beispiel für dialektisches Denken im Prozess der Wirklichkeitserfassung. In Kunst, Mystik und Phänomenologie, sagt Haecker, »mag sich zeigen, daß des Kardinals Newman Theorie vom Illative Sense, dem Folgerungssinn, der Wirklichkeit und Wahrheit gerechter wird und die Genese mancher Erkenntnisse ... durch die individuell verschiedene Tätigkeit eben dieses in sich dialektischen Folgerungssinnes leichter und besser erklärt ... als die ... Berufung auf die undialektische ... Anschauung«.[45]

Ebenfalls im Jahre 1927 erschien Haeckers Übersetzung von Hilaire Bellocs Buch »*Die Juden*«. Haecker kommentiert Bellocs Ansicht, daß die Juden nach einer einzigartigen Heilsgeschichte und nach ihrer unglücklichen Beziehungsgeschichte zum Messias Jesus jetzt ein politisches Schicksal erleben, das ohne religiösen Hintergrund nicht verstanden werden kann. In diesem Zusammenhang bezieht sich Haecker auf Newman: »Am klarsten und schönsten ist in neuerer Zeit dieses Glaubensfaktum von Newman dargelegt

---

43 J. H. Newman, Die Entwicklung der christlichen Lehre und der Begriff der Entwicklung, München 1922, 464.
44 WW I Essays, 238 u. 254.
45 Vgl. WW I Essays, 194. Haecker bezieht sich auf »Philosophie des Glaubens«, a..a.O., 293ff.

worden in seiner Grammar of Assent.«[46] Unter verschiedenen bemerkenswerten Beobachtungen zitiert Haecker Bellocs Aussagen: »Es ist eine wichtige Bemerkung dieses Buches, daß es auf Gesinnung und Verhalten des durchschnittlichen Bürgers ankommt.« Und Haecker fügt hinzu: »Der durchschnittliche Bürger in Deutschland aber ist ein latenter Antisemit.«[47]

Im Jahre 1930 – ein Jahr, nachdem er Newman in dem bereits erwähnten Kierkegaard-Artikel »Der Begriff der Wahrheit« erwähnt hatte,[48] – schrieb Haecker einen »Dialog über Christentum und Kultur«. Dabei taucht die Vision eines neuen *Europa* auf der Basis des gemeinsamen christlichen Erbes auf; und eine repräsentative Gestalt ist für Haecker Newman, der »große Kardinal, gefeiert als die letzte Einheit unserer Zeit von natürlicher Genialität und Heiligkeit«.[49] Und in einem Kapitel dieses Buches, in dem er sich mit dem literarischen Stilelement der Satire beschäftigt, fragt Haecker, ob ein christlicher Schriftsteller sich dessen nicht ganz und gar enthalten sollte, weil auch Newman seine Satire über Charles Kingsley – eine der vernichtendsten, die die europäische Literaturgeschichte kennt – nicht in die endgültige Fassung der Apologia aufgenommen habe.[50]

In der ersten Hälfte der 30er Jahre hatte Haecker die fruchtbarste Periode als Schriftsteller; er veröffentlichte jedes Jahr einen neuen Band. »Vergil, Vater des Abendlandes« erschien 1931 und erwies sich in zahlreichen Auflagen als eine der erfolgreichsten Publikationen Haeckers. Zusammen mit den Übersetzungen von Vergils Bucolica u.a. wurde damit auch der weite Horizont von Haeckers Vision eines neuen christlichen Europa deutlich. Um den *Einfluß Vergils* auf die Geschichte des Christentums zu charakterisieren, nennt Haecker nicht nur Augustinus, von dem er sagt, er habe täglich ein halbes Buch der Aeneis gelesen, bevor er Christ wurde, sondern auch Newman, »die letzte edle ›Anima Vergiliana‹, den englischen Kardinal, der ... die Apotheose von Vergils Bedeutung geschrieben hat«. Haecker zitiert die Stelle aus der Grammar über die reale Zustimmung, die ein Mensch zu

---

46 T. Haecker, Nachwort, in: H. BELLOC, Die Juden, München 1927, 215-232. Haecker bezieht sich auf »Philosophie des Glaubens«, a.a.O. 370ff.
47 Ebd., 230. Vgl. 232: »Der Übersetzer ... hat das Werk für das deutsche Volk und die Juden in Deutschland übersetzt mit keiner anderen Absicht als eben dieser. Friede sei Israel!« – Eine gründliche Analyse des Antijudaismus gibt es weder bei Haecker noch bei Newman; zum gegenwärtigen Stand nach dem Dekret »Nostra Aetate« des Vaticanum II. vgl. G. BIEMER – E. L. EHRLICH, Hrg., Lernprozess Christen Juden, 10 Bände, Düsseldorf – Freiburg, 1980 – 1995.
48 Vgl. o. Anm. 36-39.
49 Opuscula a.a.O., 334.
50 Ebd., 394f. – In seinem Artikel »Wahrheit und Leben« (Hochland 2, 1930, H. 7, 1-26) bezieht sich Haecker auf Newmans Essay on the Development: »Als Kardinal Newman sich überlegte, welches Prinzip der christlichen Lehre er an den Anfang einer systematischen Zusammenfassung stellen könne, entschied er sich für die Lehre von der Inkarnation ... Das ist das Zentrum ... « (Vgl. WW I, Essays, 295).

Versen Vergils, die er schon in seiner Kindheit gelernt hat, erst nach Jahren der Lebenserfahrung geben kann. Erst jetzt »gelangt er zum Verständnis, wie es kommt, daß diese Verse, das Erzeugnis eines zufälligen Morgens oder Abends bei einem jonischen Fest oder zwischen den sardinischen Hügeln, Geschlecht für Geschlecht überdauert haben, tausende von Jahren, mit einer Macht über den Geist, mit dem die laufende Literatur seiner Tage ... sich zu messen ganz und gar unfähig ist. Vielleicht ist dies der Grund der mittelalterlichen Meinung über Vergil als einen Propheten oder Magier; seine einzelnen Worte und Sätze, seine pathetischen halben Verse geben, wie die Stimme der Natur selber, dem Leid und der Müdigkeit Ausdruck, doch auch der Hoffnung auf bessere Dinge, welche zu jeder Zeit die Erfahrung ihrer Kinder sind.«[51]

Im Jahre 1934 publizierte Haecker eine Theodizee »Schöpfer und Schöpfung«, in der er die Möglichkeit der *tragischen Existenz* im Zusammenspiel von Gott, Mensch und dem Bösen diskutiert. Seine herausragenden Exempel tragischer Menschen sind Newman und Kierkegaard. »In einem noch gewaltigeren Ausmaße (als Kierkegaard) ist Newman eine tragische Person, wiewohl seine heilige Seele selig war in der unzerstörbaren Gewißheit des Glaubens an das Heil in Christus ... Er war nicht schuld an der Apostasie Englands ... Seine unsäglichen Leiden, sich lossagen zu müssen von seiner geliebten Stiefmutter ... waren ein tragisches Leiden.«[52] »Keine Konversion aus Unglaube oder Gleichgültigkeit ist tragisch, wohl aber jegliche aus einer echt gelebten und gleichsam verratenen Treue zu einem Glauben an ein Höheres, selbst wenn es der Sieg der Ewigkeit ist. Hier ist die Tragik, die wahrlich keine kleine Angelegenheit des Menschen in diesem Aeon ist. Alles hängt davon ab, ob einer zurückblickt. Tut er das, so kann er, obwohl er den Glauben gewonnen hat ... , zum schwermütigsten Menschen der Welt werden.«[53]

Es gab hinreichend Gründe, über Gottes scheinbare Abwesenheit von der deutschen politischen Szene in den 30er Jahren nachzudenken. Unter diesen Umständen nahm Haecker Zuflucht zu Newmans theologischer Analyse des *Verlaufs der Geschichte* in der Grammar: »Was dem Geist so stark und so peinlich auffällt, ist Seine Abwesenheit (wenn ich so sagen darf) von Seiner eigenen Welt. Es ist ein Schweigen, das redet.« Und Haecker stimmt Newmans Alternative zu: »Entweder, es gibt keinen Schöpfer, oder er hat seine Geschöpfe enteignet«. Und er ist auch mit Newmans Lösung einverstanden: »Mein wahrer Berichterstatter, mein belastetes Gewissen, gibt mir die wahre Antwort ... zumal: Es sagt aus, ohne jede Besorgnis, daß Gott existiert, und

---

51 T. Haecker, Vergil (1931) in: WW V, 141f. Vgl.: Schönheit (1936), in: WW V, 264. – J. H. Newman, Philosophie des Glaubens, a.a.O., 64f.
52 T. Haecker, Schöpfer und Schöpfung (1934) in: WW IV, 419.
53 Ebd., 420.

es sagt ebenso gewiß aus, daß ich ihm entfremdet bin ... So löst es das Geheimnis der Welt und sieht in diesem Geheimnis nur eine Bestätigung seines eigenen ursprünglichen Unterrichts.«[54]

Ein Jahr später, im Jahre 1935, publizierte Haecker »Der Christ und die Geschichte«, eine Art *Geschichtstheologie*, bei der er sich mit der Rolle der göttlichen Vorsehung befaßt. Um seine Auffassung zu illustrieren, übernahm er Materialien aus Newmans Darstellung der Exkommunikation Napoleons durch Papst Pius VII. Newman sah einen Zusammenhang zwischen Napoleons Frage, ob der Papst annehme, daß infolge seiner Exkommunikation den Soldaten die Waffen aus den Händen fallen würden, und Napoleons Niederlage in Rußland. Und Haecker stimmt zu, daß es »keine blinden Zufälle« bei den Ereignissen der Geschichte gibt, sondern daß die »Akte der göttlichen Vorsehung« Elemente einer Heilsgeschichte sind.[55]

Aus dem Manuskript dieses Buches hielt Haecker am 13. Mai 1935 einen Vortrag in Freiburg i. Br., der mit provozierenden Zwischenrufen und einem Tumult von Mitgliedern des NS Deutschen Studentenbundes beendet wurde. Eine Notiz im »Freiburger Studentenkurier« warnte vor weiteren Aktivitäten des »politischen Katholizismus«. Martin Heidegger kritisierte in seiner Vorlesung jenes Sommersemesters Haeckers publizistische Tätigkeit als »in sich gewichts- und bedeutungslos«.[56]

Im Jahre 1936 verweist Haecker noch einmal im Zusammenhang mit der Reflexion der göttlichen Vorsehung in der Geschichte auf Newman, der »in einem der wichtigsten Kapitel seiner Grammar of Assent der Meinung Ausdruck gegeben (habe), daß Gott im ›Zufall‹ noch mehr und in speziellerer Weise als in der Kausalität der Natur ... seine Existenz, sein Wesen, seine Lenkung offenbaren kann und offenbart«.[57]

Im Jahre 1937 – zwei Jahre, bevor die Übersetzung des Dream of Gerontius gedruckt wurde – finden wir ein Zitat aus Newmans großem Gedicht in Haeckers »Der Geist des Menschen und die Wahrheit«, dem letzten der eigenen Bücher, die Haecker vor dem Schreibverbot veröffentlichen konnte. Bei dem Bemühen, die Erfahrung des Nichts zu beschreiben, das, so Haecker, als »Schicksal der Lüge und der Lügner« droht, bezieht er sich auf das Erleben des Gerontius auf seinem Sterbebett:

---

54 Ebd., 365-367. – Vgl. Philosophie des Glaubens, a.a.O., 339-341. Haecker übernimmt auch Newmans Beschreibung der individuellen Heilsgeschichte nach einem Gedicht von THOMAS PARNELL: »Ein Engel, als Mensch verkleidet, stielt einen goldenen Becher, erwürgt ein Kind und wirft seinen Führer in den Fluß und erklärt dann seinen entsetzten Gefährten, daß Handlungen, die in einem Menschen Ungeheuerlichkeiten wären, in ihm, als Gottes Diener, Taten erbarmender Korrektion oder der Widervergeltung sind.« (Philosophie des Glaubens, 360: vgl. Haecker WW IV, 369).
55 Haecker, WW IV, 277f, 295f; vgl. Philosophie des Glaubens, a.a.O., 366f.
56 SIEFKEN, T.H., 52f.
57 T. Haecker, Schönheit. Ein Versuch, Leipzig 1936: WW V, 258.

> »Als ob versinken wollt mein eigenes Ich,
> als ob Substanz ich keine mehr jetzt wär,
> als könnt auf nichts ich fallen zu stützen mich ...
> und kehren nirgend hin und müßt vergehen.«[58]

So besteht Haecker inmitten eines politischen Systems von Menschenverächtern auf dem Wert der Wahrheit und nimmt Newman als einen Zeugen dafür, daß in Gottes Gegenwart die Erfahrung der Nichtigkeit des Menschen offenbar wird.

Nachdem Haecker Schreibverbot erhalten hatte, wandte er sich der Übersetzung und Herausgabe von ausgewählten Predigten Newmans zu. Im Jahr 1938 veröffentlichte er »Die Kirche und die Welt«, ein Band mit 15 Predigten aus Newmans »Sermons Bearing on Subjects of the Day«. Den Titel nahm er von der ersten Predigt »Die Kirche und die Welt«, sein Auswahlkriterium für folgende Predigten: »Glaube und die Welt«, »Die christliche Kirche, eine Weltmacht«, »Heiligkeit, das Zeichen der christlichen Weltmacht«. Aber er nahm auch einige der »Parochial and Plain Sermons« auf, wie »Die Religion des Tages« oder »Der Geist von Kindern«. Haecker beließ den Band ohne Vorwort oder Kommentar. Newmans Worte konnten die Botschaft über die Thematik dieser Tage allein ausrichten. So endet beispielsweise die erste Predigt: »Du mußt entweder die Welt erobern oder die Welt wird dich erobern. Du mußt Meister sein oder Sklave. Wähle also deine Seite und ›steh fest in der Freiheit, mit der uns Christus frei gemacht hat‹.«[59]

Im Jahre 1939 wurde »Der Traum des Gerontius« von Herder Freiburg gedruckt mit einer dreifachen Einleitung: einer Chronologie des Lebens Newmans, einer Zuordnung des »Traum des Gerontius« zu Newmans Schriften und einer Interpretation seines Inhaltes. Obgleich dieses Gedicht »auf dem Weg der Inspiration, ja der Vision (entstand) ... scheinbar ohne jede Vorbereitung ... und ihn nachher tatsächlich auch nicht mehr beschäftigte, ja aus seinem Gedächtnis so gut wie verschwand –, trotzdem enthält es gedrängt in kostbarer Fülle und Lebendigkeit seinen gelebten Glauben und die Dogmatik und Theologie der katholischen Kirche in unauflöslicher Verbindung.«[60] »Es muß in jedem christlichen Kunstwerk«, sagt Haecker, »damit es überhaupt christlich heißen kann, die Möglichkeit liegen, den Empfänglichen zu Gott oder näher zu Gott und zur Anbetung zu führen«. In diesem Sinne nennt Haecker Newmans Werk: »die Dichtung eines Theologen. Mit der

---

58  T. Haecker, Der Geist des Menschen und die Wahrheit, Leipzig 1937: in: WW III, Satire und Polemik, 1961, 375f; vgl. Haeckers Übersetzung »Der Traum des Gerontius«. 3. Aufl. Freiburg 1952, 15.
59  J. H. Newman, München, 1. Auflg. 1938; 3. Auflg. 1953. Vgl. Sermons and Subjects of the Day, Uniform Edition 111.
60  J. H. Newman, Der Traum des Gerontius, 3. Aufl., a.a.O., 4.

Gnade, wie ein Kirchenlehrer fehlerlos die unfehlbare Lehre der Kirche wiederzugeben, verbindet der die Kunst, dem Allgemeinen die persönlichste Form zu schaffen. Das ist etwas Großes und Seltenes. Das ganze Werk Newmans ist voll der Zeugnisse seiner Verehrung der Engel, ja seines innigen Lebens mit ihnen. › Der Traum des Gerontius‹ aber gar scheint gleichsam durch die Inspiration ihm huldvoll erwidernder Engel entstanden zu sein ...«.[61]

Im Jahre 1940 veröffentlichte Haecker einen zweiten Band mit 12 Predigten aus Newmans »Parochial and Plain Sermons«. Der Titel »Das Mysterium der Dreieinigkeit und der Menschwerdung Gottes« nennt die beiden Brennpunkte der Auswahl. In seinem Nachwort betont Haecker, diese Predigten seien »in strengem Sinne theologisch, ja dogmatisch; das ist bei Predigten in neuerer Zeit sehr selten der Fall. Leider. Eben das streng Theologische, ja Dogmatische, ist mit ein Grund gewesen, warum ich sie übersetzt habe ... Wenn das ewig Überlieferte dargelegt wird von einem Prediger, dessen fürbittendes Herz man klopfen hört und fühlt ... , – so ist etwas Großes da, und wie alles Große, Seltenes.«[62] Mit Freude beschreibt Haecker, wie die Reinheit der christlichen Lehre in ihrer Geschichte einst von dem einen Jota im homo-usios abhing und daß diese Geschichte der arianischen Kontroverse »das erste Thema für die jugendlichen Kräfte Newmans gewesen« ist. »Ich glaube kaum, daß es in der Geschichte der katholischen Theologie Größeres, Heroischeres gibt als den kämpferischen Aufbau der Dogmen, welche die Mysterien der Trinität und der Inkarnation zum Gegenstand haben.«[63] Beeindruckend ist Haeckers Beschreibung der Teilnehmer an diesem Kampf der Heilsgeschichte: nämlich »die unbesiegbare Gnade des Heiligen Geistes ... , die guten und die gefallenen Engel, die Niedrigkeit der Welt, die Treue einfacher Gläubigen, der reine Glaube und das Genie eines auserwählten Bischofs: Athanasius ... « Seine Werke habe Newman »in sein königliches Englisch übersetzt«. Wo doch englische Philosophie zumeist für Pragmatismus stehe, sei es: »um so schöner, daß gerade ein solcher Geist (wie Newman, G. B.) uns zeigt, wie notwendig der Eifer um die Sorge der Unbefleckheit der Lehre ist ... Die Reinheit der Lehre hat Newman zur katholischen Kirche geführt, an Menschen voll tiefer Frömmigkeit und tätiger Güte hat es ihm in der anglikanischen Kirche nicht gefehlt.«[64]

Theodor Haecker übersetzte mehr Newmanbücher als er unter den schwierigen Umständen im Nazideutschland während des Krieges veröffentlichen konnte. Unter seinen Manuskripten, die er hinterlassen hat, befindet

---

61 Ebd. 9f.
62 T. Haaecker, Nachwort, in: J. H. Newman, Das Mysterium der Dreieinigkeit und der Menschwerdung Gottes, München, 1. Aufl. 1940, 2. Aufl. 1950, 209-217; 211.
63 Ebd. 213f.
64 Ebd. 215f.

sich eine Übersetzung des Tract Nr. 83 »Adventspredigten über den Antichrist« und ein beträchtlicher Teil aus den »Historischen Skizzen«; beide wurden posthum veröffentlicht.[65]

## 4  Die Heilsgeschichte und die Mächte der Finsternis. Newman in Haeckers »Tag-und Nachtbüchern«

In »Wahrheit und Leben« von 1930[66] fordert Haecker vom »idealen Geschichts-schreiber: daß er zuerst an die Wahrheit sich halte, an die Wahrheit eines kontingenten Faktums, und zwar mit der Treue eines Zeugen, der einen Eid abgelegt hat, vor Gott!, die Wahrheit zu sagen, nichts hinzuzufügen und nichts wegzulassen, und daß er dann aus Anlaß dieses zufälligen Faktums eine Erkenntnis vom Wesen des Menschen habe und entwickle« über dessen irdische und ewige Aufgaben. Nach dem Ausbruch des Zweiten Weltkrieges schrieb Haecker ein Tagebuch vom Oktober 1939 bis zum 9. Februar 1945, in dem er versuchte, wie er in einem Brief an Ludwig Ficker schreibt, sich »das Unverständliche etwas klar zu machen ... , wenn ich auch nicht darüber hinauskomme, es absolut klar zu machen, daß es unverständlich ist.«[67] Haecker versuchte so, die Tagespolitik einer infernalischen Diktatur im Lichte des christlichen Glaubens zu interpretieren und in den Nächten den goldenen Faden der Heilsgeschichte als Trost gegen den Terror des Tages zu finden. Die »Tag- und Nachtbücher«, wie Haeckers Manuskript genannt wurde, als es 1947 erstmals publiziert wurde, enthalten viele Gedankenwelten. Wir beschränken uns im folgenden auf die sechs Notate, in denen Haecker Newman erwähnt, und konzentrieren uns dabei auf seine *geschichtstheologische Perspektive*.

Den wichtigsten Hinweis auf Newman finden wir im Zusammenhang mit der militärischen Operation von Dünkirchen, wo es britischen Schiffen auf Grund der schlechten Wetterverhältnisse gelang, sichere Häfen zu erreichen. Haecker schreibt: »1./2. Juni 1942. Newmans Theorie von dem merkwürdigen Zusammentreffen natürlicher Ereignisse in bestimmten Stunden als ›Zeichen‹ göttlicher Führung kam mir ins Gedächtnis, als es im Berichte hieß, daß das Wetter unsichtig war. So hätte heute der Kardinal, lebte er noch, predigen können: Ein Engel glättete den Kanal, der sonst um diese Zeit im Sturme tobt, und breitete die Finsternis undurchdringlichen Nebels gleichzei-

---

65 »Der Antichrist nach der Lehre der Väter« mit einem Nachwort von Werner Becker, München 1951; »Historische Skizzen«, deutsch von T. Haecker und einer Übersetzung von Else Seelenfreund, mit einem Nachwort, hrg. v. Werner Becker, München 1948.
66 T. Haecker, Wahrheit und Leben. Ein Vortrag, Hellerau 1930; vgl. Opuscula a.a.O. 93-152; 140.
67 Zit.: Siefken, T. H., 57.

tig über das Meer. So wurden Zehntausende gerettet.«[68] Um Haeckers Kommentar zu interpretieren, beziehen wir uns auf Newmans Predigt über »Die Mächte der Natur«, deren Übersetzung er zwei Jahre zuvor veröffentlicht hatte: »So lernen wir, soweit die Miteilungen der Schrift reichen, daß der Gang der Natur, der so wunderbar ist, so schön, so schrecklich, durch das Amt und den Dienst jener unsichtbaren Wesen bewirkt wird. Die Natur ist nicht unbelebt; ... Die brennende Lava der Vulkane, die (wie es scheint) die Ursache von Sodoms und Gomorras Untergang war, wurde verursacht durch die beiden Engel, die Lot erretteten ... «. Was »jene drei heiligen Knaben« anbetrifft, »die Nebukadnezar in den Feuerofen warf: die Engel wurden geheißen, die Natur des Feuers zu ändern, es unschädlich für sie zu machen... « Und obgleich Jahrhunderte vergangen sind und wir so viel über den Lauf der Welt und die »wirklichen Ursachen« der Dinge zu wissen meinen, so »stelle ich es jedem anheim, ob es nicht ebenso philosophisch ist und ebenso voll intellektueller Freude, die Bewegungen in der natürlichen Welt auf sie *(die Engel, G.B.)* hinzuführen wie der Versuch, sie durch gewisse wissenschaftliche Theorien zu erklären ... «[69]

Sowohl Haeckers Eintrag in seinem Tag- und Nachtbuch wie auch Newmans Theorie von den Engeln, die im Naturverlauf und in der Menschheitsgeschichte tätig sind, enthalten dieselbe formale Struktur, die wir in Newmans und Josef Butlers Konzept der Analogie finden. Newman hat es in seiner kritischen Rezension von »Milman's View of Christianity«[70] beschrieben, wo er sagt: »Die sichtbare Welt ist das Werkzeug, vielmehr der Schleier der unsichtbaren; der Schleier, jedoch teilweise auch das Symbol und der Verweisindex«. Die göttliche »Vorsehung begleitet geheimnisvoll und kooperiert mit dem System, das wir sehen.«[71] Sowohl für Haecker wie für Newman ist *das Analogieprinzip die Grundlage für diese kooperative oder symbolische Struktur.* Mit den Worten Haeckers: »Alle mystische und symbolische Interpretation der Schrift ist nur möglich kraft der substantiellen Ähnlichkeit alles Seins und kraft des formalen Prinzips der Analogie.«[72]

Haecker versuchte das Prinzip, das Newman aus der Heilsgeschichte für die Theorie der göttlichen Vorsehung im persönlichen Leben anwandte, auf die politische Szene seiner Tage zu übertragen. Auf die Ereignisse von Dün-

---

68 TNB S. 71f N. 297.
69 Vgl. »Die Kirche und die Welt«, a.a.O. 194-197.
70 J. H. Newman, ECH II, 186-248; cf. G. Biemer, »Niebuhriser? L'historiographie selon Newman: une reconstruction de la vie, In: CLAUDE LEPELLEY – PAUL VEYRIRAS, Newman et l'histoire, Lyon 1992, 147-168 (dt.: »Niebuhrisieren«? Newmans Verständnis der Geschichtsschreibung als Rekonstruktion von Leben. In: Münchener Theologische Zeitschrift 43 (1992) 421-435.
71 J. H. Newman, ECH II, 192.
72 TNB, S. 23 N. 20.

kirchen war es anwendbar, aber je länger die Zeit von Hitlers militärischen Erfolgen dauerte, desto größer wurde der Erklärungsnotstand für Haecker und desto tiefer seine »Melancholie«. Eingangs lesen wir in seinem Tag- und Nachtbuch über die »Dummheit der Führer und die Dummheit der Geführten«. Und er führt zur Illustration an: »Es ist erschütternd, wie das Denken stirbt. Einer kann sagen, daß der Mensch selber veränderlich ist, der Deutsche aber sei ewig. Er ist durchaus nicht imstande, den Schluß zu ziehen, daß dann sicherlich der Deutsche kein Mensch ist.«[73] Und in seinem vorletzten Eintrag notiert er: »Vergessen wir nicht, daß uns Gott so geschaffen hat, daß wir ihn nicht verstehen, ich sage gar nicht, nicht verstehen sollen, sondern aber daß wir ihn tatsächlich nicht verstehen?! Aber vielleicht versteht er selber sich auch nicht? Ich meine so, wie wir es verstehen, daß man sich verstehe! Aber dann ist es doch besser, von ›verstehen‹ nicht mehr zu reden!« – Ist Haecker mit seinem Versuch, die Tagespolitik seiner Zeit heilsgeschichtlich zu interpretieren, gescheitert?

Ein anderes Thema, das Haecker an Newman erinnert, ist *die Sprache in Predigten zur Verkündigung des Evangeliums*. »Müssen nicht . die Prediger des Wortes Christi eine andere Stimme bekommen, in einem anderen Tone sprechen? Ein Stil wird und muß immer sein. Weder Petrus noch Ambrosius oder Augustinus oder St. Thomas oder Newman werden gesprochen haben ›wie ihnen der Schnabel gewachsen ist‹. Aber ist der heutige giltige Stil nicht ein recht verunziertes, blechernes, rostiges Gefäß geworden? Sowohl un-, ja widernatürlich, als auch ungeistig ... Ist nicht eine Korrelation (..) zwischen bösen Worten, falschem Denken, er- und verlogenem Fühlen? Aber meine Augen sind zu schwach, die verbindenden Fäden zu sehen.«[74] – Dieser Eintrag vom 27. April 1940 könnte im Zusammenhang stehen mit Newmans Predigten, die Haecker im selben Jahr übersetzte und unter dem Titel »Das Mysterium der Dreieinigkeit« veröffentlichte. – Gegen Ende des Jahres 1940 dachte er noch einmal über den Wert der Sprache in der Verkündigung des Evangeliums nach; und unter den Vorbildern, auf die er sich dabei bezieht, ist wiederum Newman: »Die ewigen Wahrheiten müssen immer wieder einen neuen Leib der Zeit bekommen. Newman oder Kierkegaard oder Hilty mußten und konnten Dinge sagen, die eben Thomas oder Augustinus nicht sagen konnten, obwohl sie *dasselbe* sagen. Es wäre ja wohl auch ungerecht, wenn die Gaben und die Leiden der Newman, Kierkegaard, Hilty und Thomas nur unnötige Wiederholungen zur Frucht gehabt hätten.«[75]

Der weite Horizont von Haeckers Überlegungen über Wert und Gültigkeit der christlichen Verkündigung zeigt sich in einem weiteren Eintrag, den er in der selben Nacht geschrieben hatte: »Es geht darum, ob die Menschheit

---

73 TNB S. 21, N 2f.
74 TNB S. 52f, N. 194.
75 TNB S. 145, N. 683 vom 30. Dezember 1940.

sein (des Menschen, G. B.) Ende besiegelt mit dem Siege der Lüge, ob die Menschheit endet als Schurke und als Knecht; ob der ›Deutsche‹ dazu prädestiniert ist, das Reich der Finsternis für diesen Äon zu errichten.«[76] Haecker erwartete hingegen den Sieg der Wahrheit. Ein Eintrag, der an Newmans »Arianer des vierten Jahrhunderts« erinnert, lautet: »Athanasius der Große sagte von Kaiser Julian, der ihm nach dem Leben trachtete ... , er sei › eine Wolke, die sich bald verziehen wird‹. Nach noch nicht zwei Jahren war die Wolke weg. Heute ist die Sache anders. Vielleicht, weil kein Athanasius da ist. Harren wir aus! Wachet und betet!«[77]

Obgleich Haecker in seinen Tag- und Nachtbüchern Newman nicht gerade häufig erwähnt – sechsmal insgesamt – muß man doch sagen, daß Newman sein Garant in allen Angelegenheiten der Wahrheit und des christlichen Glaubens war, ebenso für den Bereich von Christentum und Kultur, Haeckers spezifische Thematik. So schreibt er am 15. Juli 1941, beim letzten Eintrag, in dem er Newmans Namen nennt: »Man kann die großen Geister des 19. Jahrhunderts einteilen in solche, die den prophetischen Geist hatten und in solche, die ihn nicht hatten. Kierkegaard, Newman, Dostoievski hatten ihn, Tolstoi hatte ihn nicht, wiewohl seine natürliche Genialität wahrlich nicht geringer war als irgendeine andere.«[78] – Insgesamt bestätigen die »Tag- und Nachtbücher«, was Henry Tristram über Haecker im Jahre 1939 geschrieben hatte: »Seit ich Ihren Namen zum ersten Mal gehört habe, haben Sie in meinen Gedanken eine ganz besondere Nische eingenommen als der einsame Denker, der durch Überschreiten der Nationalitätsgrenzen und indem er die Schwierigkeiten einer fremden Sprache meisterte, in den Schriften unseres Kardinals einen sowohl spirituellen wie intellektuellen Schatz gefunden hat, der unbezahlbar ist.«[79]

Theodor Haecker starb am 9. April 1945 in einem Koma, hervorgerufen durch Diabetes, in Ustersbach bei Augsburg. Im November 1944 war er dorthin umgezogen, nachdem seine Münchner Wohnung der Bombardierung zum Opfer gefallen war. »Haecker starb einen schweren Tod«, ein Gleichnis seines Lebens, wie sein Freund Richard Seewald sagt, der aus Haeckers letztem Brief zitiert: »Gott hat mich in eine harte Schule genommen, unbarmherzig, barmherzig.«[80] – Am Wohnhaus seiner Kindheit in Esslingen brach-

---

76 TNB S. 144, N. 679.
77 TNB S. 52, N. 192.
78 TNB S. 197, N. 916. – Wir lassen N. 569 aus, wo Newman im Zusammenhang mit der Frage nach dem Wert antiker Sprachkenntnisse für Studenten der Wirtschaftswissenschaften erwähnt wird, und N. 891, wo er beim Vergleich philosophischer Argumente mit denen christlichen Glaubens zitiert wird.
79 S.o. Anm. 17.
80 R. SEEWALD, Wo würde Haecker heute stehen? In: Hochland 63 (1971) 92.

ten seine Freunde eine Tafel an mit der Inschrift: »Theodor Haecker, ein dezidierter Christ, ein genuiner Denker, ein Meister des Wortes.«

## 5 Themenvorschläge zur künftigen Haecker-Forschung

Obgleich eine Werkausgabe der Arbeiten Theodor Haeckers bereits 1958 – 1967 in fünf Bänden erschien, ist eine kritische und kommentierte Ausgabe seiner »Tag- und Nachtbücher 1939-1945« erst kürzlich erfolgt (1989); und nur wenige Untersuchungen haben sich bisher mit spezifischen Themen von Haeckers Leben und Werk befaßt. Deshalb mag es von Nutzen sein, einige Anregungen zur künftigen Haecker-Forschung zu geben, deren Reichweite auch die Bedeutsamkeit von Haeckers Werk andeutet:
– Die Bedeutung von Satire und Ironie in den Werken Newmans, Kierkegaards und Haeckers[81].
– Haecker, »der Hierarchist«, in seinem Verständnis des thomistischen »Ordo-Denkens« im Vergleich zu Newmans Thomismus[82]
– Der Kairos für Newman-Übersetzungen in Deutschland zwischen Theodor Haeckers Übersetzung der Grammar of Assent (1921), Matthias Laros' Edition von Maria Knoepflers Übersetzung der Apologia pro vita sua (1922) und Erich Przywaras Herausgabe von Edith Steins Übersetzung der »Briefe und Tagebücher ... 1801-1845« (1928).
– Haeckers Aufzeichnungen über sein Treffen mit Edmund Husserl im Jahre 1926 und Husserls Bedeutung für das Verständnis von Newmans Erkenntnistheorie in Deutschland.
– Die Juden: Ein Vergleich von Newmans Anti-Judaismen, H. Bellocs theologischen und politischen Vorschlägen und Haeckers prophetischer Perspektive (1927) im Licht von »Nostra aetate« Kap. 4 des II. Vatikanischen Konzils.
– Martin Heideggers Kritik an Haeckers metaphysischer Interpretation der Geschichte (im Jahre 1935)[83].
– Reinhold Schneider und Theodor Haecker: Ihr Verständnis von Newmans Theorie der Geschichte unter Gottes Vorsehung.

In der Nachkriegssituation nach dem Zweiten Weltkrieg nahm *Reinhold Schneider* die hundertste Wiederkehr von Newmans Konversion 1945 zum Anlaß, ein Büchlein zu veröffentlichen, das er »Newmans Entscheidung« nannte (Freiburg 1946). Darin zeigt sich eine überraschende Nähe zwischen dem, was er über Newmans Konversion zu sagen hat, und Haeckers

---

81 Vgl. I. KER, Newman the Satirist. In: I. KER – A. G. HILL (Hg), Newman after a Hundred Years, Oxford 1990, 1-20.
82 Vgl. H. F. DAVIS, Newman and Thomism. In: NSt III, 157-169.
83 Vgl. TNB S. 101, N. 452, mit dem Kommentar ebd. S. 287.

Nachfolge in der Spur des großen Konvertiten: »Auf einem langen, an wunderbaren Fügungen reichen Wege war er auf das letzte Geheimnis des Ich und des Du zurückgewiesen worden, das für ihn der Grund seiner Gewißheit war. Die Existenz Gottes stand für ihn so fest wie die Gewißheit der eigenen Existenz; von daher bauten sich alle seine Einsichten und Entschlüsse auf. Solus cum solo: darauf ruhte felsenfest seine Entscheidung: aus dem Ernste einsamer Verantwortung ist sie, auch als Ziel eines objektiv zu verfolgenden Weges, unangreifbar geworden. Und auf dieses Geheimnis müssen wir zuerst verweisen, wenn wir die Frage nach der Bedeutung der Konversion beantworten wollen: ein großer Beter ist in die Kirche eingegangen ... Er habe, sagt er, mit Bezug auf sein Buch ›Grammar of Assent‹ , sein Alles hingegeben. Das ist es, was er der Kirche zum Geschenk gemacht hat: sein Alles, eine mächtige einsame, aus der Einsamkeit in die Liebe zu Gott und den Menschen drängende Persönlichkeit ... «.[84]

---

84 R. SCHNEIDER, Newmans Entscheidung. Freiburg 1946, 22f. – Dazu paßt die Nachricht von WENDEL KELLNER, im Nachlaß von Bischof J.B.SPROLL aus Rottenburg, der von den Nazis aus seiner Diözese verbannt worden war, habe sich ein Buch von REINHOLD SCHNEIDER gefunden mit der folgenden Widmung: »Die Gnade sucht das einsamste Gewissen – mit verehrungsvollen Wünschen – Tag des hl. Kallistus, 17. Okt. 1943 – Reinhold Schneider« (In: Kirchenanzeiger. Katholische Gesamtkirchengemeinde Friedrichshafen, 10. Oktober 1993).

HEINRICH FRIES

# Lebensgeschichte im Dialog mit Kardinal Newman. Rückblick eines Fundamentaltheologen

Der Titel des mir vorgegebenen Themas[1] stellt die Frage, was John Henry Newman für mein Leben und meine Lebensgeschichte bedeutet hat und immer noch bedeutet. Darauf gebe ich die vorläufige und zugleich summarische Antwort: Ohne John Henry Newman, ohne seine Gestalt und sein Werk ist mein Leben und meine Lebensgeschichte weder ganz zu beschreiben noch voll zu verstehen.

## 1 Mein Weg zu John Henry Newman

Im ersten, biographisch orientierten Teil beschreibe ich die Schritte, die mich zu John Henry Newman geführt haben. Den ersten Zugang bekam ich als Theologiestudent in Tübingen durch die von Matthias Laros zusammengestellte Sammlung der Gebete und der Betrachtungen Newmans unter dem Titel »Gott und die Seele«.[2] Schon damals hat mich die Unmittelbarkeit angerührt, in der Newman auf mich wirkte und zugleich die Gleichzeitigkeit, in der sein Denken und Beten zu mir stand. Er wirkte wie ein lebendiger Zeitgenosse und wie ein zu mir sprechender Freund: das Herz spricht zum Herzen – »Cor ad cor loquitur«. Der Abstand der Jahre zwischen ihm und mir schien wie aufgehoben. Schon damals wurde mir deutlich, daß es inmitten geschichtlicher Umstände und Wandlungen ein Kontinuum im Bereich des Menschen gibt, das Gleichzeitigkeit herzustellen vermag, und daß es im Bereich des Glaubens – ähnlich auch im Bereich der Philosophie – keinen eigentlichen Fortschritt gab wie in der zum Monopol und Maßstab erhobenen Naturwissenschaft und Technik. Dem Wort von Pascal: »Wer ist weiser als Sokrates?« ist das Wort beizufügen: »Wer ist musikalischer als Mozart?«, »Wer glaubte intensiver als Abraham, der Vater der Glaubenden oder mehr noch: Als Jesus, von dem es heißt, daß er der Anführer und Vollender des Glaubens sei?«

---

1 Vortrag vor der Internationalen Deutschen-Newman-Gesellschaft am 28.6.1991.
2 Gott und die Seele. Übersetzt von MATTHIAS LAROS. Mainz ⁵1937 (⁹1960).

In meiner Studentenzeit habe ich auch die Auswahl aus Newmans Werken kennen und schätzen gelernt, die Erich Przywara und Otto Karrer unter dem Titel »Christentum«[3] vorgelegt haben. Damit war eine Grundlage geschaffen für die weitere Bedeutung und Wirkung, die Newman in meinem Leben und Denken einnehmen sollte. Nach meiner Seelsorgstätigkeit in Stuttgart wurde ich als sogenannter Repetent oder Repetitor an das Wilhelmstift in Tübingen, das dortige Theologenkonvikt, berufen. Meine Aufgabe bestand darin, Theologiestudenten in den ersten beiden Jahren, in ihrem Philosphiestudium zu begleiten und mit ihnen zu arbeiten. Die Instrumente dafür waren die wöchentlichen Repetitionsstunden, gedacht als Begleitung der Vorlesungen, die als Dialog gestaltet wurden, die alle Semester stattfindenden öffentlichen Disputationen vor dem ganzen Haus – oft in Anwesenheit der Professoren, und schließlich die schriftlichen Aufsätze als erste Einübung in das wissenschaftliche Arbeiten. Seminarveranstaltungen im heute üblichen Sinn gab es damals nicht. In der ganzen theologischen Fakultät in Tübingen gab es einen einzigen, nur halbtags beschäftigten Assistenten, der primär für die Redaktionsarbeiten der Tübinger theologischen Quartalschrift in Anspruch genommen wurde. Was heute Assistenten tun, haben damals die Tübinger Repetenten getan.

Zugleich war das Kollegium der Repetenten – wir waren damals sechs – jeweils für die theologischen Hauptfächer als Nachwuchsschule für eine mögliche Professur an der Fakultät gedacht. Die Schwaben wollten unter sich sein und bleiben und dachten dabei auf Grund einer langen Tradition: Wir sind ebenso gescheit wie die Ausländer. Damit waren die Nichtschwaben gemeint. Zu meiner Zeit war Karl Adam, der einzige Ausländer in der Fakultät, er kam aus Straßburg, war dazu noch ein Bayer, der seine Herkunft auch in sprachlicher Hinsicht weder verleugnen konnte noch wollte. Adam wurde der leuchtende Stern der katholischen Theologie in Tübingen und weit darüber hinaus, er dokumentierte und realisierte, wie gut und fruchtbar eine Belebung von außerhalb, gleichsam als Frischluftzufuhr sein konnte.

Aus den genannten Gründen war es üblich und eine Art moralische Verpflichtung, daß ein Repetent zum Doktor der Theologie promovierte. Ich habe die darin liegende Aufgabe und Chance wahrgenommen und stieß auf Newman. Als Thema wählte ich: »Die Religionsphilosophie Newmans«[4]. Ich hatte dieses Thema dem für mich zuständigen Professor Geiselman vorgeschlagen, dem bekannten Erforscher der Tübinger Schule. Er war damit einverstanden, hat sich aber um den Fortgang der Arbeit überhaupt nicht ge-

---

3 John Henry Newman.Christentum. Ein Aufbau. 8 Bde. Hg. ERICH PRZYWARA – OTTO KARRER. Freiburg i.Br. 1922.
4 Die Religionsphilosophie J. H. Newmans. Stuttgart 1948.

kümmert. Er wollte auch keine Inhaltsangabe oder Disposition sehen; er sagte immer nur: »Machen Sie weiter. Wir werden sehen, was heraus kommt«.

Man konnte dies als Vertrauensvorschuß deuten, aber diese Auskunft bedeutete auch, daß ich auf meinem Weg allein und ohne Hilfe gelassen war. Es gab in Tübingen niemand, der in irgendeiner Weise für Newman kompetent war, deshalb war ich auch immer in Sorge, ob ich den rechten Weg eingeschlagen habe. Diese Sorge hielt an, nachdem ich die Arbeit abgegeben hatte, bis ich eines Tages durch einen Dritten erfuhr, daß Geiselmann die Arbeit angenommen und für gut befunden hatte. Der zweite, ebenso wohlwollende wie kompetente Referent war Theodor Steinbüchel, Philosoph und Moraltheologe mit einem stupenden Präsenzwissen in Philosophie und Theologie, zugleich ein hinreißender Lehrer und eminent produktiver Forscher, der heute leider fast vergessen ist. Er ist mit kaum 60 Jahren gestorben. Er hatte, im Bild gesprochen, gleichzeitig die Lebenskerzen von oben und unten angezündet. Das konnte auf die Dauer nicht gut gehen.

Ich muß hinzufügen: Ich habe meine Dissertation während des Krieges geschrieben. Ich wurde 1939 nicht als Soldat eingezogen, weil ich zum Glück als sogenannter Pfarrvikar für den Kreis Tübingen ernannt wurde, das heißt als Seelsorger in der Diaspora für ungefähr zwanzig Gemeinden mit Gottesdienst und Katechese in jeder Woche. Die weiten Wege, oft 30 km, habe ich meist mit dem Fahrrad zurückgelegt. Für mein kleines Motorrad gab es kein Benzin, nicht einmal fünf Liter im Monat. Der zuständige Landrat hat dies persönlich sehr bedauert, aber die Partei hatte erklärt, Seelsorge sei nicht kriegswichtig und dürfe nicht unterstützt werden. Die Kirche solle froh sein, wenn man sie vorläufig in Ruhe lasse. Zu dieser Arbeit kam noch der Religionsunterricht in der Tübinger Volksschule und die Klinikseelsorge. Die mündliche Promotionsprüfung, das Rigorosum im Jahre 1942 wurde für acht Fächer an einem einzigen Tag erledigt. Am Schluß verkündete Geiselmann, der damals auch Dekan der Fakultät war, die Note: Summa cum laude. Dabei hatte er Tränen in den Augen. Einmütig lud mich die Fakultät ein, mich zu habilitieren. Ich tat es im Lauf der nächsten zwei Jahre in der Fortsetzung der Konzeption der Newman-Arbeit mit dem Thema: »Katholische Religionsphilosophie. Der Einfluß Max Schelers auf ihre Formen und Gestalten«.[5] Das Habilitationskolloquium fand Anfang März 1945 wegen drohenden Fliegeralarms morgens um 7 Uhr statt. Dabei war der NS Dozentenführer in SS-Uniform anwesend. Er erhob keinerlei Einwände. Damit war die Prozedur gelaufen.

Immer noch war ich Repetent im Wilhelmstift, nun in Gemeinschaft mit den aus Krieg und Gefangenschaft heimkehrenden Soldaten. Es war die Zeit

---

5 Die katholische Religionsphilosophie der Gegenwart. Der Einfluß Max Schelers auf ihre Formen und Gestalten. Eine problemgeschichtliche Studie. Heidelberg 1949.

eines ungeheuren Umbruchs und Aufbruchs, einer bis dahin nicht bekannten Aufgeschlossenheit für philosophische und theologische Fragen. Tübingen war unzerstört. Die Universität hatte eine gewaltige Anziehungskraft. Damals wirkten an ihr Romano Guardini, Helmut Thielicke, Eduard Spranger, Gerhard Krüger, Adolf Butenandt, Wolfgang Schadewaldt. Der Donnerstag mit seinen Ringvorlesungen war ein Fest des Geistes. Unvergessen bis heute waren auch die Sonntagabende, wo wir im Konvikt z. B. Ernst Wiechert und Gertrud von le Fort lasen und aktuelle Fragen besprachen.

Inzwischen waren meine beiden Arbeiten zu Newman und Scheler als Buch erschienen. Im Jahre 1946 wurde ich vom damaligen Staatsrat Carlo Schmid zum Dozenten ernannt und im Jahre 1950 zum Professor für Fundamentaltheologie in Tübingen berufen. Ich hatte damals die Wahl zwischen einem Lehrstuhl für scholastische Philosophie und dem für Fundamentaltheologie. Ich habe die damals getroffene Entscheidung für die Fundamentaltheologie bis heute nicht bereut. In diesen Jahren habe ich Vorlesungen und Seminarübungen auch über Newman gehalten.

Noch im Jahr 1945 lud der Verleger Karl Borromäus zu einer Newmankonferenz im damals fast völlig zerstörten Nürnberg ein. Das war eine kühne und mutige Tat, eine Tat dazu, die sich gelohnt hat. Auf dieser interessanten und höchst lebendigen Konferenz nach den Jahren des aufgezwungenen Schweigens sind die Newman-Studien entstanden.[6] Ursprünglich war eine Art Newman-Jahrbuch gedacht. Doch diese wäre in jeder Hinsicht eine Art Überforderung gewesen. So blieb es bei der freien Folge der Newman-Studien, die bis heute ihr Leben erhalten haben die jetzt durch die Initiative von Günter Biemer und seiner Crew, die ein neues Newman Zentrum in Freiburg gegründet haben, zu einer glücklichen Auferstehung und Fortsetzung gelangt sind.

Es ist nicht ohne Interesse, daß die erste Folge der Newmanstudien um die kirchliche Druckerlaubnis in Bamberg nachgesucht hatte und was dabei geschah. Der damalige Zensor beanstandete, daß ich in meinem Beitrag über Newman und Döllinger[7] einen Satz Newmans zitiert habe, der im Blick auf Vorgänge beim Ersten Vatikanum von »der Grenze für den Triumph des Tyrannischen« gesprochen hatte. Der Zensor nahm ferner Anstoß an der Bezeichnung »anglikanische Kirche«, »anglikanischer Priester« und am Votum Newmans zum Kirchenstaat. Er beanstandete ferner, daß bei Newman die inneren Kriterien für die Glaubwürdigkeit des Glaubens zu sehr betont würden. Die Rede (im Beitrag von Laros) vom Wagnis des Glaubens hielt der Zensor für unkatholisch, da das Erste Vatikanum vom »zwingenden Charak-

---

6 Siehe: H. FRIES - W. BECKER, Vorwort. In: NSt I, 9-10; GLOCK, K.B., Geleitwort zum Jubiläumsband. In: NSt X, VIIf..
7 Newman und Döllinger. In: NSt I, 29-76.

ter der praeambula fidei gesprochen habe« – nur schade, daß diese keineswegs zwingend sind. Der Zensor nahm ferner Anstoß an Tatsachen der Kirchengeschichte und empfahl das Schweigen darüber, wenn diese für die Kirche und ihr Ansehen nicht allzu erfreulich seien. Er neigte dem Programm von Edward Manning zu: »Das Dogma befiehlt der Geschichte«.

Daß diese Beanstandungen das Erscheinen des ersten Bandes der Newman-Studien nicht verhindern konnten, ist das Verdienst von Alfons Hufnagel, damals Domkapitular in Rottenburg und Honorarprofessor in Tübingen. Er hat ein überzeugendes Gegengutachten verfaßt – und dies wurde akzeptiert. Inzwischen bleiben wir von solchen Schwierigkeiten verschont, und dies schon aus dem einfachen Grund, weil wir um ein solches Imprimatur nie mehr nachgesucht haben. Denn dies wäre nicht zuletzt bei der Vielzahl und Differenziertheit der Autoren anarchronistisch gewesen.

Die Newman-Studien habe ich von Anfang an zusammen mit Werner Becker, Oratorianer aus Leipzig, herausgegeben, der sich um die Rezeption Newmans in Deutschland sehr verdient gemacht hatte und ein exzellenter Kenner der Schriften Newmans war. Die Zusammenarbeit war indes schwierig, weil die Teilung Deutschlands die Kommunikation nicht nur behinderte, sondern oftmals unmöglich machte.

Auf dem Weg nach Dublin zur Jahrhundertfeier der Universität 1954 traf ich Nicolas Theis.[8] Damals entstand bei uns beiden die Idee und der Plan, die Newman Konferenzen international zu erweitern, was inzwischen mit großem Erfolg vollzogen werden konnte.

In meiner Tübinger Zeit habe ich die Anregung gegeben, die Predigten Newmans aus seiner anglikanischen Zeit sowie Predigten aus der ersten Periode der katholischen Zeit ins Deutsche zu übersetzen. Eine Arbeitsgemeinschaft der Benediktiner aus der Abtei Weingarten stellte sich unter Pater Paul Schneider als Übersetzer zur Verfügung. Der Schwabenverlag Stuttgart unter seinem gescheiten und aufgeschlossenen Lektor Rudolf Müller Erb erklärte sich bereit, die große Publikation zu übernehmen. Daraus ist eine imponierende Edition von 11 Bänden geworden.[9] Das nicht geringe verlegerische Risiko ist durch eine gute, wenn auch nicht überwältigende Rezeption, sowie durch glänzende Rezensionen gewürdigt worden.

Zur Einführung dieser Predigten schrieb ich damals – 1948 – folgendes: »Diese Predigten sind über hundert Jahre alt und wir merken es nicht. Newman spricht zu uns als sei er der Gefährte unserer Tage und der Vertraute unserer Schicksale. Seine Worte besitzen eine unverwelkliche Frische. Sie kommen aus der Botschaft des Ewigen: aus dem Wort Gottes, das zum Ewi-

---

8   Vgl. In diesem Band S. 148-160.
9   John Henry Newman, Predigten. Gesamtausgabe. 11 Bde. Stuttgart 1948-1962. Der Anruf Gottes. Neun bisher unveröffentliche Predigten aus der katholischen Zeit. Suttgart 1965.

gen im Menschen spricht. Und das Ewige ist - das spüren wir von Tag zu Tag klarer und eindringlicher - das Aktuellste. Es ist das, worum es heute geht, es ist das, worauf es heute ankommt, es ist das, was heute bei aller Gefährdung von außen und aller Angst von innen unverlierbar bleibt. Ein Werk, das wie Newmans Predigten in dieser Weise dem Ewigen in der Zeit und der Zeit angesichts des Ewigen verpflichtet ist, bedarf keiner Empfehlung mehr, es hat seine Hörer und Leser zu allen Zeiten, zumal in den Tagen der Verwirrung und Orientierungslosigkeit«.

In meiner Tübinger Zeit wurden zwei theologische Dissertationen über Newman vollendet: von Norbert Schiffers über die Einheit der Kirche nach Newman[10], von Günter Biemer über Newmans Lehre von der Tradition[11]. In München kam noch die Arbeit von Paul Misner[12] hinzu über den Primat des Papstes nach Newman.

In dem von Alois Grillmeier und Heinrich Bacht herausgegebenen dreibändigen Werk: »Über das Konzil von Chalkedon« schrieb ich 1954 die Abhandlung: »Die Dogmengeschichte des 5. Jahrhunderts im theologischen Werdegang von John Henry Newman«[13]. In der Sammlung: Religiöse Quellenschrift verfaßte ich eine kleine Monographie: »Newmans Weg zur katholischen Kirche«[14]. Vor der ersten Arbeitsgemeinschaft katholischer Dogmatiker und Fundamentaltheologen hielt ich 1957 in Königstein ein Referat über Newmans Beitrag zum Verständnis der Tradition, der in einem Sammelband von Michael Schmaus mit dem Titel: »Die mündliche Überlieferung« veröffentlicht wurde[15]. Im gleichen Jahr erschien in der Wissenschaftlichen Buchgesellschaft eine Textauswahl mit dem Titel »Christentum und Wissenschaft«[16]. So erhielt ich bei manchen Kollegen die Bezeichnung: Der Newman-Fries, eine Kategorie, die ich als Auszeichnung verstand.

Die Treue zu Newmans Gestalt und Werk habe ich von Tübingen nach München mitgenommen und dort beibehalten. Mehrmals waren Newmans Werke, »Development«, »Grammar of assent« oder »Idea of a University«, Themen intensiver Seminarveranstaltungen. Die Newmanbibliographie in den Newmanstudien wurde jahrelang von München aus betreut.

---

10 Die Einheit der Kirche nach John Henry Newman. Düsseldorf 1956
11 Überlieferung und Offenbarung. Die Lehre von der Tradition nach J.H. Newman. Die Überlieferung in der neueren Theologie. Bd. IV. Hg. J.R. GEISELMANN. Freiburg i.Br. 1961.
12 Papacy and Development. Newman and the Primacy of the Pope. Leiden 1976.
13 In: Das Konzil von Chalkedon. Geschichte und Gegenwart. Hg. ALOYS GRILLMEIER – HEINRICH BACHT. Bd. III. Chalkedon heute. Würzburg 1954, 421-454.
14 Düsseldorf 1956.
15 J. H. Newmans Beitrag zum Verständnis der Tradition. In: Die mündliche Überlieferung. Hg. M. SCHMAUS. München 1957, 63-122.
16 Christentum und Wissenschaft. Herausgegeben und eingeleitet von H. FRIES. Übersetzt von A. DIEHM. Darmstadt 1957.

Als 1963 das Münchener Institut für ökumenische Theologie gegründet wurde, als Ausgleich für meine Ablehnung eines Rufes nach Münster, trat Newman nicht als bedeutender Konvertit, sondern als Theologe der Ökumene in mein Blickfeld und in mein Interesse. Er hat die Arbeit im neuen Institut immer wieder inspiriert und als guter Schutzgeist begleitet.

Als der hundertste Todestag Newmans begangen wurde, habe ich seine Gestalt und sein Werk im Bayerischen Rundfunk und in zwei Studientagen der katholischen Akademie in Hamburg und München zu vermitteln versucht, ebenso in einem Aufsatz in der Zeitschrift Catholica unter der Perspektive: Newman und die ökumenische Situation der Gegenwart.[17]

Zu meiner Lebensgeschichte im Dialog mit Newmans Haltung und Gesinnung darf ich bekennen, daß er für mich Trost und Hilfe, Ermutigung und Hoffnung war, besonders in einigen Turbulenzen, in die ich durch meine Arbeit geraten bin. So anläßlich des Memorandums der ökumenischen Universitäts-Institute über Reform und Anerkennung kirchlicher Ämter 1973, bei dem ich mitgewirkt habe. Obwohl mein eigener Beitrag unbeanstandet blieb, hat meine Unterschrift unter die 23 Thesen des Memorandums, die in der Möglichkeit einer Abendmahlsgemeinschaft unter bestimmten Voraussetzungen gipfelten, Unverständnis und Mißbilligung hervorgerufen. Die Deutsche Bischofskonferenz hat die Thesen des Memorandums in einer offiziellen Stellungnahme öffentlich zurückgewiesen. Kardinal Döpfner – zu seiner Ehre sei es gesagt – hat mich zu einem Gespräch eingeladen, zu dem es allerdings nicht kam, weil sich der Kardinal einer schweren Operation unterziehen mußte. In einem späteren Gespräch stellte er mir die Fage: Leiden Sie eigentlich manchmal an der Kirche? Als ich die Frage bejahte, sagte er: Aber nicht wahr, daran bin ich nicht schuld? Auch dies konnte ich bejahen. Wo gibt es heute einen Bischof oder gar einen Kardinal, der solche Fragen stellt? Manche Freunde haben mich damals gebeten, meine Unterschrift unter das Memorandum zurückzuziehen. Das habe ich nicht getan, sondern das Memorandum schriftlich und mündlich verteidigt. Von heute aus gesehen kann man sagen: Nicht die Kritiker, sondern die Verfasser des Memorandums haben sich, ökumenisch gesehen, durchgesetzt.

Eine andere Turbulenz entstand anläßlich des von Karl Rahner und mir verfaßten Buches: »Einigung der Kirchen – reale Möglichkeit«[18], ohne Fragezeichen. Neben viel Zustimmung kam von Rom durch einen Beitrag von Kardinal Ratzinger eine scharfe Ablehnung mit den Prädikaten: Ökumenscher Pare-Force-Ritt – Einigung unter Umgehung der Wahrheit – politische Manipulation. In einem Briefwechsel mit Kardinal Ratzinger erklärte dieser,

---

17 Heute in: FRIES, H., Es bleibt die Hoffnung. Kirchenerfahrungen. Zürich 1991 (darin: Newmans Bedeutung für ökumenische Probleme der Gegenwart, 179-214, 219-221).
18 Quaestiones Disputatae 100. Freiburg-Basel-Wien 1983.

er habe sich in der Wortwahl vergriffen, es hätte ihm etwas Besseres einfallen sollen, aber sachlich halte er seine Kritik aufrecht. Der Osservatore Romano beschimpfte uns beide durch einen heute wie damals unbekannten Pater Daniel Ols, wir hätten Verrat am katholischen Glauben geübt und stünden außerhalb der katholischen Kirche. Als vor allem die deutsche Reaktion auf diese Unterstellung sehr heftig war – eine Zeitung schrieb: Peitschenhiebe für einen Lebenden und einen Toten – erklärte das offizielle Rom, hier liege eine private Arbeit vor. Ols versicherte dagegen, er habe im Auftrag der Hierarchie gehandelt. Diese Kritiken haben kontraproduktiv gewirkt und haben dem Buch acht Auflagen und mehrere Übersetzungen verschafft.[19]

Mein kleines Buch: »Leiden an der Kirche«[20] brachte mir neben vielen Bekundungen der Zustimmung und der Dankbarkeit auch viele Vorwürfe, die meistens in anonymen Briefen standen – ein Zeichen besonderer Tapferkeit. Einige wünschten mir einen baldigen Tod, ich möge dem Kirchenbastler Rahner bald nachfolgen, damit die Kirche und vor allem der Papst vor mir endlich Ruhe hätten. Die Situation verschärfte sich anläßlich meiner Unterschrift zur sogenannten Kölner Erklärung, die wahrlich keine Rebellion gegen den Papst war, sondern die heilsame und notwendige Erinnerung an die großen Aussagen des Konzils, die in der Gegenwart nicht eingelöst werden: die Prinzipien der Kollegialität, der Bedeutung der Ortskirche, die Freiheit der Theologie.

Inzwischen sind die Themen der Kölner Erklärung zu einem weltweiten Anliegen geworden. Erfreulicherweise gibt es Bemühungen und erste Erfolge in Dialogen zwischen Theologen und Bischöfen. Dialog und Kommunikation sind heute die einzigen Möglichkeiten, Probleme zu lösen und Konflikte zu entschärfen. In Turbulenzen, die leicht zum Frust, zur Resignation oder zur Untätigkeit führen können, war mir Newman und sein eigenes Schicksal eine große Hilfe: sein Vertrauen auf die Vorsehung, auf die Durchsetzungskraft der Wahrheit, seine Geduld, seine Gelassenheit, seine Unverdrossenheit, seine Hoffnung auf die Zukunft, seine Verbindung von Kritik und Loyalität, wobei Kritik eine Form von Loyalität und ein Zeugnis des Glaubens sein kann. Mißverständnisse, Angriffe, auch Unterstellungen und Verleumdungen gehören zum Schicksal eines Theologen. Wer niemals Anstöße in der doppelten Bedeutung des Wortes gegeben hat, muß sich wahrscheinlich fragen oder fragen lassen, ob er seinem Beruf und seiner Berufung immer treu gewesen ist.

---

19 Siehe: FRIES, H., Zustimmung und Kritik. Eine Bilanz. In: HEINRICH FRIES – KARL RAHNER. Einigung der Kirchen – reale Möglichkeit. Erweiterte Sonderausgabe. Freiburg-Basel-Wien 1985 (u.ö.) 157-189.
20 Freiburg-Basel-Wien 1989.

## 2 Newmans Bedeutung für die theologische Arbeit

Wenn, wie es das Thema ankündigt, im Dialog mit Newman neben der Lebensgeschichte ein Rückblick eines Fundamentaltheologen verbunden sein soll, dann ist dazu noch ein Wort zu sagen.[21] Ich will es in folgenden Punkten tun.

1. Newman hat, so meine ich, die bekannte Forderung Döllingers erfüllt, im Blick auf die Theologie und ihr Thema das historische und das systematische Auge in Anspruch zu nehmen. Nur mit diesen beiden Augen lassen sich das Ganze der in Wort und Geschichte ergangenen Offenbarung erfassen.

Es ist bekannt, daß Newman vor allem historisch arbeitete und daß darin seine Stärke lag, vor allem in seiner auch von Döllinger anerkannten Kenntnis der Alten Kirche, die ihm als Anglikaner als Modell der Kirche insgesamt und überhaupt galt. Es ist ebenso klar, wenn dies auch nicht immer so klar ausgesprochen wird, daß Newman Geschichte studierte nicht nur im Hinblick darauf, wie es gewesen ist, sondern, um zu erkennen, wie es ist, wie es sich in der geschichtlichen Entwicklung als Darstellung ihrer selbst verhält. Aus der Geschichte hat er Konsequenzen für die Sache selbst gezogen, für seine Überzeugung von der wahren Gestalt der Kirche Jesu Christi, die nicht, wie er sagte in der »fabelhaften Einfachheit eines Ursprungs« begegnet, sondern in der Realisierung ihrer selbst in der Geschichte. Wohl, so lautet ein bekanntes Wort von ihm, steigt der Strom, also die Geschichte, nicht höher als die Quelle, also der Ursprung, aber im Lauf des Stromes kann ans Licht kommen, was in jenem Anfang in der Fülle ist und der auf die Geschichte verwiesen ist, um diese Fülle zu entfalten und zu Gesicht zu bekommen (vgl. E 41).

Wenn ich auf Newmans Gestalt und Werk in systematischer Perspektive blicke, so meine ich, daß das Thema seiner Theologie ausgesprochen fundamentaltheologisch bestimmt war. Es behandelte die klassischen Kapitel der »demonstration religiosa«, »christiana« und »catholica«.[22] Ob man heute eine andere und bessere Struktur dieser Disziplin zugrundelegen kann, bezweifle ich. Diese drei Themen wurden bei Newman nicht in historischer Abfolge, sondern in ihrem inneren Geflecht bedacht und behandelt. Sein Interesse galt der immerwährenden beschreibenden und interpretierenden Erschließung dessen, was Religion umschließt nach Akt und Bezugspunkt,

---

21 Vgl. FRIES, H., Fundamentaltheologie. Graz 1985.
22 Vgl.: Der gläubige Mensch. Ein Beitrag zur Anthropologie Newmans. In: Theologische Quartalschrift 127 (1947) 17-59; Newmans Bedeutung für die Theologie. In: Nst I, 181-198; Newman und die Grundprobleme der heutigen Apologetik. In: Nst III, 225-247.

also die sogenannte »demonstratio religiosa«. Sein lebenslanges Thema »Gott und mein Schöpfer« als für ihn evidenteste Realitäten, durchziehen, angefangen von der Bekehrung des fünzehnjährigen, sein ganzes Werk, seine Predigten, seine Gebete und Meditationen, seine Briefe und sie sind das Programm seiner Philosophie und Theologie der Religion.

Das Thema der »demonstratio christiana«, modern gesagt der Traktat über die Offenbarung und ihrer Bezeugung und Vermittlung, die Reflexion über die Grundlegung des Christentums, die er in der Inkarnation erblickte, die Kreuz und Auferstehung nicht ausschloß, sondern eröffnet, ist das große Thema seines »Essay on the Development of Christian Doctrine«.

Die Frage: Was geht vor, was geschieht, wenn ein Mensch und zwar jedermann zum Glauben kommt und aus dem Glauben lebt im Sinn des christlichen Glaubens, hat im »Essay in Aid of a Grammar of assent« seinen alles frühere zusammenfassenden Niederschlag gefunden. Die Verankerung des Glaubens im Gewissen als Zentrum der Person und als dem Echo der Stimme Gottes, die Herausarbeitung des Folgerungssinnes im Bereich des Konkreten und Realen, die Konvergenzargumentation als Zusammenfügung von gut begründeten Realitäten, die eine tragfähige Gewißheit schafft und eine Glaubwürdigkeit des Glaubens gewährt, die den Glauben vor Wissen und Gewissen zu verantworten vermag, die große Bedeutung der sog. inneren Kriterien, die Zuordnung von Inhalten des Glaubens und des Gewissens, die Konzentration der Argumente in der Einmaligkeit der Person und des Weges Jesu durch Tod und Auferstehung haben auch in heutiger Fundamentaltheologe eine unüberbietbare Geltung.

Wenn EUGEN BISERs Prognosen für eine an einer umfassenden Christologie orientierten glaubensgeschichtlichen Wende[23] richtig ist - ich bin dessen nicht so ganz sicher - , dann wird damit noch einmal Newmans Plädoyer bestätigt.


2. Von dieser fachspezifischen Perspektive ist nun ein Schritt zu tun zu Nemans Stellung zur Theologie überhaupt. In einem seiner Vorträge zur Eröffnung der katholischen Universität in Dublin[24] erklärte er, Theologie an einer Universität ausschließen bedeutet, einen entscheidenden, universalen und umfassenden Bereich aus dem Gesamt der Wirklichkeit ausschließen. Wo dies geschieht, verliert eine Universität ihren Anspruch, das Universum dessen, was ist, zu bedenken, die Ausschließung der Theologie auch und schon der sogenannten natürlichen Theologie bedeutet, die Realität um ihren alles begründenden Grund zu berauben.

---

23 Die glaubensgeschichtliche Wende. Eine theologische Positionsbestimmung. Graz ²1986.
24 deutsch: Vom Wesen der Universität. Ausgewählte Werke V. Mainz 1960.

Newman legt großen Wert darauf, zu betonen, daß es auch in der Theologie Wahrheit und Wissen gibt, das es methodisch zu erheben gilt. Er lehnt es ab, Wissen nur im Bereich der empirischen Naturwissenschaft ihrer Fakten, Gesetze und Funktionen zuzulassen. Das gleiche Schicksal müßte auch die Philosophie oder die Geschichte, die Literatur, die Ästhetik treffen. So formuliert Newman: Eine Universitätsbildung ohne Theologie ist einfach unphilosophisch.[25]

Wenn dem so ist, dann ergibt sich als Schluß, daß die Theologie als Logos von Gott eine fundamentale Beziehung hat, zu allem was ist. So formuliert Newman, die religiöse Wahrheit, die in der Religion sich zeigende Wirklichkeit Gottes ist »nicht nur ein Teil, sondern eine Bedingung des Allgemeinwissens. Das vergessen zu wollen, hieße nichts anderes, so sein Wort, als dem Jahr den Frühling rauben oder das unsinnige Bemühen jener Tragödien nachahmen, die ein Drama zur Darstellung bringen wollten und dabei die Hauptperson ausließen«[26].

3. Für die katholische Theologie im spezifischen Sinn, die an den Universitäten Englands und Irlands nicht vertreten war – sie hatte ihren Ort in den kirchlichen Seminaren zur Ausbildung der Geistlichen und wurde durch eine deduktiv verfaßte, an römischer Theologie orientierten Lehrbücher vermittelt – war für Newman folgende Überlegung und Ausbildung maßgebend. Im Zuge der Gegenreformation, in der starken Profilierung des hierarchischen Amtes, vor allem des Papstes, hat die Hierarchie das Lehramt in der Kirche, vor allem durch die Bestimmungen des Konzils von Trient insgesamt für sich in Anspruch genommen und sich nicht nur die Sorge um die Bewertung und Bewahrung, sondern auch um dessen verbindliche Interpretation vorbehalten. Die Theologie wurde insofern zugelassen, als sie sich als Beauftragte des kirchlichen Lehramts verstand und ihre Aufgabe so auffaßte, daß sie nachwies, nicht ob, sondern wie die Verlautbarungen des kirchlichen Lehramts in Schrift und Tradition, den Urkunden der Offenbarung, enthalten sind, und zwar in dem Sinn, wie er vom Lehramt vorgelegt wird. Das Grundverhältnis hieß: Das kirchliche Lehramt, das das Recht der Überwachung und Lenkung hat, delegiert die Theologie, die Theologie legitimiert das Lehramt.

Demgegenüber plädierte Newman für die Freiheit und Eigenständigkeit der Theologie, für die Freiheit in Lehre und Forschung, die nicht durch Behauptung, sondern durch Argumente, Dialog und Kommunikation zur Erkenntnis der Wahrheit gelangt und nicht schon im ersten Anlauf kirchenamtlich und gleich von der höchsten Stelle unterbunden wird.

---

25 Ebd., 56.
26 Ebd., 84.

Er schreibt: »Wir leben in einer seltsamen Periode der Kirchengeschichte – in früheren Zeiten, in der alten Kirche und im Mittelalter herrschte nicht die außerordentliche Zentralisation wie jetzt. Wenn ein privater Theologe eine freie Meinung aussprach, dann antwortete ihm ein anderer. Ging die Kontroverse weiter, so kam sie vor einen Bischof, eine theologische Fakultät oder eine fremde Universität. Der Heilige Stuhl war nur Gerichtshof letzter Instanz. Heute, wenn ich als Privatpriester etwas drucken lasse, antwortet mir plötzlich die (römische) Propaganda. Wie kann ich mit einer solchen Fessel am Arm kämpfen? Es ist wie bei den Persern, die mit Peitschenhieben in die Schlacht getrieben wurden. In den Schulen der alten Kirche und des Mittelalters gab es noch wirkliches Privaturteil - jetzt gibt es keine Schulen, kein Privaturteil (im religiösen Sinn des Wortes), keine Freiheit der Meinung mehr. Das heißt, keine Betätigung des Intellektes. Das System erhält sich nur aus der Tradition des Intellektes früherer Zeiten. Diese Dinge werden sich einmal, wenn Gott es will, mit Notwendigkeit selbst heilen. Wir brauchen uns auch nicht ob eines Zustandes zu beunruhigen, so schwer wir ihn empfinden mögen, der unvergleichlich minder schmerzlich ist als der Zustand der Kirche vor Hildebrand und dann wieder im fünfzehnten Jahrhundert.«[27]

4. Der Theologie schreibt Newman innerhalb der Kirche eine besondere Funktion zu. Er ordnet sie in das prophetische Amt der Kirche ein, das heißt der Aufgbe, die Zeichen der Zeit erkennen und sie im Licht des Evangeliums zu deuten. Es heißt sehen, was ist, sagen, was man sieht und dafür einzustehen. Das kann nicht bedeuten, daß alle Theologen in Vergangenheit und Gegenwart dieses prophetisches Amt wahrgenommen hätten, den meisten blieb das Schicksal des Propheten, wozu auch die Anfechtung gehört, erspart. Dennoch zeigt der Hinweis Newmans auf den prophetischen Dienst den wahren Ort der Theologie in der Kirche. Bei aller Gebundenheit des Theologen an Offenbarung und Glaube der Kirche bedarf die Theologie, um ihrer Aufgabe gerecht zu werden, den Raum der Freiheit; diese kann sich nicht nur darauf beschränken, zu begründen und zu bestätigen, was das Lehramt von Papst und Bischöfen ausspricht. Die Theologie hat durchaus eine vorausdenkende und kritische Funktion, deren Fundament der Glaube ist. Kritik kann eine echte Weise des Glaubens und der Liebe zur Kirche sein.

Im Vorwort zur dritten Auflage seiner anglikanischen Schrift über das prophetische Amt der Kirche vom Jahre 1877 bezeichnet er die Theologie als das »grundlegende und regulierende Prinzip des ganzen Kirchensystems. ... Theologen werden immerzu genötigt und verwendet, sowohl die politischen

---

27 Briefe und Tagebücher aus der katholischen Zeit seines Lebens. Ausgewählte Werke I. Mainz 1951, 342f.

wie die volkstümlichen Elemente in der Verfassung der Kirche in ihren Grenzen zu halten.«[28]

5. Wenn ich von anderen Kennzeichen der Theologie Newmans einige nennen darf, die für mein Verständnis von Theologie wichtig waren, so ist es die für ihn kennzeichnende einzigartige Verbindung von theologischer Reflexion und Spiritualität, von Theorie und Praxis, das Verständnis der Theologie als Seelsorge, seine Orientierung an den Quellen der Theologie, an Schrift und Tradition der ungeteilten Kirche und ihrer normativen Kraft und zugleich seine Offenheit für die Fragen und Herausforderungen der Zeit, wie sie exemplarisch in den Tracts for the times offenkundig wurden, die Newmans Theologie die Merkmale ursprungsgetreu und situationsgemäß gaben und die Theologie sowohl den Charakter einer Antwort auf offene Fragen wie das Kennzeichen der Frage und Infragestellung gegenüber angeblich als unanfechtbar geltenden Positionen. Newman war kein Theologe eines runden Systems, er wußte um die Unabgeschlossenheit aller theologischen Entwürfe. Das schließt nicht aus, daß theologische Grundstrukturen bei ihm durchaus zu erkennen sind. Aber seine Theologie war primär dialogisch und responsorisch. Es gab für ihn keine theologia perennis, sondern eine theologia semper reformanda, der Erneuerung ebenso bedürftig wie fähig. In der Kritik war es ihm darum zu tun, zunächst die in Frage stehenden Positionen positiv zu sehen, deren Recht und Bedeutung anzuerkennen und auf diesem Hintergrund seine Fragen zu stellen und Kritik zu üben. Dabei war es ihm immer um die Sache selbst zu tun - nicht um Polemik. Er sagte einmal, persönliche Polemik in einer Kontrovese sei ebenso verkehrt, wie Übertreibungen in einer Biographie.

Ein weiteres Kennzeichen seiner Theologie ist ihre anthropologische Dimension, also die Frage, was die Inhalte des Glaubens mit dem konkreten Menschen zu tun haben, mit dem Verständnis und der Verwirklichung seiner Existenz, mit seinen Fragen, Erfahrungen, Hoffnungen und Ängsten. Das bedeutet nicht, daß von den Existenzbestimmungen des Menschen die Antworten des Glaubens gleichsam vorprogrammiert werden, aber es bedeutet, daß die Aussagen des Glaubens nicht in einer abstrakten Zeitlosigkeit, sondern in der Beziehung zum konkreten Menschen vermittelt werden. Antworten, denen keine Fragen zugrundeliegen, gehen ins Leere, mögen sie noch so richtig sein. Karl Rahners theologisches Programm Theologie als Anthropo-

---

28 VM I, XLVIIf (deutsche Übersetzung nach: Newman, J.H., Die Einheit der Kirche und die Mannigfaltigkeit ihrer Ämter. Zeugen des Wortes 3. Freiburg i.Br., 1938, 26.

logie, hat in Newman einen Vorläufer. In seinem Grundkurs des Glaubens nimmt Karl Rahner ausdrücklich Bezug auf Newman.[29]

Wichtig für meine Fundamentaltheologie wurde Newmans Bestimmung des Glaubens, die bei ihm erkennbare Wende vom Satzglauben, vom Fürwahrhalten von objektivierten Gegebenheiten zum umfassenden personalen verantwortlichen Glauben, deren Grundformel lautet: Ich glaube Dir - ich glaube an Dich; eine andere Formulierung: Gott allein - der ganze Mensch. Dabei werden die Glaubensinhalte nicht preisgegeben, sondern zutiefst begründet. Der Aussage-Glaube gründet im Du-Glauben, dieser artikuliert und bewährt sich im Aussageglauben.

Wenn das Zweite Vatikanum in einer überaus geglückten Formulierung den Glauben beschreibt als Überantwortung des ganzen Menschen an Gott in Freiheit Dei Verbum 5) – so ist das eine, den meisten Konzilsvätern kaum bewußte Rezeption der Glaubenstheologie Newman. Von Newman stammt auch der wichtige Satz, Glauben heißt Spannungen aushalten.

Ähnliches gilt von der Bestimmung der Kirche als Volk Gottes, von der Würdigung der Laien als Träger der Ämter Christi, einschließlich des Propheten, der allerdings die gegenwärtige Wirklichkeit und kirchliche Praxis noch keineswegs voll gerecht geworden ist. Was wäre die Kirche ohne die Laien, ohne die Frauen. Das Wort vom Glaubenssinn des Volkes Gottes als Zeugnis von Glauben und Überlieferung stammt von einem Beitrag Newmans[30], der deshalb von einem Bischof in Rom angezeigt und der Häresie beschuldigt wurde und seinen Beitrag dazu beisteuerte, daß der katholisch gewordene Newman jahrelang unter der Wolke der Verdächtigung und des Mißtrauens von seiten Roms stand, und der wegen seines Plädoyers für die Laien von manchen englischen Katholiken als der gefährlichste Mann in England genannt wurde, dessen Geist man auslöschen müsse.

Vom Theologen Newman habe ich gelernt, daß Kritik an bestimmten kirchlichen Maßnahmen und Entscheidungen des kirchlichen Amtes ein Zeugnis des Glaubens sein kann und mit unbestrittener Loyalität zu vereinbaren ist.

Ich sage nichts Neues, wenn ich am Schluß ausdrücklich betone, daß für Newmans Theologie und Philosophie das Gewissen einen schlechterdings bestimmenden orientierenden und maßgeblichen Rang hat. Sein berühmtes Wort: Zuerst das Gewissen, dann der Papst (P 171) stellt keinen Gegensatz, sondern eine Zuordnung dar. Besonders für die Moraltheologie und für die Praxis der Christen stellt dieses Prinzip eine entscheidende Orientierung dar, besonders in den Fragen, die heutzutage immer wieder hochgespielt werden

---

29 RAHNER, KARL, Grundkurs des Glaubens. Einführung in den Begriff des Christentums. Freiburg-Basel-Wien 1976 (u.ö.), 22.
30 deutsch: Über das Zeugnis der Laien in Fragen der Glaubenslehre. In: P 255-292.

und die Hierarchie der Wahrheiten stören: die Fragen der Sexualmoral und ihrer oft mehr als fragwürdigen Kasuistik.

Beim vorletzten Newmankongress in Freiburg habe ich mich mit dieser Frage und dem erwähnten Zitat beschäftigt, in Anwesenheit von Karl Rahner. Aus der Reihe der Teilnehmer kam die Frage, ob man nicht auch sagen könnte, gleichsam komplementär: Zuerst das Lehramt, dann das Gewissen. Dem hat Karl Rahner energisch widersprochen und in einem Vergleich gesagt - man könne auch in der Lehre von der Trinität die Ordnung nicht vertauschen und den Sohn statt des Vaters an die erste Stelle rücken.[31]

Im übrigen ist die Aussage vom Primat des Gewissens seit Paulus ein Urdatum christlichen Glaubens und Lebens. Das Gewissen kann durch nichts und niemand ersetzt werden - das schließt nicht aus, sondern ein, daß es der Pflege, der Information, der Verantwortung, der Kenntnis der Situation und der Selbstprüfung bedarf, damit das Gewissen nicht eine Verschleierung der persönlichen Selbstsucht ist. Der Mißbrauch ist jedoch kein Argument gegen den echten Gebrauch. Auch in den Entscheidungen des Gewissens ist Newmans Methode von der Konvergenz der guten und probablen Gründe eine echte und große Hilfe.

Die Frage der Ökumene war zur Zeit Newmans noch nicht so akut, so verheißungsvoll, aber auch nicht so komplex wie heute. Aber sein Ratschlag hat nach wie vor Gültigkeit. Er lautet, der beste Weg, um zur Einheit der Christen und der Kirchen zu gelangen, besteht darin, daß sich alle bemühen, gemäß dem Evangelium zu leben.

Weite Kreise hatten gehofft und darum gebetet, daß Newman im letzten Jahr seliggesprochen würde, was ein ausdrücklicher Wunsch von Papst Johannes Paul II. war und auch von früheren Päpsten, so von Pius XII. Warum dies nicht geschah, ist schwer zu ermitteln, aber nicht unschwer zu erraten: In Newmans umfangreichem Werk, das viele Jahrzehnte umfaßt, seine anglikanische wie seine katholische Zeit, umspannt und neben den Buchveröffentlichungen eine riesige Korrespondenz von dreißig Bänden enthält, finden sich nicht wenige, kritische, auch kirchenkritische Passagen, auch des katholisch gewordenen Newman, die nicht in die gegenwärtige kirchliche Großlandschaft passen. Eine Seligsprechung Newmans wäre indes ein Signal dafür gewesen, welche Weite und welche Freiheit in der katholischen Kirche möglich sind, weil sie im Leben und Denken Newmans Wirklichkeit waren.

Doch wie immer es um die Beatifikation Newmans bestellt sein mag: Das Andenken an ihn, das Vermächtnis seiner Gestalt und die ständig wachsende weltweite Wirkung seines theologischen und spirituellen Werkes ist heute lebendiger als je. Eine Seligsprechung Newmans hätte dies alles sicherlich

---

31 Theologische Methode bei John Henry Newman und Karl Rahner. In: NSt XI, 191-210; RAHNER, K., Stellungnahme und Diskussion. In: Ebd., 211-215, hier 213.

noch erhöht und erweitert. Aber auch ohne Seligsprechung bleibt Newman präsent und im höchsten Maße verehrungswürdig. Newman ist selbst eine Art »Kindly Light« wie der Anfang eines seiner bekanntesten Lieder heißt.

Heute wird Newman nicht so sehr als bedeutendster Konvertit des 19. Jahrhunderts gewürdigt – Konvertiten waren ihm nach seinen eigenen Worten nicht die Hauptsache – obwohl das von seiten der kirchlichen Obrigkeiten in Rom und England erwartet wurde, sondern gewürdigt wird sein Beitrag zur Auferbauung und Erneuerung der katholischen Kirche. Newman wird heute in den Kirchen als wahrhaft ökumenische Gestalt gewürdigt.

ABBÉ NICOLAS THEIS
(1911-1985)

# Ein Weg zu J.H. Newman.
# Die Bedeutung des Kardinals für unsere Zeit

Die theologische Fakultät der Universität Freiburg hat mir, dem Landpfarrer aus Luxemburg, den Titel eines Ehrendoktors der Theologie verliehen.[1] Diese denkwürdige Stunde, die mir in bester Erinnerung bleiben wird, bedeutet für mich die Krönung meiner langjährigen Newman-Studien und meiner Mitarbeit zur Verbreitung des wertvollen Gedankenguts des Kardinals auf internationaler Ebene. Ich habe zeitlebens, wie ich bereits dem Herrn Dekan Professor Dr. Feld und dann auch meinem Freund, Professor Dr. Günter Biemer, in meinem Antwort- und Dankesschreiben sagte, ebensowenig mit einem Doktorhut gerechnet wie der katholische Newman von einem Kardinalshut hätte träumen können, bis 1879 das Wunder doch geschah. Mein langjähriger Newman-Freund, Prof. Heinrich Fries aus München, drückte das so aus: »Der Dr. theol. h.c. kommt ähnlich zu Dir wie das Kardinalat zu Newman: Du kannst sagen: die Wolke ist verschwunden – the cloud is lifted«.

Ich habe die angenehme Pflicht, meinen tiefgefühlten Dank auszusprechen. Zuerst dieser hohen Universität Freiburg für die gastliche Aufnahme und für die außergewöhnliche Ehrung. Freiburg ist eine Universität von großem Ruf und Namen. Wer in Freiburg war und dort geehrt wurde, der darf bei aller Bescheidenheit das Haupt erheben und sagen, wo er herkommt. Mein Dank gilt der theologischen Fakultät unter ihrem Dekan, Herrn Professor Dr. Otto Feld, und allen Mitgliedern, die mir einstimmig die große Ehre zuerkannten. Und wenn ich einen von ihnen besonders herausheben darf, dann ist es mein langjähriger Newman-Freund, Herrn Professor Dr. Günter Biemer. Ihm gebührt meine besondere Anerkennung. Dank auch allen anwesenden Gästen, die mich mit ihrer Anwesenheit beehren und mir ihre Aufmerksamkeit schenken. Unter ihnen muß ich den Vertreter der Luxemburger Kirche und des Herrn Bischofs, Herrn Generalvikar Mathias Schiltz, hervorheben.

Wenn mir diese Ehre durch eine Universität zuteil wird, so hat dieser Akt für mich eine tiefe symbolische Bedeutung. Der Mann, dem ich diese Ehre verdanke, John Henry Newman, war nämlich ein Mann der Universität. Newman kann nur von der Universität und letzten Endes von der Universität

---

[1] Vortrag anläßlich der Verleihung der Ehrendoktorwürde an der theologischen Fakultät der Universität Freiburg i.Br. am 29. Juni 1984 (die Fußnoten und der bibliographische Anhang wurden von Roman Siebenrock hinzugefügt).

Oxford (her) verstanden werden. Der Geist und das Leben einer Universität haben sein Wesen entscheidend geprägt. In Oxford wurde ihm der Zugang zu bestimmten Glaubenslehren als objektive Realitäten eröffnet. Dort kam er zu der Erkenntnis der Religion als tatsächlicher, in der Geschichte erfolgten Offenbarung Gottes. Dort entwickelte er sich, wie Dr. Matthias Laros sich ausdrückte, zum »größten religiösen Genius des letzten Jahrhunderts in England«. Von Newman ging eine magnetische Kraft aus, er überragte die Geister und zog die junge Generation in seinen Bann. Er war eine geistige Macht in Oxford. Newman selbst hat einen nachhaltigen persönlichen Einfluß auf die Universität ausgeübt. Professor James Cameron hat das so ausgedrückt: »Wenn ohne allzu große Übertreibung gesagt werden kann, die europäische Philosophie sei eine Reihe von Fußnoten zu Plato, so kann mit weniger Übertreibung behauptet werden, das moderne Denken über Universitätsbildung sei eine Reihe von Fußnoten zu Newmans Vorlesungen und Essay über die Universität«.

Newman glaubte an die Wissenschaft, weil er an die Wahrheit glaubte, und alles Sein und Wissen von seinem »philosophischen« Standpunkt aus als organische Einheit sah, die sich nicht in ihren Teilen widersprechen kann. Die Theologie als Wissenschaft und Wissenszweig ist für Newman, und das möchte ich besonders an diesem Ort unterstreichen, untrennbarer Bestandteil der Universität. Eine Universitätsbildung ohne Theologie ist, so betonte Newman in seinen Dubliner »Discourses«, nicht vollständig, sie ist einfach unphilosophisch, eine »intellektuelle Absurdität«. Die religiöse Doktrin ist dabei, für ihn, »Wissen in ebenso vollem Sinn wie Newtons Lehre Wissen ist. Der Glaube ist ein intellektueller Akt, sein Objekt ist Wahrheit, sein Ergebnis ist Wissen«. Die Universität ist, in seinen Augen, zwar nicht direkt dazu berufen, die Menschen katholisch oder religiös zu machen. Die Kirche hat aber nichtsdestoweniger eine große Aufgabe innerhalb der Universität zu erfüllen. Sie soll die Einheit von Wissenschaft und Religion wiederherstellen. Sie soll, wie er sich in seiner ersten Predigt in der aus eigenen Mitteln am Stephen's Green errichteten Universitätskirche ausdrückte, »Dinge, die zu Anfang durch Gott verbunden waren und vom Menschen getrennt wurden, wieder vereinen«.

Schon immer wurde die Frage gestellt, welches der vielen Newman-Werke gedanklich und sprachlich das beste sei. Ist es die berühmte »Apologia pro Vita sua« aus dem Jahr 1864, oder die klassische »Idea of a University«, oder der »Essay on the Development of Christian Doctrine«, oder vielleicht der »Brief an den Herzog von Norfolk«? Es gibt Newman-Kenner heute, die behaupten, es seien seine »Parochial and Plain Sermons« gewesen, also seine Pfarrpredigten von St. Mary's in Oxford. Für mich persönlich ist es noch immer das dreibändige Werk »Historical Scetches«, das Newman großenteils auf seinen 54 mühsamen Überfahrten nach Irland geschrieben hat, wo er das unmögliche Unternehmen einer Universitätsgründung in Gang bringen wollte. Besonders der dritte Band, »University Scetches«, ist ein köstliches Stück englischer Prosa, mit der Schilderung des Universitätslebens im alten Athen, wie die jungen Menschen von fernher auszogen, um die Weisheit zu finden und sie dann dort in der Halbinsel Attikas entdeckten. Diese Lektüre ist ein literarischer Hochgenuß; so hat vielleicht mancher dies alles empfunden, aber kaum jemand es zu sagen vermocht. Diese klassischen Seiten müßten eigentlich hier, in dieser Feierstunde vorgetragen werden ... von einem Engländer ... mit dem Wohllaut der bekannten Stimme Newmans in St. Mary's in Oxford.

Mir selbst war nicht das Glück beschieden, auf systematische Weise in Newmans bewegtes Leben und reichhaltige Ideenwelt eingeführt zu werden. Ich war meistens ein mühsamer Einzelgänger, der Jahre und Jahrzehnte lang seinen eigenen Weg zu ihm suchen mußte. Und das war vielleicht gut so, denn es hielt mich davon ab, ausgetretene Pfade zu gehen. Ich habe den Durchbruch geschafft durch eigene Erfahrung, durch regelmäßige Reisen nach England, der Heimat Newmans, durch das Studium von Newmans Werken und durch persönliche Begegnungen.

Für mich stellte sich 1931, nach meinem Abitur, die Frage, wohin der Weg ins weitere Leben führen würde. Als junger Student hatte ich von der fernen Insel England geträumt und mit jugendlicher Begeisterung mich an die englische Sprache herangemacht, mich in die vergangene Welt des großen Charles Dickens eingelebt. Der Weg führte mich aber nicht nach England, sondern in eine andere Richtung, denn nach einem weiteren Jahr an den »Cours Supérieurs« am Athenäum als Vorbereitung auf eine Universität, tat ich, nach viel Besinnen und Überlegen, im Herbst des Jahres 1932 den Schritt ins Luxemburger Priesterseminar. Das war nicht Oxford oder Cambridge, nicht Shakespeare oder Dickens, sondern eine ganz andere Welt.

Wir wurden nämlich in lateinischer Sprache in die scholastische Philosophie eingeführt, und dies an Hand eines Lehrbuches mit dem Titel: »Elementa philosophiae aristotelicothomisticae, auctore Josepho Gredt, O.S.B.«, damals Professor an San Anselmo in Rom. Dieser Benediktinerpater war gebürtiger Luxemburger. Das war gewiß eine Empfehlung für ihn. Er mochte auch ein gelehrter Mann sein, und ein gläubiger dazu, vielleicht sogar ein heiligmäßiger Sohn des hl. Benedikt, aber das Studium seines Handbuches bedeutete für mich einen Marsch durch die Wüste. Diese Beweisführung der klug konstruierten Syllogismen mit Maior, Minor und der unfehlbaren Conclusio war zu schlüssig, um mich überzeugen zu können. Das war Denken auf Schienen. Ein Jahr mühte ich mich ab auf diesem Wüstenweg, und dann war es vorbei. Als ich eines Tages einem Mitalumnen und guten Freund meine Not klagte, da hörte er mir verständnisvoll zu und überreichte mir ein unscheinbares Büchlein, das ich heute noch besitze und wie einen kostbaren Schatz hüte. Es trug den Titel: »Les années anglicanes du Cardinal Newman. Trois conférences faites à Genève, en 1905, par l'abbé Eugène Carry«.

## Ein Weg zu J.H. Newman

Ich las und hörte erstmals von diesem Engländer John Henry Newman und dessen anglikanischer Zeit. Das alles war höchst interessant für mich, und als ich einem anderen Mitalumnen von meiner Begegnung mit diesem Engländer erzählte, da übergab er mir ein anderes Buch mit dem Titel: »Newman. Essai biographie psychologique« par l'abbé Henri Bremond, de l'Académie Française[2]. Ich nahm und las wieder, und das war für mich »le coup de foudre«, wie die Franzosen sagen. Dieses Buch wurde mir der Anstoß zu weiterem, intensivem Studium und zur wahren Offenbarung von Newmans Gestalt und Erlebniswelt. Jetzt war ich für Newman gewonnen: ich hatte meinen Lebens- und Lehrmeister gefunden. Das war jene englische Welt, von der ich geträumt und in der ich hatte leben wollen. Das wurde mir Einführung in lebendiges Denken und christlichen Glauben, wie ich sie gesucht hatte.

An den Quellen, in England, wurde mir der Zugang erleichtert. Dort wurde mir die Gedankenwelt dieses »englischsten aller Menschen«, wie Christopher Hollis sich ausdrückte, eröffnet, eines Menschen der nur von England aus verstanden werden kann. Bei meiner ersten Englandreise war ich, im Jahre 1937, in London bei den Jesuitenpatres in der Farmstreet unter Dach. Am Morgen meines Abschieds fragte mich der gute alte Gastpater, wohin ich denn weiterreisen wolle. Als ich ihm dann antwortete, ich wolle nach Oxford und Birmingham, da ich mich für Newman interessiere, da blickte er mich ernstlich an, umfaßte meine beiden Hände und sagte teilnahmsvoll: »Oh Father, you are wasting your time with studying Newman«. Ich glaubte es ihm (nicht) und setzte unbeirrt meinen Weg fort.

In Oxford konnte ich noch etwas von der mittelalterlichen Atmosphäre der altehrwürdigen Kollegienstadt erleben, von der Newman einmal sagte: »Oxford is the first of cities«. Natürlich ging ich dann auch hinüber zu dem sechs Meilen entfernten Dörfchen Littlemore. Ich stand in dem Kirchlein, das Newman als Vicar von St. Mary's erbaut hatte und wo er seine Abschiedspredigt an seine anglikanische Mutterkirche gehalten hatte, und dann am alten Gemäuer nebenan, wo er seine letzten Tage als Anglikaner verbracht hatte, ehe er 1845 den entscheidenden Schritt nach Rom tat.

Mein Weg führte mich weiter nach der Industriestadt Birmingham, zum Oratory an der Hagley Road, dem neuen Home Newmans als Katholik. Dort traf ich noch die beiden Patres Henry und Edward Bellasis, die mir aus eigenem Erleben von Father Newman erzählten. Und ich traf den Hüter und Verwalter des großen Newman-Nachlasses, den bekannten Father Tristram, von dem Maisie Ward, die Biographin von »Young Mr. Newman«, einmal schrieb, »er habe mehr von Newman gewußt als irgend jemand«. Er zeigte sich begeistert von meinem jugendlichen Interesse an einem Newman-Studium. Als ich aber im Laufe des Gespräches den Namen Bremond nannte und

---

2 Paris 1906.

ihm verriet, was dessen Buch über Newman für mich bedeutet habe, da zog er die Stirn kraus mit den Worten: »Bremond is anathema here«; sein Werk sei »a brillant phantasy«. Das war für mich eine große Ernüchterung. Doch bin ich Bremond treu geblieben, da ich weiß, was er für mich bedeutet hat. Er war ein großer christlicher Humanist, der »unter dem Zeichen Newmans« gelebt und gekämpft hat.

Bei meinen regelmäßigen Reisen nach England habe ich meine reichhaltige und wertvolle Newman-Bibliothek aufgebaut. In den großen Buchhandlungen, bei Foyles an der Charing Cross Road in London und bei Blackwells an der Old Broad Street in Oxford, gab es in den Kellerräumen die antiquarischen Bücher, und überall noch ein eigenes »Newman department«. Das waren noch vergessene Schatzgruben, wo man für ein paar Schillinge eine Erstausgabe von Newman, oft aus seinem persönlichen Besitz und von ihm selbst signiert, erstehen konnte. So gelang es mir im April 1966 eine Erstausgabe von Newmans Katakombenroman »Callista« ausfindig zu machen, wo der Name des Autors irrtümlicherweise unterblieben war und Newman selbst ihn in seiner zierlichen Handschrift nachgetragen hatte. Und im Oratorium in Birmingham hatte ich das Glück, zu einer Stunde in der großen Bibliothek zu erscheinen, wo gerade aufgeräumt wurde und ein guter Klosterbruder mir eine dort herumliegende Erstausgabe von Newmans »Apologia«, wie sie in Form von Faszikeln als Flugschrift erschienen waren, als liebes Geschenk überließ.

Jahrelang studierte ich Newmans Werke. Aber dann blieb noch eines, das mich von jeher anzog und auch abschreckte, die »Grammar of Assent – Die Grammatik der Zustimmung«, von dem man sagte, es sei eines der schwierigsten Bücher, die jemals geschrieben wurden. Hat nicht Newman selbst gestanden, es habe ihn einige schwere Stunden gekostet und er habe »mehr Versuche gemacht, es zu schreiben, als er aufzählen könne«. Wenn es schon für Newman, den Autor selbst, »eine schmerzliche Operation« war, wie er sagt, und ein nicht geringes Wagnis, sich durch dieses Labyrinth menschlichen Denkens hindurchzuarbeiten, und wenn er Jahre dazu gebraucht hat, in Ängsten und Nöten mancher Art, um wieviel mehr muß es für den Leser eine schmerzliche Operation werden, Newman auf seiner »exploring expedition« zu folgen. Im Sommer 1952 war ich noch bei Father Tristram in Birmingham, der mir wertvolle Winke zum Studium dieses geheimnisvollen Werkes gab ... und dann setzte ich mich an die Arbeit. Es zog mich an mit geheimnisvoller Kraft, denn dort sah ich das Problem, das mich schon lange bedrückte, und dort ahnte ich die Antwort auf meine bedrängende und entscheidende Frage: »Wie kommen wir zu unsern Überzeugungen und besonders zu unsern Glaubenszustimmungen?« Ich studierte mit zähem Eifer und mühte mich ab bis zum Umfallen. Dies geschah buchstäblich, als Ende Januar 1953 meine Gesundheit versagte, und ich eines Morgens in einem Krankenhaus aus dem Koma zurückgeholt werden mußte. Aber ich hatte meinen Weg zu diesem innersten Newman gefunden, und Professor Heinrich Fries, den ich nach einem viermonatigen Erholungsaufenthalt damals noch in Tübingen besuchte, gab meiner schriftlichen Studie, in der Form wie sie in meinem Newman-Buch erschienen ist, sein Imprimatur.

Newman hielt große Stücke auf geistigen Austausch von Mensch zu Mensch – »intercourse of mind upon mind«. Persönliche Begegnungen mit bekannten Newmanisten haben auch auf mich einen großen Einfluß ausgeübt. Da steht an erster Stelle Dr. Matthias Laros, den man als den Pionier der Newman-Bewegung in Deutschland bezeichnen kann. Dann war es der Straßburger Theologe Professor Maurice Nédoncelle, der Autor des bedeutsamen Werkes »La philosophie religieuse de Newman«. Und schließlich waren es im Oratorium von Birmingham der bekannte Father Tristram und dessen Nachfolger, der allzufrüh verstorbene Father Charles Stephen Dessain. Ihnen allen schulde ich Dank. Auch die »International Newman Conferences« waren für mich Orte der Begegnung. Newman sagte einmal, das meiste, was er geschrieben habe, sei »on occasion« zustande gekommen, d.h. durch glücklichen Zufall. So geschah es auch mit diesen Newman-Kongressen, die 1956 von Luxemburg aus gestartet wurden. Die Luxemburger Regierung hatte mir als Anerkennung für eine Newman-Arbeit eine hohe Auszeichnung zukommen lassen. Im Januar 1956 weilte ich zu einem Genesungsaufenthalt in der Schweiz und unternahm eines Tages einen Ausflug in die Berge. Unterwegs sann ich nach, wie ich mich für diese Auszeichnung erkenntlich machen könnte, und plötzlich kam mir die Idee, nach Art des englischen Newman-Symposiums, dem ich 1953 in Oxford beigewohnt hatte, jetzt von Luxemburg aus auf internationaler Ebene derartige Kongresse zu veranstalten. Ich stieg von der Bergeshöhe herab und telegraphierte sofort nach Tübingen an Professor Heinrich Fries, nach Straßburg an Professor Maurice Nédoncelle und nach Birmingham an Father Dessain, die natürlich von meiner Idee begeistert waren und mich baten, sie baldmöglich zu verwirklichen. Auf dem Gruppenphoto jenes ersten Newman-Kongresses sehe ich einen jungen Theologen, den ich heute hier in Freiburg wieder herzlich begrüße, meinen langjährigen Newman-Freund Professor Günter Biemer. Rückblickend darf ich sagen, daß diese bisherigen elf »International Newman Confrences« im besten Sinne Newmans »personal influence« waren, »intercourse of mind upon mind«, geistiger Austausch von Mensch zu Mensch. Sie haben reiche Frucht getragen und eine neue Newman-Bewegung ausgelöst, davon zeugen elf imposante Bände »Newman-Studien«.

Bei Newman und in der Begegnung mit Newman habe ich selbst die Antwort auf meine zentrale Fragen, den geoffenbarten Glauben und die intellektuelle Grundlage des religiösen Glaubens, gefunden. Vor allem, weil Newman auf der Suche nach dem Glauben zu der Erkenntnis gekommen ist, daß die landläufige Schulapologetik an den wesentlichen Problem vorbeigeht. Als entschiedener Gegner von allem Aprioristischem, rein Formalen und künstlich Konstruierten, hat er mich davon überzeugt, daß die erhabensten Wahrheiten von leeren Begriffen, abstrakten Allgemeinheiten und abgedroschenen Gemeinplätzen verdrängt wurden. Newman hat insofern einen entscheidenden Beitrag geleistet, der auch heute, in einer Zeit, die angeblich ausschließlich der Vernunft huldigt, seine Bedeutung hat. Er hat nämlich dem Glaubensakt wieder den ihm zustehenden Platz eingeräumt. Besonders in seinen »University Sermons« hat er klargestellt, und das war auch für mich von wesentlicher Bedeutung, daß der Glaube in seiner letzten Phase eine Sache des Willens ist, aber auch ein Wagnis bedeutet. »Glauben«, so stellt er nämlich fest, »heißt etwas annehmen auf das Zeugnis eines anderen hin, nicht, weil das Gesagte in sich evident, durch die Logik beweisbar ist, sondern weil es aus glaubwürdiger Quelle stammt. Das Ipse dixit ist das Motiv des Glaubens. Im religiösen Glaubensakt ist es die Autorität Gottes«.

Ist einmal die Tatsache der Offenbarung genügend bewiesen und steht auch vernünftigerweise fest, daß es Pflicht ist, zu glauben, dann hat, laut Newman, die Vernunft ihren Dienst getan, und der Wille muß das letzte, entscheidende Wort sprechen. Es ist möglich, daß der Verstand noch nicht restlos befriedigt ist und noch immer weitere und bessere Beweise sucht. Er wird aber nie zu einem Ende kommen. Der Wille muß ihn zur Übergabe bewegen. Es wird ein Wagnis sein über einen Abgrund hinweg, aber gerade darin liegt der innere Wert und der Verdienstcharakter des Glaubens. Diesen Gedanken hat er auch in seinem Roman »Loss and Gain« entfaltet: »Sicherheit im höchsten Sinne ist die Belohnung für jene, die durch einen Akt des Willens und auf das Diktat der Vernunft und Vorsicht die Wahrheit annehmen, wenn die Natur wie ein Feigling sich dünnmacht. Du mußt es wagen. Glauben ist ein Wagnis, bevor man katholisch wird; hernach ist es ein Geschenk. Du näherst dich der Kirche auf dem Wege der Vernunft; du trittst in sie ein im Lichtes des Geistes«.

Nicht zufällig hat Papst Paul VI. im Jahre 1970 in seiner Botschaft an den 4. Newman-Kongreß in Luxemburg die geistig-religiöse Gestalt und das zeitaufgeschlossene Denken Newmans als hochbedeutsam für unserer Tage herausgestellt. Und hier kann nich nur wiederholen, was ich bereits in meinem Newman-Buch festgehalten habe: »Wenn wir in der heutigen Zeit, wo alles wankt und weicht und sogar der dogmatische Untergrund des Christenglaubens in Frage gestellt wird, wo wir uns fragen, was Religion eigentlich ist und wie sie noch gelebt werden kann, wenn wir einen großen Denker und eindrucksvollen Charakter, eine gewinnende Persönlichkeit als überzeugten Christen ins Fenster stellen wollen, dann dürfte es John Henry Newman sein«[3].

---

3 John Henry Newman in unserer Zeit, Nürnberg 1972, 108.

## Ein Weg zu J.H. Newman

Für mich persönlich war die Begegnung mit ihm ein Glücksfall. Er war das Licht, das mir geleuchtet hat. Mit ihm und aus ihm habe ich jahrelang gelebt. Ohne die Begegnung mit Newman wäre ich innerlich verkümmert und vielleicht an meinem Christenglauben irre geworden. Heute fühle ich mich verpflichtet, meinen Dank abzustatten, und ich konnte es am besten tun, indem ich auch von meiner Erfahrung berichtete, andere Menschen auf seine Spur führte und ihnen sagte, was er für einen suchenden oder zweifelnden Menschen bedeuten kann.

## Bibliographischer Anhang

In deutscher Sprache sind von Nicolas Theis u.a. veröffentlicht:

Newmans »Philosophie der höheren Bildung«. Luxemburg 1954.

An den Quellen des persönlichen Denkens. Einführung in J.H. Newmans "Grammar of Assent". In: NSt II, 165–218.

Im Bannkreis Newmans. Versuch einer Geschichte der »Newman-Bewegung« seit dem Ersten Weltkrieg. In: NSt IX, 21–30.

A propos de L'Origine et de L'Histoire des Conférences Internationalews Newmaniennes. In: NSt XI, 15–19.

Den Weg entlang. Luxemburg 1970.

John Henry Newman in unserer Zeit. Nürnberg 1972.

GÜNTER BIEMER

# Laudatio zur Promotion von Nicolas Theis zum Dr. theol. honoris causa[1]

Bei der Papstaudienz des ersten römischen Newman-Kongresses im Jahre 1975 sagte Papst Paul VI.: »Ich bin vielleicht wie Sie ein Schüler (Newmans), der die Erfahrung dieses großen Gelehrten kennenlernen möchte, dieses Mannes der Kirche und des Glaubens, und ich hege den Wunsch, daß wir alle in seiner Erfahrung und in seinem Leidensvermögen und vor allem in seiner Lebensspur den Frieden finden können«[2]. Drei Jahr später sagt der Freiburger Erzbischof Dr. Oskar Saier anläßlich der Eröffnung des ersten Newman-Kongresses auf deutschem Boden in Freiburg (1978): »Wenn ich in die Situation der Kirche der heutigen Zeit hineinschaue, wenn ich an die junge Generation, insbesondere an die studierenden Generation unserer Universitäten denke, meine ich, daß wir von Kardinal Newman unersetzbare Hilfe und Rat erhoffen dürfen. Denn die Weite seines Geistes, die Tiefe seines Glaubens und die Redlichkeit seines Suchens und Forschens eröffnen Horizonte und setzen Maßstäbe, die wir heute dringend nötig haben«[3].

Was ein Papst unserer Katholischen Kirche und was der Oberhirte unserer Ortskirche aus Anlaß von Newman-Kongressen über Kardinal Newmans persönliche Bedeutung und die Wirkungsgeschichte seines Werkes gesagt haben, entsprang ihrer eigenen Kenntnis und Verehrung für den großen englischen Denker. Daß es solche Gelegenheiten gab, bei denen Papst und Erzbischof ihre Bewunderung für Newman vor einem fachkundigen Publikum äußern konnten, das verdankten sie und das jeweilige Auditorium dem luxemburgischen Dorfpfarrer Nicolas Theis aus Blaschette, der die Internationalen Newman-Konferenzen sozusagen erfunden und ihnen das charakteristische Flair gegeben hat. Lassen Sie mich, verehrte Anwesende, in dieser Feierstunde etwas weiter ausholen, um das Verdienst von Pfarrer Theis in die historischen Zusammenhänge zu stellen.

---

1 Die Ehrenpromotion von Nicolas Theis durch die Theologische Fakultät der Universität Freiburg im Breisgau fand am Nachmittag des 29. Juni 1984 im Lesesaal des Verbunds der Fakultät in Anwesenheit des Freiburger Weihbischofs Wolfgang Kirchgässner und des Luxemburger Generalvikars sowie zahlreicher Ehrengäste statt.
2 NSt X, 12.
3 NSt XI, 12.

## LAUDATIO: NICOLAS THEIS

Die Theologische Fakultät der Universität Freiburg darf sich rühmen, schon vor hundert Jahren einen der ersten deutschen Theologen unter ihren Mitgliedern gehabt zu haben, der John Henry Newman persönlich kennen lernen und dessen Bedeutung erkannte. Der Kirchenhistoriker Franz Xaver Kraus hatte Newman am 25. April 1878 in Birmingham besucht.[4] und hernach in seinem Tagebuch notiert: »Newmans Persönlichkeit machte einen sehr nachhaltigen Eindruck auf mich.Wie ist da alles fertig, alles aufgegangen in Denken und Erfüllung der Pflicht! Diese ehrwürdigen Züge, wie aus Bronze gegossen, so unendlich ernst und doch so mild, dieses herrliche Auge schnitt mir in die Seele und frug mich: ›Warum gibst du, mein Sohn, Dein Herz nicht ganz Deinem Gott‹ «.[5] Nach Newmans Tod machte Kraus in einem umfangreichen Nachruf in der Deutschen Rundschau 1891 auf die Bedeutung Newmans und seiner Lehre aufmerksam. Ein Jahrzehnt später bekennt er in einer seiner letzten eigenen Veröffentlichungen: »Von keinem anderen Menschen habe ich in dem Maße den Eindruck gehabt, daß, während sein Fuß noch die Erde berührte, sein Geist so voll und ganz schon im Himmel wohnte. Er war für mich die höchste Verkörperung des christlichen Geistes, die mir in meinem Leben begegnet ist, und ich muß annehmen, daß er das vielen Tausenden gewesen ist. So kann ich auch sein Lebenswerk nur als eine der größten segensreichen Evolutionen des religiösen Geistes ansehen.«[6]

Der Auftakt, den Franz Xaver Kraus –, neben Gerhard Schündelen, Guido Maria Dreves und anderen –, zur Newman-Verehrung und Newman-Forschung in Deutschland gegeben hat, wurde von seinem Trierer Landsmann Matthias Laros aufgegriffen, der voll Anerkennung eine Biographie über Franz Xaver Kraus geschrieben hat.[7] Laros, der 1913 Newmans Apologia übersetzt hatte, publizierte 1921 eine Newman-Biographie, in der er um Sympathie für Newman und um Subskriptionen in schwieriger Zeit warb. Und in der Tag wurde Laros mit der Reihe »Religiöse Geister« wie auch mit den auf zehn Bänden angelegten »Ausgewählten Werken« der erfolgreiche Herausgeber von Newmans Schriften in Deutschland.

Es ist Matthias Laros, in dessen Pfarrhaus in Geichlingen in der Eifel der Theologiestudent Nicolas Theis im August 1934 den Weg zu Newman suchte und fand. Zehn Jahr später, im August 1944, kam Pfarrer Theis, damals von den Deutschen in den Westerwald deportiert, erneut mit Matthias Laros

---

4 LD XXVI, 350.
5 KRAUS, F.X., Tagebücher. Hrsg. H. SCHIEL. Köln 1957, 386f.
6 Allgemeine Zeitung (Augsburg) vom 1.4.1901, Beilage 75; siehe: FRIES, H., F.X. Kraus und J.H. Newman, in: Die Besinnung 14 (1959) 352-369.
7 LAROS, M., Franz Xaver Kraus. Köln 1941; siehe: GROSCHE, R., N. Laros zum 75. Geburtstag, in: Der Christliche Sonntag 9 (3. März 1957).

zusammen, der inzwischen die Pfarrei Kapellen-Stolzenfels leitete. »Er zeigte mit seine Newman-Bibliothek, die Korrespondenz mit Bremond, sprach von Zukunftsplänen, von neuen Veröffentlichungen«, so berichtet Theis in seinem Tagebuch eines Landpfarrers. Er war der letzte, der die im Januar 1945 unter Kriegseinwirkungen zerstörte wertvolle Bibliothek von Laros sah.[8] Schon bei der ersten Begegnung mit Laros, hatte die geheime Faszination, die Newman auf so viele Menschen ausübt, auch Nicolas Theis ergriffen. 1937 fuhr er erstmals nach England, um Newmans Spuren in seinem eigenen Land zu suchen. Über die Bedeutung seines Besuches in Newmans Kirche in Littlemore bekennt Nicolas Theis in seiner Predigt bei Oxforder Newman-Symposium 1966: »'Twenty-nine years ago, on September 1th 1937, I knelt here for the first time in my life, praying as a young catholic theologian on the threshold of priesthood that Newman's kindly light might lead me on through life, as it did.«[9] Bei seinem ersten Besuch im Oratorium in Birmingham begegnete ihm noch der greise Father Bellasis, der Newman persönlich kannte und ihm als Ministrant bei der Heiligen Messe gedient hatte. Voll Ergriffenheit hörte Theis den Bericht einer persönlichen Zeugenschaft über Newman.[10]

Nach dem Zweiten Weltkrieg arbeitete sich Theis unter der Führung des größten Newman-Kenners seiner Zeit, Henry Tristram, in der Bibliothek des Oratoriums in Birmingham in Newmans Lehre ein. Im Juli 1953 nahm er an der Zusammenkunft englischer Newman-Forscher im Oriel College, Newmans eigenem College in Oxford, teil. Im Sommer 1954, auf dem Weg zur Jahrhundertfeier der Gründung von Newman Universität in Dublin, traf Theis auf dem Schiff den Tübinger Fundamentaltheologen Heinrich Fries. Eineinhalb Jahre später, im Januar 1956, faßte Nicolas Theis während eines Urlaubs in den Schweizer Alpen spontan den Plan, die Newman-Forscher aus ihrer Einzelarbeit in den verschiedenen Ländern zu einem Symposion zusammenzubringen. Dabei kam ihm seine Dreisprachigkeit zustatten, um die Kontakte mit den deutschen Newman-Forschern über Heinrich Fries, mit dem französischen über Maurice Nédoncelle und mit den englischsprachigen über das Birminghamer Oratorium aufzunehmen. Als sich im Juli 1956 zum ersten Mal etwa vierzig Newman-Forscher aus vielen Ländern in Luxemburg zusammenfanden, hatte Nicolas Theis nicht nur in einem großzügigen Finanzierungsrahmen einen gastfreundlichen Disputationsort organisiert, sondern auch die Publikationsmedien des Landes auf dieses Ereignis konzentriert. Täglich berichteten Funk und Presse über die Vorträge und Diskussionen.

---

8 Theis, N., Den Weg entlang. Bd. I. Luxemburg 1970, 100-103; siehe: NSt IX, 22.
9 Theis, Den Weg entlang I, 92.
10 Ebd., 86f.

## LAUDATIO: NICOLAS THEIS

In den folgenden Jahren lud Nicolas Theis, der Dorfpfarrer von Blaschette in Luxemburg, immer wieder Newman-Forscher und -Verehrung aus der ganzen Welt in sein Land ein: 1961 wurde die Zweite Newman-Konferenz gehalten; 1964 prägte sich als die Konferenz mit der Aufführung des »Dream of Gerontius« mit dem Chor und Orchester des Radios Luxemburg unter der Leitung von Sargent Malcolm dem Gedächtnis der Newman-Forscher ein. Weitere Kongresse waren 1970 und 1981. Fünf Newman-Kongresse hat Nicolas Theis in 25 Jahren selbst wissenschaftlich vorbereitet, organisiert und finanzielle dotiert, in Englisch, Französisch und Deutsch eingeleitet und am Ende zusammengefaßt.

Als in den Jahren 1966 in Oxford, 1975 und 1979 in Rom, 1975 in Dublin, 1978 in Freiburg und 1983 in Birmingham weitere Newman-Kongresse stattfanden, war den Newman-Forschern deutlich geworden, daß Nicolas Theis, der Generalsekretär der Luxemburger Newman-Association, der inzwischen auch Mitglied des Newman-Kuratoriums war, nicht nur einzelne Impulse gegeben, sondern eine Bewegung zu gemeinsamem Forschungsaustausch über Newman ins Leben gerufen hatte. Mit Recht nennen ihn deshalb die Newman-Studien »Präsident der Internationalen Newman-Kongresse«. Und von den verschiedenen Opening-Adresses, zu denen allenthalben eingeladen wurde, ist zweifellos die zur Hundertjahrfeier der Ernennung Kardinal Newmans 1979 in Rom die denkwürdigste.

Lieber, uns sehr geehrter Pfarrer Nicolas Theis: Sie haben durch Ihre Liebe zu Kardinal Newman und Kenntnis seiner Werke nicht nur der Theologie durch zahlreiche wissenschaftlichen Symposia einen großen Dienst erwiesen. Sie haben nicht nur dem akademischen Nachwuchs durch großzügige Einladung von Nachwuchsforschern zu Kommunikationsmöglichkeiten geholfen, sondern auch durch das Bemühen um anglikanische, orthodoxe und protestantische Teilnehmer der ökumenischen Sache der Kirche und Theologie furchtbaren Austausch ermöglicht. Unvergeßlich wird allen Teilnehmern in diesem Zusammenhang die Begegnung mit Michael Ramsey, dem ehemaligen Erzbischof von Canterbury, sein, der ihrer Einladung zur 25-Jahr-Feier der Newman-Konferenzen 1981 nach Luxemburg gefolgt war. Für all dies wollen wir Sie ehren. Darüber hinaus ehren wir in Ihnen einen Pfarrer, der mit nicht nachlassender Mühe und Liebe in seiner Gemeinde Blaschette über Jahrzehnte den pastoralen Dienst mit theologischer Reflexion verbunden hat, die an der Gestalt John Henry Newmans orientiert war. Wir ehren in Ihnen den Initiator einer beispielhaften Bewegung für wissenschaftlichen Austausch auf internationaler Ebene für Forscher und Studenten der Theologie. Wir ehren in Ihnen den Promotor der Kommunikation über Theologie, Philosophie und Bildungslehre Kardinal Newmans.

Eins haben Sie über die Ehrenpromotion von Johannes Artz, einem der verdienstvollen deutschen Newmanforscher in diesem Jahrhundert, erklärt:

»Die Theologische Fakultät der Universität Freiburg hat nicht nur ihm, sondern auch sich große Ehre angetan, als sie ihm die Würde eines Ehrendoktors zuerkannte.«[11] Dies gilt gewiß auch heute, da die Theologische Fakultät unserer Universität Sie, verehrter Nicolas Theis, zum Doktor der Theologie honoris causa promoviert.[12]

## WORTLAUT DER PROMOTIONS-URKUNDE

»Universitas Litterarum Alberto-Ludoviciana
In Nomine Domini Amen
Rectore Magnifico Volker Schupp ego Otto Feld Philosophicae Doctor Christianae Archaelogiae Professor Ordinarius Ordinis Theologorum hoc tempore Decanus.

Unanimi eiusdem ex decreto promotor legitime constitutus in Dominum reverendissimum ac doctissimum Nicolaum Theis ecclesiae luxemburgensis presbyterum qui studio operum Joannis Henrici Newman philosophi et theologi gravissimi novas vias traditionem christianam melius intelligendam aperuit quique indefesso viginti quinque annorum labore viris totius orbis terrarum doctis per congressus de ipsius cardinalis doctrina patefecit quanta copia cogitationum in suis operibus exstitisset,
Doctoris Sacrae Theologiae Honoris causa gradum iure privilegia contuli conlata esse hac tabula publice testor.

Friburgi Brisigavorum die XXIX mensis Iunii Anno Domini MCMLXXXIV

Volker Schupp, Universitas h.t. Rector
Otto Feld, Theologorum, h.t.Decanus

---

11  NSt XI, 18.
12  Die Promotions-Urkunde wurde durch den Dekan der Theologischen Fakultät, Professor Dr. Otto Feld, verlesen und überreicht.

# III. Bekehrung und Erneuerung der Kirchen

GEOFFREY ROWELL

# Anglican Perspectives on Newman's »Conversion«

The theme of this paper is »Anglican perspectives on Newman's conversion« yet Anglicans have characteristically described Newman's move as either a »secession from« the Church of England, or as his »reception into« the Roman Catholic Church. Hostile contemporaries might even describe it as a »perversion«, and Anglicans who became Roman Catholics were labelled by strong Protestants as »perverts«, or sometimes simply as »verts«. Behind this caution in speaking of a conversion is not simply anti-Romanism but also a sense that a move from one Christian community to another is not the equivalent of conversion from unbelief or pagan belief to Christianity, with the deep metanoia that such conversion involves. That having been said by way of caution I shall in fact use the word »conversion« for Newman's move in October, 1845, and I shall consider that move first in the context of contemporary Anglican comment, and thereafter in the context of the many more recent moves from the Church of England to the Church of Rome in the wake of the decision of the General Synod of the Church of England in November 1992 to permit the ordination of women to the priesthood - a decision which raised serious issues of ecclesiology and authority for many Anglicans, particularly those in the Catholic tradition of the Church of England.

Conversion from one Christian community to another involves both personal pilgrimage and ecclesial judgement. On the one hand there is a story of changing theological conviction and imaginative attraction grounded in the unique spiritual and religious biography of a particular person. On the other there is the record, almost inevitably, of a growing uncertainty about and eventual disillusionment with the ecclesial community from which the »convert« comes. The personal and the theological, the positive attraction and the negative rejection, intertwine in a way that is subtle, and at times sharp and personally painful. Those who »convert« are almost invariably those who take their faith seriously, and therefore those whose attachment to the church which has nurtured them is deep-rooted and full of personal links, bonds and associations. It is not for nothing that Newman's famous sermon at Littlemore, when he gave up his active ministry in the Church of England, is called »The Parting of Friends«; and that those who were present at it recalled the deep emotion it provoked.

Dr David Newsome, in his recent fine study of Newman and Manning, The Convert Cardinals, records some of Manning's deep feelings about the

Church of England he was to leave in 1851 after the Gorham Judgement, delivered by a secular court, seemed to show the Church of England in Babylonian Captivity to the state. Nine years earlier, in 1842, Manning had written:

> »All bonds of birth, blood, memory, love, happiness, interest, every inducement which can sway and bias my will, bind me to my published belief. To doubt it is to call in question all that is dear to me. If I were to give it up I should feel that it would be like death; as if all my life had become extinct. Believe me then, that nothing short of a mass of evidence inspired and uninspired all going one way ... could make me hesitate to shut my eyes, and take the Church of England on trust as I have done with a loving heart in times past.«[1]

Travelling abroad for ten months in 1849 he recalled to Mary Wilberforce how he came to the gates of Rome on Advent Eve.

> »(As I) said the 1st Collect I felt myself in Lavington Church with all the thoughts of Advent, and a Lavington Xmas, the dressings of Holy, and the Altar, the Charity and Xmas communion, alms and kindliness, bright hearts and loving faces, and the homely plain Xmas joy of the Church of England. Then I thought of the severe majesty and awful near reality of the Roman Church, with its claims and denials.«[2]

Newman spoke of his last years in the Church of England as a »death-bed«. It involved him in an agony of decision and indecision. Within four days of the »Parting of Friends« sermon he could write to his sister Harriet:

> »I do so despair of the Church of England, and am so evidently cast off by her; and, on the one hand, I am so drawn to the Church of Rome, that I think it safer, as a matter of honesty, not to keep my living ... This is a very different thing from having any intention of joining the Church of Rome ... People cannot understand a man being in a state of doubt, of misgiving, of being unequal to responsibilities.«[3]

Converts move for different reasons. Within the complex of theological questions that arise from the existence of different ecclesial communities, different aspects weigh with different people. Dr Newsome quotes a writer in the Spectator of 1896 commenting on the different pilgrimages of Newman and Manning.

> »Newman asked himself in the main »Where am I to go to find assurance as to the true law of dogmatic development?« Manning in the main »Where am I to go to find assurance that the episcopate stands high above the craft and meddling of Ministers and Kings?« ... Each alike was looking for an authority that could, if not

---

1 DAVID NEWSOME, The convert Cardinals: Newman and Manning, London, 1993, p. 187.
2 Ibid., p. 181.
3 Newman-Family Letters, ED. DOROTHEA MOZLEY, London, 1962, p. 143.

reasonably, at least plausibly, arrogate to itself a lineage derived from the Church which the Apostles had governed, and to which the martyrs of centuries had belonged.«[4]

When converts moved questions are raised for the churches they leave. Yet the questions are never raised with the same sharpness as the questions are perceived by the convert, for the simple reason that the ecclesial consciousness of churches is not embedded in the same personal matrix as that of the convert pilgrim. And it is often a cause of concern, even hurt, to those who make the journey from one church to another that the questions which have lain so heavily on their soul seem so lightly discounted by their former co-religionists. It perhaps requires a peculiar grace and generosity to respond positively to a convert's move. When Newman left the Church of England, his not unsympathetic bishop, Samuel Wilberforce, wrote »May God give him the grace of true repentance before he falls through Rome into infidelity«. His fellow Tractarian, Edward Pusey, wrote by contrast a public letter to the English Churchman full of ecumencial prescience. The hurt is clearly there, but so too is the over-riding trust in the providence of God and the ecumenial vision.

> »It is an exceeding mystery that such confidence as he had once in our Church should have gone.... One cannot trust onself to think whether his keen sensitiveness to ill was not fitted for these troubled times. What, to such dulled minds as my own, seemed as a matter of course, as something of necessity to be gone through and endured, was to his, as you know, ›like the piercings of a sword‹. You know how it seemed to pierce through his whole self.....Our Church has not known how to employ him....He has gone as a simple act of duty with no view for himself, placing himself entirely in God`s hands..... He seems then to me not so much gone from us, as transplanted into another part of the Vineyard, where the full energies of his powerful mind can be employed, which here they were not. And who knows what in the mysterious purpose of God's good Providence may be the effect of such a person among them?

It was, Pusey wrote, what was unholy in both in churches which divided them. »As each, by God's grace, grows in holiness, each Church will recognize more and more the Presence of God's Holy Spirit in the other; and what now hinders the union of the Western Church will fall off«. That is more a growing secularism meant that `the Churches which have received and transmitted the substance of the Faith as deposited in our common Creeds must be on the same side.` Great ends might be brought about by present sorrow. It is perhaps the greatest event which has happened sincs the Communion of the Churches has been interrupted, that such an one, so formed in our Church,

---

4 NEWSOME, Convert Cardinals, p. 183.

and the work of God's Spirit as dwelling in her, should be transplanted to theirs«.[5]

In July 1846 Pusey wrote to Newman:

>»You have one wish for me; and I am no nearer to that than heretofore. I cannot unmake myself; I cannot see otherwise than I have seen these many years...... I am no nearer to thinking that the English Church is no true part of the Church, or that inter-communion with Rome is essential, or that the present claims of Rome are Divine. I earnestly desire the restoration of unity, but I cannot throw myself into the practical Roman system, to renounce what I believe our gracious Lord acknowledges.«[6]

For John Keble the news of Newman's conversion »came like a thunderbolt at the last«, even though he thought he had been quite prepared for it. He wrote to Newman expressing continual love and affection, but also indicating that his wife, Charlotte, who had been dangerously ill, had implored him when she thought herself dying, not to follow Newman's example.[7] Keble's biographer, J.T.Coleridge, said that the question for Keble was »Shall I be safe where I am?« How could he believe that »so many great and good men, whose writings had been his study, whose characters the objects of his love and administration through his life; or that his father, his mother, his sisters, all as he believed saints in heaven, had lived and died out of the Church of Christ?«[8]

The book that marked Newman's conversion was, of course, »The Essay on Development«, and this, not unnaturally attracted Anglican commment. Frederick Denison Maurice, responded to it in a preface to a series of lectures on the Epistle to the Hebrews. The *Essay* was, he told Georgina Hare, »of all books I ever read the most sceptical; much more likely to make sceptics than Romanists«. His feeling after reading it was being »in the midst of a country under a visitation of locusts«. Nonetheless, altough Maurice disliked the Essay, he was also clear that no party – whether labelled Evangelical or Anglican – within the Church of England was meeting the deepest religious needs. »Our misery is; that we have not been setting God before us; that we have been seeking ourselves in our religion and in everything else ... They want the living God, and they fly to the fiction of ecclestiastical authority; they want to be delivered from the burden of self, and they run to the confes-

---

5 P. LIDDON, Life of Edward Bouverie Pusey. Vol. II. London 1893, 460-461
6 Ibid., p. 510.
7 J. T. COLERIDGE, A Memoir of the Rev. John Keble, Oxford – London, 1874, p. 308.
8 Ibid., p. 311.

sor, who will keep them in an eternal round of contrivances to extinguish self by feeding it and thinking of it.⁹

A more sustained critique came from the pen of J.B. Mozley, who took particular exception to the tests Newman proposed for distinguishing between true and false development; Newman's argument for Papal infallibility; and the stark contrast, if development of doctrine were admitted, between embracing the entirety of Roman doctrine and scepticism.[10] Mozley sees in Newman's assertion that »Christianity came into the world as an idea« a false idealism. »We try in vain«, Mozley writes, »to find out what this original idea is; it nowhere appears; we can make nothing of it. As soon as ever Mr Newman's theory approaches ist elementary region, it disappears, and we are left without any theory at all to make out the original idea of Christianity, to be as much or as little as we like....The Theory of Develpment gets over the ground of later doctrines with a bold assurance; but when it comes to fundamental ones it stops and wavers.« »The ideal exordium which Mr Newman assigns to Christianity, must, unless added to from without, make Christianity continue to all time a philosophy and not a Church.« But this, Mozley says, is exactly the rationalism of German idealism. What Newman does, Mozley argues, »is to assert the old ultra-liberal theory of Christianity continue to all time a philosophy and not a Church.« »But this«, Mozley says, »is exactly the rationalism of German idealism. What Newman does«, Mozley argues, »is to assert the old ultra-liberal theory of Christianity, and to join the Church of Rome ... after professing to give us the facts of Ecclesiastical History, he ends with having an hypothesis indeed, and having facts, but having his hypothesis and his facts in separation«.[11] The liberal Anglican, Henry Hart Milman, from 1849 Dean of St Paul's Cathedral, complained in similar vein. »From first to last there is no definition of the Idea of Christianity.«[12] It was Mozley's critique which had the most significant impact on Newman when he came to prepare the second edition of the Essay. As Lash comments, Mozley had accused Newman of defining corruption in such a way as to omit »the whole notion of corruption by excess...So long as an idea is simly pushed out, extended, added to.... its career is ipso right«. Although Newman addressed this point in the new edition he believed that he had already covered himself. Lash cites a comment from a letter of 1861 to the

---

9  F. MAURICE, The Life of Frederick Denison Maurice, London, 1885, I, pp. 422-3.
10 J. B. MOZLEY, The Theory of Development: a criticism of Dr. Newman's Essay on the Development of Christian Doctrine, London, Oxford – Cambridge, 1878, (reprinted from The Christian Remembrancer, 1847), p. 210.
11 pp. 225-6.
12 H. H. MILMAN, Newman on the Development of Christian Doctrine, in: Quarterly Review. 67 (1846), p. 419.

effect that »no one can religious speak of development without giving the rules which keep it from extravagating endlessly.«[13]

Owen Chadwick in his survey of the idea of doctrinal development, *From Bossuet to Newman*, concludes that Newman and his disciples made a unique contribution, to the entry into the Church of a new historical consciousness. Newman was, he says, »a prodigy, because he came to believe in historical development without also believing in liberal philosophies of development. This was what made the Essay possible as a contribution to Roman doctrine«.[14] Mozley and Milman may have asked what was the original idea of Christianity which Newman saw as controlling and being expressed in true, organic development (the development which even Vincent of Lerin saw as the organic growth of an oak from an acorn). But just as in Augustine's Confession there is an interweaving of personal odyssey and pilgrimage with philosophical and theological exploration of questions of epistemology in a way which to us can seem strange, so it is perhaps in Newman's sense of the idea of the Catholic Church that had grasped him, even when it was yet unformed and imprecise in his mind that we must look for the dynamic of the development of the idaes of Christianity in the Essay. There is perhaps hidden dialectic between his personal pilgrimage, the following of the »Kindly light«, and the church which like the pilgrim does not see the distant scene, but grasps both revelation and mystery, as Newman put it in his Tract on Rationalism in Religion like the outline of mountains seen at twilight.

When Newman died in 1890 there where many generous tributes to him from Anglicans. William Charles Lake, the Dean of Durham, published a notable one in The Guardian. He went so far as to claim that Newman was »the founder, we may almost say, of the Church of England as we see it«. »It is«, Lake went on, to the twelve years of the Oxford Movement, »that we owe the establishment of principles which have gone so far to change the character of the Church of England....and of which the full development is still to come.«[15] The Apologia gave an account of Newman's personal pilgrimage. He traced the journey, the developments, which had led him to Rome. It was an apologia against Charles Kingsley's charges of deceit. There is significant evidence that it helped in a notable way to change anglican views of Newman's conversion. Yet, as Owen Chadwick in an essay on »The Oxford Movement and its reminiscences« has reminded us, Richard Church, the most

---

13 N. LASH, Newman on Development: the Search for an Explanation in History, 1979, p. 119; LD X, p. 54.

14 O. CHADWICK, From Bossuet to Newman: the idea of doctrinal development, Cambridge, 1957, p. 195.

15 K. LAKE (ed.), Memorials of William Charles Lake, Dean of Durham, 1869-1894, London 1901, p. 301.

notable of such essayists, found the pain of Newman's parting deeply, and he sought the reason in the heads of the Oxford Colleges driving out Newman. For Church Newman was a religious leader to whose cause Church was still devoted, yet who had deserted the cause.[16]

The Oxford Movement was not destroyed by Newman's departure. The transformation of the Church of England in its eucharistic worship, in Church building, in religious orders, in missionary endeavour from a Catholic perspective, all largely took place after Newman's move to Rome. The high-water mark of Anglo-Catholicism as a self-conscious movement was between the wars, the age of the great Anglo-Catholic congresses. Yet few can doubt that in the half-century since the end of the Second World War there have been profound changes in Anglicanism, and a diminishment of Anglo-Catholic influece. At the same time there is much that is permeated the life of the Church of England and the Anglican Communion in a way that would have seemed totally remarkable to the Tractarian Newman and his contemporaries. Devotional practices such as Reservation of the Sacrament (now to be found in almost all cathedrals of the Church of England), the use of votive candles, the increasing presence of ikons in churches, the centrality of the Eucharist, the diminishment of much of the controversy over vestments – all of these are in a way signs of what the Tractarians would have called a catholic ethos. Yet ecclesiologically, as a number of commentators have pointed out, There was always an awkwardness about some aspects of Anglo-Catholic ecclesiology. It remained, to some extent, an ecclesiology of party, claiming the Church of England to be something in its identity which the Church of England did not entirely wish to be. A number of developments sowed the seeds of a crisis which was precipitated for many in the Catholic tradition of the Church of England by the vote of November 1992 to permit the ordination of women to the priesthood – a vote which had been preceded by similar votes in America, Canada and New Zealand, and weekly endorsed by the permissive stance on the issue taken by the meeting of the Anglican Consultative Council at Limuru in 1972 (though by the narrowest of majorities). For the student of Newman and the Oxford Movement the theologial and ecclesiological debate of the 1840s and 1850s has suddenly come to have an immediacy and a relevance. There have been Anglican priests and bishops, most notably Bishop Graham Leonard of London, who have come to the conclusion that Newman was right. We have already heard from Dr Sheridan Gilley as a representative of a number of Anglican laity, who have acted on a similar conviction.

---

16 O. CHADWICK, The Spirit of the Oxford Movement: Tractarian Essays, Cambridge, 1990, pp. 151-2.

Let me sketch some of the developments in the last fifty years which have brought about this situation. (1) The demise of a philosophical backdrop to Anglican theology. The dominat, broadly idealist philosophy, which undergirded Anglican incarnationalism, had its last distinguished representative in Archbishop William Temple. Thereafter English philosophy was hostile to religion, and the dominant school was the severely reductionist logical positivist one represented by such names as A.J.Ayer. (2) For a time, in the 1950s, this demise was partly disguised by the dominance of a biblical theology which offered an apparent consensus as a sure foundation for Christian doctrine. When that consensus was replaced by more radical biblical critics, who stressed the cultural relativism of the Bible, and propounded popularised versions of Bultmann's demythologising, there was a fragmentation felt in much Anglican theology. (3) The Second Vatican Council on the one hand threw open the windows of the Roman Catholic Church to the ecumenical endeavour. At the same time the liturgical reforms the Council inaugurated had the effect of destabilising what had seemed to many Anglo-Catholics to be a firm rock of relatively unchanging, normative Catholic practice. The concurrent liturgical changes within the Church of England (and indeed elsewhere in the Anglican Communion) had the effect of marginalising in many areas of the Church's life the Book of Common Prayer, which yet still remained the standard of doctrine. There is a sense in which Anglo-Catholics had always worked with a »catholicism of reference« looking to Roman liturgical, and to a lesser extent doctrinal norms, as that which governed their own teaching and practice. (4) The development of Synodical Government in the Church of England, established a pattern of procedure based on a parliamentary model in which bishops, clergy and laity came together to govern the Church. It has proved in many ways an albatross around the church's neck, and the Church of England is still wrestling with the question of how in practice the Church can be, in a frequently quoted phrase, »episcopally led and synodically governed«. The parliamentary character of the General Synod, which works by the passing of Measures forwarded to the British Parliament, which may approve or reject but not amend them, has, in the views of many observers, contributed to the sharper development of parties and groups, and to a certain politicisation of the synodical process. (5) One particular measure which has been of importance and significance, is that passed in the early 1970s with the strong support of Archbishop Michael Ramsey. The Worship and Doctrine Measure freed the Church of England from the control of the state in matters touching the ordering of its worship and the definition of its doctrine. The refusal of the British Parliament to approve the revision of the Prayer Book in 1927/28 was the main engine driving this reform, and yet a recent High Court judgement has clearly revealed that under this measure, there can be no appeal from a Measure passed by the General Synod to foundation documents of the Church of England, as to whether that Measure is in accordance with the doctrine of the Church of England. If the Measure has been passed by due process of the Synod, then that defines what the doctrine of the Church of England is.

The High Court case to which I have just made reference sprang out of concerns by those in the Church of England concerned with the recent developments authorising the ordination of women to the priesthood. This whole debate has thrust ecclesiological issues into the foreground, and those who are opposed to the ordination of women to the priesthood have questioned the authority of the Church of England (and Anglican Communion ) to act unilaterally, and whether such a move is in accord with Scripture and Tradition. Appeal was frequently made by proponents of the priesting of women to its being a development, but it has to be acknowledged that there was little serious discussion of a theology of development, nor the need both for some agreed tests of development and a clear theological appraisal of a developing authority. The Anglican debates and disputes on this matter have often seemed to be characterised by arguments concerning social justice on the one hand, and arguments about scripture, tradition and authority on the other. At a Synod of the Society of the Holy Cross (SSC), an Anglo-Catholic clerical society founded by the celebrated nineteenth- century slum priest Charles Lowder on the lines of the society of St Vincent de Paul, a Synod held not long after the 1992 vote to ordain women to the priesthood I was urged as an historian of the Oxford Movement to write its final chapter. Clearly there were many present who believed that Newman had been proved right, and that the Church of England by its unilateral action had shown itself to act in a sectarian and uncatholic way, and that Wiseman's comparison of the Church of England's catholic claims to those of the Donatists were not misplaced.

The debates about the ordination of women, and the need to find a new expression of Anglican ecclesiology for the Anglican Communion as a whole (which in some ways has a political resemblance to the loose alliance of the British Commonwealth), has resulted in a number of ecclesiological studies. Stephen Sykes, now Bishop of Ely, posed sharp questions about Anglican comprehensiveness in »*The Integrity of Anglicanism*«. Dr. Paul Avis in a major study has argued that the Oxford Movement set up an apostolic paradigm as a criterion of catholicity, i.e. apostolic succession, the historic episcopate and the three-fold ministry as a defining characteristic of catholic polity, but believed that to be a distortion in the way it had been used over against the fundamental baptismal paradigm. In his work on the ARCIC agreed statements Davis has also challenged what he sees as Anglicans in dialouge with Roman Catholics endorsing too easily a propositional rather than a personalist view of theological statement. Davis, whilst shying away from Newman's support of the dogmatic principle (in his book »*Ecumenical Theology*« he has a section headed »the dogmatic fallacy«), appeals to that aspect of Newman's thought which stresses the important of the implicit, both in personal faith and in the tradition handed on (the prophetic as opposed to the episcopal tradition of councils, creeds and definitions). »Revelation is not of words«, wrote Newman on the fly-leaf of a copy of the Essay on Development. And Davis cites both this epigram, and his 1867 comment to Pusey, who had asked him for a clear and definitive statement of the articles of faith binding on Catholics with the assurance they would not be added to in the future. »We must ever hold the contrary«, replied Newman, »that the object of faith is not simply certain articles, A.B.C.D., contained in dumb documents, but the whole living word of God, explicit or implicit, as dispensed by his living Church«.[17] »Anglicanism,« Davis comments, citing words of Dean Church, to »reality, history, and experience.« »It finds unpalatable the sort of unverifiable assumptions, grandiose claims and triumphalist mentality, that, although in a muted form, persist in the ARCIC Final Report.« We walk by faith not sight.[18] So Davis concludes:

> »If Christianity is not primarily an ideology (a system of culture-specific meanings) to be preserved, defended and propagated, but is rather a venture of faith and life, an exploration into truth and reality, it must always remain open to new and unsuspected factors that may emerge, pointing the way to fresh lines of enquiry or providing the tools for self-criticism and reconstruction ... Pluralism within a given church merely mirrors the pluralism of Christianity as a world-religion: it is a microcosm of the world Church. Ecclesiological work in the internal forum can constitute a pilot study for the external forum. It was in this sense that the report Catholicity claimed that Anglican comprehensiveness opens the way to the Church of England to become »a school of synthesis« for the benefit of the Church catholic«.[19]

By no means all Anglicans would share Avis's optimistic embrace of a pluriform church. It needs to be balanced by a doctrinal integrity and a coherence of appeal to the threefold Anglican cord of scripture, tradition and reason. When Newman received his cardinal's hat he spoke in his biglietto speech about his life work of opposing liberalism, the heresy of resolving truth into an opinion, which was incompatible with a view of any religion as true. The fragmentation of post-modernist subjectivism challenges all churches to find ways of continuing to maintain and affirm a corporate faith that is *religio*, that which binds. What Newman wrote of the ultramontanes, as »the violent ultra party which exalts opinions into dogmas, and has it principally at heart to destroy every school of thought but its own,« could be currently applied to the liberal ascendancy in the Episcopal Church in the Uni-

---

17  PAUL DAVIS, Ecumenical Theology and the Elusiveness of Doctrine, London, 1986, p. 29.
18  Ibid., p. 59
19  Ibid., p. 115.

ted States and in Canada, which have made of the ordination of women to the priesthood a dogma to be as rigorously enforced as that of the Assumption of the Blessed Virgin Mary in the Catholic Church, to which Anglicans have always objected, not necessarily in itself, but as a de fide doctrine with only tenuous grounding in Scripture. Austin Farrer, a deeply Catholic Anglican, wrote trenchantly against »the dogmatic fact-factory« which he saw as inherent in the doctrine of Papal infallibility.

Newman's conversion has therefore for Anglicans a positive and a negative side - as all such conversions have. It is, to use the title of Newman's novel »Loss and Gain«: Newman's novel is partly about real and unreal religion. For the Catholic Newman the Church of England is »a Protestant reality« and »a Catholic sham«. The pluralism that Paul Davis celebrated is in Newman's novel satirised.

> »Our Church admitted of great liberty of thought within her pale. Even our greatest divines differed from each other in many respects. ... It was a great principle in the English Church. Her true children agree to differ. In truth, there is that robust, masculine, noble independence in the English mind, which refuses to be tied down to artificial shapes, but is like, I will say, some great and beautiful production of nature a tree, which is rich in folitage and fantastic in limb, no sickly denizen of a hothouse, or helpless dependent of the garden wall, but in careless magnificence sheds its fruits upon the free earth, for the bird of the air and the beast of the field, and all sorts of cattle, to eat thereof and rejoice.«[20]

Newman saw his conversion as »*ex umbris et imaginibus in veritatem*«. But that is true of the whole Christian pilgrimage. Pusey's words on Newman's conversion were prophetic. His influence has been significant, continuing and growing within the Catholic Church, and part of that influence has been a theological temper derived from classical Anglican theology at its best. Nonetheless his conversion put a question-mark against certain inherent weakness in Anglican ecclesiology, weaknesses which recent developments within Anglicanism have brought to the fore, and which have led some to feel the constraints to journey from the Thames to the Tiber, from Canterbury to Rome. But though the movement has been significant, and the problems are real, there are many like myself who believe that because churches can be foolish and are never perfect it is still possible to say with conviction that the Church of England is part of the one, holy, catholic and apostolic Church, impaired as all churches are by disunity and imperfect communion, but nonetheless a real household of faith built on the foundation of the apostles and prophets.

---

20  Q. I. KER, John Henry newman: a biography, Oxford, 1988, pp. 333-4.

GÜNTER BIEMER

## Autonomie und Kirchenbindung: Gewissensfreiheit und Lehramt nach J. H. Newman

Es ist mehrfach betont worden, daß der biographische Stellenwert zum Verständnis der theologischen Aussagen Newmans eine wichtige Rolle spielt. Deshalb soll auch die Beziehung zwischen der Gewissensfreiheit des Individuums und der Glaubensgemeinschaft Kirche in der Auffassung Newmans entlang der chronologischen Entfaltung seines Lebenslaufs dargestellt werden. Aus Zeitgründen und um der Übersichtlichkeit willen ist dabei eine Auswahl zu treffen, die wir möglichst repräsentativ halten wollen. Ich beginne mit einer allgemeinen Vorbemerkung, aus der die Disposition der Darstellung erwachsen soll:

Die dem Denken Newmans zugrunde liegende Auffassung vom Menschenleben besagt meines Erachtens: Der Mensch ist sich selbst aufgegeben. Die Gestaltung seines Lebens und seiner Welt sind ihm selbst anvertraut. Bei der Einlösung dieser Aufgabe soll der Mensch *wahrheitsgemäß handeln*. Läßt sich ein Mensch auf diesen Ductus, auf diese Handlungsdynamik ein, so erweist sich sein Lebensmotto an dem Grundsatz des 23jährigen Newman: »Ich glaube, daß ich wirklich die Wahrheit suche und daß ich sie umarmen würde, wo immer ich sie fände.«[1] Der Lebenslauf erhält dann die Struktur einer Fortschrittsgeschichte, die »ex umbris et imaginibus in veritatem« verläuft: aus Schattenhaftigkeit und Vorausbildern über immer neue Erkenntnisstufen der Wahrheit bis sich die Ewige Wahrheit selbst zuteil gibt.

Zu dieser ersten Grundfigur von Newmans Lebenslauf-Auffassung als einer Fortschrittsgeschichte, die ihre Kriterien in der Erfassung und Faszination der Wahrheit hat, kommt als zweite Grundannahme das aristotelische Postulat, daß kein Mensch sich auf die Suche nach der Wahrheit bzw. ewigen Wahrheit begeben könnte, wenn er nicht eine *Grundvorstellung von dem, was wahr* ist, von Anfang an in sich tragen würde. Was bei Aristoteles in diesem Zusammenhang Entelechie genannt wird, kommt bei Newman u. a. dort zum Vorschein, wo er die Gewissensbefähigung des Menschen als eine dem Kind vom Schöpfer selbst und von Anfang an mitgegebene Gabe bezeichnet. Eine späte und reife Formulierung dieser Grundauffassung vom Menschsein findet sich in Newmans »Entwurf einer Zustimmungslehre« (von 1870), wo er die spezifische Besonderheit der menschlichen Natur darin

---

1 SB 94.

sieht, »daß der Mensch ein in seiner Vervollkommnung ... fortschreitendes Wesen ist (wenn er auch nicht ändern kann, was er bei seiner Geburt mitgebracht hat, G.B.). Andere Wesen sind vom ersten Augenblick ihrer Existenz an vollendet...; der Mensch aber beginnt mit nichts Verwirklichtem (...) und muß schon selber Kapital schlagen aus der Auswirkung jener Fähigkeiten, die sein natürliches Erbteil sind. So schreitet er stufenweise fort zur Fülle seiner ursprünglichen Bestimmung. Und dieser Fortschritt ist kein mechanischer und notwendiger; er ist den persönlichen Anstrengungen eines jeden Individuums ... überlassen. Jeder von uns hat das Vorrecht, seine fragmentarische und rudimentäre Natur zu vervollständigen und seine eigene Vollkommenheit aus den lebendigen Elementen heraus zu entwickeln, mit denen sein Geist das Dasein begann. Es ist seine Gabe, der Schöpfer seiner eigenen Zulänglichkeit zu sein und in einem emphatischen Sinn selbst geschaffen (self-made).«[2] – Das Orientierungsinstrument zur Ortung menschlicher Lebensgestaltung auf der Suche nach dem wahren Weg bzw. dem Weg der Wahrheit ist (erkenntnistheoretisch) der Folgerungssinn, d. h. der Sinn der Lebenslogik, ethisch der Sinn für gut und böse (der moralische Aspekt des Gewissens) und religiös der Sinn für Verantwortung (das Gewissen in seiner religiösen Funktion).

In diesem Rahmen einer fundamentalen Anthropologie ist für Newman das Thema Gewissensfreiheit und Lehramt zu verstehen. Der Aufgabe des einzelnen, sein Leben in der *Suche nach der wirklichen Wahrheit* und wahren Wirklichkeit zu gestalten, entspricht die *kollektive Heilsinitiative Gottes* mit Israel, die sich in der wahren Kirche Jesu Christi universalisiert hat. Nach einem autobiographisch eingefärbten Postulat Newmans findet sich auf dem Lebensspektrum zwischen äußerstem Atheismus und römisch-katholischem Christentum keine stringent haltbare mittlere Position.[3]

Wir wollen das Thema in drei Teilen entfalten:
1. Die Erlangung von Autonomie durch Theonomie, d. h. der freien Selbstverwirklichung durch Bindung an Gott, wie er sich durch seine Kirche offenbart.
2. Gehorsam und Einspruch als dialogisches Verhältnis von Kirchenbindung und Gewissensfreiheit.
3. Die Erlangung von Autonomie durch Theonomie

---

2 Z 245.
3 E 162, A 343.

## 1 Die Erlangung von Autonomie durch Theonomie, d. h. der freien Selbstverwirklichung durch Bindung an Gott, wie er sich durch seine Kirche offenbart

An fünf exemplarischen Situationen seines Lebens soll die Entstehung von Newmans erfahrungsgesättigtem Gewissensbegriff illustriert werden. Dazu sei die endgültige Formel des 74jährigen in seinem »Brief an den Herzog von Norfolk« vorweg zitiert: »Das Gewissen ist der ursprüngliche Statthalter (Jesu) Christi (in jedem Menschen, G.B.), ein Prophet in seinen Mahnungen, ein Monarch in seiner Bestimmtheit, ein Priester in seinen Segnungen und Bannungen«.[4] Newman, der sich des Unterschieds zum Denken der Menschen nach der Aufklärung wohl bewußt ist, sieht gottgemäße Autonomie darin, daß der Mensch lernt, wer er sein und was er (tun) soll, wohingegen der moderne und postmoderne Mensch Gewissensfreiheit darin sieht, zu tun, was er will. Deshalb kommentierte Newman seine eigene Definition: Sie gelte »in der großen Welt der Philosophie als eitles, leeres Geschwätz«, Journalisten hätten »Tag um Tag den Geist unzähliger Leser mit Theorien angefüllt«, die den Rechtsanspruch des Gewissens untergraben; das Gewissen als Menschenrecht werde nicht mehr in seiner Beziehung zum Schöpfer verstanden sondern vielmehr als »das Recht, zu denken, zu sprechen, zu schreiben und zu handeln, wie es ihrem Urteil oder ihrer Laune paßt, ohne irgendwie dabei an Gott zu denken«; es sei »ein Freibrief geworden dafür, eine Religion zu haben oder nicht«; Das Gewissen sei letztenendes zur Perversion seiner selbst, »das Recht auf Eigenwillen« in unserer Zeit geworden.[5] – Wie ist Newman zu dieser prononcierten Erfahrung und Erkenntnis des Gewissens gekommen?

### 1.1 Die Gewißheitserfahrung des 15jährigen von der Existenz des lebendigen Gottes

Während einsam verbrachter Schulferien im Zusammenhang mit ökonomischen Schwierigkeiten seiner Familie und der isolierenden Erfahrung einer Krankheit fand, vermutlich im September 1816, jene entscheidende Änderung in Newmans Denken statt, die er selbst auf den Einfluß von Predigten und Gesprächen des evangelikalen Walter Mayers und die Lektüre der Werke von Thomas Scott und anderer evangelikaler Autoren zurückführte. »Ich

---

4 P 162.
5 P 163f.

kam unter den Einfluß eines bestimmten Glaubensbekenntnisses und mein Geist nahm dogmatische Eindrücke in sich auf, die durch Gottes Güte nie mehr gelöscht und getrübt wurden«. Sie ließen »den göttlichen Glauben in mir aufkeimen«. Sie bestärkten Newman in seinem von klein auf gehegten Mißtrauen gegenüber der Realität der materiellen Welt und ließen ihn »in dem Gedanken Ruhe finden, daß es zwei und nur zwei Wesen gebe, die absolut und von einleuchtender Selbstverständlichkeit sind: ich selbst und mein Schöpfer«.[6] »Die Wirklichkeit dieses dogmatischen Sinnes« meine nicht kirchliche Lehre, interpretiert der anglikanische Bischof Geoffrey Rowell Newmans Terminologie, sondern »die Gegenwart Gottes«.[7] Von seinem 15. Lebensjahr an war für Newman damit unverlierbar das theistische Verständnis des menschlichen Verantwortungssinnes, d. h. das gottbezogene Verständnis des Gewissens, ein Erfahrungsdatum, während er noch ein Jahr vor diesem Umkehrprozess nihilistische Gedanken Voltaires als »schrecklich, aber doch plausibel« eingestuft hatte.

Von jenem Herbst 1816 an geben Newmans Tagebücher Zeugnis von seiner Bemühung, nach Gottes Weisung sein Leben zu gestalten. »In allen Gefahren wird »ἐγώ εἰμι« (Ich bin) uns befreien, wenn wir ihn anrufen«.[8] Und in einem Brief vom Januar 1817 heißt es: »Ich finde in der Tat, daß ich einen Warner zur Weisung sehr nötig habe; und ich vertraue aufrichtig darauf, daß mein Gewissen, erleuchtet durch die Bibel, durch den Einfluß des Heiligen Geistes, sich als treuer und aufmerksamer Wächter der Prinzipien der Religion erweisen wird.«[9] Die Bereiche seines studentischen Lebens, das tägliche Studium, gesellschaftliche Begegnungen und herausragende Ereignisse, wie Stipendium und Examen, spiegeln sich im gewissenhaften Dialog mit Gott in seinem geistlichen Tagebuch.

### 1.2 Vertrauen können in Gottes Vorsehung: Gotteserfahrung in den Existenzkrisen von 1827 und 1833

Niemand würde sich wohl getrauen zu sagen, daß Newman 1827/28 »in die Richtung des Liberalismus« gedriftet sei, wenn er es nicht selbst so beschrieben hätte. Durch eine heftige Krankheit, die ihn inmitten seiner Tätigkeit als Examinator befällt, und durch die Erfahrung des jähen Todes seiner jüngsten Schwester Mary sei er wach gerüttelt worden und erneut auf die Vordergründigkeit der materiellen Welt sowie den Ernst des Lebens vor Gott hinge-

---

6   A 21f.
7   NSt XII, 219.
8   LD I, 29.
9   LD I, 30.

wiesen worden.[10] In zwei Predigten des Jahres 1830 kommt Newman auf die Bedeutsamkeit des Gewissens zu sprechen. In einer Universitätspredigt vom 13. April sagt er: »Es ist klar, daß das Gewissen das wesentliche Prinzip und die Sanktion der Religion im menschlichen Geiste ist. Der Begriff Gewissen setzt eine Beziehung voraus zwischen der Seele und etwas, was außer ihr, ja noch mehr, was über ihr ist; eine Beziehung zu einer Vollkommenheit, die sie selbst nicht besitzt und zu einem Tribunal, über das sie keine Macht hat. Je mehr der innere Warner geachtet und gehört wird, um so klarer, erhabener und mannigfacher werden seine Befehle. Der Maßstab der Vollkommenheit steigert stets unseren Gehorsam dadurch, daß er ihn anleitet. So wird allmählich eine moralische Überzeugung erlernt sowohl über die unnahbare Natur als auch über die höchste Autorität jenes Wesens, das, was immer es sei, gerade Gegenstand der menschlichen Betrachtung ist.«[11] Der 29jährige Newman folgert hier aus dem Gewissensphänomen nicht nur die Existenz eines Wesens von höchster Autorität sondern auch den Aufbau moralischer Überzeugungen (Ethos) und die Vorahnung einer endzeitlichen Rechenschaft über die Lebensgestaltung und des ewigen Lebens. Bedeutsam bleibt die Spirale zwischen der Befolgung des Gewissensspruchs und zunehmenden Verbesserung (Veredelung: W. Becker) der moralischen Haltung.

Im Oktober des selben Jahres 1830 greift Newman die Gewissensthematik in einer Pfarrpredigt auf, um zu zeigen, daß im ethischen und religiösen Bereich der Verstand nicht ausreicht, daß wir uns aber auf die Erkenntnisse verlassen können, »deren wir durch das Gewissen inne werden, weil sie von Gott kommen«; denn das Gewissen hat seinen Ursprung in Gott. Der »Gehorsam unserem Gewissen gegenüber (ist) in allen Dingen, großen und kleinen, der Weg zur Erkenntnis der Wahrheit.«[12] »Bloße Betätigung des Verstandes« reicht für die Beziehung zu Gott nicht aus; erforderlich ist vielmehr »regelmäßiger, fester und wachsender Gehorsam gegen Gott ... (und) die Erkenntnis, die ein aufrichtiges und gutes Herz vermittelt«. – Zwar könne man dem Gewissen »nicht so unbedingt vertrauen . wie der Bibel«, aber der Gewissensgehorsam führe den Mensche auf den Weg der Offenbarung, die in der Bibel schriftlich dokumentiert ist.[13]

Im Januar 1832 erklärt Newman die Einzigartigkeit der Menschheit Jesu von Nazaret mit Hilfe seines Spiralmodells von Gewissen und Ethos in seiner fünften Universitätspredigt »Der persönliche Einfluß als Mittel zur Verbreitung der Wahrheit«: »Wir wollen annehmen, ... ein Mensch (wachse auf)

---

10 Zur Dokumentierung vgl. G. BIEMER, John Henry Newman 1801 – 1890. Leben und Werk, Mainz 1989, 28f (Beilage).
11 G 24f.
12 DP I, 256.
13 DP I, 244.

ohne Abweichung von den Forderungen seines Pflichtgefühls, von seiner frühen Kindheit an einzig darum bemüht, das ihm im Anfang gegebene Licht zu mehren und zu vervollkommnen. Die Kenntnis und Kraft, recht zu handeln, möge in ihm mit der Erweiterung seiner Pflichten Schritt gehalten haben, und ebenso die innere Überzeugung von der Wahrheit mit den nacheinander von außen kommenden Versuchungen, sich von ihr abzuwenden. ... In einer Seele ., die ihrer von Gott gegebenen Natur treu bleibt, geht das schwache Licht der Wahrheit immer heller auf ... Was unsicher war wie ein bloßes Gefühl und sich nur durch die befehlende Dringlichkeit seiner Stimme von einer bloßen Einbildung unterschied, wird fest und entschieden. Es verstärkt sich zum Prinzip und entwickelt sich zur Gewohnheit. Je mehr neue Pflichten auftauchen und je mehr neue Kräfte in Tätigkeit gesetzt werden, desto schneller wird alles in die schon bestehende innere Ordnung aufgenommen und dort an den gehörenden Platz gestellt.«[14] Newman kommt im Verlauf dieser Predigt zu der Folgerung, daß man kaum einschätzen kann, welche »sittliche Macht ... ein einzelner Mensch im Lauf der Jahre über seinen Umkreis erwirbt, wenn er sich geübt hat, selber zu tun, was er andere lehrt.« Und er folgert im Blick auf Athanasius, dessen Leben und Werk er zur gleichen Zeit durch das Studium des Arianismus vor Augen hatte: »Einst hat sogar ein einziger Mensch der Kirche sein Bild so aufgeprägt, daß es durch Gottes Barmherzigkeit bis zum Ende der Welt nicht erlöschen wird. Solche Menschen stehen wie der Prophet auf dem Wachtturm ... Eine kleine Schar hochbegnadeter Menschen wird die Welt retten für die kommenden Jahrhunderte.«[15] – Umgekehrt ist Eigensinnigkeit (»willfulness«) jene Sünde Sauls, die ihn aus seiner heilsgeschichtlichen Rolle herauswarf, wie Newman in seiner letzten Predigt unmittelbar vor der Mittelmeerreise 1832 sagte.

Auf dem Hintergrund dieser Erkenntnisse erfährt Newman seine schwere Krankheit im Frühsommer 1833 in Leonforte auf Sizilien in seinem Gewissen als Sanktion Gottes für seine Eigenwilligkeit, als Kampf Gottes gegen ihn zu seiner Läuterung, aber gleichzeitig im Bewußtsein: »Ich habe nicht gegen das Licht gesündigt.« Aus dieser kathartischen, also reinigenden und bekehrenden Erfahrung folgt das Vertrauen in die ihn leitende Kraft des göttlichen Lichtes, das jetzt als Vorsehung bzw. Providenz Gottes für ihn thematisch wird. Vorsehungsvertrauen wird geradezu schrittweise konkret für ihn – »one step enough for me« –. Newman hat auf Sizilien ein heilsbiographisches Interpretationsmuster gewonnen,[16] das er in vielen aussichtslos

---

14 G 66f.
15 G 76-78, mit einer Satzumstellung.
16 G. BIEMER, Die Bedeutsamkeit von Newmans Sizilien-Erfahrung für die Selbstinterpretation der individuellen Heilsgeschichte seines Lebens. In: Luce nulla Solitudine. Viaggio e crisi di Newman in Sicilia 1833. R. LA DELFA – A. MAGNO (Hg.). Palermo 1989, 33-49.

erscheinenden Lebenssituationen erinnern und neu anwenden wird. Allererst aber befähigt es ihn zur Re-Apostolisierung der Anglikanischen Kirche in der Oxford-Movement, die nicht als Arbeit eines Komitees beginnt, sondern in der für Newman signifikanten Weise mit dem von ihm aus persönlicher Gewissensverantwortung verfaßten Tract Nr.1.

### 1.3 Die Erschütterung 1839 – 1845: Das Gewissen als Mahner, Priester und Monarch auf dem Weg zwischen den Kirchen

Unter den dramatischen Phasen im Leben Newmans ist die Zeit zwischen 1839 und 1845 zweifellos die reichhaltigste: von einer Position der Gewißheit als anglo-katholischer Reformer mit ekklesialer Identität durchlebte er mehrere grundlegende Erschütterungen seiner bisherigen Position, bis er Amt und Kirche aufgab und – während der intensiven Arbeit am Essay über die Entwicklung – mit dem Instrument des Gewissens den Weg nur noch durch die Geschichte der kirchlichen Tradition zur »wahren Kirche Jesu Christi« beschritt. Betrachten wir einzelne Stationen aus der Nähe!

a. Newman sagt von sich selbst: »Im Frühjahr 1839 hatte meine Stellung in der Anglikanischen Kirche ihren Höhepunkt erreicht. Ich hatte das größte Vertrauen in die prinzipiellen Grundlagen meiner Polemik und einen großen und immer wachsenden Erfolg, wenn ich andere dafür zu gewinnen suchte... So lebte ich jahrelang fort bis 1841. Menschlich betrachtet war es die glücklichste Zeit meines Lebens. Ich war wirklich daheim... Ich erwartete durchaus nicht, daß diese sonnigen Tage fortdauern würden, wußte jedoch auch nicht, welches ihr Ende sein würde.«[17] Im Sommer des selben Jahres 1839 war es das Studium der Geschichte des Monophysitismus, einer Häresie des 4. Jahrhunderts, die Newman schlagartig die analoge Position der Anglikanischen Kirche zum Bewußtsein brachte: »Ich sah mein Gesicht in diesem Spiegel, und ich war Monophysit.«[18] Die Tragweite der Entdeckung veranlaßte Newman, die Konsequenzen aufzuschieben: »Die Zeit allein kann diese Frage beantworten«, sagte er sich. Genau zwei Jahre später, im Sommer 1841, erlebte er den selben Schock beim Studium des Arianismus, wo er sich mit der Anglikanischen Kirche in der selben Position wie die Arianer fand. Von diesem Zeitpunkt an sei er, so schreibt er in der Apologia, was seine Mitgliedschaft in der Anglikanischen Kirche anbetrifft, auf dem Sterbebett gewesen. Zwischen beiden Ereignissen rät er einem in seiner Kirchenzugehörigkeit verunsicherten anglikanischen Geistlichen: »Ich würde sagen, daß ich, wenn ich in Ihrem gegenwärtigen äußerst schmerzlichen Geisteszustand

---

17 A 118.
18 A 141.

wäre, das direkte Nachforschen für einige Jahre aufgeben würde und unter Fasten und Gebet meinen praktischen Pflichten nachgehen würde. Am Ende dieser Zeit würde Gott, so vertraue ich, mein Urteil erleuchten. – Auf alle Fälle wäre ich dann in einer besseren Geistesverfassung, um zu beurteilen, worin meine Pflicht bestünde.«[19]

b. Genau dies tat Newman auch selbst, wobei er nach seiner spektakulären letzten Universitätspredigt über »Die Theorie der Entwicklung der religiösen Lehre« vom 2. Februar 1843, sich nach Littlemore zurückzog und mit der Predigt »Abschied von Freunden« vom 23. September 1843 sein geistliches Amt in der Anglikanischen Kirche aufgab. Es waren ekklesiologische Probleme, also Fragen der wahren Lehre und apostolischen Legitimation seiner Kirche, die ihn in Gewissenskonflikte stürzten, wie etwa die Ablehnung bzw. Verurteilung seines Tract XC und die Errichtung und mit Protestanten alternierende Besetzung des Jerusalemer Bischofssitzes. Gegen letztere hatte er seinem Bischof (1841) geschrieben: »Ich erhebe für meine Person ... zur Entlastung meines Gewissens gegen die genannte Einrichtung feierlich Protest ...«[20]

c. Aber die sich häufenden Gründe zu wirklichen Zweifeln an der Legitimität der Anglikanischen Kirche gaben ihm noch keinen Anlaß, die Einwände gegen die lebendig gewachsene Gestalt der christlichen Lehre in der Römisch-katholischen Kirche fallen zu lassen. Erst die Hypothese von der durch den Heiligen Geist geleiteten Entfaltung der ursprünglichen Lehre des Evangeliums eröffnete diese Möglichkeit der Legitimation nach dem marianischen Modell: »Maria aber bewahrte all diese Worte und bewegte sie in ihrem Herzen«, dem Motto der letzten Universitätspredigt. Unter Fasten und Beten, im ständigen korrektiven geistlichen Austausch mit seinem Freund John Keble, den er als heiligmäßige Autorität anerkannte, begann Newman, die Entwicklungsidee unter sieben Kriterien auf die Geschichte der christlichen Kirche hin anzuwenden. Das Werk blieb ein Torso; denn von dem Augenblick an, da er Gewißheit fand, daß die Kirche von Rom »die wahre Herde Jesu Christi« sei, schrieb er den Epilog, in dem er von der »seligen Schau des Friedens« spricht und Lukas zitiert: »Nun entläßt Du Herr deinen Diener in Frieden ..., denn meine Augen haben dein Heil geschaut.«

d. Als ihn seine Schwester Jemima darauf anspricht, daß er von nun an, nach seiner Konversion zur Katholischen Kirche am 8. auf 9. Oktober 1845, nicht mehr dieselbe Klasse von Geistern ansprechen könne –, durchaus zu Recht, denn die Katholiken waren eine Minorität aus zumeist ungebildeten Immigranten –, antwortete er: »Ich habe keineswegs Einfluß weggeworfen, wenn ich nach einem Ruf der Pflicht gehandelt habe. Dies habe ich getan.

---

19 LD VII, 404 (an W. C. A. McLaurin).
20 A 176.

Mit was für einem Gewissen hätte ich bleiben können? Wie hätte ich es am Jüngsten Tag verantworten können, wenn ich mich der Möglichkeiten ..., die Wahrheit zu erkennen, nicht bedient hätte? ... Man darf nicht übereilt handeln und andere verunsichern, wenn man keine Klarheit hat –, aber wenn man sie hat, ist es unmöglich, nicht danach zu handeln.«[21]

Wie sehr die Gewissensentscheidung Newmans, die in den Jahren 1841 – 45 ausgetragen wurde, sich an der Glaubenslehre der Kirche orientierte und im Dialog mit den Kirchenvätern durch-gebetet, -gedacht und -gelebt war, zeigen seine »Einführenden Bemerkungen« zum »Brief an E. B. Pusey anläßlich dessen Eirenikon« von 1865: »Ich erinnere mich sehr wohl, wie sehr ich mir als Ausgestoßener vorkam, als ich (vor der Konversion, G. B.) die Bände des Hl. Athanasius oder Hl. Basilius von den Regalen meiner Bibliothek herunternahm und mich daran begab, sie zu studieren; und wie ich ganz im Gegenteil, als ich schließlich in die katholische Gemeinschaft gekommen war, sie mit Entzücken küßte, mit einem Gefühl, daß ich in ihnen mehr hatte als alles, was ich verloren hatte; und als ob ich die ruhmreichen Heiligen direkt ansprechen würde, die (diese Bände) der Kirche hinterlassen haben, sagte ich zu den leblosen Seiten: 'Ihr gehört nun zu mir und ich gehöre zu euch ohne jeden Zweifel.'«[22]

### 1.4 Das Gewissen als Licht und Halt in Phasen des Dunkels und Zweifels: Die Schwierigkeit Newmans mit den Repräsentanten der Katholischen Kirche zwischen 1859 – 1867

Hatte Newman in seiner anglikanischen Zeit Gewissensbisse, weil die Kirche, der er angehörte, den Erfordernissen apostolischer Sukzession und Forderungen der Re-Apostolisierung ablehnend antwortete, so war das Leben in der Katholischen Kirche für ihn in persönlicher Hinsicht bis hin zum Häresieverdacht schwierig geworden. Der Verleumdungsprozeß in der Achilli-Affäre bedeutete für ihn Enttäuschung über Kardinal Wisemans mangelnde Zuverlässigkeit; die Gründungsjahre der katholischen Universität in Dublin brachten ihm angesichts des unter sich uneinigen irischen Episkopats die demütigende Behandlung durch Erzbischof Cullen, der hinterrücks seine Bischofsernennung in Rom persönlich vereitelte; das Eintreten für die Laien in ihrer theologischen Bedeutsamkeit als Träger der Offenbarungstradierung setzte ihn in Rom dem Häresieverdacht aus; der Versuch, ein weiteres Oratorium außer in Birmingham und London in Oxford zu gründen, scheiterte am massiven Widerstand der Ultramontanen H. E. Manning und W. G. Ward

---

21 LD XI, 16.
22 Diff II, 3.

usw. Von nun an bewährte sich die Treue zu seinem Gewissen, mit dem er den Weg in diese Kirche gefunden hatte, zur Unterscheidung der Geister innerhalb der wahren Kirche.

So schreibt er in seinem privaten Tagebuch (1860): »Die Umstände haben seit kurzem eine eigenartige Versuchung über mich gebracht. Seit ich katholisch bin, habe ich mich stets angestrengt, habe gearbeitet und mich abgemüht, letztenendes, wie ich glaube, nicht für irgendeinen Menschen auf Erden, sondern für Gott im Himmel, aber doch mit einem lebhaften Wunsch, denen zu gefallen, die mich an die Arbeit setzten.... Und doch ... bin ich auf verschiedene Weise immer nur geringschätzig und unfreundlich behandelt worden ... Weil ich leeres Geschwätz nicht weitererzählt, den Großen nicht geschmeichelt ... habe, bin ich eine Null. Ich habe keinen Freund in Rom, und in England habe ich nur gearbeitet, um mißdeutet, verleumdet und verhöhnt zu werden. Ich habe in Irland gearbeitet, und immer wieder wurde mir die Tür vor der Nase zugeschlagen. ... Diese Erfahrung hat mich natürlich ... auf den Gedanken gebracht, wie ich mich mehr Gott zuwenden sollte ... – O, mein Gott, es ist mir, als hätte ich all diese Jahre vergeudet, seit ich katholisch geworden bin ... – Wie war doch mein Leben einsam und gramvoll, seit ich katholisch geworden bin. Hier ist der Gegensatz: als Protestant fand ich meine Religion grämlich, nicht mein Leben, und nun als Katholik ist mein Leben grämlich, aber nicht meine Religion....«

Im Jahre 1867: »Was auf den vorangehenden Seiten steht, habe ich gleichsam meiner Seele zum Trost geschrieben... Die Worte Ijobs sind zu Ende ... Ich habe zu Kardinal Barnabò (Rom) gesagt: ›Viderit Deus‹, Gott habe ich meine Sache anheim gestellt.«[23]

Die Balance, mit der Newman unterscheidet zwischen dem Gehorsam, den er seinen Vorgesetzten nach wie vor schuldet, und der Bewunderung, die er vielen von ihnen nicht mehr zollen kann, zeigt das differenzierte Urteil seines Gewissens ebenso wie die schon genannte Unterscheidung zwischen wahrer Kirche und grämlichem Leben in ihr.

Das positive Einstehen für seine eigene Gewissensentscheidung in Sachen der Theologie zeigt sich besonders gegenüber dem ökumenischen Beitrag seines früheren Mitstreiters E. B. Pusey in der Antwort auf dessen *Eirenikon*, in der sich Newman weder auf die italienisierende Marienfrömmigkeit einer Vielzahl von englischen Konvertiten einläßt, noch die Tirade von aneinandergereihten mariologischen Texten in Puseys Sammlung akzeptiert, sondern in eigenständigem theologischem Rückgriff auf die patristischen Grundaussagen über Maria als die »Zweite Eva« (Irenaeus) eine schriftnahe und eher minimale als maximale Mariologie entwirft. So schlägt Newman auch in seiner Antwort auf die Herausforderung E. Gladstones 1875 einen ei-

---

23 SB 326-340.

genständigen Weg der Mitte ein zwischen den ultramontanen Maximalisten und ihrer Interpretation des Unfehlbarkeitsdogmas, denen er vorwirft, sie hätten das Haus in Brand gesetzt und überließen ihm die Löscharbeit, und anderen, die den Glaubenssatz nicht annahmen, wie I. H. Döllinger.

Vermutlich kann man die Hypothese beweisen, daß Newman mit dem Erfolg seiner Apologia pro vita sua, mit der er das Gespenst, das von ihm in der Öffentlichkeit gezeichnet wurde, durch die überall akzeptierte Darstellung des authentischen Newman ersetzte, jenes *Vertrauen in seine eigene Theologie der Mitte* zurückgewann, das er einst als Anglikaner auf dem Höhepunkt der Oxford-Bewegung 1839 gehabt hatte, als er auf den Mittleren Weg (Via Media) der Anglikanischen Kirche setzte.

### 1.5 Die Lehre vom Gewissen als Prinzip der Religion

Länger als an anderen Büchern hat Newman an der Vorbereitung seines »Essay in Aid of a Grammar of Assent« gearbeitet, das 1870 erschien, und es habe ihn mehr Mühe gekostet als alles andere, was er geschrieben hatte. Er war froh, als es ihm nach vielen Vorstudien endlich gelungen war; denn darin führte er jene für ihn grundlegend wichtige Thematik über das Verhältnis von Glaube und Verstand in einer systematischen Weise zu Ende, die er in den Oxforder Universitätspredigten angefangen hatte. So, wie dort das Gewissen immer wieder eine Rolle spielt, so kommt es hier in einer systematischen Phänomenologie zur zusammenfassenden Darstellung. Newman liest seine eigene Gewissenserfahrung rückwärts, bei der ihm einst die Evidenz für die Existenz des höchsten Wesens aufgegangen war. »Worauf ich direkt ziele, ist, zu erklären, wie wir ein Bild von Gott gewinnen und dem Satz, daß er existiert, eine reale (d.h. wirklichkeitshaltige, G.B.) Zustimmung geben. Um das zu tun, muß ich natürlich zunächst von einem ersten Prinzip ausgehen. Und dieses erste Prinzip, das ich annehme, und zwar ohne den Versuch, es zu beweisen –, ist ...: daß wir von Natur aus ein Gewissen haben.«[24]

In seiner phänomenologischen Darstellung der Gewissensäußerungen findet Newman zwei Aspekte: Billigung und Mißbilligung von Handlungen, die er als Urteil der Vernunft dem *moralischen Sinn* (moral sense) zuteilt, und den »Befehl eines autoritativen Mahners«, der schlechtes Verhalten sanktioniert und gutes fordert und bestätigt; Newman nennt diesen Aspekt *Sinn für Verpflichtung* (sense of duty). Wie der Mensch einen Sinn für Logik, einen Sinn für das Schöne, einen Sinn für Gut und Böse habe, so gehöre auch der Sinn für Pflicht zur Grundausstattung der menschlichen Natur; denn er besagt in allen Menschen dasselbe: Du sollst das Gute tun, du sollst das

---

[24] Z 73 (Die folgenden Zitate sind diesem Abschnitt Z 73-85 entnommen).

Böse meiden! Auf die einzigartige Besonderheit dieses Verantwortungssinnes hatte Newman schon in der Universitätspredigt von 1830 hingewiesen. Jetzt faßte er seine dortigen Überlegungen ausführlicher. »Das Gewissen ruht nicht in sich selbst, sondern ... erkennt undeutlich eine Billigung seiner Entscheidungen, die höher ist als es selbst und bewiesen in jenem scharfen Sinn für ... Verantwortung, der sie trägt«. Die Funktion des Gewissens, die Unausweichlichkeit seiner Befehle, das Gute zu tun und das Böse zu unterlassen, löse Gemütsbewegungen aus, die personale Züge assoziieren ließen: »Wenn wir, wie es ja der Fall ist, uns verantwortlich fühlen, beschämt sind, erschreckt sind, bei einer Verfehlung gegen die Stimme des Gewissens, so schließt das ein, daß hier jemand ist, vor dem wir es sind ...« Der Verantwortungssinn sei also ein Transzendenzphänomen, insofern er den Menschen über sich selbst hinaus verweise auf »das Bild eines höchsten Herrschers ., eines Richters, heilig, gerecht, mächtig, allsehend, vergeltend.« Die Zusammenfassung und das Ziel seiner Überlegungen bringt Newman auf den Grundsatz: Das Gewissen als Verantwortungssinn »ist das schöpferische Prinzip der Religion, wie der Sinn für das Sittliche das Prinzip für Ethik.«[25]

Newman hat nicht nur auf Grund einer Gewissenserfahrung als 15jähriger sein Leben zu einer religiösen Reise gemacht, sondern im Übertrag seiner Praxis zur Theorie aufgezeigt, daß jeder Mensch von Natur aus das Prinzip der Religion als Echo der Stimme Gottes in sich selbst erfahren kann, wenn er sich nur der Mühe unterzieht, das Funktionieren seines Verantwortungssinnes zu analysieren.

Bedenken wir abschließend diesen Stellenwert des Gewissens, als Verantwortungssinn, als Einfallstor Gottes im Menschen, für Newmans theologische Anthropologie, so wird sein Irrealis verständlich: »Spräche der Papst gegen das Gewissen im wahren Sinne des Wortes, dann beginge er Selbstmord. Er würde sich den Boden unter den Füßen wegziehen.«[26] – Damit haben wir unseren Blick auf die Thematik des zweiten kürzeren Teiles gerichtet.

## 2 Gehorsam und Einspruch als dialogisches Verhältnis von Kirchenbindung und Gewissensfreiheit

In der Darstellung des ersten Teiles hatten wir als Formalobjekt die Entfaltung des Gewissens im Denken und Handeln Newmans gewählt, ohne daß dabei der Zusammenhang mit der Kirche als Hort der Offenbarung Gottes außer acht bleiben konnte. Jetzt betrachten wir umgekehrt seinen Weg unter

---

25 Z 75-77.
26 P 165.

dem Einfluß und der Maßgabe, die er der Kirche auf seine Entscheidungen einräumt. Wir beschränken uns dabei auf seine Erstellung der Theologie der Via Media, auf seinen Versuch einer Entwicklungstheorie der christlichen Lehre und auf seine Verhältnisbeschreibung zwischen Gewissen und unfehlbarem Lehramt.

### 2.1 Die Unterordnung des Privaturteils (private judgement) unter die Autorität der Kirche in der Via Media (1837).

In seinen »Vorlesungen über das prophetische Amt der Kirche« vom Winterhalbjahr 1836/37 sagte Newman u. a.: »Wir leben in einer Zeit, in der die Leute ihre Religion für sich selber auswählen und zurechtmachen. Wir stellen in Frage, was jahrhundertealte Tradition war und machen zweifelhaft, was bisher gewiß war. Nichts ist mehr sicher, alles muß heutzutage reflektiert werden. Nur noch eine rational reflektierte Religion wird anerkannt. Man betrachtet es als eine bequeme Ausstattung einer Religion, wenn sie alle Fragen offen läßt und keine Forderungen zum Handeln enthält.« Seltsamerweise seien die Anglikaner durch das Überwiegen des protestantischen Einflusses in ihrer Kirche in einer theologischen Situation, in der: »schon von Kirche zu sprechen, nach römisch-katholischer Orientierung riecht. Aber diese Vorlesungen sind *gegen* Rom gerichtet«; denn sie zentrieren sich nicht auf eine Kirche des Papstes, sondern orientieren sich an den größtmöglichen Annäherungen an die Kirche der Väter.[27]

In der fünften Vorlesung unterscheidet Newman zwischen dem protestantischen Prinzip des vom Geist geleiteten Individualurteils (private judgement) in Sachen christlicher Lehre und dem römisch-katholischen Prinzip der durch das Lehramt der gegenwärtigen Kirche unfehlbar präsentierten Auslegung der Offenbarung und setzt dagegen: »Wir vertrauen auf eine Via Media, d. h. grundsätzlich ist die Heilige Schrift geltend, aber einige inhaltsgefüllte Begriffe sind hinzugekommen: Trinität, Inkarnation, die uns durch die Tradition der Kirche des Altertums verbürgt sind.« Für das Individualurteil in der Auslegung der Offenbarung erstellt Newman im Anschluß an seine patristischen Studien sechs Kriterien, denen er den Grund-Satz von Athanasius vorausschickt: »Wer (nur, G. B.) aus seiner persönlichen Beurteilung spricht, sagt die Unwahrheit.« Darüber hinaus hält Newman fest:
1. »(Hl.) Schrift, die Kirche des Altertums und (das Prinzip der) Katholizität können einander nicht widersprechen.

---

27  VM I (Prophetical office), Introduction 1-25 (in kursorischer Übersetzung vom Verfasser).

2. Wenn Gewissen oder Verstand des Einzelnen auf der einen Seite zu stehen scheinen und die (Hl.) Schrift auf der anderen, müssen wir der Schrift folgen; es sei denn, die Schrift enthalte irgendwo Widersprüche...
3. Wenn der Schriftsinn nach der verstandesmäßigen Auslegung eines Einzelnen dem (Auslegungs-) Sinn des Katholischen Altertums widerspricht, sollten wir uns an letzten halten.
4. Wenn die (Auffassung der) Alte(n) Kirche (antiquity) in wichtigen Dingen der Gegenwartskirche entgegensteht, müssen wir der Alten Kirche folgen, falls in unwichtigen Dingen, der heutigen.
5. Wenn die (Lehre der) Kirche der Gegenwart gegen unsere private Auffassung spricht und es keine Äußerung der Alten Kirche gibt oder keine bekannt ist, so ist es (ein Zeichen von) *Frömmigkeit*, unsere Auffassung der der Kirche zu opfern.
6. Wenn wir trotz unseres Bemühens der (Lehre der) Kirche zuzustimmen, gleichwohl anderer Auffassung bleiben und von der Väterkirche keine Äußerung vorliegt, müssen wir vermeiden, irgendwelche Unruhe zu verursachen und uns daran erinnern, daß 'in Glaubensauseinandersetzungen die Autorität der Kirche zukommt, nicht dem einzelnen Individuum'«.[28]

Schon der anglikanische Newman kennt also eine Priorität von vier Instanzen, aus der Glaubenserkenntnis und Handlungsorientierung im Glauben gewonnen werden kann: 1. Schrift und 2. Tradition, letztere eingeschränkt auf die ersten fünf Jahrhunderte –, sowie 3. die lehrende Kirche der Gegenwart und 4. der in seinem Gewissen suchende Verstand des einzelnen glaubenden Christen. In der Prioritätenfolge steht das Individualurteil an letzter Stelle und soll durch die korrektive Konsenssuche mit kompetenten Mitchristen die wahre Lehre und Praxis finden. So hatte es Newman auch in seiner persönlichen Praxis im Umgang mit den Freunden der Oxford-Bewegung gehalten, in der Korrespondenz mit Richard Hurrell Froude, John Keble, E. B. Pusey, Henry Wilberforce, Frederic Rogers, John Bowden etc.

## 2.2 Die »Entwicklung der christlichen Lehre« und das Gewissen

Es geht nicht nur um Newmans Konversion, die auf Befehl seines Gewissens der Gewißheit über die reale Entfaltungsmöglichkeit der Lehre in der Kirche Jesu Christi folgte. Es geht nicht nur darum, daß er das Axiom aufstellte:

---

28 Ebd. 325 und 134f. Vgl. dazu G. BIEMER, Identität und Kommunität. Wie lernen Christen, wer sie werden sollen? In: G. BIEMER, B. CASPER, J MÜLLER, Hrg., Gemeinsam Kirche sein. Theorie und Praxis der Communio. FS Erzbischof Oskar Saier, Freiburg– Basel – Wien 1992, 399-409. – G. LORLEBERG, Die Rolle der Eigenwilligkeit als Entwicklungsstufe im Prozeß religiöser Urteilsbildung. Die Briefe J.H. Newmans an J. Keble in den Jahren 1843-45. Theologische Fakultät (Diplomarbeit). Freiburg i.Br. (Ms.) 1991, 77-82.

Gott hat sich nicht geoffenbart, wenn er seine Offenbarung nicht vor der Verderbnis geschützt hat, die notwendigerweise in einer sündigen Menschheit zu erwarten war: Woraus folgt, daß für eine effektive Kirche zur Wahrung der Offenbarung das unfehlbare Lehramt zu postulieren und zu erwarten ist. Dahinter steht vielmehr Newmans Erfassung der Botschaft des Evangeliums als Idee. In seinem »Essay über die Entwicklung der christlichen Lehre« spricht er von der Offenbarung als von einer Idee. Man müsse sie von allen Seiten betrachten, um sie herumgehen und die verschiedenen Perspektiven austauschen. Gerade daraus erwachse der Kirche in ihrem Umgang mit der Offenbarungsbotschaft jene Entwicklung, die als Lehrentwicklung zu bezeichnen sei.[29]

Den Grundgedanken aus dem Essay über die Entwicklungslehre übersetzt Newman in seiner römischen Studienzeit für den Dogmatiker G. Perrone in die Theorie vom Verbum Dei Objectivum und Verbum Dei Subjectivum. Letzteres ist ohne Zweifel sein besonderes Anliegen. Mit dieser Differenzierung nimmt er die Lehre von der episkopalen und prophetischen Tradition aus seinen »Vorlesungen über das prophetische Amt der Kirche« von 1837 noch einmal auf. Es wird ihm auf diese Weise möglich, den Beitrag der Christen mit ihrem gelebten Glauben, ihrem Glaubenszeugnis, ihrer in Liebe und Hoffnung umgesetzten Verwirklichung des Evangeliums im Strom lebendiger Überlieferung des Evangeliums als theologisch bedeutsam auszubringen. An dieser Stelle steht Newman der Lehre von der sich selbst im Heiligen Geist überliefernden Kirche Jesu Christi nach Johann Adam Möhler sehr nahe.[30] Hier wird auch einleuchtend, weshalb Newman die Bedeutsamkeit der Laien in der Kirche für die Kirche und ihre Offenbarungsüberlieferung betont. Gewiß entscheidet das Lehramt darüber, ob die als Verbum Dei Subjectivum entstandenen Beiträge von gelebter Verwirklichung des Glaubens, Liebens und Hoffens dergestalt sind, daß sie als legitime Entwicklung und Entfaltung des episkopalen und objektiven Bestands der Glaubenslehre verstanden werden können. Solche Verlebendigung der Lehre entspringt der Glaubenspraxis des Volkes Gottes: in narrativen Beiträgen von Einzelnen und Gruppen, in der Katechese und Liturgie, in der Diakonie oder Literatur, in den Lobpreisungen oder Zweifeln, in allen Bekundungen des Glaubens.

---

29 Vgl. G. BIEMER, Newman on Tradition as a Subjective Process. In: V. A. MCCLELLAND, By whose Authority? Bath, Downside Abbey, 1996, 149-167.
30 Vgl. meinen Beitrag: »A Vivified Church« (unten S.    ), Teil IV, bes. 3.3.

## 2.3 Das Gewissen angesichts definierter Unfehlbarkeit

Anders als I. H. Döllinger sah Newman im Bestreben der Unfehlbarkeits-Dogmatisierung einen Vorgang, der die bisher praktizierte Vollmacht des Papstes nach definitiven Kriterien einschränken würde. Und anders als E. Gladstone verstand Newman die im Dogma der Unfehlbarkeit zusammengefaßte Glaubenswahrheit nicht als Beschränkung oder Belastung des Gewissens (durch den Einspruch einer fremden Macht), sondern als eine Hilfe, die in komplementärer Weise die Offenbarung Gottes für das Gewissen der Glaubenden präzisiere. Aber gerade deshalb war er über die Art und Weise befremdet, wie die Definition in Kreisen der Infallibilisten vorbereitet wurde: »Wann war die Definition einer Glaubenslehre je eine Schwelgerei in Ergebenheit und nicht eine herbe schmerzliche Notwendigkeit? Warum soll einer aggressiven unverschämten Gruppe erlaubt sein, 'das Herz des Gerechten traurig zu machen, dem der Herr keine Sorge bereitet hat'?« fragte Newman in einem Brief an seinen Ortsbischof Ullathorne während des Konzils in Rom an.[31] Newman, der an anderer Stelle sagte, die Tradition sei das Gewissen der Kirche, hielt die Definition der Unfehlbarkeit für zu wenig vorbereitet: »Was wir brauchen – und es ist eine Arbeit von Jahren –, ist eine sorgfältige Durchsicht der Konzilsakten, der Taten der Päpste, der Sammlung der Bullen. Wir müssen die Lehre durch Tatsachen überprüfen ... Wir müssen versuchen, ihre Funktion in der Zukunft aus der Vergangenheit auszuloten.«[32] Als Newman die Definition schließlich zu Gesicht bekam, war es so, wie er an Ullathorne geschrieben hatte: »Was mich selbst persönlich betrifft, so erwarte ich, so Gott will, überhaupt keinen Kummer.«

Auf solchem Hintergrund ist der »Brief an den Herzog von Norfolk« zu verstehen, den Newman am 27. Dezember 1874 veröffentlichte. Er ist das Glaubenszeugnis eines Menschen, der durchaus die Problematik des definierten Inhaltes kannte. Die zentrale Unterstellung Gladstones, englische Katholiken könnten keine guten Untertanen Ihrer Majestät mehr sein, weil sie in ihrem Gewissen an eine auswärtige Autorität gebunden seien, bringt Newman in einen größeren theologischen Zusammenhang und antwortet in einem eigenen Kapitel (5) auf den Zusammenhang von Gewissen und Lehramt. Newmans Kernaussagen in diesem Kapitel sind dreierlei:

1. Für ein religiös verstandenes Gewissen sind *Verdeutlichungen des Glaubens* in definitiven Aussagen von Glaubenssätzen willkommen, weil notwendig. Das Gewissen ist »der innere Zeuge sowohl für das Dasein als auch für die Weisung Gottes«. Es ist »ein Bote von Ihm, der sowohl in der Natur als auch in der Gnade hinter einem Schleier zu uns spricht und uns durch seine

---

31 LD XXV, 18.
32 LD XXV, 94.

Stellvertreter lehrt und regiert. Das Gewissen ist der ursprüngliche Statthalter Christi ...« Selbst, wenn die Kirche unterginge, »würde im Gewissen das priesterliche Prinzip fortbestehen und seine Herrschaft ausüben«. – Gottes Offenbarungsinitiative in der Heilsgeschichte, personifiziert in Jesus Christus und vergegenwärtigt in der Kirche: sie bezieht sich auf das Gewissen des Menschen: »Auf das Gewissen und Seine Heiligkeit gründet sich sowohl die Autorität (des Papstes, G. B.) in der Theorie wie auch seine faktische Macht. Ob nun dieser oder jener Papst in dieser schlechten Welt, dies bei allem, was er tat, stets vor Augen hatte, muß uns die Geschichte zeigen.«[33] Würde also der Papst gegen das Gewissen sprechen, beginge er Selbstmord; denn »seine eigentliche Sendung besteht darin, das Sittengesetz zu verkünden und jenes 'Licht' zu schützen und zu stärken, 'das jeden Menschen erleuchtet, der in diese Welt kommt'«.

2. »Unserem Gewissen (ist) unter allen Umständen zu gehorchen«. Newman hebt am Ende des 5. Kapitels über das Gewissen im Brief an Norfolk die Unersetzbarkeit des Gewissens für den persönlichen Glaubensbezug hervor in der vielzitierten Bemerkung: »Wenn ich genötigt wäre, bei Toasts nach dem Essen ein Hoch auf die Religion auszubringen – was freilich nicht ganz das richtige zu sein scheint –, dann würde ich gewiß auf den Papst trinken, jedoch zuerst auf das Gewissen, dann erst auf den Papst.« Wieso *zuerst das Gewissen?* Karl Rahner verteidigte die von Newman genannten Priorität des Gewissens (1978): »Aus der letzten Lebensentscheidung meines Gewissens heraus akzeptiere, anerkenne ich diese objektive Lehrautorität der Kirche als eine äußere, aber sinnvolle, notwendige, von Gott gewollte Norm meines Gewissens. Aber die Anerkennung dieser objektiven Norm ist selbstverständlich noch einmal meine eigene, auf meine eigene Rechnung und Gefahr durchzuführende Gewissensentscheidung. Man kann das Gewissen nie gleichsam an einen anderen abgeben und abliefern; denn mindestens wäre dieser Akt der Ablieferung des Gewissens an eine andere Instanz noch einmal der Akt, den ich mit meinem Gewissen ganz allein verantworten muß.« Rahner verstand Newmans Formel von der Gewissenspriorität als gegenseitiges Bedingungsverhältnis von objektiver Autorität und subjektivem Gewissen in einem Zirkel gegenseitiger Begründung: Das Gewissen funktioniert im Vertrauensvorschuß auf die Kirche und »die Kirche trägt mich so, wie sie selber von mir in meiner Gewissensentscheidung getragen werden muß.« Es gibt »diesen selben Zirkel in der Objektivität der Erkenntnis, in der Sozialität und Individualität des Menschen usw.«.[34]

---

33 Alle Zitate dieses und der folgenden Abschnitte beziehen sich, wenn nicht anders vermerkt, auf P 160-171.
34 NSt. XI (1980) 211-215. – Vgl. dazu den nachfolgenden Beitrag von R. Siebenrock.

3. Eine Kollision zwischen dem Lehramt des Papstes und dem Gewissen wäre nach Newman nur möglich, wenn der Papst in individuellen Anweisungen unfehlbar wäre. Doch gerade in seinen Dekreten und Gesetzen sei er so wenig unfehlbar wie in politischen Aktionen oder in der Verwaltung. Da also »der Papst in den Dingen, in denen das Gewissen die höchste Autorität ist« – nämlich in der konkreten individuellen Entscheidung und Handlung – »keine Unfehlbarkeit besitzt«, könne kein Hindernis zwischen Gewissen und Papst treten. Newman hält die Konfliktbereiche zwischen allgemeinem Lehramt und einem religiös ausgerichteten Gewissen für gering. Für den Konfliktfall selbst votiert er eindeutig, unter Berufung auf eine ununterbrochene christliche Tradition, zugunsten des Gewissens, wenn es sich seiner Sache vor Gott vergewissert hat. »Wenn es in einem einzelnen Falle als ein heiliger, souveräner Mahner aufgefaßt werden soll, dann müssen seinem Diktat, das gegen die Stimme des Papstes Geltung haben soll, ernsthaftes Nachdenken, Gebet und Anwendung aller erdenklichen Mittel vorangehen, will man in der in Frage stehenden Angelegenheit zu einem richtigen Urteil kommen – ... Auf den ersten Blick ist es eine strenge Pflicht, schon aus einem Gefühl der Loyalität zu glauben, daß der Papst im Recht sei, und entsprechend zu handeln«. Dabei erwartet Newman anderseits vom Papst daß er »nicht eigensinnig dazu entschlossen sein (darf), ein Recht zu beanspruchen« oder »zu denken, zu sagen und zu tun, was ihm gerade beliebt.« – »In der Tatsache, daß das Gewissen jedes Einzelnen in außergewöhnlichen Fällen frei ist«, sieht Newman »einen Garanten und eine Bürgschaft ... dafür, daß kein Papst jemals imstande sein wird ..., zu seinen eigenen Zwecken ein falsches Gewissen zu schaffen.« Dieser Grundsatz, den Newman als die Pflicht bezeichnet, »unserem Gewissen unter allen Umständen zu gehorchen«, belegt er mit einer Vielzahl von Beweisstellen aus theologischen Quellen.[35]

## 3 Das Gewissen und die Ämter der Kirche

Wir haben eingangs über die Aufgegebenheit des Selbstentwurfs menschlichen Lebens als ein Grunddatum Newmanscher Anthropologie nachgedacht und das Gewissen als Steuerungsinstrument menschlicher Handlungen kennengelernt, das sich am Echo der Stimme Gottes orientiert. Die Offenbarung als Heilsinitiative Gottes, die im Lehramt seiner Kirche die Dienstfunktion hat, seine Weisung und Verheißung präsent zu machen, erscheint nach Newmans Auffassung von der Selbstaufgegebenheit der menschlichen Existenz her gesehen als Korrelat des Gewissens. Doch ist Newmans theologische Anthropologie nicht nur bipolar zwischen dem Geschöpf und dem Schöpfer ge-

---

35 P 169f.

dacht, sondern in einem dreidimensionalen Bezug, wie er im Vorwort zur dritten Auflage der »Lectures on the Prophetical Office of the Church« von 1877 ausgeführt wird.

(Zwar »ist es von oben bestimmt, daß die Heilige Kirche in unseren Tagen meinen Landsleuten gerade den Anblick bieten muß, der am meisten mit ihren eingewurzelten Vorurteilen gegen sie übereinstimmt und am wenigsten etwas für ihre Bekehrung verspricht«, gleichwohl will Newman seinen Dienst als theologischer Schriftsteller zum Zeugnis für die Bedeutsamkeit dieser Kirche in der Funktion, den Menschen Orientierung zu bieten, darstellen.)

Die Kirche ist ihrer Grundstruktur und ihren Funktionen nach in einer dreidimensionalen Weise tätig: in ihrem prophetischen, in ihrem königlichen und in ihrem priesterlichen Amt:

In ihrer prophetischen oder Lehr-Dimension ist ihr Prinzip die Wahrheit und ihr Inhalt das Evangelium als apostolische Lehre; in ihrer königlichen oder Leitungs-Dimension ist die Kirche eine gesellschaftliche Macht, und ihr Prinzip ist die Zweckmäßigkeit, um allumfassend, d. h. katholisch, auf dem Erdball ihre Sendung wahrzunehmen;

in ihrem priesterlichen Dienst dient sie Gott durch die Bereitung eines heiligen Volkes und ihr Prinzip ist Frömmigkeit (piety) und Heiligkeit.

Diese Dreidimensionalität, die den Ämtern Christi entspricht, ist nach Newman nicht nur der Kirche, sondern auch den einzelnen Christen, ja den einzelnen Menschen zu eigen, insofern jeder ein lernender, ein leidender und ein handelnder Mensch ist:[36]

Lernend erwerben Christen die Verheißung des Evangeliums und geben sie auch als Lehrende in Familie und Gesellschaft im Mitvollzug der Kirche weiter.

Aus Hingabefähigkeit und Leidensfähigkeit werden sie sich gebende, sich verschenkende Menschen.

Aus ihrer Gestaltungskraft und Leitungsbefähigung heraus handeln sie machtvoll zum Aufbau ihrer eigenen Persönlichkeit und bei der Mitgestaltung von Kirche und Gesellschaft.

In diesem, dem trinitarischen Bild Gottes abgelesenen *dreifaltigen Menschenbild* erscheint das Gewissen als ein Ermöglichungsinstrument des Menschen, mit dem er

aus der Sich-Selbst-Gegebenheit im sense of duty auf Gott horcht und gehorcht (piety),

---

36 Vgl. R. SCHUSTER, Das kirchliche Amt bei J.H. Newman, Frankfurt a. M. u.a. 1995, 163ff.

# AUTONOMIE UND KIRCHENBINDUNG

sich inhaltlich an der Offenbarungsverheißung, wie sie die Kirche in der Weisung Gottes darstellt, orientiert (moral sense)
und sich so in der Teilnahme an der Sendung der Kirche zum Handeln in katholischer Fülle einsetzt.

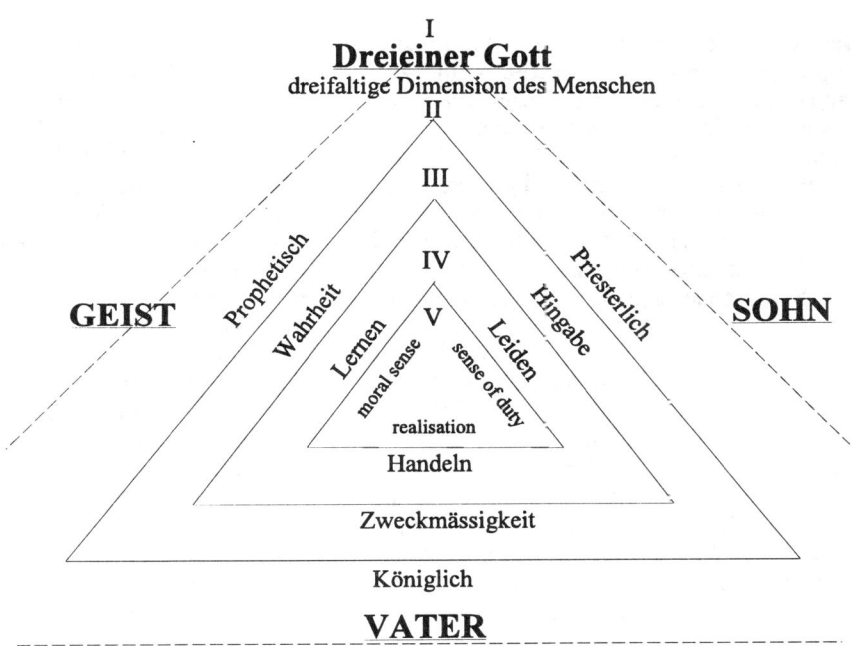

I. TRINITÄT

II. ÄMTER JESU CHRISTI (messianisch)

III. PRINZIPIEN DER KIRCHE

IV. DIMENSIONEN DES MENSCHSEINS

V. Dimensionen des Gewissens

ROMAN SIEBENROCK

# »Konversion der Kirche« bei John Henry Newman und Karl Rahner

Das Thema dieses Beitrages kann in doppelter Hinsicht als merkwürdig empfunden werden. Mir scheint, daß unser Kongreß bislang die Frage nach der Bekehrung und/oder der Konversion vorrangig als Aufgabe des Einzelnen untersucht hat. Meine Aufgabe ist es aber nun, ausdrücklich nach der »Konversion« *der Kirche* zu fragen. Damit aber unterstelle ich, daß die Kirche irgendwie eine eigenständige Größe ist, zumindest nicht in der Summe ihrer Mitglieder aufgeht. Außerdem nehme ich an, daß die Kirche die Konversion not-wendig hat, daß also nicht nur die einzelnen Mitglieder der Kirche, daß also nicht nur jeder und jede einzelne von uns stets der Konversion, der »Sinnesänderung«, der »Metanoia« bedürftig ist, sondern daß die Kirche selber Subjekt der »Konversion« sein kann, ja sein muß. Gewiß hat vor allem das letzte Konzil in selten gehörter Deutlichkeit von der »ecclesia semper reformanda« gesprochen, davon also, daß die Kirche der Reform und der Erneuerung bedarf[1]. Gerade weil sie eine Kirche der Sünder sei gelte von ihr: »Sie ist zugleich heilig und stets der Reinigung bedürftig, sie geht immerfort den Wege der Buße und Erneuerung«[2]. Was dieses Konzil für uns wie selbstverständlich vermittelt, daß die Kirche als Volk Gottes durch die Zeiten immer neu sich erneuert und reformbedürftig ist, war so selbstverständlich zu Zeiten Newmans nicht. Ich bin der Überzeugung, daß Newman wohl der erste in der neueren Zeit ist, der mit treuer und liebender Klarheit die Kirche der Sünder[3] analysiert hat. Das Kirchenbild seiner Zeit, die »societas perfec-

---

1 Während die Kirchenkonstitution »Lumen Gentium« in Nr. 4 und 7 eher allgemein die Bedeutung der Erneuerung anspricht, wird das Dekret über den Ökumenismus »Unitatis redintegratio« deutlicher. Es spricht nicht von Erneuerung (»renovatio«), sondern spricht ausdrücklich davon, daß Christus die Kirche dauernd zur Reform (»perennis reformatio«) ruft: »Die Kirche wird auf dem Wege ihrer Pilgerschaft von Christus zu dieser dauernden Reform gerufen, deren sie allzeit bedarf, soweit sie menschliche und irdische Einrichtung ist« (UR 6). Damit hält der Begriff der »Reformatio« erstmals Einzug in eine konziliare Erklärung. Dieser Erneuerung komme eine besonder ökumenische Bedeutung zu.
2 Lumen Gentium 8.
3 Vgl.: Rahner, Karl: Kirche der Sünder. In: Schriften zur Theologie. Bd. VI. Einsiedeln 1965, 301-320. Vgl. auch: Sündige Kirche nach den Dekreten des Zweiten Vatikanischen Konzils. In: Ebd., 321-347. Hier schreibt er: »Kurz gesagt: von der Sache und der Geschichte des ekklesiologischen Dogmas her ist die Frage nach der Kirche der Sünder eine reale Frage, die noch nicht gänzlich aufgearbeitet ist und auch in einer normalen Ekklesiologie von heute [i.e. 1965]

ta«, das mit der Auffassung konform lief, in einem Kampf auf Sein oder Nicht-Sein zu stehen, konnte eine solche Selbstverständlichkeit nicht wahrnehmen.

Es kann daher kein Zweifel darüber bestehen, daß gerade jener Kirche, der der Bestand bis zum Ende der Zeiten verheißen ist, nicht dennoch sondern gerade deswegen der »Konversion« bedürftig ist. Wie aber verhalten sich dann Konversion und Felsencharakter der Kirche, heilige und sündige Kirche zueinander?

Aber auch in zweiter Hinsicht mag mein Thema überraschen. Werden hier nicht zwei unvergleichbare Theologen zusammengespannt, die wenig, ja vielleicht gar nichts gemeinsam miteinander haben? Gewiß hängt mein Thema von der Zufälligkeit meiner Biographie ab. Aber von Newman können wir lernen, daß ein Glaubensweg sich im Ernstnehmen biographischer Zufälligkeiten entwickelt, daß dem Zufall, den oftmals mißverstandenen sogenannten »objektiven Nebensächlichen« höchste Bedeutung für den einzelnen Lebensweg zukommt. Ohne Zweifel ist Pater Dominic Barberi zufällig vorbeigekommen; – aber hat sich an diesem Zufall nicht für Newman entscheidendes entzündet? Ich möchte daher von meiner Zufälligkeit ausgehen und Newman und Rahner zunächst in Bezug zu ihren Ausführungen zur Kirche befragen, um hernach die Frage nach der »Konversion der Kirche« zu entwickeln. Mein Vergleich möchte daher nicht so sehr die beiden theologische Gebirge miteinander vergleichen, sondern beide danach befragen, was sie zu der Grundfrage meines Themas beisteuern können.

## 1 Profile anthropologisch gewendeter Theologie

Den TeilnehmerInnen der achten Internationalen Newmankonferenz in Freiburg 1978 dürfte unvergeßlich sein, wie der Altmeister der deutschen Newmanforschung, Heinrich Fries, Newman und Rahner miteinander ins Gespräch brachte.[4] Darin listet Heinrich Fries zunächst auf, was die beiden von einander unterschied. Durch ihre verschiedene Zeit, durch die unterschiedliche Prägung und Schulung, nicht nur persönlich auch generell: hier die englische Prägung in ihrer Ausrichtung an Patristik, klassischer Bildung, Schrift-

---

noch nicht deutlich genug ihren gebührenden Platz gefunden hat« (ebd., 329). Daß sich diese Beschreibung heute so nicht wiederholen ließe, zeigt ein Blick in eine neuere Ekklesiologie (vgl. KEHL, MEDARD: Die Kirche. Eine katholische Ekklesiologie. Würzburg: Echter ²1993, 402-410). Die spannungsreiche Einheit zwischen Sünde und Heiligkeit der Kirche, die selbst ihre heiligsten Vorgaben, Wort und Sakrament, umschließt (ebd., 404), sei nur durchzuhalten, wenn das wahre Fundament der Kirche der Geist Christi ist.

4 FRIES, HEINRICH: Theologische Methode bei John Henry Newman und Karl Rahner. In: NSt XI, 191-210; Rahner, Karl: Stellungnahme und Diskussion. In: Ebd., 211-215.

auslegung und die für die kontinentale katholische Theologie kaum nachvollziehbare Treue zum Einzelnen, zum Empirischen; dort: die starke Prägung in der strengen Schule scholastischer Theologie und Philosophie, die Rahner über 12 Jahre lang mit glänzendem Erfolg absolvierte. Und in dieser Schule waren nicht nur Begriffe wie »Wahrscheinlichkeit«, »Konvergenz«, ja selbst Dogmengeschichte, Person und Subjekt (von Biographie gar nicht zu reden) schlicht »anathema sit«[5], selbst die Tatsache, daß Newman ohne Skrupel die englische Sprache benutzte galt bereits als Defizit.[6] Newman mußte sich mit

---

5   LUDWIG OTT, dessen kurzgefaßtes Lehrbuch Rahner bis zum Ende seiner akademischen Laufbahn als Prüfungsliteratur zugrunde legte, spricht von Person nur im Kontext der Christologie und als Fachterminus in der Trinitätslehre (Grundriß der Dogmatik. 10. Aufl. Freiburg-Basel-Wien 1981). Daher werden Stichworte wie »Geschichte« (von Geschichtlichkeit nicht zu reden), »Subjektivität« und »Erfahrung« bei ihm vergeblich gesucht. Im Rückgriff auf die intellektualistische Interpretation des Heiligen Thomas bekommt die spekulative Ausrichtung der Theologie Übergewicht, die dogmatische Theologie ausschließlich am Wissensbegriff orientiert. »Die spekulative Seite hat den Vorrang, weil die Theologie vor allem die Erkenntnis der göttlichen Wahrheit erstrebt und weil auch das Endziel des sittlichen Handelns in der vollkommenen Gotteserkenntnis besteht. S.th. I 1,4« (ebd., 2). In der Tradition von Scheeben definiert er daher die Dogmatik als »wissenschaftliche Darstellung der ganzen theoretischen, von Gott geoffenbarten Lehre über Gott selbst und seine Tätigkeit auf Grund des kirchlichen Dogmas« (ebd., 4). Dieser Eindruck wird verstärkt, wenn jene Schulbücher konsultiert werden, die Rahner in Innsbrucker Zeit selber benutzte, und die in den 50er Jahren überarbeitet worden sind: die Bände von Ludwig Lercher. Wird Theologie als »Wissenschaft«, die um das geoffenbarte Wort Gottes sich bemüht bestimmt, dann wird diese offene Bestimmung sofort objektivistisch verdeutlicht, wenn das Formalobjekt der Theologie die »cognoscibilitas ex revelatione« genannt wird (vgl. LERCHER, L.: Institutiones Theologiae dogmaticae. Band I. De Vera Religione, De Ecclesia Christi. De Traditione et Scriptura. Überarbeitet von F. SCHLAGENHAUFEN. Innsbruck: Felizian Rauch [5] 1951, V. Wie in den ersten Auflagen dieses Schulbuches ([2] 1934, I) ist die systematische Theologie unter dem Horizont des Wissens gestellt. Wer findet in diesen Büchern Newmans Urworte: »realize«, »probability«, »convergent« oder gar »live«? Im Gegensatz dazu ist die Wortfamilie um den Stammbegriff »certitudo« über-präsent.

6   Neben den typischen Kritikpunkten an Newman aus der Vorgabe einer neuscholastischen Theologie (Wunder, Verhältnis von Gewißheit und Wahrscheinlichkeit) wollte auch PESCH (Chr., Theologische Zeitfragen. 5. Folge. Freiburg i.Br. 1908) die Terminologie Newmans scholastisch korrigieren. »Die in der scholastischen Theologie und Philosophie gebrauchten Ausdrücke: metaphysische, physische, moralische Sicherheit, Erfassen (apprehensio), Fürwahrhalten (assensus) usw. sind leicht verständlich und lassen sich in den Sprachen aller gebildeten Völker ohne große Schwierigkeite wiedergeben. Deshalb ist es unwahrscheinlich, daß Newmans Terminologie jemals die scholastische verdrängen wird«. Auch seine Darstellung zeigt, wie sehr sich Newman um eine Kohärenz mit den gängigen theologischen Schule bemühte. Gleichzeitig wird deutlich, daß unter der Hand das Grundanliegen in der scholastischen Terminologie verloren geht: Assent ist unzureichend mit 'Fürwahrhalten' (ebd. 104) wiedergegeben. Die Übersetzung von »notional« und »real«, sowie »illative sense« unterließ Pesch und zeigte damit, daß er die personale Erkenntnisphänomenologie Newmans nicht erfaßt und das gepriesene Latein doch seine Grenzen hat. Karl Rahner verteidigte vor dem Beginn des Zweiten Vatikanischen Konzils in modifizierter Form nach der Enzyklika Johannes XXIII. »Veterum sapientia« das Latein als Kirchensprache auch in der theologi-

besten Gründen metaphysisch in Acht nehmen; er tat es, indem er sie mied. Rahner hingegen wandte die an der modernen Philosophie erneuerte ontologische Tradition der Hochscholastik mit ungeahnter Fruchtbarkeit in der Theologie an; denn nicht allein Thomas und Aristoteles, sondern ebenso stark Bonaventura und Augustinus sind bei ihm wirksam. Diese Tradition wurde jedoch gelesen auf der aktuellen Matrize der Philosophie Joseph Maréchal, dessen Philosophie selber von einem tiefgreifendem spirituellem Interesse geprägt war.[7] Bei allen diesen zeitgenössischen Einflüssen, insbesondere bei Erich Przywara, darf nicht übersehen werden, daß die herrschende Schultheologie diesen abweisend gegenüberstand.[8]

Zwar studierte Rahner, gewiß durch seinen Bruder angeregt und unterstützt, die Kirchenväter, insbesondere die griechischen, aber umfassende patristische Arbeiten, wie wir sie von Newman kennen, sind neben seiner Überarbeitung von Villers »Asezese und Mystik« allein zur Bußgeschichte vorhanden: Rahner blieb in Person und Werk nach eigener Aussage ein spekulativer Schultheologe, der seine Aufgabe darin sah, Wege zum Verstehen des christlichen Glaubens zu ermöglichen.[9] Und bei allem biographischem

---

schen Fachliteratur (vgl. Über das Latein als Kirchensprache. In: Schriften zur Theologie. Band V. Neuere Schriften. Einsiedeln 1962, 411-467).

7   Zu den aktuellen Quellen seines Denkens führt er in seiner philosophischen Untersuchung zu Thomas von Aquin aus: »Wen Pierre Rousselot und Joseph Maréchal vor allem angeführt werden, so soll damit zum Ausdruck gebracht sein, daß diese Arbeit sich dem Geist ihrer Thomasinterpretation vorzüglich verpflichtet weiß« (Geist in Welt. Zur Metaphysik der endlichen Erkenntnis bei Thomas von Aquin. Innsbruck 1939, V; heute: Sämtliche Werke. Bd. 2. Hg. ALBERT RAFFELT. Freiburg-Düsseldorf 1996, 5). Zwar hat sich ein Exzerpt von Maréchal erhalten, von Rousselot jedoch sind keine konkret-ausführlichen Hinweise mehr zu finden. Neben diesem möglichen Bezug zu John Henry Newman käme am ehesten das Werk von Henry Bremond in Frage, das Rahner vor allem in seinen spiritualitätsgeschichtlichen Arbeiten und Interessen präsent ist.

8   Wie schwer sich das Denken Newmans tat, kann beispielhaft an jenem Werk nachvollzogen werden, das für die deutschsprachigen Jesuiten als erkenntnistheoretisches Leitwerk gelten kann: JOSEF DE VRIES: Grundfrage der Erkenntnis. München 1980 (erstmals als: Denken und Sein 1937). De Vries verweist ausdrücklich darauf hin (IXf), daß Newman »Grammar of assent« ihn in der Frage nach dem Verhältnis von logischer Begründung und personaler Zustimmung tief gewandelt habe. Es ist ein Weg der Aneignung und Aufnahme Newmans, nicht der fundamentalen Grundlegung von Newman her.

9   Das Selbstzeugnis Rahners ist für das Grundverständnis seines Werkes unabdingbar. »Und ich weiß Gott nicht warum Theologe geworden, um als theologischer Erneuerer oder Prophet oder als Inaugurator einer neuen theologischen Periode aufzutreten. Ich bin Jesuit, ich bin Priester, ich bin Ordensmann« (Gnade als Mitte menschlicher Existenz. Ein Gespräch mit und über Karl Rahner aus Anlaß seines 70. Geburtstages. In: Rahner, K., Herausforderung des Christen. Meditationen, Reflexionen, Interviews. Freiburg i.Br 1975, 117-153, hier 119). »Seine« Theologie charakterisiert er als »denkerische Reflexion auf jene Daten, die im allgemeinen Glaubensbewußtsein und in der allgemeinen Schultheologie gegeben sind« (ebd., 122). Dieses spekulieren geschehe nicht dadurch, »daß ein anderes Denkgebäude an die scholastische Theologie herangetragen wird, auch nicht eigentlich dezidierte und in sich

Interesse[10] heute bleibt sein Lebenslauf, wenn wir ihn mit der Biographie Newmans vergleichen, seltsam spröde, irgendwie allgemein. Die Wörtchen »normal« oder »selbstverständlich« verwendet Rahner immer wieder mit bestem Recht in seiner Lebensbeschreibung. Auch eine Privatbibliothek, wie wir sie heute noch in Birmingham bewundern können, bleibt Fehlanzeige. Rahner war Jesuit und sein Leben verschwindet hinter seiner Aufgabe und seiner Ordensexistenz; oder vielleicht besser gesagt: geht darin auf.

Rahner und Newman trennt ein Jahrhundert, aber es verbindet sie ein Konzil: Das Zweite Vatikanische Konzil. Newman hoffte auf kommende Generationen und mit einigem Recht wurde Rahners Arbeit in Beziehung gesetzt zu Ansätzen von John Henry Newman. Franz Michel Willam aus dem nahem Vorarlberg sieht einen inneren Zusammenhang zwischen Rahners philosophischer These »Geist in Welt« und Newmans »Grammatik der Zustimmung«[11]. Heinrich Fries[12] sieht Übereinstimmungen zu Thematik und Methodik des Grundkurses, in dem Rahner in der erkenntnistheoretischen Grundlegung ausdrücklich auf Newmans »illative sense« zurückgreift.[13] Diese Übereinstimmungen könnten darin grundgelegt sein, daß Rahner wie Newman phänomenologisch ansetzt und dem vorwissenschaftlichen Vernunftgebrauch Vorrang zuerkennt. Beide werden daher von einem Vorrang des Tuns, des existentiellen Vollzugs geprägt, die durch Denken und Theorie nie eingeholt werden kann. Aber auch der Stil ihrer theologischen Arbeit ist verwandt. Rahners Schriften zur Theologie beheimaten den theologischen Essay in unserer Tradition der Schulbücher und mit gewichtigen Fußnoten versehen theologischem Aufsatzstil.

Gemeinsam ist Ihnen aber auch, daß sie umstritten sind, bzw. waren. Wenn heute bisweilen über Rahner ein maßloses Urteil gefällt wird, dann darf hier daran erinnert werden, daß einmal John Henry Newman in Rom als Häretiker angezeigt und in nicht unbedeutenden Kreisen als »der gefährlichste

---

gleichsam systematisch formierte Philosophie, sondern das geschieht dadurch, daß ich gewissermaßen die innere Virulenz und die innere Dynamik, die in der Schultheologie steckt, herauszuspüren versuchte« (ebd., 123).

10 Vgl. NEUFELD, KARL H.: Die Brüder Rahner. Eine Biographie. Freiburg: Herder 1994.
11 WILLAM, F.M.: Aristotelische Erkenntnislehre bei Whateley und Newman. Freiburg i.Br. 1960, 316-321. Willam sieht die Gemeinsamkeit in der Interpretation der verschiedenen Formen der »vis cogitativa (conferens oder collativa; inquirens)« in Bezug auf das Einzelne.
12 a.a.O., 193.
13 Rahner, K., Grundkurs des Glaubens. Einführung in den Begriff des Christentums. Freiburg i.Br.: Herder 1976 (u.ö.), 22. Eine tiefergehende Auseinandersetzung mit Newman ist nicht nachweisbar, auch wenn Rahner in seinen Anfängen eine Rezension zu Newman veröffentlicht hat, die das gewichtige Vorwort zur Via Media nicht würdigt, sondern nur beiläufig nennt (vgl. Ders., Rez.: J.H.Newman. Die Einheit der Kirche und die Mannigfaltigkeit ihrer Ämter. Übertragen von K. SCHMIDTHÜS. Mit einem Vorwort von J. Edmonds (Freiburg i.Br. 1938), in: ZKTh 62 [1938] 425).

Mann« Englands galt.[14] Und ich meine: Das beruhte keineswegs auf Mißverständnissen. Wem die scholastische Theologie des letzten und des Beginns dieses Jahrhunderts das Maß aller Dinge ist, wenn also katholische Kirche sich allein auf eine theologische Schule stützen sollte, für den ist tatsächlich Newman ein höchst gefährlicher Mann.[15] Newmans Werk bedeutet nichts geringeres, als das Ende einer Einheitstheologie, der Beginn von theologischen Schulen. Sein Erbe, das immer noch nicht eingelöst ist, fordert uns heraus, die Einheit der Glaubensreflexion in der Konvergenz theologischer Schulen zu sehen, die sich als Anwalt verschiedener Kontexte und Gruppen verstehen.

Hinter allem Schreiben, Eintreten und Streiten sehe ich zwischen beiden aber eine tiefe spirituelle Verwandtschaft. Nicht nur, daß beider Zielgruppe eher die gebildete Schicht war, daß beide uns unvergeßliche Beiträge zur intellektuellen Redlichkeit des Glaubens geschenkt haben. Das wäre nur die Außenseite. Beide berichten gerade in der Verschiedenheit des Ausdrucks immer wieder von der Sehnsucht nach dem Kommenden Wir kennen das Epitaph Newmans und seine Rede von der Unsichtbaren Welt. Rahner antwortete vor seinem 80. Geburtstag auf die Frage, wie er vom Gipfel seines Lebens aus, sein Leben betrachte: »Der wirkliche Gipfel meines Lebens kommt erst noch; ich meine jenen Abgrund des Geheimnisses Gottes, in den man sich hineinfallen läßt voller Vertrauen darauf, von seiner Liebe und seinem Erbarmen auf ewig angenommen zu werden«[16]. Aber nicht nur in der

---

14 George Talbot (1816-1886), Konsultor der Propagandakongregation und Kämmerer Pius IX., schreibt am 25. 4. 1867 an Henry Edward Kardinal Manning (1808-1892): »... Dr. Newman ist der gefährlichste Mann in England, ...« (B 459). In der Auseinandersetzung um den Kirchenstaat des Heiligen Stuhles verschärft Talbot seinen Angriff. »Jeder Engländer ist antirömisch. Newman aber ist englischer als englisch. Sein Geist muß zermalmt werden« (zitiert nach: FRIES, Newman und Döllinger, in: NSt I, 29-76, hier 52). Manning bestärkt seinen Vertrauten in Rom, und antwortet: »Was ihr über Newman schreibt, ist sicher richtig; ob bewußt oder unbewußt - er ist jedenfalls zum Mittelpunkt derer geworden, die antirömisch sind, kalt und stumm, um nichts Schlimmeres zu sagen; im Hinblick auf die weltliche Macht der Kirche national englisch« (ebd.). Schon früher (Februar 1866) hatte er seinem Vertrauten gegenüber einen zu dieser Zeit verrichtenden Verdacht ausgesprochen. »Er sah Newman als Vertreter eines ›English Catholicism. It is the old Anglican, patristic, literary, Oxford tone transplanted into the Church. It takes the line of deprecating exaggerations, foreign devotions, Ultramontanism, anti-national sympathies. In one word, it ist worldly Catholicism‹ « (zitiert nach: KLAUSNITZER, W., Päpstliche Unfehlbarkeit bei Newman und Döllinger. Ein historisch-systematischer Vergleich. ITnS 6. Innsbruck 1980, 114, Anm. 317).

15 Passaglia nahm schon früh Stellung gegen die Entwicklungslehre Newmans (KASPER, W., Die Lehre von der Tradition in der Römischen Schule. Die Überlieferung in der neueren Theologie 5. Freiburg i.Br. 1965, 120, 267). In seiner Kritik lobte er die Position Bulls gegen Patavius und ignorierte damit das Problem, das Newman bei den vornicänischen Vätern markierte (vgl. P 263 und NL 821).

16 Glaube in winterlicher Zeit. Gespräche mit Karl Rahner aus den letzten Lebensjahren. Hg.

Erwartung der künftigen Welt auch in der Herkunft aus einer tiefen persönlichen Gotteserfahrung ist Werk und Leben beider geformt. Auch wenn Newman des öfteren vom Sommer 1816 berichtet, bleibt das Geheimnis dieses Jahres gewahrt. Die Signale »Ich und mein Schöpfer« (A 22) zeigen die grundlegende Bekehrung an, aber sie geben nichts preis. Rahner, wesentlich zurückhaltender und aller Sondermystik abgetan, läßt nur andeutungsweise seine Erfahrung durchblicken; immer jedoch ist sie ausgedrückt als eine Erfahrung, die allen Menschen möglich ist. Und gerade darin besteht er auf der Möglichkeit unmittelbarer Gotteserfahrung für alle Menschen, weil davon die künftige Möglichkeit des christlichen Glaubens abhängt. Auch Newman, der die Gewissensanlage bei allen Menschen grundsätzlich voraussetzt, entwickelt eine Begegnungsmöglichkeiten des Menschen mit Gott, die allen Menschen offen steht; – sie gilt es nur zu entwickeln und zu pflegen.

Daher kann es nicht wundern, daß das theologische Herz beider besonders deutlich in Gebeten, Meditationen und Predigten schlägt. Während bei Rahner dieser Werkteil bislang sträflich vernachlässigt worden ist, weiß die Newmanforschung von der grundlegenden Bedeutung sogenannter »frommer Schriften«. Es ist nicht falsche Bescheidenheit, sondern kritische Selbsteinschätzung angesichts der tatsächlichen Aufgabe der Theologie, wenn Newman sagt, er wäre kein Theologe[17], und Rahner des öfteren betont, er wäre ein Dilettant, der aber in einer ersten Reflexionsstufe diese Situation des »rudes« noch einmal bedenkt als »Wissenschaftlichkeit der legitimierten Unwissenschaftlichkeit«[18].

Mit diesem Hinweis stehe ich aber inmitten meines Themas. Rahner und Newman stehen für einen epochalen Wandel der Frömmigkeit in einer radikal gewandelten Welt. Was Newmans Leben eindrücklich bezeugt, hat Rahner in einer berühmten Aussage grundsätzlich gefaßt: »der Fromme von mor-

---

PAUL IMHOF – H. BIALLOWONS. Düsseldorf, 1986, 44.

17 Brief vom 10. 2. 1869 an Schwester M. Pia (B 530f; LD XXIV, 212f). An Perrone Giovanni SJ (1794-1876) schreibt Newman: »... cùm bene mihi sim semper conscius me non esse theologum, quanquàm certe in libris meis pro virili studuerim accuratè et cautè res theologicas tractare, ...« (LD XXIII, 205; »... denn ich bin mir zwar immer bewußt, daß ich kein Theologe bin, wenn ich auch in meinen Büchern bemüht gewesen bin, theologische Probleme nach besten Kräften genau und vorsichtig zu behandeln« [B 417]). Dennoch behauptet er besonders in der Auseinandersetzung mit William Georg Ward (1812–1882) ausdrücklich: »Ich maße mir nicht an, Theologe zu sein, aber auf alle Fälle hätte ich eine Seite der katholischen Religion zeigen können, theologischer und exakter als die seine« (B 568). Es scheint ,daß die harsche Kritik, die seine Werke seit seinem Eintritt in die römisch–katholische Kirche begleiten, die theologische Reserve mitausgelöst hat. So schreibt er in sein Exemplar der »Entwicklungslehre«: »This ist the *philosophical* work of a writer who was *not a Catholic* and did not pretend to be a theologian, addressed to those who were *not Catholics*« (zitiert nach: CHADWICK, O., From Bossuet to Newman. The Idea of Doctrinal Development, Cambridge 1957, 185).

18 Rahner, K., Grundkurs des Glaubens (Anm. 13) 22.

gen wird ein ›Mystiker‹ sein, einer, der etwas ›erfahren‹ hat, oder er wird nicht mehr sein.«[19] Das theologische Werk beider will der Ermöglichung dieser einen Begegnung dienen, beide sind zutiefst mystagogisch; und beide sehen die Zukunft des Glaubens in der Realisierung der angebotenen und jedem menschen möglichen Gottesbeziehung. Warum ist dies aber die fundamentale Antwort auf den ersten Teil unserer Frage nach der »Konversion der Kirche«? Dies möchte ich in drei Schritten darlegen. Im ersten werde ich die theologische Gegenwartsanalyse beider ansprechen; im zweiten mit ihnen die Defizite der Kirche ihrer Zeit anschauen, um im dritten Teil Elemente einer Antwort zu geben. In der Frage nach der »Konversion der Kirche« konzentrieren wir uns auf den ersten Teil der Aussage Newmans: »daß die Kirche ebenso für die Konvertiten bereitet werden müßte, wie Konvertiten für die Kirche.«[20]

## 2 Theologische Gegenwartsanalyse und Grundoptionen

Von zwei bis heute die Welt radikal verändernden Umwälzungen ist die Lebensgeschichte Newmans geprägt: von der französischen und industriellen Revolution. Ich verstehe Newmans theologisches und glaubensbiographisches Zeugnis auf diesem Hintergrund als *der* Weg, in einer neuen Weltzeit dem Evangelium treu zu bleiben. Eine neue Welt ist im Entstehen. England schaue in eine neue Welt und erwarte ahnungsvoll ein kommendes Zeitalter, schreibt er in seinen Universitätsreden.[21] Diese Welt hat nicht nur Schattenseiten, wenn wir die veränderte Situation der katholischen Kirche im 19. Jahrhundert anschauen. Aber sie hat auch eine spezifische Gefahr. Zwar habe das Christentum immer in gefährlichen Zeiten gelebt, aber die kommende habe eine grundlegend neue Kontur: »Das Christentum ist noch nie auf eine schlechthin unreligiöse Welt gestoßen« (DP XII, 135). Dennoch kann in Zeiten des Unglaubens das Gemeinsame deutlicher strahlen, wie Sterne in der Nacht.[22]

In dieser Zeit besteht die Gefahr, daß die Idee Gottes ausgehölt werde. Er sieht vor allem im naturwissenschaftlichen Denken die Gefahr, daß der Glaube an Gott als nichts anderes betrachtet werde »als die Anerkennung der

---

19 Rahner, K., Schriften zur Theologie. Bd. VII. Zur Theologie des geistlichen Lebens. Einsiedeln 1966, 22.
20 AWr 258 (SB 335).
21 U 242.
22 Brief an David Brown vom 14.1.1875 (LD XXVII, 188): »... and I rejoice in it as one compensation of the cruel overthrow of faith which we see on all sides of us, that, as the setting of the sun brings out the stars, so great principles are found to shine out, which are hailed by men of various religions as their own in common, when infidelity prevails.«

Existenz erfahrbarer Kräfte und Erscheinungen, die nur ein Idiot leugnen könnte« (U 42). »Wenn der Geist Gottes 1850 Gas ist, dann vielleicht 1860 Elektormagnetismus«[23] – und wir dürfen heute hinzufügen und heute »Urknall«, oder »Energie« oder »die Tiefe in uns«. Der schleichende Atheismus bestehe darin, daß sich die Welt bloß ihrer eigenen Prinzipien bediene; und letztlich nur immer wieder sich selber zu erkennen vermag.[24]

Aber gerade in dieser Zeit, die alles andere als Verzagung, Rückzug und Bastionen, sondern Offensive und die positive Alternative fordert, muß er eine Beschränkung, ein betäubender Zentralismus (B 342f; 527; 538) und eine Theologie feststellen, der den Herausforderungen der Gegenwart nicht gewachsen ist. Auch wenn die katholische Kirche von Gott, bemerkt er in einzelnen Kreisen eine Enge, die nicht von Gott sind (B 203). Nach Newman liegt diese Gefahr, die er Neonovatianismus nennt, in seiner mangelnden missionarischen Kraft: es ist der Geist des selbstgerechten Gettos. »Wir sinken in eine Art Novatianismus – die Häresie, der die alten Päpste so tapfer widerstanden. Statt danach zu streben, eine weltumspannende Macht zu sein, ziehen wir uns auf uns selbst zurück, verengen die Grenzlinien der Gemeinschaft, zittern vor der Gedankenfreiheit und gebrauchen die Sprache des Ekels und der Verzweiflung über den Ausblick vor uns, statt mit dem Starkmut des Kriegers sieghaft auszuziehen und zu siegen« (B 436).[25] Und noch als Kardinal sieht er diesen Symptomen den Ausdruck eines katholischen Nihilismus, der, wie Charles St. Dessain sagt[26], auf dringende Notwendigkeiten nur mit Verboten antwortet.[27]

Auch dem Werk Karl Rahners werden wir nicht gerecht, wenn wir es nicht immer wieder zu lesen versuchen auf dem Hintergrund seiner theologischen Gegenwartsanalyse. Diese aber verstärkt die Ausblicke Newmans in grund-

---

23 LD XIV, 127 (B 128).
24 Vgl. LD XXI, 255.
25 Newman betrachtet die Aussicht auf Umkehr sehr nüchtern: »... erst wenn die Umwälzungen eintreten (die noch Jahre auf sich warten lassen können, solange bis ich weder nützen noch schaden kann) und man fühlt, daß die Religion mitten in Prüfungen steht, wird der Bürokratismus aus Rom ausfahren und ein besserer Geist einkehren, und Kardinäle und Erzbischöfe werden wieder etwas von dem Wirklichkeitssinn haben, den sie inmitten vieler Mißbräuche im Mittelalter besaßen« (B 436).
26 DESSAIN, CH.ST., John Henry Newman. Anwalt redlichen Glaubens. Freiburg i.Br. 1981, 291.
27 Brief an Lord Braye vom 2.11.1882 (LD XXX, 143): »This is what I feel at the moment, but, alas, it is only one out of various manifestations of what may be called Nihilism in the Catholick Body, an in its rulers. They forbid, but they do not direct or create. I should fill many sheets of paper if I continued my exposure of this fact –.« (vgl. B 720). Diese Haltung hat er schon sehr früh in Rom festgestellt: »There is a deep suspicion of *change*, with a perfect incapacity to create any thing *positive* for the wants of the times« (Brief an Mrs. John Mozley vom 25.7.1847; LD XII, 102-106, hier 104).

sätzlicher Beurteilung. Das Schicksal der Christen (nicht allein einer Konfession) wird die Diaspora sein; eine kleine Herde, die vor der Alternative steht, Salz zu sein oder das Ghetto zu wählen.[28] Dabei sind sich beide einig, daß eine Minderheit nicht wegen der Zahl, sondern wegen ihrer Mentalität zum Ghetto oder zur Vorhut der Zukunft wird.[29]

Wie Newman ist Rahner, der im Unterschied zu Newman die damals herrschende Theologie in allen Stärken und Schwächen durch und durch kannte, von ihrer unzureichenden Qualität tief besorgt. Wir hätten keinen Grund uns auf unseren Lorbeeren auszuruhen. Vergangene Größe kann heute nur Auftrag sein; aber wie bemißt sich dieser Auftrag. Wie soll sich die Kirche in dieser Situation verhalten.

## 2.1 Erste Option: Annahme der Zeit

Gemeinsam ist beiden, daß sie von ihrer theologischen Gegenwartsanalyse her Theologie und Kirche zu Ihrer heilsgeschichtlichen Aufgabe zurückrufen. Wie dies aber von Ihnen angzielt wird, hat Newman einmal sehr beeindruckend von Philip Neri gesagt: »Er [Neri] zog es vor, sich dem Strome anzupassen und die Strömungen in Wissenschaft, Literatur, Kunst und Mode, die er nicht aufzuhalten vermochte, in die rechte Richtung zu lenken und das zu veredeln und zu heiligen, was Gott sehr gut geschaffen und der Mensch verdorben hatte« (U 227). Und er fährt fort: »Seine Aufgabe war es, die Menschen zu retten *in* der Welt, *nicht aus* der Welt« (Briefe 789). Wie es Heilige gebe, die den Unterschied zwischen Evangelium und Welt hervorheben, gebe es Heilige, die das Gemeinsame und Verbindende betonen. Wie es eine Theologie gibt, die den Unterschied betont, gibt es eine Theologie, die die Einheit aller Wirklichkeit hervorhebt. In Newman und Rahner begegnen uns bei allen Unterschieden modellhaft Vertreter einer integrierenden, nicht integralistischen Theologie, die ihr ursprüngliches Vorbild – beide haben da-

---

28 Erstmals als Referat in Köln 1954; vgl.: Theologische Deutung der Position des Christen in der modernen Welt. In: Rahner, Karl: Sendung und Gnade. Beiträge zur Pastoraltheologie. Innsbruck: Tyrolia 1959, 13-47; überarbeitet und wesentlich erweitert in: Handbuch der Pastoraltheologie. Band II/1; heute in: Rahner, Karl: Sämtliche Werke. Band 19: Selbstvollzug der Kirche. Ekklesiologische Grundlegung praktischer Theologie. Hg. KARL H. NEUFELD. Freiburg/Solothurn-Düsseldorf: Herder-Benziger 1995, 255-316. Vgl. auch die spätere, holzschnittartige Zusammenfassung seiner Impulse als Anregung für die Synode der Deutschen Bistümer in Würzburg in: Strukturwandel der Kirche als Aufgabe und Chance. Freiburg i.Br.: Herder 1972 (u.ö.).

29 Vgl. Strukturwandel (a.a.O.) 32f. Newmans Ruf an die Laien zu Beginn seiner Arbeit in Birmingham ist verwandt mit Rahners Forderung zur Offensive und zu einer gesellschaftskritischen Kirche, die um die Sünde weiß (vgl. Leben als Ringen um die Wahrheit. Ein Newman-Lesebuch. G. BIEMER – J.D. HOLMES. Mainz 1984, 259f; PresPos 390f).

rüber gearbeitet – bei den griechischen Kirchenvätern, insbesondere in der alexandrinischen Theologie finden. Bei aller Kritik an der Zeit und der Warnung vor ihren Gefahren[30] rufen beide die Kirche zurück in die Welt, ins Heute, in die vorgegebene Situation, die wie Rahner es sagt, als »heilsgeschichtliches Muß«[31] von Gott selber her anzunehmen ist.

Mir scheint die Wahl von Birmingham als Ort des Oratoriums und die Veränderung der Regel, um bei einer skeptischen Arbeiterbevölkerung anzukommen, wie Newman es sagt, das auszudrücken, was Rahner in seiner bisweilen scharf betonten Option zur Bekehrung von Neuheiden forderte. Solche Annahme der Zeit hinge ohne theologische Grundlegung und Orientierung in der Luft. Von ihrer theologischen Herkunft her in der griechischen Vätertheologie (beide nehmen das griechische Heilsziel, das Irenäus von Lyon und Athanasius formuliert haben, positiv auf) ist für sie der entscheidende Schlüssel zum Christentum die Menschwerdung Gottes[32], die Newman vielfach als Selbsterschließung Gottes bezeichnet und Rahner in der Tradition des Heiligen Ignatius als Selbstmitteilung aussagt. Der beide prägende Grundzug lautet daher, daß trotz allen Glaubensverlust und Glaubensausdünnung auch die neue Zeit, die Moderne eine Zeit in der Geschichte Gottes mit den Menschen ist, daß Gott jeder Kultur und allen Menschen nahe bleibt. Es ist daher auch kein Wunder, daß der Mensch unauslöschlich christologisch geprägt ist. Newmans Rede vom Gewissen und Rahners Wort vom »übernatürlichen Existential« drücken in je verschiedener Weise die unverlierbare christologische Prägung des Menschen aus. Wie könnte es dann noch verwundern, daß beide typische Vertreter jener langen Tradition katholischen Denkens sind, die die Gnade nicht nur außerhalb der eigenen Kirche, sondern grundsätzlich die Heilsmöglichkeit aller betonen. Der erste Ruf, der von beiden an die Kirche ergeht, lautet daher: Konversion, Hinwendung zur

---

30 »Sie fragen nach meiner Meinung über die Aussichten der Kirche; Sie wissen, alte Leute sind im allgemeinen mutlos – doch meine Befürchtungen sind nicht neu, sondern dauern schon über fünfzig Jahre. Immerfort habe ich eine Zeit weitverbreiteten Unglaubens erwartet, und in der Tat sind die Wasser all die Jahre hindurch gestiegen wie eine Sintflut. Ich sehe die Zeit kommen, nach meinem Tode, da nur noch die Gipfel der Berge gleich Inseln in der Wasserwüste zu sehen sind« (B 653; LD XXVIII, 156). »Der Skeptizismus greift schauderhaft um sich – und das große Unglück ist, daß von vornherein eine allgemeine Neigung zum Unglauben als dem Vernünftigeren und Wahrscheinlicheren vorhanden ist« (B 658; LD XXVIII, 207).

31 Rahner, K., Sendung und Gnade. Beiträge zur Pastoraltheologie. Innsbruck 1959, 24.

32 Es muß gegenwärtig gewollten Mißverständnisses wegen hier hinzugefügt werden, daß dabei das Kreuz Christi nicht ausgeblendet wird. Aber im Gegensatz zum weit verbreiteten Verständnis einer sogenannten dialektischen Theologie, gewinnt das Kreuz seine (universale) Bedeutung aus der Inkarnation. Diese Unterscheidung ist deswegen wichtig, da eine Inkarnationstheologie die hier skizzierte Grundbeziehung zur Welt, auch zu der das Christentum abwehrenden Welt prägt.

eigenen Zeit; solidarische Zeitgenossenschaft im Glauben auch in einer Zeit des sich ausbreitenden Unglaubens.

## 2.2 Zweite Option: Kehre zum Menschen als Kehre zum Deus semper major

Der Ruf in die eigene Zeit bliebe schal, würde er nicht geprägt durch die Wende zum Menschen. Rahner und Newman sind Beispiele einer anthropologisch gewendeten Theologie, die – das wird vielfach übersehen – gerade dadurch radikal theozentrisch sind. Ich darf Sie an das eingangs zitierte Wort von Karl Rahner erinnern, dem noch unzählige beigestellt werden können. Beide zeichnet in gleicher Weise eine Skepsis gegenüber einem kosmologischen Zugang zu Gott aus, vor dem auch heute in einer Zeit unabsehbarer Weltanschauungsproduktion gewarnt werden muß. Denn Gott ist kein Teil der Welt. Ihr Ansatz in der Anthropologie verstellt, wie es Heinrich Fries herausgearbeitet hat, den Ausblick auf Gott keineswegs: im Gegenteil. Sie nehmen auf Ihre Weise die Inkarnation nur radikaler Ernst als so mancher ihrer Kritiker.

Daher erschließt sich Ihnen die Offenbarung und das Selbstverständnis des Menschen wechselseitig. Beiden bleiben alle menschlichen Worte ungenügend, um die Größe und Heiligkeit Gottes auszudrücken. Wie oft wurde Newmans Epitaph »ex umbris et imaginibus« als skeptisch mißverstanden, was er selber immer schon befürchtete[33]. Aber ist dieses »aus Schatten und Bildern« nicht ein Ausdruck jener Analogie, die vom vierten Lateronkonzil betont wurde, und dessen Gewicht für Rahner vor allem bei dem Zusatz, der je größeren Unähnlichkeit liegt. Hören wir einmal das Konzil: »Denn zwischen dem Schöpfer und seinem Geschöpf kann man keine so große Ähnlichkeit feststellen, daß zwischen ihnen keine noch größere Unähnlichkeit festzustellen wäre« (DH 806).[34]

Beide warnen davor, Gott kirchlich oder nicht-kirchlich vor den eigenen Karren zu spannen; und bei beiden sind immer wieder Worte von der Unbegreiflichkeit Gottes, seiner Unverfügbarkeit, von der Nacht und der quälenden Erfahrung der Abwesenheit in dieser Welt zu vernehmen. Der zweite Ruf der von ihnen an die Kirche ergeht ist die Hinwendung zum Menschen und darin die Hinwendung zu Gott als Geheimnis, der unverfügbar als der

---

33 Vgl.: Biemer-Holmes, Leben als Ringen um die Wahrheit (Anm. 29) 110 (Bitte vom 23.7.1876; bestätigt am 13.2.1881): »vorausgesetzt, daß das Latein gut ist, und sonst kein Einwand erhoben wird: wenn z.B. jemand, dessen Urteil mir etwas gilt, der Ansicht wäre, es sei skeptisch«.

34 Wohl Rahners meistzitierteste »Denzinger-Satz«!

heilige Andere das Ziel des Menschen ist. Der zweite Wende, die beide der Kirche ermöglicht haben, ist der Ausgang vom Menschen, aber nicht der abstrakten Wesensanalyse, sondern der Ausgang von der Person, von der je meinigen Biographie. Beide entwickeln sich auf eine Theologie von unten hin (auch wenn diese nicht immer durchgehalten wird), auf eine Theologie, die ausgeht von den jeweiligen Gottesgeschichten, vom Glaubenssinn, vom faktisch gelebten Glaubenszeugnis.

### 2.3 Dritte Option: Wagnis des Einzelnen oder die Bedeutung des Charismas

Die bisher genannten Optionen müssen sich nach ihrer Wirksamkeit in der konkreten Praxis der Kirche befragen lassen. Ich kann nun nicht alle Verästelungen ihrer Vorstellungen und Handlungen hier darlegen, sondern nur die wichtigsten Orientierungen holzschnittartig darlegen.

Das erste ist eine Warnung vor einem bloßen Vertrauen auf das Institutionelle, oder die alleinzige Wirksamkeit der päpstlichen Unfehlbarkeit.[35] Gegenüber Newmans Kritik an den Maximalisten seiner Zeit und seiner scharfen Diagnose der Defizite der katholischen Kirche, nehmen sich Rahners Einwürfe aufs Ganze gesehen weniger brisant aus. Beide teilen die Meinung der radikalen Befürworter der Unfehlbarkeit des Papstes nicht, daß damit alle Probleme zu lösen wären. Im Gegenteil: Newman sieht deutlich und klar die

---

35 Im Blick auf die geradezu konträren, ja kontradiktorischen Aussagen des (höchsten) kirchlichen Lehramtes zu Fragen der Ökumene, der Religionsfreiheit oder gar der Heilsmöglichkeit der Menschen im Bewußtsein des Aussagen des Zweiten Vatikanischen Konzils darf gesagt werden, daß die offizielle Stimme der Kirche Dissonanzen kennt (vgl. SCHATZ, K., Welche bisherigen päpstlichen Lehrentscheidungen sind »ex cathedra«. Historische und theologische Überlegungen. In: Dogmengeschichte und katholische Theologie. WERNER LÖSER – KARL LEHMANN – MATTHIAS LUTZ-BACHMANN (Hg). Würzburg 1985, 404-422; vgl. auch die Problematik des Dissenses, die Newman schon in seiner Untersuchung über die Arianer herausgearbeitet hat). Für jene GlaubenszeugInnen aber, die in der Vorwegnahme der Zukunft die Last des Kommenden tragen, kommt es daher zu einer Dissonanz zwischen der Stimme Gottes in ihrem Gewissen, das sie zu ihrer Glaubensüberzeugung ruft, und der offiziellen Stimme der Kirche. Wird damit das Geheimnis der Kirche, die bleibende Gegenwart Christi und seines Geistes negiert? Zunächst bleibt festzuhalten, daß das Faktum der konträren Lehräußerung des episkopalen Amtes in keiner Epoche der Geschichte geleugnet werden kann. Wie ist es daher, gerade im Blick auf Newmans Vorwort von 1878 zum seinem »Prophetical Office« zu verstehen? Vielleicht so: Die Stimme der Kirche spricht in und aus dem spannungsreichen Zueinander von episkopaler und prophetischer Tradition. Beide aber beziehen sich auf die Grundlegung der Kirche in der Frucht des Geistes Christi. Die Realität der Kirche jedoch bleibt geprägt von der Vorläufigkeit ihres Zeichens. Auch das unfehlbare Amt ist nicht unsündbar. Das Wunder der Kirche liegt in ihrer Kraft, sich immer wieder neu aus dem Ursprung zu erneuern, um so ein gegenwärtiges Bild Christi zu realisieren.

## »KONVERSION DER KIRCHE«

Gefahr darin: die Macht des Tyrannischen. Für beide aber ist die unfehlbare Lehrautorität des Papstes notwendig, wenn sie sich ihrer Einbettung in die Kirche (»auxilia«; »assistentia«) nicht nur formal bewußt ist, sondern sie auch konkret, strukturell geregelt wird. Newman hoffte immer darauf, daß die Definition des Konzil ergänzt, d.h. definiert, begrenzt wird.[36] Beide treten für eine minimalistische Interpretation der päpstlichen Unfehlbarkeit ein; nicht um das Amt zu schmälern, sondern (das scheint mir heute ganz deutlich zu sein) um es nicht durch Überforderung zu zerstören. Im Sinne jenes Zitates aus dem Lukasevangelium (Lk 22,32), das an prominenter Stelle in »Pastor aeternus« steht (DH 3070), treten beide für eine Rückbesinnung auf jene Lebenswirklichkeit der Kirche ein, die nicht durch Souveränität und Anspruch übersprungen werden darf. Das Charisma des Amtes ist ein Charisma aus der Kirche und in der Kirche, nicht umgekehrt.

Beide setzen für die Zukunft des Glaubens auf den Einzelnen; auf die kleinen Gruppen, von denen her der Glauben neu wachsen kann, weil sie aus der Gegenwart Gottes ihr Leben gestalten. Rahner hat in seinem Buch »Das Dynamische in der Kirche«[37] seine Vorschläge dazu gesammelt. Die Kirche lebe immer auch von jenen Aufbrüchen, die nicht amtlich angeleitet oder sanktioniert sind, und die sich auch nicht einfach in jenen Vorschriften bewegen, die zur Zeit Geltung haben. Gewiß wissen Rahner und Newman um

---

36 Newman sah grundsätzlich das Boot der Kirche durch die maßlose Partei vom Kurs abgekommen. Aber damit ist das letzte Wort noch nicht gesprochen. »Vielleicht tritt zu unserer Zeit die Wendung der Dinge nicht ein; doch sicher wird früher oder später eine starke und strenge Nemesis erstehen für die Gewaltakte, die uns jetzt mit Trauer erfüllen« (B 571). Er sieht eine Entwicklung, wie in der Alten Kirche voraus, die das Dogma erklären und vervollständigen werden: »Künftige Päpste werden ihre eigene Gewalt erklären und eindeutig abgrenzen« (B 582). In aller Deutlichkeit schreibt er am 3.4.1871 an Dr. Alfred Plummer (LD XXV, 308-310, hier 310): »Let us have a little faith in her, I say. Pius is not the last of the Popes – the fourth Council modified the third, the fifth the fourth. Men were alternately (i.e. were called) heretics. Look at the history of Theodoret. The late definition does not so much need to be undone, as to be completed. It needs *safeguards* to the Pope's possible acts – explanations as to the matter and extent of his power. I know that a violent reckless party, had it its will, would at this moment define that the Pope's powers need no safeguards, no explanations – but there is al limit of the triumph of the tyrannical – Let us be patient, let us have faith, an a new Pope, and a re-assembled Council may trim the boat« (bestätigt in P). Newman hat in der Zustimmungslehre vertreten, daß ein Mensch unter Umständen berechtigt wäre gegen die ganze Menschheit zu stehen (Z 248). Es ist nicht unwichtig, aus solchen Erfahrungen heraus den Vorrang des Gewissens vor dem Papst zu lesen. V. Blehl weist auf eine biographische Begebenheit hin, die das Problem illustriert. W.P. Neville berichtet, daß Newman in der Zeit vor der Abfassung seines Briefes und den Herzog von Norfolk zur Unfehlbarkeitsdebatte eine Autorität versuchte, ihm vom Schreiben abzuhalten. Daraufhin habe er ihm geantwortet: »When my conscience tells me what I should do, no authority on earth can be let stand between me and my God« (zitiert nach: BLEHL, V.F., Newman's personal Endavour as a Catholic to follow the »Light« and the »Call«. In: NSt XII, 27–34, hier 32).

37 QD 5. Freiburg i.Br.: Herder 1958 (u.ö.).

grundlegende Prinzipien und Rahmenvorgaben, die beachtet werden müssen, wenn der christliche Glaube nicht sein Profil und seine Identität verlieren will; aber es gibt das Unerwartete, das Neue auch in der Kirche. Mit Newman verbindet ihn das Eintreten für das freie Wort in der Kirche, das besonders Newman für unabdingbar hielt, wenn die Kirche ihre Chance nützen will: »Ich habe mich immer dazu bekannt, den Irrtum nicht zu unterdrücken, sondern auf ihn zu antworten – wobei der einzig Grund ist, daß dadurch, wenigstens heutzutage, der Wahrheit am besten gedient wird. Ich halte Unterdrückung für eine schleche Politik. Die Wahrheit hat eine ihr eigene Kraft sich durchzusetzen.«[38]

ALFRED LÄPPLE hat in einer leider nicht vollendeten großen Untersuchung aufgezeigt[39], wie sehr Newman um eine Theologie des Einzelnen gerungen hat. Gewiß war Newman schon von der Persönlichkeit her kein Mensch großer Gruppen und struktureller Aktionen; aber es ist nicht persönliche Vorliebe, wenn er die Bedeutung von Einzelnen für die Verbreitung der Wahrheit hervorhebt.»Sie [die Wahrheit] hat sich in der Welt nicht als System, nicht durch Bücher, nicht durch Argumente, auch nicht durch weltliche Macht erhalten, sondern durch den persönlichen Einfluß solcher Männer, wie ich sie beschrieben habe, Männer, die zugleich Lehrer und Vorbilder der Wahrheit sind« (G 74). Und er fügt hinzu: »Ein kleine Schar hochbegnadeter Menschen wir die Welt rette für die kommenden Jahrhunderte. Einst hat sogar ein einziger Mensch (Athansius) der Kirche sein Bild aufgeprägt, daß es durch Gottes Barmherzigkeit bis zum Ende der Welt nicht erlöschen wird. Solche Menschen stehen wie der Prophet auf dem Wachtturm und entzünden ihre Leuchte auf den Höhen« (G 78).

Newman und Rahner kommen in dem Ruf überein »Löscht den Geist nicht aus«[40]! Beide sehen aber auch die Gefahr, daß das Licht des Evangeliums durch jenen Schatten verdunkelt werden kann, den wir werfen. Beide sehen in der Entwicklung die bleibende Identität der Glaubens, nicht in der bloßen Bewahrung oder dem ewig gleichen. Beide sind Vertreter einer Offenheit des Glaubens auf eine neue, noch vom Geist auch der lehrenden Kirche zu lehrenden Zukunft. Denn der Geist Gottes allein ist der Lehrer, der nicht des Lernens bedürftig ist. Die Kirche aber ist eine Kirche in der Glaubensschule des Geistes Gottes.

Daher liegt für beide die Zukunft des Glaubens in der Hand jener, die immer neu sich am Gott ihres Lebens ausrichten und ernst machen mit dem

---

38 Brief vom 20.4.1873 an W.J. Copeland (LD XXVII, 293-294); Übersetzung nach: Dessain, John Henry Newman (Anm. 26) 281.
39 Der Einzelne in der Kirche. Wesenszüge einer Theologie des Einzelnen nach John Henry Newman. Teil 1. München 1952.
40 Rahner, Karl: Schriften Bd. VII (Anm. 19), 77-90.

Evangelium: Newmans Urwort »realize« kann gewiß in Beziehung gesetzt werden mit dem durchgehenden existentiellen Zug der Theologie Rahners. An die Kirche ergeht daher der Ruf, die Kirche vom Katechismus des Herzens, vom Ruf Gottes in den Gewissen und Biographien der Glaubenden her zu verstehen; von jenem Leben, das Newman zum Kennzeichen der wahren Kirche gemacht hat[41], und das auch durch Theologie und Institution nie eingeholt wird.

Ich könnte und müßte noch weitere Parallelen und Ähnlichkeiten aufzählen: Ihre Auseinandersetzung mit den Naturwissenschaften; die Form ihrer Schriftauslegung; Ihre lebenslange Seelsorgetätigkeit usw. und darin kämen auch die Unterschiede, die nicht geleugnet werden sollen, mitunter scharf zum Ausdruck. Aber mir ist es ein wichtiges Anliegen, noch eine Option am Schluß zu nennen, die bei Newman aufklingt - mehr im Lebensbeispiel als in der ausdrücklichen Rede, und bei Rahner im Laufe des Lebens immer stärker zum Ausdruck kommt:

## 2.4 Die ökumenische Verpflichtung als Grundoption

Ich möchte nicht die Unterschiede zwischen der Zeit Newmans und der unseren einfach verwischen, jedoch uns alle daran erinnern, daß – und hier möchte ich das Erbe Heinrich Fries' erneuern – wir gelernt haben, Newman als eine ökumenischen Gestalt zu betrachten[42], für den die Einheit der Kirche eine Bedingung für die künftige Glaubwürdigkeit der Kirche ist. Newman hält es für möglich, daß die Kirche einen Teil Ihrer Verheißung verscherzen kann, wenn er sagt: »...; aber im Neuen Testament, werden wir erkennen, denke ich, daß die ihr gemachten Verheißungen tatsächlich mehr oder weniger von einer Bedingung abhängig sind, die sie (die Kirche) nun seit Jahrhunderten nicht erfüllt. Diese Bedingung ist die Einheit, die von Christus und seinen Aposteln gewissermaßen zur sakramentalen Vermittlung gemacht wurde, durch die der Kirche alle Gaben des Geistes, und unter diesen die Reinheit der Lehre, gesichert sind«[43]. Die verheißenden Vorrechte des Evan-

---

41 »I believe I was the first writer who made life the mark of a true Church« (Brief an H. Wilberforce vom 21.1.1846; LD XI, 101).

42 BECKER, W., Newman als ökumenische Gestalt. In: NS: III, 248–268; FRIES, H., Newmans Bedeutung für ökumenische Probleme der Gegenwart. In: Ders., Es bleibt die Hoffnung. Kirchenerfahrungen. Zürich 1991, 179–214, 219–221; LAROS, M., Newman als ökumenische Gestalt. In: NOrd 1 (1946/47) 71–81.

43 Via Media I: »...; but we shall find, I think, in the New Testament that the promises made dot her acutally did depend more or less upon a condition which now for many centuries she has broken. This condition ist Unity [Fn In Cathedra unitatis doctrinam pouit veritatis. August. Ep. 105, p.303], which is made by Christ and His Apostles, as it were, the sacramen-

geliums hängen sowohl von der sichtbaren als auch der moralsichen Einheit ab. Das *eine* Bild Christi ist aber nun zerbrochen durch Trennung und Zwietracht. Die Glaubwürdigkeit des Evangeliums selber ist in Mißkredit geraten.[44]

Aus diesem Empfinden distanzierte er sich von Angriffen gegen die anglikanische Kirche und kritisierte unnötige Schärfen[45], auch wenn er Plänen einer Wiedervereinigung des Anglikanismus mit Rom keine Zukunft gab.[46] Auf welcher Basis aber begegnet Newman seinen ehemaligen Freunden in der Oxford-Bewegung? Newmans theologische Methode in seiner Antwort auf das Eirenicon Puseys hat Spuren hinterlassen, die wir selbst bei Rahner wiederfinden werden. Die Kirchenväter und die Konzilien der ungeteilten Christenheit werden ihm nicht nur in dieser Frage zur Grundorientierung.[47] »Die Väter haben mich katholisch gemacht, und ich werde die Leiter nicht zurückstoßen, auf der ich in die Kirche hineingestiegen bin. Sie ist für jenen Zweck heute noch eine ebenso nützlich Leiter, wie sie es vor zwanzig Jahren war« (P 19).

Wenn wir von dieser Antwort her das ökumenische Vermächtnis Rahners lesen, das er mit Heinrich Fries zusammen erarbeitet hat, und das Sie gemeinsam verantworten[48], dann werden erstaunliche Parallelen deutlich.[49] In der These 1 werden die verpflichtenden Grundwahrheiten auf die Heilige Schrift und die Konzilien von Nicäa und Konstantinopel konzentriert. New-

---

tal channel through which all the gifts of the Spirit, an among them purity of doctrine, are secured to the Church« (199).

44 Vgl. PANNENBERG, W.: Christentum in einer säkularisierten Welt. Freiburg-Basel-Wien 1988. Seine These besagt, daß die Säkularisierung und in deren Folge der moderne Atheismus eine Folge der Friedensunfähigkeit der christlichen Konfessionen sei. Daher ist die Versöhnung der Christen untereinander durch die ökumenische Bewegung der wichtigste Schritt zur christlichen Erneuerung und zur Wiedergewinnung der Glaubwürdigkeit.

45 Vgl.: B 130.

46 Einer kooperativen Wiedervereinigung, die Ambrose de Lisle ins Leben rief, konnte sich Newman nicht anschließen (DESSAIN, John Henry Newman [Anm. 26] 238). Als aber diese Assoziation verurteilt wurde, schrieb er an de Lisle: »Ich selbst sah meinen Beruf nicht darin, der Unionsgesellschaft anzugehören – doch sind meiner Ansicht nach ihrer Mitglieder grausam behandelt worden. ... Eine Reaktion muß früher oder später eintreten – wir müssen Gott bitten, sie zu [seiner] guten Stunde herbeizuführen und uns mittlerweile Geduld zu geben« (B 398).

47 Es muß die Frage gestellt werden, ob nicht durch Newman die gegenreformatorische Identität des Katholizismus dadurch aufgebrochen wurde, weil durch ihn wesentliche Elemente der reformatorischen Tradition in die Kirche kamen, die von ihm letztlich nicht verleugnet wurden, sondern in die größere katholische Fülle eingebracht wurden.

48 Einigung der Kirchen – reale Möglichkeit. QD 100. Freiburg i.Br.: Herder 1983.

49 Kann man sagen, daß die QD 100 Geist vom Geiste Newmans ist?

mans Orientierung an der »antiquity« ist damit durchaus vereinbar.[50] Wenn Rahner in der These IVb eine Selbstbeschränkung des Papstes »ex jure humano« vorschlägt, dann ist das keineswegs weit von Newmans Hoffnung entfernt, daß die kommende Entwicklung die Macht des Papstes einschränken werde. Daß Rahner und Fries dabei die Anerkennung des Petrusdienstes bei anderen Teilkirchen einfordern, hat ihnen ja den Vorwurf der versteckten Gegenreformation eingebracht. Es wäre lohnenswert, einmal die verschiedenen Vorwürfe an Newman und an Rahner, bzw. Fries in diesem Entwurf miteinander zu vergleichen: Den einen sind sie zu katholisch, den anderen wieder schon nicht mehr.

Auf These zwei dieses Buches sei abschließend noch hingewiesen. In dieser These stellt Rahner ein von ihm so genanntes »realistisches Glaubensprinzip« auf, das verlangt, daß in keiner Teilkirche ein Satz verworfen werde, der in einer anderen Kirche ein verpflichtendes Dogma ist. Die darin zum Ausdruck kommende Enthaltung solle auf einen Konsens der Zukunft hin offen bleiben. Ich möchte Ihnen nicht darstellen, welche Diskussion dieses Glaubensprinzip ausgelöst hat, sondern Sie mit zwei Aussagen von Newman konfrontieren. Zunächst: In seinem Brief an William Froude während seiner Kardinalsernennung 1879 schreibt er: »Sie dürfen nicht vergessen, daß, wenn wir auch fest wie Sie daran halten mögen, daß die Natur ihre Gesetze hat, dennoch, wenn der Gehalt der Offenbarung bedacht werden soll, sehr wenig als die ursprüngliche Lehre festgelegt ist, die allein de fide ist und in der die überlieferte Wahrheit ruht und eingegrenzt ist« (B 691). Die zweite Aussage ist ein Grundsatz, den Newman des öfteren zitiert, und der von Johannes XXIII. in seiner Eröffnungsrede des Konzils ausdrücklich als Prinzip dieses Konzils genannt worden ist: »In necessariis unitas, in dubiis libertas, in omnibus caritas«.[51] Es wäre uns heute und in Zukunft zu wünschen stets das eine vom anderen zu unterscheiden; eines aber ist unbedingt gefordert: die Begleiterinnen der Wahrheit bleiben Freiheit und Liebe. Ohne diese wäre die blendendste Formulierung nur Blendwerk. Stehen nicht beide im Dienst einer Theologie, »die nüchtern, wissenschaftlich, ehrlich, lebendig und kirchlich zugleich ist.«[52]

Jeder Aufbruch in der Kirche ist umstritten und muß in Geduld und treuem Einsatz auch erkämpft und erlitten werden. Damit aber können wir dem

---

50 Newmans Entwicklungslehre beschränkt sich in großen Teilen auf die Geschichte der Alten Kirche.
51 Vgl. DESSAIN, John Henry Newman (Anm. 26) 291. Als besonderes Indiz wird angeführt, daß JOHANNES XXIII. in der Einberufungsenzyklika Newman als einzigen Theologen der jüngeren Kirchengeschichte namentlich nannte (Ad Petri Cathedram. In: AAS 49 [1959] 513; vgl. Newmans Grundsatz als Entgegnung auf die Maßlosigkeit Wards: »In necessariis unitas, in dubiis libertas, in omnibus caritas« [B 462]).
52 Rahner, In: Vorwort (Anm. 48) 6.

Begriff »Konversion der Kirche« ihre Grundbestimmung geben: Hinwendung zum Ursprung als Wende in die Zukunft; die Konversion in den Ursprung allein eröffnet die Zukunft. Pioniertheologien, wie sie John Henry Newman und Karl Rahner personifizieren, ist bei aller Anerkennung und Hochschätzung die Last der Einsamkeit auferlegt, die oftmals allein auf die Kraft der Wahrheit in der ausstehenden und nicht mehr erlebbaren Zukunft hoffen kann.[53] Was Hans Urs von Balthasar einmal über Rahner sagte, gilt in gleicher Weise auch von Newman. Ich selber könnte eine solche Aussage nicht formuieren; aber hören wir Hans Urs von Balthasar in seinem Geburtstagsartikel von 1964:

»Der heilige Schöpfergeist aber, ..., hat sich in dieser Schlacht notwendig des menschlichen Geistes bedienen müssen, und menschliche Geist besagt, wo er schöpferisch und auf der Höhe seiner selbst ist, immer ungetrennt beides: Denkkraft und Mut. Einer ganz kleinen Schar von ›Berufenen, Auserwählten und Getreuen, die zu ihm halten‹ (Apk 17,14) verdankt ›das Lamm‹ und seine Kirche diesen Sieg, und zu diesen Wenigen gehört an einer der ersten Stellen Karl Rahner. Einsam, obschon jedermanns Freund und Genosse; zäh und hartstirnig, obgleich auch nachsichtig, wo die Tugend der Klugheit es fordert; immer mit seinem Denken in der ersten Feuerlinie, ohne Deckung wenn's draufankommt, immer dort, wo die andern aus fehlendem Mut noch nicht zupacken mögen, aber sobald einer vorausging willig folgen. ... [Er] hat sich schweigend, verbissen an die Arbeit gemacht, wie ein Ross, wie ein Ochse, der so lange gezerrt, bis, unbegreiflich, das Ganze sich trotz allem bewegt hat. ... Sehen wir indes darin die einstimmige, unverhohlene Freude unserer Zeit, einen genialen Theologen geschenkt erhalten zu haben, der auf Jahrzehnte und wahrscheinlich Jahrhunderte hinaus der Kirche Frömmigkeit, Tiefsinn, unerschöpfliche denkerische Ansregung gegeben hat, und nochmals vor allem eins: das Beispiel des christlichen Mutes«[54]

---

53 »Andererseits habe ich stets gepredigt, die Dinge, die *wirklich* von Nutzen sind, werden nach dem Willen Gottes doch zu *ihrer* Zeit getan und zu *keiner andern*; versucht man zu *unrechter Zeit, was in sich recht* ist, wird man vielleicht zum Häretiker oder Schismatiker. Vielleicht ist, was ich erstrebe, real und gut, aber es kann Gottes Wille sein, daß es erst in hundert Jahren geschieht« (B 251).

54 BALTHASAR, HANS URS von: Karl Rahner. Zum 60. Geburtstag am 5. März 1964. In: Neue Züricher Nachrichten. Beilage: Christliche Kultur Nr. 8 (28. Jahrgang) vom 29.2.1964.

ROMAN SIEBENROCK

## Christsein im Zeitalter der Beliebigkeit. Christlicher Glaube und Kirche »nach« John Henry Newman

Die umfassende Herausforderung, in die der christliche Glaube heute gerufen ist, fordert auch von der Theologie, die Möglichkeiten und vorweggenommenen Ansätze der Vergangenheit für Gegenwart und Zukunft ins Erbe zu nehmen. Der erste Schritt zu einer solchen Vergegenwärtigung besteht jedoch in der geschichtlich treuen Aufarbeitung der Vergangenheit, in der Anerkennung der Differenz. Dies schließt Distanz und Unzeitgemäßheit nicht nur ein, sondern eine wirkliche Gegenwartsfähigkeit ereignet sich nur in einer gründlichen Erfahrung der Fremdheit. In diesem Beitrag soll gefragt werden, wie die Glaubens- und Lebensgestalt John Henry Newmans, wie sie sich in seinen Schriften erschließen, für unsere Gegenwart fruchtbar werden kann.

Mehr als einen ersten Schritt in dieser dringlichenAufgabe ist aus doppeltem Grunde nicht möglich. Einerseits ist ein großer Teil der Newmanforschung der historischen Aufarbeitung gewidmet.[1] Andererseits ist er als Theologe innerhalb des deutschen Sprachraums nur zu Einzelthemen präsent, die nach dem Kanon des aktuellen Interesses bestimmt werden, und bei dem Newman oftmals – trotz aller Newmanforschung – unter fremder Regie steht. Das »nach« im Titel will neben der Aufnahme der Tradition Newmans in einer anderen, unseren Zeit noch ein drittes ansprechen. Theologische Gegenwartsanalyse und Rezeptionsweise Newmans liegen in der Verantwortung des Autors. Newmans Erbe wurde seit seinem Tode auf vielfältige Weise aufgenommen. Hier soll die These begründet werden, daß Newman der Glaubensgestalt der Zukunft ein unverzichtbarer Orientierungsstern sein wird. Dieser Aufgabe versuche ich in folgenden Schritten gerecht zu werden. Zunächst möchte ich die Herausforderung der Gegenwart für den christlichen Glauben skizzieren. Dann versuche ich zu zeigen, daß die Frage nach der Gestalt des christlichen Glaubens in einer neuen Welt die tiefe Problematik Newmans Zeit war. Vor allem Newmans theologische Gegenwartsanalyse bestätigt solche Annahme. Wie Newman sich darauf einließ, stellt sein blei-

---

[1] Wie vorliegender Beitrag die Rezeption und Interpretation Newmans im Detail aufnimmt, ist in einer vorhergehenden Untersuchung grundgelegt (siehe: SIEBENROCK, R., Wahrheit, Gewissen und Geschichte. Eine systematisch-theologische Rekonstruktion des Wirkens John Henry Kardinal Newmans. NSt XV. Sigmaringendorf 1996).

bendes Vermächtnis dar, das unter unseren Bedingungen neu gelesen werden muß. Ich lege also einen Lese-Vorschlag vor.

## 1 Zeit im Übergang: Glauben im Ausgang einer Epoche

Die Zäsur von 1989 markiert einen Übergang. Hoffnungen haben sich zerstreut. Die Zukunft hat noch keine Kontur, da die Geschichte nicht funktioniert, sondern gestaltet sein will. Dafür aber fehlen uns die fraglosen Wurzeln. Die modernen Mythen, in denen Wissenschaft, Aufklärung und Technik eine neue, die höchste Epoche humaner Gestaltung der Welt heraufdämmern sahen, sind zusammengebrochen, die nationalen Hintergrundsreligionen im Blutrausch entlarvt. Die Dialektik der Aufklärung schreckt uns mit ihren Entartungen. Nirgends herrscht Euphorie, auch wenn wir aus Ratlosigkeit nicht aus Überzeugung mit wachsender Beschleunigung die Fahrt fortsetzen. Eine neue Qualität der Bedrohung drückt sich in den weltlichen Apokalypsen der ökologischen Krise im selbstgemachten Untergang aus. Die Zukunft, einst Raum utopischer Entwürfe und reiner Möglichkeiten, ist der Prognose zum Opfer gefallen: Prognose als tendenzielle Verlängerung der Gegenwart. Auch die schöne neue Genwelt kann den alten Optimismus nicht wiedererwecken. Skepsis und tiefliegende Sorge befällt uns, weil wir nun in der Lage sind, unmittelbar und mit unabsehbaren Folgen in den Lebenscode einzugreifen. Wir sind in der Lage, Menschen planend zu schaffen nach unseren Vorstellungen. Doch welches ist das wirksame Bild des Menschen in den Laboratorien? Was ist unser Begriff des Lebens?

Der Schrumpfungsprozeß der Welt läßt uns mittels medialer Vernetzung gleichzeitig mit allem werden. McLuhans Prognosen, der aus diesem Grund zum Katholizismus konvertierte, nehmen reale Formen an. Neue Märchen entstehen, und die neoreligiöse Verbrämung der funktionalen Moderne taucht den Alltag in altvertraute polytheistische Mythen: Sport, Kultur, Wissenschaft, Technik und vor allem Markt und Geld werden inszeniert und als Sinnträger chiffriert. Die Klage über Sinn- und Wertverlust wolle den Preis der Moderne nicht entrichten, wird uns entgegengehalten.[2] Moderne bedeute einerseits Differenzierung, Individualisierung, Pluralisierung und Funktionsprimat. Andererseits ist der Mensch zum großen Selbstexperiment angetreten: Selbstmanipulation bis in die biologischen, ideologischen, tiefenpsychologischen und gesellschaftlichen Voraussetzungen hinein.[3] Sinn ist obsolet

---

2 Siehe: Bolz, N., Die Sinngesellschaft. Düsseldorf 1997.

3 »Diese Selbstmanipulation reicht also durch alle Dimensionen des menschlichen Daseins: die Dimension des Biologischen, des Psychologischen (hier darf die Tiefenpsychologie nicht vergessen werden), des Gesellschaftlichen, des Ideologischen (im weitesten und neutralen

geworden und deutet sich nur noch in den Amalgamen mit den vormodernen Kräften an. Wird der Prozeß der Moderne, wie es Norbert Bolz vorschlägt, von seinen ureigenen Produkten her verstanden, dann gehen wir – theologisch betrachtet – einem religionslosen Zeitalter, das sich mythologisch-religiös maskiert. Ein solche Situation jedoch bietet der christlichen Verkündigung keine Anknüpfungsmöglichkeiten mehr, sie müssen in der Glaubensverkündigung selber mitvorausgesetzt werden. Der einsame DIETRICH BONHOEFFER hatte darauf hingewiesen.[4]

Die angedeutete Situation macht vor der christlichen, zumal der kirchlichen Lebenswirklichkeit nicht Halt, im Gegenteil. Niemals konnte der katholische Glaube auf Dauer sich nur in Distanz zur geistigen Entwicklung der Menschen entfalten. Nnoch im radikalen Protest zeigt sich seine unauflösliche Relation. Pluralismus, Diasporasituation, Ende der einheitlichen Milieus, Synkretismus und Fundamentalismus lauten die gängigen Beschreibungsmaximen. Eine Hintergrundsstimmung jedoch muß ausdrücklich hervorgehoben werden. Eine Nostalgie des Untergangs hat uns erfaßt. Trotz allen aufrichtigen Bemühens unzähliger scheint der Glaube zu verschwinden. Als »Nostalgie des Untergangs« ist diese Situation deswegen zu bezeichnen, weil ein radikales Aufbäumen dagegen, ein mit letztem Einsatz geführter Protest, ebensowenig zu erkennen ist, wie eine tiefe Gelassenheit in der getrosten Gewißheit des Glaubens, der schon viele Winter und Verpuppungen erlebt hat. Haben wir europäische Christen uns schon kunstvoll in einer seltsamen »ars moriendi« abgeschrieben? Solch allmähliches Versiegen der Glaubensfähigkeit kann seine Ursachen nur in einer Geisteshaltung haben, die dem Glauben nicht diametral entgegengesetzt ist, und die auch nicht schlechthin zum Glauben in Gegensatz tritt.

Ein zweites Problem liegt in der Last der eigenen Geschichte. Von der Wahrheit des christlichen Glaubens, und damit von seinem Anspruch, seiner Unterschiedenheit und seiner Besonderheit, sprechen wir mit Reserve. Das

---

Sinn des Wortes« (RAHNER, K., Selbstvollzug der Kirche. Ekklesiologische Grundlegung praktischer Theologie. Sämtliche Werke 19. K.H. NEUFELD (Hrsg.). Freiburg-Solothurn 1995, 266).

4 Widerstand und Ergebung. Briefe und Aufzeichnungen aus der Haft. EBERHARD BETHGE (Hrsg.). Neuausgabe. München ²1977, 305f. Die Bonhoefferinterpretation hat nicht immer gesehen, daß Bonhoeffer zwar von einem »religionslosen Christentum«, aber niemals von einem »glaubenslosen« spricht. Wie können wir, fragt er, von Christus, Kirche und Liturgie ohne die Voraussetzungen der Metaphysik und der Innerlichkeit sprechen? Wie können wir von Christus sprechen, ohne ihn in die Skala der religiösen Phänomene einzuordnen und somit den christlichen Glauben als Höhepunkt oder Spitzenverwirklichung des allgemein Religiösen zu verstehen? Hier wird die Diagnose Bonhoeffers in religiöser Verfremdung aufgenommen. Die Religionslosigkeit tritt in religiöser Verbrämung auf. Die radikale Selbstbeschauung der Moderne muß sich religiös abschließen, weil sie allein in diesem Kunstgriff sich mit der unabschließbaren Offenheit des Menschen versöhnen kann.

sehe ich nicht als moralischer Vorwurf, denn die reale Geschichte des Christentums nötigt uns in dieser Hinsicht starke Vorbehalte ab. Wir haben die Sorglosigkeit des Anfangs verloren; und wer heute vom Anspruch des Christentums spricht, ohne die Opfer dieser Ansprüche in einer gefährlichen Erinnerung gegen eine unbedarfte Rede zu bewahren, wird sich dem Verdacht nicht entziehen. Kann aber dann überhaupt noch von Wahrheit in der Religion gesprochen werden? Sind die Wege nicht plural, nicht gleich, nein verschieden, aber als verschiedene von gleicher Wertigkeit und von der gleichen Möglichkeit, das Heil zu erreichen? Wenn alle Wege gleich-gültig werden, ist dann nicht jeder Weg und jede Entscheidung beliebig?

## 2  Newmans Lebenswelt: Entstehen einer neuen, unseren Welt

Wenn wir in dieser Situation mit Newman ins Gespräch eintreten, dann wird seine providentielle Bedeutung sichtbar. In Newmans Lebenszeit entsteht unsere Welt, denn damals ensteht in England nach der französischen Revolution die industrielle, durch Wissenschaft und Technik dominierte, in der Demokratie liberal organisierte und von einer utilitaristischen Grundphilosophie geprägte Gesellschaft.

Und Newman ahnt das Neue: »Die alte Generation ist vergangen und ihr Charakter mit ihr; eine neue Ordnung der Dinge ist entstanden. Die menschliche Gesellschaft hat einen neuen Rahmen und begünstigt und entwickelt eine neue geistige Haltung« (DP I, 353). Nach Newmans Einschätzung ist die Entwicklung dieser neuen Welt zutiefst in der Entwicklung der englischen Geistesgeschichte, zumal in der Tradition Oxfords, grundgelegt. Über das physikalisch-mechanische Denken Newtons sieht er Francis Bacon als den entscheidenden Vordenker, der nicht nur eine Trennung von Physik und Theologie anzielt, was Newman begrüßt, sondern vor allem die Wirk- und die Zweckursache trennt. Mit der allmählichen Überwindung des teleologischen Denkens jedoch wird die Theologie heimatlos im Denken der Moderne (Z 253, 261). In Bacons Überwindung des aristotelischen Organons durch sein »Novum Organum« werden nicht nur die Grundelemente des induktiven Denkens entwickelt, vielmehr verlangt das Konzep eine Unterwerfung der Natur unter die Zielsetzungen des Menschen und eine gesamtgesellschaftliche Ausrichtung auf dieses Ziel hin: Wissen ist Macht. Bacons Idee hat seit Newmans Lebenszeit durch das Ineinander von Wissenschaft und Technik tatächlich die Welt in einem Maße verändert, wie es die Geschichte bisher noch nicht kannte.

Es ist meiner Ansicht nach bedeutsam, daß Newman mit einem exemplarischen Vertreter dieses hypothetischen Zeitalters in freundschaftlichem Kontakt steht, und die »Zustimmungslehre« diesen zum geheimen Gesprächspartner hat: William Froude. In ihm kommt auch die zweite wesentliche

Strömung der englischen Denktradition zum Ausdruck: die Aufklärung in der Gestalt von John Locke. Locke formuliert nicht nur die Prinzipien des neuzeitlichen Individualismus, wie sie in die amerikanische Verfassung Eingang gefunden haben, er ist auch *der* Vertreter des theologischen Rationalismus/ bzw. Liberalismus, der die autonome Vernunft zur Richterin über die Ansprüche von Glaubensaussagen erhebt.[5]

In der Verbindung dieser beiden Strömungen des rationalen Liberalismus John Lockes, und des induktiven Programms Bacons, ergibt sich eine geistige Grundströmung, die den Glauben unmerklich, aber desto zielführender aushöhlt. Der Glaube verliere seine Kraft (DA 286) und werde nie mehr jene organische Kraft in der Gesellschaft sein können, die er einmal war (DA 292). Damit ist für Newman nicht der Wechsel von einem heliozentrischen zum geozentrischen Weltbild die wesentliche Neuorientierung, die die Kirche fälschlicherweise verwarf (U 258f), sondern die Neuordnung der gesamtgesellschaftlichen Rahmenbedingungen. Die besondere Gefahr für den Glauben liege nicht darin, daß die neue Philosophie den Glauben bekämpfe, sondern daß im Zusammenspiel mit der Naturwissenschaft das Interesse für Religion überhaupt verlorengehe (U 325-327). Von diesen Grundvoraussetzungen her blickt Newman mit wenig Optimismus in die Zukunft; im Gegenteil, manche seiner Analysen sind erschreckend, wenn auch nicht völlig unrealistisch.

Die Stellen, die seine Prognostik enthalten und nicht das Grundproblem des Liberalismus behandeln, ergeben kein zusammenhängendes Bild. In allem jedoch kommt zum Ausdruck, daß wir einer glaubenslosen Zeit entgegengehen. »Sie fragen nach meiner Meinung über die Aussichten der Kirche; Sie wissen, alte Leute sind im allgemeinen mutlos — doch meine Befürchtungen sind nicht neu, sondern dauern schon über fünfzig Jahre. Immerfort habe ich eine Zeit weitverbreiteten Unglaubens[6] erwartet, und in der Tat sind die Wasser all die Jahre hindurch gestiegen wie eine Sintflut. Ich sehe die Zeit kommen, nach meinem Tode, da nur noch die Gipfel der Berge gleich Inseln in der Wasserwüste zu sehen sind.« (B 653).

---

5   Zum einen formuliert er das Toleranzprinzip der modernen Gesellschaft (Souveränität des Subjekts), zum anderen müssen sich alle Glaubensaussagen dem Anspruch der Vernunft stellen: »Alles, was Gott geoffenbart hat, ist der eigentliche Gegenstand des Glaubens. Aber ob es eine göttliche Offenbarung sei oder nicht, darüber muß die Vernunft richten« (LOCKE, An Essay concerning human understanding. IV, Kap 18, Nr. 10; zitiert nach E 283).

6   Dieser weit ausgebreitete Unglaube (LD XXVIII, 156) wird die Folge einer intellektuellen Bewegung gegen die Religion sein (B 720f), der er mit seiner Grammatik entgegentreten wollte. Dieser heimliche Prozeß hin zu religiösem Indifferentismus und Unglauben (LD XXI, 181) wird dazu führen, daß die ersten Plausibilitäten sich verkehren, so daß die Menschen Atheisten sein werden bevor sie die Offenbarung entdecken (LD XXVIII, 207).

Newmans Ahnungen bezüglich der protestantischen sind im Vergleich mit der katholischen Welt wesentlich pessimistischer. Aber auch hier sei größter Mut und Anstrengung erforderlich.[7] Zwar werden die Katholiken nicht mehr mit antipäpstlicher Polemik konfrontiert werden, doch ohne ein wunderbares Eingreifen der göttlichen Vorsehung, werde das universelle religiöse Gefühl nicht mehr zurückkehren (P 142). Wenn eine gesamte Generation den moralischen und religiösen Instinkt ihres Geistes verlieren wird, dann wird auch die beste logische Argumentation ihre Wahrheit nicht mehr wiederaufrichten können: »And thus the idea of a God may go« (LD XXVI, 268). Newmans Diagnose einer realen Möglichkeit vom Verschwinden Gottes beruht auf seiner Analyse, daß ein skeptisches Zeitalter (Z 194) sich ankündige, das eine universale Glaubenskrise (G 407) hervorrufen werde.[8] Newman sieht das eigentliche Problem nicht in der Akzeptanz bestimmter Glaubenssätze, sondern in der grundlegenden Verarmung der Glaubensfähigkeit überhaupt: »Die Hauptschwierigkeit ist, überhaupt zu glauben« (Z 348).[9] Daher sieht er die größte Herausforderung nicht in einem kämpferischen Atheismus, sondern im Unglauben einer religiösen Indifferenz (LD XXXI, 181). Aus diesem Grunde greifen auch die bekannten apologetischen Argumentationsmuster nicht mehr. Die deduktive Apologetik verliert ihre Gegner.

Diese Situation hat sich seiner Meinung nach aus den entscheidenden Entwicklungen seines Jahrhunderts ergeben. Zahlreiche Errungenschaften und Entwicklungen des 19. Jahrhunderts sprächen scheinbar gegen den Glauben. Die Entfremdung zwischen Kirche und Wissenschaft (G 22), die fortschreitenden Entdeckungen (G 14), die Bacons Programm endgültig Wirklichkeit werden lassen (G 407), scheinen den Abschied von Kirche und Religion einzuläuten. Aber ist der Glaubende dem einfachhin ausgeliefert? Newman war nie ein Prophet des erwünschten Untergangs. Er weist immer auch auf Wege hin, die den Glauben fördern und stärken. Ja, sein ganzes theologisches Mühen will Glauben ermöglichen.[10]

Die grundlegende Krise könnte, so Newmans prophetische Ahnung, zu einer ungeahnten Gemeinsamkeit glaubender Menschen aus verschiedenen

---

7   Weniger überzeugend ist sein Aussage in der Zeit der Pariser Kommune (1871), als er in den untersten Klassen die neuen Goten und Vandalen entdeckte, die als die neue Geisel Gottes die herrschende Zivilisation vernichten werden (B 584).
8   Vgl. B 658 (LD XXVIII, 207).
9   Das große Hindernis nennt Newman »eine hochmütige, sich selbst genügende Sinnesart ...« (G 348).
10  In seiner letzten größeren Veröffentlichung aus dem Jahre 1885 läßt er sein Schreibmotiv durchblicken. Nichts dürfe ihn daran hindern, »mit Liebe auf die Ängste derer einzugehen, die in dieser Hinsicht weniger glücklich sind als ich, und mag es ein Verbrechen sein oder nicht, ich bekenne, daß ich versucht habe, ihnen nach dem Maß meiner Fähigkeiten zu helfen« (G 400).

Religionen führen: »... wie der Sonnenuntergang die Sterne hervortreten läßt, so werden große Prinzipien zu leuchten beginnen, die von Menschen verschiedener Religionen als ihre eigenen anerkannt werden, wenn der Unglaube vorherrscht«[11].

Die Aufgabe der Gegenwart skizziert Newman auch in einer Predigt aus dem Jahre 1873 mit dem Titel: »Der Unglaube der Zukunft« (DP XII, 127-145), in der er versucht, diese Herausforderung für katholische Priesteramtskandidaten zu übersetzen. Das Christentum stünde vor einer bisher ungekannten Herausforderung: »Das Christentum ist noch nie auf eine schlechthin unreligiöse Welt gestoßen« (DP XII, 135). Die Welt anerkennt die christlichen Prinzipien nicht mehr. Diese Seuche des Unglaubens faßt er in jenem Prinzip zusammen, das er den Liberalismus in der Theologie nennt, und als theologischer Rationalismus zu verstehen ist.[12]. Bis in die Formulierung hinein stimmt diese Diagnose mit der Biglietto-Rede Newmans überein. In der Apologie hatte er diese Sicht geistesgeschichtlich ausgeweitet, wenn er den europäischen Geist insgesamt, und damit aller Länder, die unter seinem Einfluß stehen, dem Atheismus zustreben sieht (A 281). Der alles zersetzende Skeptizismus neige in Sachen der Religion geradewegs zum Unglauben (A 281). Das sei nicht, wie in der katholischen Kirche oft unterstellt wurde, eine Folge des neuzeitlichen Denkens, sondern eine stete Gefährdung der Vernunft.[13]

Wie aber könne dieser Herausforderung begegnet werden? In der genannten Predigt kann er der scholastischen Methode in der faktischen Realität[14] wenig Tauglichkeit zumessen. Auf zwei grundlegenden Pfeiler gründe sich vielmehr künftiges Christsein. Nicht die Kontroverse, sondern die kirchliche Gesinnung garantiere den Glauben, der eine mystische Wurzel brauche. »Wir

---

11 »... as the setting of the sun brings out the stars, so great principles are found to shine out, which are hailed by men of various religions as their own in common, when infidelity prevails« (LD, XXVII, 188).

12 »In allem müssen wir uns von der Vernunft leiten lassen, in nichts vom Glauben; alles wird so weit erkannt und so weit angenommen werden, als es bewiesen werden kann. Ihre Anwälte sagen: Alle sonstige Erkenntnis ruht auf dem Beweis, warum sollte die Religion eine Ausnahme bilden? ... Warum sollte nun nicht auch diese für die Naturwissenschaften so segensreiche Methode von Nutzen sein hinsichtlich jener höheren Erkenntnis, von der die Welt glaubte, sie habe sie durch Offenbarung empfangen? Es gibt keine Offenbarung von oben, sagen sie, es gibt kein Betätigungsfeld für den Glauben. Sehen und Beweisen sind der einzige Beweggrund auch für den Glauben. ... Folglich sei der Glaube in zweifacher Hinsicht ein Irrtum. Erstens, weil er sich den Platz der Vernunft anmaße, und zweitens, weil er eine absolute Zustimmung zum Lehrgut fordere und dazu dogmatisch sei, während doch eine absolute Zustimmung unvernünftig sei« (DP XII, 134f)

13 Auf dieser Diagnose baut seine Differenz von Katholizismus und Atheismus (G 345-350) und die theologische Begründung eines unfehlbaren Lehramtes auf (A 283f).

14 DP XII, 142.

müssen uns das dauernde Empfinden erwerben, daß wir in Gottes Gegenwart sind, daß er sieht, was wir tun; ... denn wer daran gewöhnt ist, sich auf den unsichtbaren Gott zu verlassen, wird nie wirklich imstande sein, sich an eines seiner Geschöpfe zu klammern« (DP XII, 144).[15] Auf diesem Fundament fordert Newman eine genaue und vollständige Kenntnis der katholischen Theologie. Die Kraft und Macht ihrer Wahrheit jedoch setze gesellschaftliche Freiheit voraus.[16] Mit diesen Hinweisen hat Newman seine Aufgabe abgesteckt und sein theologisches Unternehmen als Dienst am Glauben in einer neuen Zeit umschrieben. Dabei sind ihm die Grenzen seines Versuchs keineswegs verborgen geblieben. »Dabei bin ich mir wohl bewußt, daß es voller Mängel ist und sicher genug Unvollkommenheiten und Unreife hat; immerhin bedeutet es etwas, ein Problem aufgerollt und ein Gebiet zum Teil abgesteckt zu haben, auch wenn ich nicht mehr getan habe« (B 573).[17]

## 3 Newmans Alternative: Persönliche Heilsgeschichte im universalen Horizont

Wenn wir auf diesem Hintergrund auf Leben und Werk Newmans blicken, dann überrascht uns, wie Newman vielfältige Impulse von sehr unterschiedlichen Richtungen in sich vereinigt. Der Eindruck verstärkt sich, daß in Leben und Werk Newmans die gesamte englische Geistesgeschichte mit im Gespräch ist. Diese Tradition leugnet er nicht, sondern bleibt noch in Abgrenzung ihr zutiefst verpflichtet.[18] Die Palette von untereinander nicht zu verein-

---

15 Die für Newman typische Konzentration auf die Individualität in der Gegenwart Gottes muß mit dem kirchlichen Sinn, dem Gemeinschaftsgedanken in eins betrachtet werden. Newman war immer auch der Priester des Oratoriums, einer in Freundschaft gegründeten Gemeinschaft.

16 »Wenn die katholische Religion sich frei entfalten kann, wird sie immer in einem Land eine Macht darstellen müssen« (DP XII, 138). Daher kann er auch infolge der Säkularisierung die neue »Rede- und Handlungsfreiheit« (DP V, 317) begrüßen.

17 Es wäre nicht unwichtig, die Antwort Newmans auf diese Herausforderung mit den alternativen Lösungen seiner Zeit zu vergleichen. Protypisch hat die Diskussion um das Erste Vatikanische Konzil diese als Rationalismus, bzw. Semirationalismus oder als Fideismus charakterisiert. Diese theologischen Fachtermini, die die Fundamentaltheologie bis heute wesentlich prägen. Die gesamtkirchliche Alternative war geprägt vom Bewußtsein eines tiefliegenden Gegensatzes, der den Katholiken im Gehorsam zur kirchlichen Autorität zwischen Integralismus und Alternativgesellschaft einen neuen Platz eroberte.

18 Eine erste Ahnung seiner Komplexität vermitteln jene Urteile, die seit über 100 Jahren über ihn gefällt werden. Was auch immer von einer Person seiner Zeit gesagt werden könnte, wird von ihm gesagt: ein Liberaler, ein Papist; ein Rationalist ein Romantiker und sensibler Musiker oder Skeptiker (er gilt mitunter auch als zu feminin); ein Psychologe und vor allem, und das sagt er selber, kein Theologe (LÄPPLE, A., Der Einzelne in der Kirche. Wesenszüge einer Theologie des Einzelnen nach John Henry Newman. Teil 1. München

barenden Urteilen läßt daher vermuten, daß jene Einheit, die sich in Newman tatsächlich finden läßt, ein wesentlicher Impuls für unsere Glaubensgestalt heute und morgen darstellt. Die folgenden Hinweise verstehen sich als erste Skizze einer noch zu leistenden Arbeit.

### 3.1 Die Priorität und fundamentale Würde der kleinen Erzählung: Biographie als dialogische Lebensgeschichte im Glauben

Newman selbst, nicht erst seine zahlreichen Biographen, sah sich genötigt, die Glaubwürdigkeit seiner Person durch die Einheit seiner Biographie auszuweisen. Die »Apologia pro vita sua« ist kein Zufallsprodukt, sondern das Fundament einer modernen Glaubensgestalt, weil der christliche Glaube in ursprünglicher Weise gegen den Verdacht expliziert werden muß.[19] Wie Newman die Schlüssel zum Verständnis seiner Person dem Publikum selber aushändigen mußte, werden die ChristInnen in Zukunft immer nachdrücklicher die Schlüssel zu ihrem Selbstverständnis in einer ursprünglichen Selbstexplikation darlegen. Dabei werden sie wie Newman auf mißliche Erfahrungen oder tiefliegenden Vorurteilen treffen. Daß die Christen darin auch die Minderheitensituation der Katholiken im damaligen England teilen werden, verstärkt die strukturelle Analogie der lebensgeschichtlichen Apologie als fundamentale Aufgabe künftigen Christseins.

Große Erzählungen werden dabei nicht erwartet werden können; und dies ist auch nicht nötig. Denn eine Biographie ist eine kleine Erzählung. Sie ist eine konkrete Geschichte, unverwechselbar, unwiederholbar – und daher für den bis zu Newman vorherrschenden Begriff von Wissenschaft uninteressant, weil nicht allgemein. Es sei jedoch daran erinnert, daß die Basisurkunde des christlichen Glaubens, die Evangelien, in einen biographischen Rahmen eingebettet ist. Zwar ist damit kein historisch-kritisches Leben Jesu unterstellt, weil die historische Wissenschaft vorrangig nicht das Besondere, einmalige Vorkommnis, sondern in der Analogie der historischen Methode, nur das Vertraute, und damit Allgemeine finden kann. Es ist ein modernes Unterfangen die eigene Identität mittels autobiographischer Mitteln zu sichern. Was Newmans Unternehmen jedoch von einer »patchwort – identity« unterscheidet, möchte ich in zwei wesentlichen Zügen herausarbeiten.

Es geht ihm nicht um eine historisch-kritische Darstellung seines Lebens, sondern um eine Selbstvergewisserung seiner christlichen Entwicklung in einem universal ausgreifenden Dialog. Diese zwei Elemente scheinen mir für das Verständnis Newmans und der Glaubensmöglichkeit heute bedeutsam zu

---

1952, 184-224).
19 Siehe die Beiträge von Lothar Kuld und Hermann P. Siller in diesem Band.

sein. Das erste Element nenne ich: Entwicklungsgeschichte. Daß Newman darüber eine großen Essay geschrieben hat, ist bekannt. Die Entwicklung impliziert, daß der christliche Glaube ein Lebensvollzug ist, in der Lehre ein wesentliches Moment ist. Das Leben hat Newman als Grundkategorie der wahren Kirche angesehen[20] und in der Apologie den Grundsatz aufgestellt, daß Wachstum der einzige Beweis für Leben sei (A 24). Entwicklung darf nicht als Schluß (vom Impliziten zum Expliziten) mißverstanden werden, weil Schlüsse ableitbar und prognostizierbar sind. Solche Entwicklung ist eine Kategorie, die verschiedene Verhaltensweisen, Auseinandersetzungen und Handlungen auf ein Ziel hin oder von einem Ausgang her zusammenfaßt. Es ist eine Kategorie des Weges, der Wandlungen einschließt, und erst nach und auf dem Weg sich zeigt (siehe: E 41).[21] Wie steht aber dieses Lebensverständnis zum Lebensbegriff des kommenden biologischen Jahrhunderts?

Wenn also eine Glaubengestalt sich seinem Impuls verdankt, dann wird sie unter dem Zeichen der Entwicklung und des Wandels stehen. Sie wird offen sein für Stationen und Menschen am Weg; sie wird aber auch den eigenen Weg, die Identität kennen. Sie wird nicht das »Immer Dasselbe« als Leitstern durch die Nacht ansehen, sondern die Entwicklung im »Lieben Licht« in Treue zur eigenen Sendung wagen, die nicht aus uns selber stammt und ebensowenig von uns abgeschlossen werden wird. Künftiger Glaube wird biographietauglich und -fördernd sein. Er wird als kirchlicher Glaube ebenso die Brüche der Biographie annehmen und versöhnen, wie er von jenen Biographien lebt, die sich ihm zur Verfügung stellen.

Das zweite Element ist in dem fremd klingenden Wort vom »universal ausgreifenden Dialog« angesprochen. Vom entscheidenden Erlebnis von 1816 wird immer wieder gesprochen. Und dieses Erlebnis bündelt sich in seinem Kardinalsspruch: »cor ad cor loquitur«. Mit diesem zweiten Element weist Newman den bloßen Individualismus und die verschiedenen Schattierungen jenes theologischen Liberalismus von sich, der eine Alternative in der Auseinandersetzung mit der Moderne war. Gleichzeitig bindet er die faktische Autorität von Kirche (aber auch Staat) an diese Grundlage zurück. Warum?

Newman ist sich der in diesem Dialog sich eröffnenden Wirklichkeit des lebendigen Gottes so sicher, daß er ihn nicht denkerisch-rational (wie Des-

---

20 »I believe I was the first writer who made life the mark of a true Church« (LD XI, 101).
21 Das Ökonomieprinzip verwehrt Newman skeptische Resignation. Auch bewahrt ihn sein grundlegendes empiristisches Ethos, das ihn alle Wirklichkeit rühmen läßt – und was wäre evidenter als der Wandel in der Geschichte –, vor einer solchen Haltung. Die Schwierigkeit liegt darin, daß die Erkenntnis von Identität und Kontinuität mit Schwierigkeiten verbunden ist. Wandel gehört jedoch zur »conditio humana« und ist daher nicht grundsätzlich negativ zu bewerten, wie es sein Lobpreis auf den Menschen als »being of progress« (Z 245) unterstreicht.

cartes) oder emotional-gefühlsmäßig (wie die enthusiastischen Bewegungen bis zu den Evangelikalen seiner Zeit) absichern muß. Diese Gewißheit geht als Geschenk und Widerfahrnis allem Denken voraus. Die sich darin eröffnende Wirklichkeit ruft alle Fähigkeiten des Menschen auf; und zugleich den Menschen aus sich heraus vor den unbedingten Anspruch seiner partikulären Geschichte. Daher ist die Gotteserkenntnis und die Selbstannahme für Newman untrennbar miteinander verbunden. Beides ist herausgerufen: der ganze Mensch, ganz vor Gott und der Wirklichkeit.

In diesem Dialog jedoch wird die Einmaligkeit der Person unbedingt gewahrt. Man kann vielleicht ein Wort aus der Zustimmungslehre aufgreifen und sagen: Die Biographie vor Gott ist »selfmade« (Z 245). Es liegt ein künstlerisches, kreatives, unableitbares, ja abenteuerliches Element in dieser Entdeckungsreise vor und im Dialog mit dem Gott meines Lebens. Damit aber anerkennt Newman die unausweichliche Leistung und Bedeutung der konkreten Person für den Glauben, näherhin das Gewissen.[22] Denn das Gewissen ist der Ort des unbedingten Anspruchs Gottes an den Einzelnen; jener Ort, der über die Möglichkeit einer Glaubensbiographie wesentlich entscheidet. Das Gewissen ist nicht nur nie allgemein, auch wenn es eine Anlage in allen Menschen ist (Anlage nicht unbedingte Realität). Es bleibt auch ein Organ der konkreten Situation. Beidesmal ist es konkret und spezifisch. Das Gewissen verpflichtet unbedingt in einer Situation.

Das aber schränkt einen möglichen Pluralismus grundsätzlich ein. In seinem Kapitel »Die Sanktionen des Folgerungssinnes« führt er mit Nachdruck aus, daß die Basis allen Lebens die Annahme meiner konkreten Person, ihrer Zeit und ihrer Kultur ist. Die heutige Rede vom Pluralismus erinnert einerseits an das Gentleman-Ideal, wie es Newmans skizziert, andererseits an die hypothetische Lebensform wie sie William Froude vorlebte. Beide Lebensentwürfe bleiben dem notionalen Denken verpflichtet. Sie können sich in vielen, ja allen Lebenswelten bewegen und je neu auf gewinnende Weise ihre Rolle einnehmen. Was ihnen fehlt, und das Leben auszeichnet, ist der Ernst. Vor diesen Ernst des »Realisierens« werden aber alle Menschen gestellt, weil wir Menschen vor allem leidenschaftliche Wesen sind; Raubtiere und Riesen lauern in uns, die nicht mit Bildung und Wissenschaft gezähmt werden können. Die zarte Pflanzung des Gewissens ist zutiefst gefährdet durch die verschiedenen Ausformungen der Sünde. Der Tod des Gewissens ist für Newman *die* Gefahr der Zeit.

Daher verlangt das Gewissen eine äußere Stütze; einen Zurufer einen Mahner; ja einen Erwecker zum Ernst. Die Notwendigkeit einer äußeren Instanz liegt bereits in der Entwicklungsgeschichte des Menschen begründet,

---

22 Siehe die Beiträge von Bernd Trocholepczy und Günter Biemer (Autonomie und Kirchenbindung) in diesem Band.

und zeigt die lebensnotwendige Bedeutung der Autorität. Für alle Menschen ist die äußere Autorität, die das Gewissen gerade in ihr Eigenes rufen will, in der Offenbarung gegeben. Um diese Autorität der Offenbarung in der Geschichte präsent zu halten, bedarf es der Kirche, auch als einer institutionellen Größe. Und für Newman ist die lehramtliche Autorität (in Papst, Konzil und Glaubenssinn aller Glaubenden) in einem Zeitalter des theologischen Liberalismus für den Glauben »überlebensnotwendig«.

Die Bedeutung des Gewissen verdeutlicht aber auch, warum Newman gegen den Liberalismus seiner Zeit mit der ihm eigenen Energie und Polemik kämpft. Der Liberalismus ist ein Reduktionsprogramm der den Wirklichkeitshorizont des Menschen auf je verschiedene Prinzipien einschränkt: rationaler Beweis, Gefühl oder Ästhetik. Der Ansatz beim Gewissen bringt es aber mit sich, daß sich der Glaube (und auch die Theologie) niemals von der konkreten Lebensgestalt abkoppeln darf. In Newman liegt eine Theologie der Endlichkeit, ja der Unvollkommenheit verborgen, deren literarischer Ausdruck der Essay ist. Seine großen Entwürfe nennt er mit doppelter Einschränkung »Essay in aid of«.

Eine Glaubensgestalt verlebendigt gewiß Impulse Newman in sich, wenn sie Reduktionismen abweist und falsche Gegensätze überwindet: Nicht das Gewissen oder der Papst, sondern das Gewissen und der Papst; nicht die reine Innerlichkeit und die Geschichte, sondern das Horchen auf die Offenbarung in der Geschichte und die Gewissen-haftigkeit. Vor allem aber ruft Newman dazu auf, der Wirklichkeit in all ihren Dimensionen und Schichten, aber auch in ihrer bestürzenden Gefahr und sündigen Dimension nicht auszuweichen. Er verlangt diese Gegensätze durchzutragen: den Schrecken der Sünde und das Erbarmen Gottes, die Furcht und die Liebe, das Gefühl und den Verstand, die Logik und die Intuition, die Individualität und die Gemeinschaft. Es darf jedoch auch gesagt werden, daß Newman diese Pole nicht einfach nebeneinanderstellt, sondern Prioritäten setzt: Erst das Gewissen, dann der Papst; ja auch »my God and my creator«. Und daher kann er mit Johannes Chrysostomos formulieren: »Be true to yourself an no one can harm you« (HS II, 283).

Es bleibt noch auf ein weiteres Element in dieser dialogischen Grundlegung hinzuweisen. Die »Apologia« liest sich über weite Strecken wie die Aufzählung von entscheidenden Stationen in einem Lernprozeß zum und im Glauben. Es ist nicht möglich alle jene aufzuzählen, mit denen Newman im Gespräch ist. Man hat, besonders wenn man noch auf das Briefwerk schaut, den Eindruck, daß er mit allen Strömungen seiner Zeit und seiner Kultur im Gespräch ist. Die grundlegenden Dialogpole, »myself and my creator«, sind niemals isoliert; immer schon weitet sich das Gespräch auf alle jene, mit denen der eine Schöpfer ebenfalls seine Geschichte schreibt: und dies bedeutet mit aller Wirklichkeit. Dies möchte ich aber die universale Öffnung des personal Dialogischen nennen. Mit der kleinen Erzählung seiner Lebensgeschichte klinkt sich Newman in unzählige andere kleine Erzählungen ein, die erst in ihrem Zusammenklang, zu dem auch »schräge Töne« gehören, sich nachträglich zu einem Netz von Erzählungen verknüpfen. Die Symphonie der Wahrheit ertönt nicht in einem Ton, sondern in einer Vielzahl von Motiven, Kadenzen und (Dis-)Harmonien.

Ist die Bibel nicht auch eine Sammlung von kleinen Erzählungen, die sich immer wieder zu einem universalen Horizont weiten: zum Anfang vor allem Beginnen; und zur endgültigen, eschatologischen Bestimmung? Es hat Gott gefallen, nicht eine systematische Lehre, sondern eine Sammlung von Erzählungen, Lebensgeschichten und Weisheitslehren, Gesetzestexten und Hymnen, Gebeten und Zeugnissen als Fundament unseres Glaubens auszuweisen. kleine Erzählung eines Lebens weitet sich in die universale Weite aller jener Lebensgeschichten, die je auf ihre Weise mit dem lebendigen Schöpfergott verbunden sind. Deshalb haben aber auch nicht bestimmte Lehren, sondern Personen für Newman die ausschlaggebende Bedeutung. Deshalb schätzt er das »Argument« eines Heiligen und Märtyrers mehr, als einen »smart syllogism«. Für die Zukunft des Glaubens sind die glaubwürdigen Zeugen daher ausschlaggebend. Und diese glaubwürdigen Zeugen sind für ihn Autorität. Autorität, als Lebensmeister/Lebensmeisterin, ist für ihn daher die wesentlichen Elemente der Wahrheit und des Glaubens. Deshalb ist auch für ihn Kirche nicht zuerst Sytem oder Institution, sondern ein Netz von Personen, ein Netz, ja Wolke von Zeugen, die ihm lebendig gegenwärtig bleiben. Daher wird für die künftige Glaubwürdigkeit der Kirche die innere Einheit von amtlicher Autorität und authentischem Glaubenszeugnis unabdingbar.

Wenn wir darauf achten, daß der eigene Dialog mit meinem Schöpfer immer ermöglicht wird durch jene Zeugen, die meinen Glauben mittragen, dann kann uns nicht wundern, daß dem Glaubenszeugnis aller Zeugen (das ist die Kirche) eine Priorität zukommt. Aus diesem Grunde legt er Wert auf das Zeugnis der Laien, und nimmt niemals sein eigenes Urteil als Maß aller Dinge. Vielmehr lautet in Anlehnung an Augustinus sein Leitwort: »securus judicat orbis terrarum«. Wenn wir für die Zukunft der Kirche nicht auf Struktur und Quantität, nicht auf glänzende Voraussetzungen oder flankierende Maßnahmen von fremder Seite setzen, sondern auf das glaubwürdige Zeugnis der ChristInnen setzen (ob sie von der großen Welt wahrgenommen wird, oder nicht), wenn wir nicht zunächst danach schielen, was ankommt oder was von außen verlangt wird, sondern ernsthaft in unserem Leben dem Evangelium folgen, getreu und aufrichtig, aber ohne andere Zeugnisse zu verachten, oder die eigenen Glaubensgestalt als Allheilmittel zu verordnen, dann dürfen wir Newman nahe sein. Dann nämlich gilt für uns jener Grundsatz Newmans, den Johannes XXIII. in seiner Ankündigung des Konzils mit

Verweis auf Newman ausdrücklich zitiert hat: »In necessariis unitas, in dubiis libertas, in omnibus caritas«[23].

### 3.2 Phronesis: Die Wahrheit im Konkreten – oder die Einheit der Vernunft als lebenbegleitendes Denken

Ich habe die Lebensgeschichte, die in persönlicher Weise vor und mit Gott entfaltet werden darf, als die Grundlage Newmans und als Basis einer zukunftsfähigen Glaubensgestalt dargestellt. Erst aus diesen zahlreichen Lebensgeschichten – und insofern diese auch gewahrt und gewürdigt werden – baut sich Kirche und Glaubensgemeinschaft auf. Es müßte deutlicher aufgezeigt werden, daß daher Gebet, Ehrfurcht, Ernst und ständige Bekehrung nicht Anwendungen und Konsequenzen, sondern das Lebenselement beschreibt, in der eine Glaubensgeschichte allein gedeihen kann. Es könnte auch darauf hingewiesen werden, daß die vermeintliche Unsystematik Newmans daher rührt, daß die Theologie gewohnt ist, zwischen Glaubensvollzug und Glaubenswahrheit, zwischen Leben und Denken nicht nur zu unterscheiden, sondern diese zu trennen. Für Newman ist dies die eigentliche Gefahr des herrschenden Zeitalters.

Ich möchte aber abschließend auf eine wesentliche Grundentscheidung Newmans hinweisen, die für unser Glaubensverständnis noch größere Bedeutung gewinnen wird. Ich meine, die Umorientierung der Glaubensvernunft von der »epistme« zur »phronesis«. Diese beiden aristotelischen Bestimmungen sind die spekulativ erhebbaren Motive der Auseinandersetzung. Es geht in dieser scheinbar abstrakten Bestimmung darum, was die primäre Bestimmung der Vernunft ist: das Allgemeine oder das Konkrete, das Geschichtliche oder das Notwendige, die Person oder die menschliche Natur. Und Newman wäre keine Engländer, wenn er nicht sagen würde: der Einzelne, die Person, die Geschichte.

Mit dieser prinzipiellen Neuorientierung hat er uns ein Erbe aufgegeben, das noch nicht eingelöst worden ist. Die funktional beschleunigte Moderne denkt in der Konsequenz notionalen Denkens rein rational. Daher muß die ethische Diskussion stets zu spät auf den Plan treten. Auch eine emotionale Entgegensetzung kann die Macht des Ablaufs nicht wirklich steuern. Newmans Vermittlung von Erkenntnis und Verantwortung in der konkreten Situation des realen Denkens stellt ein Vermächtnis dar, das selbst in der Theologie noch nicht vollständig ausgeschöpft worden ist. Hier bleibt er noch zu entdecken.

---

23 Ad Petri Cathedram, in: AAS 49 (1959) 513.

IV. Beiträge zur Reform der Praktischen Theologie

HERMANN PIUS SILLER

# Newmans Zustimmungslehre: ein Monitum für eine theologische Handlungstheorie

Seit Mitte der siebziger Jahre bietet sich erstmals in der Praktischen Theologie ein Theoriekonzept an, das über die theologisch-systematischen Rahmendefinitionen Arnolds und Rahners hinaus eine kritische Reflexion auf kirchliches Handeln ermöglicht und eine kontrollierte Weiterführung verspricht: die theologische Handlungstheorie. Die Tübinger »Grundfragen der Praktischen Theologie«[1] mit ihrer Zentrierung auf kirchliches Bezeugen verstehe ich heute als eine inhaltliche Vorarbeit. Thematisch ins Gespräch gebracht wurde diese Theorie durch Rolf Zerfaß' Artikel über Seward Hiltner[2] und dann durch die grundlegenden Beiträge von Helmut Peukert[3]. An der Debatte habe ich mich auf meine Art beteiligt.[4] Nun ergeben sich bei der Ausarbeitung einer solchen das pastorale Handeln reflektierenden und leitenden Theorie nach und nach erst bestimmte Desiderate, die aus der Übertragung etwa aus dem angelsächsischen eher pragmatischen Kontext in den der deutschen Denktradition, aus der kritischen Theorie und den Sozialwissenschaften in die Theologie, aus der Wissenschaftstheorie in die Arbeit einer bestimmten Disziplin, etwa der Praktischen Theologie erwachsen. Ein solches Desiderat ist die Formulierung einer spezifisch theologischen Sicht der

---

1 G. BIEMER/P. SILLER, Grundfragen der Praktischen Theologie, Mainz 1971.
2 R. ZERFASS, Praktische Theologie als Handlungswissenschaft, in: F. KLOSTERMANN/ ders. (Hrsg.), Praktische Theologie heute, München/Mainz 1974, 164-177.
3 H. PEUKERT, Wissenschaftstheorie-Handlungstheorie-Fundamentale Theologie, Frankfurt a. M. 1988; ders., Was ist eine praktische Wissenschaft? in: O. FUCHS (Hrsg.), Theologie und Handeln, Düsseldorf 1994, 64-79. Weitere Literatur: H. U. VON BRACHEL/ N. METTE (Hrsg.), Kommunikation und Solidarität, Freiburg (CH)-Münster 1985; O. FUCHS (Hrsg.), Theologie und Handeln, Düsseldorf 1984; E. ARENS, Gottesrede – Glaubenspraxis. Perspektiven theologischer Handlungstheorie. Darmstadt 1994.
4 Biographische Elemente im kirchlichen Handeln, in: O. FUCHS, a.a.O. 187-208; Sich-Einbringen eine theologische Kategorie, in: BRACHEL/ METTE, a.a.O. 150-159; Das Evangelium in eigener Erfahrung sagen und in der Erfahrung anderer hören. Zum biographischen Erzählen des Zeugen, in: R. ZERFASS (Hrsg.), Erzählter Glaube – erzählende Kirche, Freiburg/ Basel/ Wien 1988, 159-170; Die Kompetenz des Bezeugens und was die Theologie dazu beiträgt, in: Diakonia 20 (89) 226-236; Synkretistisches Handeln, in: H. P. SILLER (Hrsg.), Suchbewegungen. Synkretismus – Kulturelle Identität und kirchliches Bekenntnis, Darmstadt 1991,174-184; Handlungstheoretischer Gang zu einer theologischen Aussicht auf Kunst, in: W. LESCH (Hrsg.), Theologie und ästhetische Erfahrung. Beiträge zur Begegnung von Religion und Kunst, Darmstadt 1994, 48-67; Sich verbürgen, in: Bibel und Liturgie 67 (94) 106-113.

Wirklichkeit, einer theologischen Wirklichkeitslehre, einer theologischen Ontologie. Abgesehen, daß etwas derartiges auch in anderen Zusammenhängen reklamiert wurde, etwa von Klaus Hemmerle, Abraham J. Heschel und Friedrich Marquardt, ergibt sich innerhalb einer Handlungstheorie dieses Desiderat aus folgenden Gründen:

1. Wenn der Handlungsbegriff nicht behavioristisch reduziert werden soll, also wenn nicht abgesehen werden soll, von dem, was humanes Handeln als solches ausmacht, nämlich daß es Grund hat, dann muß eine theologische Handlungstheorie die Dimension dieses Grundes umfassen. Die Theorie muß Rechenschaft geben von diesem Grund. Dies gilt von einer Handlungstheorie innerhalb der Praktischen Theologie zumal deshalb, weil das in ihr zu reflektierende Handeln genau diesen Grund des Handelns im Zeugnis thematisch zu machen und ihn als ihren eigentlichen Gegenstand darzustellen hat. Die Reflexion auf den umfassenden Grund des Handelns aber hat notwendig die Gestalt einer »fundamentalen Ontologie«.

2. Ein Handlungsbegriff enthält, nicht nur von der Tradition vorgegeben, sondern auch von der Sache diktiert, Aussagen, die auf die Wirklichkeit im Ganzen ausgreifen wie »Sinn« und »Zweck«, »Rationalität« und »Freiheit«. Diese Topoi sind für eine Handlungstheorie konstitutiv und deshalb so unvermeidlich, wie »Intersubjektivität« und »Geschichtlichkeit«. Die Antworten darauf setzen eine Ontologie voraus. Diese ist theologisch nicht neutral, und kann befriedigend deshalb nicht aus einem anderen Theoriehorizont einfach übernommen und unreflektiert mitgeschleppt werden.

3. Grundlegend für das in einer Praktischen Theologie relevante Handeln ist die theologische Verhältnisbestimmung des Menschen zur Wirklichkeit im ganzen, theologisch gesprochen: die Verhältnisbestimmung zu den eschatologischen Verheißungen. Denn genau diese Verhältnisbestimmung ist das, was das Evangelium ontologisch relevant macht. Sie artikuliert sich nicht nur im persönlichen Bekenntnis, sondern auch im institutionalisierten kirchlichen Handeln, das die Praktische Theologie zu reflektieren hat. Daraus geht hervor, daß eine dieser Handlungstheorie dienliche Ontologie nicht einfach aus einer Philosophie übernehmbar ist, sondern im theologischen Erkenntnishorizont ausgebildet werden muß. Niemand kann ihr allerdings dabei verbieten, von der Philosophie zu lernen.

Was hat Newman damit zu tun? Eine ausgebildete, formale Ontologie darf bei ihm nicht gesucht werden. Im Gegenteil: Er wehrt sich öfters ausdrücklich dagegen als Metaphysiker verstanden zu werden (Z 242, Anm. 221). Auch kann er mit seiner theologischen Fragestellung nicht ohne weiteres in die philosphiegeschichtlich anstehenden Problemstellungen eingeordnet werden. Aber er war ein tiefer Denker seines Glaubens und lebte in einer reflektierten Geistesgegenwart mit seiner Zeit. Deshalb werden seine Werke nicht zureichend verständlich sein ausserhalb des Horizontes der neuzeitlichen Philosophie. Dies gilt vorallem von seinem »Essay in Aid of a Grammar of Assent«. Bei allem Risiko, das in einer solchen Beschränkung liegt, greife ich im Folgenden nicht über dieses Essay hinaus.

Ich habe das Essay gelesen in der Nachgeschichte John Lockes und in der Vorgeschichte der englischen Analytischen Philosophie, damit aber auch unvermeidlich, wenigstens für den deutschen Leser, im Problemhorizont des deutschen Idealismus und seiner Folgeprobleme. Auch wenn Newman Kant erst spät und Hegel überhaupt nicht gelesen hat, so dürfte Intention und Fragestellung dieser Philosophien nicht völlig an einem wachen Zeitgenossen in Oxford vorbeigegangen sein. Insbesondere hat sich mir als Verständnisfolie für die Lektüre des Essays immer wieder Marxens Auseinandersetzung mit Hegel aufgedrängt. Als Ausgangsposition ist an Hegels Aufhebung des Besonderen im Allgemeinen, der Wirklichkeit im Begriff zu erinnern. Das Allgemeine, der Begriff »setzt« demnach das Besondere aus sich heraus. Das Besondere ist das Abgeleitete. Was wir im Alltagsbewußtsein als wirklich erfahren ist nur das Resultat des Allgemeinen, des Begriffs. Das eigentlich Wirkliche dagegen ist der allgemeine Begriff. Auf diese hegelsche Position reagierte Marx mit der dezidierten Umkehrung dieser Verhältnisbestimmung und die entschiedene Vorordnung der Wirklichkeit des Einzelnen und Besonderen vor den Begriff. So in seiner »Kritik des Hegelschen Staatsrechts«[5]. Der Begriff ist lediglich Prädikat der konkreten, besonderen, vereinzelten Wirklichkeit Newman ist in seinem Interesse am Einzelnen, an dem was nur mit Eigennamen anzusprechen ist, von einer ähnlichen Emphase getragen wie Marx. Deshalb konnte ich Newmans Essay als eine Art Phänomenologie Glauben tragender Wirklichkeitserfahrung verstehen. Dabei bleibt es allerdings nicht aus, daß entgegen der deklarierten Absicht Newman's in allen Zusammenhängen ontologische Vorentscheidung mit sichtbar werden. Gerade auf sie will ich aufmerksam sein.

Der erste Teil des Essay untersucht die Zustimmung zu Glaubenssätzen. Glaubenssätze sind Wirklichkeitsbehauptungen. Es ist »eine Wirklichkeit in ihren Lehren« (Z 55). Glaubenssätze beziehen sich also nicht, wie es in theologischen Sätzen meist geschieht, auf logische Konstrukte und Allgemeinbegriffe. Sie bezeichnen vielmehr Individuelles, Konkretes, das es real, ausserhalb und vor dem Begriff gibt und durch Eigennamen bezeichnet wird. »Eigennamen stammen aus der Erfahrung, allgemeine (*Namen, sprich: Begriffe H.P. S.*) aus der Abstraktion« (Z 16). Deshalb kann die Zustimmung zu

---

[5] In: K. MARX, Frühe Schriften, hrsg. von H.-J. LIEBER und P. FURTH, Bd. I, Darmstadt 1992, 258-426; ebenso in: Die heilige Familie, in: ebd. 667-925; vgl.: H.P. SILLER, Synkretistisches Handeln, a.a.O. 177 f.

Glaubenssätzen sich nicht bloß auf ihre logische Begrifflichkeit, sondern muß sich auch auf ihre Wirklichkeitsbehauptung beziehen. Wirklichkeitsbehauptungen wollen aber als Wirklichkeitsbehauptungen realisiert werden. »Wie das erfaßte Ding ist, so auch die Erfassung« (Z 26). Dies ist der harte Sinn von »to realize«.

Vorrang hat die reale Erfassung von Sätzen, oder sagen wir in vertrauterer Sprache: die Erfahrung von Wirklichkeit in Sätzen, von Sätzen also die Wirklichkeit erschließen wollen, weil »sie die Absicht, das Ziel und der Prüfstein der begrifflichen (*Erfassung H.P.S.*) ist« (Z 25). Einem Glaubenssatz seine reale Zustimmung zu geben ist deshalb kein wissenschaftlich theologischer, sondern ein religiöser Akt (Z 69) und also kein bloß theoretischer Erkenntnisakt. Diese reale Zustimmung läßt sich meines Erachtens am ehesten widergeben mit dem Begriff »Vollzug«. To realize heißt Wirkliches in seiner Wirklichkeit vollziehen. Gerade die Bekenntnissprache hat darin ihren besonderen Charakter, daß sie diesen »Vollzug« abholt, also zum Realisieren einlädt.

Welche gesellschaftsanalytische und religionskritische Kraft sich in dieser Unterscheidung von begrifflicher und realer Behauptung verbirgt, verrät Newman eher nebenbei: »Aber auch die Religion kann zum Gegenstand begrifflicher Zustimmung gemacht werden und wird besonders in unserem eigenen Land dazu gemacht. Theologie ist als solche immer begrifflich, da sie wissenschaftlich ist. Religion sollte real sein, da sie persönlich ist, aber mit Ausnahme eines kleinen Kreises ist sie in England gemeinhin nicht real« (Z 39). Worauf Newman damit weitsichtig anspielt, ist die legitimatorische Begriffsreligion mit geringem konkretem Vollzug: das was wir heute Zivilreligion nennen. Diese Beobachtung hat eine hohe gesellschaftliche Aktualität. Sie würde eine eigene Aufmerksamkeit verdienen. Thematisch bedingt steht allerdings die individuelle, sozusagen die »existentielle« Bedeutung von to realize im Vordergrund des Essay. Weil die reale Erfassung sich auf das gegebene konkrete Wirkliche bezieht, deshalb kann sie mit dem Begriff Erfahrung wiedergegeben werden. Daraus ergibt sich dann die Rolle der Einbildungskraft und der Bilder.

Im zweiten Teil des Essay geht die Intention in dieselbe Richtung, nämlich die abstrakten Syllogismen logisch wissenschaftlicher Schlußfolgerung einzugrenzen und in den Bereich realer Konkretion vorzustoßen. Die Frage lautet: Wie kommt der einfache, normale Mensch in seinem Alltag - also nicht der Wissenschaftler am Schreibtisch - zu Gewißheiten, die ihn handlungsfähig machen? Damit begibt er sich auf den Boden, auf dem später die »Ordinary language Philosophy« stehen wird. Das meist hintergründig mitspielende, manchmal auch in den Vordergrund tretende Exemplum, an dem Newman die Frage durchdenkt, ist seine eigene Biographie, seine Konversion: Wie kann eine Gewißheit erlangt werden, die einen Schritt wie die Konversion verantwortbar erscheinen läßt? Und welcher Art ist eine solche Gewißheit? Diese Frage kann nicht allein damit beantwortet werden, daß einzelne Glaubenssätze in ihrer Realitätshaltigkeit »realisiert«, also als Wirklichkeitsbehauptungen vollzogen werden. Glaubenssätze sind, wie andere Sätze auch, nicht isoliert. Sie stehen in einem Bedingungszusammenhang mit anderen Sätzen, die ebenfalls »konkrete Tatsächlichkeit« behaupten (Z 291 f). Ihre Geltung hängt von der Geltung anderer Sätze (Z 182) und der in ihnen behaupteten Realität mit ab. Glaubenssätze sind also bedingte Sätze. Wie aber kann bedingten Sätzen eine unbedingte Zustimmung zukommen, wie sie bei einem religiösen Akt notwendig ist (Z 182, 241)? Oder: Welche Art von Gewißheit können solche Sätze von sich aus (also objektiv) beanspruchen und welche Gewißheit kann ihnen vom Bewußtsein (also subjektiv) zugestanden werden? In dieser Frageformation bedenkt Newman zunächst den Einwand seiner anglikanischen Freunde gegen seine Konversion, aber dahinter auch den Einwand der Aufklärung gegen die Offenbarungsreligion überhaupt, daß kontingente (historische) Erkenntnis nicht in der Lage sei, die Gewißheit einer Glaubensentscheidung zu tragen.

Eine apriorische Gedankenrichtung schlägt Newman, wie es etwa Rahner tut, zur Beantwortung nicht ein. Zu sehr ist er in seinem ganzen Temperament und Habitus »Empiriker«. »Ich bin mißtrauisch gegen wissenschaftliche Demonstrationen in einer Frage konkreter Tatsächlichkeit, in einer Diskussion zwischen Menschen, die nicht unfehlbar sind. Immerhin sollen die demonstrieren, die die Gabe dazu haben« (Z 288). Wobei er natürlich auch sieht, daß zum Gelingen der Zustimmung und der von ihm vorgeschlagenen Vergewisserung spirituelle Dispositionen durchaus vorauszusetzen sind (Z 223, 291 f).

Newman unterscheidet die formelle, die formlose und die natürliche Folgerung. Die »formelle Folgerung« bewegt sich im abstrakten Raum einer begrifflichen Logik. Unter formeller Folgerung versteht er den Syllogismus, der auf der Inklusion oder Exklusion des einen Begriffs durch den anderen beruht. Sie dient allenfalls zur Überprüfung, ist aber nicht in der Lage den Vergewisserungsvorgang einer konkreten Existenz zu beschreiben. Nach dem sich Newman aber entschieden hat, den konkreten Folgerungsvorgang hin zur Gewißheit bei einem Individuum im Alltag zu analysieren, den Vorgang also, der Lebenspraxis trägt, scheidet die begriffslogische Folgerung zwar nicht völlig aus, tritt aber weit zurück.

Die »formlose« Folgerung ist die wirkliche Methode folgernden Denkens im Bereich des Konkreten. Sie kann ihre Gründe im einzelnen nicht vollständig analysieren. Sie sucht aber Wahrscheinlichkeiten zu häufen, bis sie an die Gewißheit heranreichen, die Entscheidungen tragen kann. Newman zitiert zustimmend Locke: »Diese Wahrscheinlichkeiten erheben sich so nahe an Gewißheit, daß sie unser Denken ebenso absolut beherrschen und alle unsere

Handlungen so völlig beeinflussen, wie die evidenteste Demonstration. ... Unser so gegründeter Glaube erhebt sich zur Überzeugung« (Z 111). Schließlich die »natürliche Folgerung«, mittels der im Alltag gefolgert wird. »Unsere natürlichste Weise zu folgern, ist nicht die von Sätzen zu Sätzen, sondern die von Dingen zu Dingen, von Konkretem zu Konkretem, von Ganzheiten zu Ganzheiten« (Z 232). Wenn wir uns gemeinhin Gewißheit verschaffen, beschäftigen wir uns nicht so sehr mit Sätzen, sondern »mit den Dingen, so wie sie sind, mit einem nach dem anderen, im Konkreten, mit einer inneren persönlichen Anlage, nicht mit einer bewußten Benützung eines künstlichen Instrumentes oder Hilfsmittels« (Z 232). Ich möchte diesen Sachverhalt mit einem entsprechenden Reflexionsbegriff belegen: Wir kommen zu einer tragenden Gewißheit in Glaubensdingen durch die Folgerung aus gesammelten persönlichen Wirklichkeitserfahrungen. Dabei halte ich die Fähigkeit, mit solchen der Existenz zugewachsenen Erfahrungen praktisch umzugehen, sie also auch anzuwenden, diesen »Instinkt«, diesen »illative sense« für ein konstitutives Element eines Erfahrungsbegriffs selber, denn zur Erfahrung gehört, damit zu handeln. Ich meine also, auch den zweiten Teil des Essay mit dem Begriff »Wirklichkeitserfahrung« zutreffend interpretieren zu können. Die Einführung des Begriffs »Erfahrung« halte ich deshalb für berechtigt und sinnvoll, weil Newman sowohl den Akt der Zustimmung als auch die Gewißheit mit aller Kraft an die konkrete Wirklichkeit zu heften sucht. Wirklichkeitserfahrungen sind es, die die tiefgreifenden und die Existenz umfassenden Entscheidungen des Glaubens tragen.

Wenn ich, wie ich hoffe, die Grundintention des Essay getroffen habe, dann darf ich zunächst die darin implizierten fundamentalontologischen Optionen in zweifacher Hinsicht explizieren und etwas über Newman hinausführen:
1. Newman's erklärtes Interesse liegt nicht in theoretischen Überzeugungen, sondern in dem praktischen Problem (Z 242), wie die in Glaubenssätzen erschlossene Wirklichkeit eine Handlungsgewißheit und damit eine Entscheidung tragen kann. Gewißheit ist dann nichts anderes als ein Fußfassen in einer zuverlässigen, Existenz tragenden Wirklichkeit, die in der Glaubenssprache eröffnet wird. Die daraus erwachsende Gewißheit ist eine »normale Wirksamkeit unserer Natur« (Z 241). Der menschlichen Natur wohnt also, sofern sie aus der konkreten Wirklichkeit zu einer für sie notwendigen Gewißheit zu kommen sucht, so etwas wie ein »illativ sense« inne.
2. In einer zweiten Hinsicht wird die fundamentalontologische Option Newman's sichtbar. Die adäquate Erfassung von Wirklichkeit als solcher heißt »to realize«. »To realize« meint bekanntlich nicht, etwas, das noch nicht ist, herstellen. Verwirklichen im Sinn von »machen« oder »veranlassen zu werden« korrespondiert einem Möglichkeitsbegriff, der lediglich das Nicht- oder Nochnichtwirkliche bezeichnet. »To realize« als Vollzug des Wirklichen

in seiner Wirklichkeit, also nicht nur hinsichtlich seiner Erkennbarkeit, Rationalität, Bildhaftigkeit und Nachfühlbarkeit, korrespondiert einem anderen Möglichkeitsbegriff. Martin Heidegger hat in seiner Existenzanalyse Möglichkeit als grundlegende Struktur der Subjektivität ausgemacht, als »ursprünglichste und letzte positive ontologische Bestimmtheit des Daseins.«[6] Hier bezeichnet »Möglichkeit« ein »Seinkönnen«, ein »Sichverhaltenkönnen«, die auf vorgegebene Wirklichkeit bezogene Freiheit des Daseins. Das Wirkliche wird an der Freiheit zur Möglichkeit. »To realize« meint, die Wirklichkeit als Möglichkeit der Existenz zu begreifen. Die Sprache, der Glaubenssatz, das Evangelium ist dann die Erschließung von Wirklichkeit als einer neuen Möglichkeit des Subjekts. Das heißt: Durch die Glaubenssprache wird die Wirklichkeit als Raum christlichen Handelns erschlossen. Eine solche Fundamentalontologie findet durchaus Anhalt in der Erkenntnislehre Newman's.

Ohne mich zunächst von Newman völlig zu lösen möchte ich nun im Folgenden die Elemente zusammentragen, die als ontologische Basis einer Handlungstheorie dienen können.

1. Ich gehe von einer Einsicht Newman's aus, die ihn offensichtlich stark überzeugt hat und die er im letzten Paragraphen des Essay breit ausführt. Er sieht in allen Religionen der Welt Sehnsüchte, Bedürfnisse und Vorahnungen natürlichen Glaubens und natürlicher Frömmigkeit wirksam, die auf das hinzielen, was im Judentum und im Christentum dann als noch ausstehende Zukunft ausdrücklich wird. Es gibt also für ihn etwas Providentielles in der Geschichte, ein Bestimmtsein zu einer Zukunft. Dieses Providentielle artikuliert sich im Judentum, in Jesus und dann auch in der Kirche signifikant. Das, woraufhin sich das Ganze bewegt, ist allerdings nicht in einem direkten Vorgriff zu fassen, sondern nur gebrochen und überschattet durch Leiden, Schuld und Tod. Diese für Newman überzeugende Evidenz möchte ich mit dem identifizieren, was ich Erfahrung der eschatologischen Bestimmung aller Wirklichkeit nenne. Newman »realisiert« in dieser Erfahrung die umfassende und endgültige, eben die eschatologische Bestimmung der Wirklichkeit.

2. Ich weise darauf hin, daß das Essay einen pragmatischen, also handlungsorientierten Ausgangspunkt nimmt. Er beginnt mit der Zustimmung zu Glaubens*sätzen*. Glaubenssätze behaupten Wirklichkeit. Das heißt, daß Glaubenssätze ontologisch ausgelegt werden können und müssen. Als *Glaubens*sätze aber behaupten sie, oder erschließen sie Wirklichkeit in ihrer eschatologischen Bestimmung.

---

6 Sein und Zeit, 1973, 145 f.

3. Wirklichkeit meint bei Newman zunächst Einzelnes, Konkretes, nicht Allgemeines und Abstraktes. Das Wirkliche ist aber auch nicht das positivistisch, empiristisch, szientistisch Reduzierte, nicht das technologisch, biologisch, physikalisch, mathematisch Abstrakte, sondern die Wirklichkeit des Alltags. Die in Glaubenssätzen behauptete Wirklichkeit ist ebenfalls keine theologische oder kultische Abstraktion, sondern die eschatologische Bestimmung wird in diesen Sätzen von der Wirklichkeit des Alltags behauptet.

4. Die Grundbestimmung allen menschlichen Handelns ist in theologischer Sicht nicht die Poiesis, also das Herstellen von vorher noch nicht Wirklichem, sondern der radikale Vollzug des Wirklichen in seiner umfassenden eschatologischen Bestimmung. So möchte ich den theologischen Praxisbegriff gefaßt haben. Humanes Handelns hat also, ob ausdrücklich erkannt oder nicht, in dieser Bestimmung der Wirklichkeit seinen Grund. Ihr hat es zu entsprechen. Diese Bestimmung ist der eschatologische oder meinetwegen der transzendentale Heilswillen, der der Wirklichkeit von Anfang an innewohnt, der Schöpfung ein Worumwillen eingestiftet hat und der durch keine Sünde oder sonstige Katastrophe ausser Kraft gesetzt wird. Mit dieser Bestimmung wird theologisch gesehen ein humaner Handlungsraum überhaupt erst eröffnet.

Soweit fühle ich mich immer noch in unmittelbarem Kontakt mit den Postionen Newman's, auch wenn ich sie in anderer Sprache wiederholt habe. Die weiteren Aspekte führen insofern über ihn hinaus, als die Kategorien intersubjektiver Reflexion ihm nicht zur Verfügung standen. Für eine Handlungstheorie aber sind sie unverzichtbar. Ich fahre fort:

5. Wirklichkeit bleibt aller Poiesis, allem Konstruieren, allem Projektieren vorgegeben und uneinholbar überlegen. Diese Behauptung ist gerade aufrecht erhalten angesichts des radikalen Konstruktivismus und dem »allmählichen Verschwinden der Wirklichkeit« in und durch die Medien. In jeder Wirklichkeit gibt es die Widerständigkeit des vom menschlichen Tun Unabhängigen, des Unbewältigbaren. Die härteste Wirklichkeit ist aber nicht etwa das physikalisch Wirkliche, das Dinghafte, sondern die andere Freiheit, die Freiheit des anderen. In ihr kommt die Unabhängigkeit, der elementare Charakter der Wirklichkeit als des Unbewältigbaren überhaupt am stärksten zum Ausdruck. Spätestens hier hat alle Poiesis aufzuhören und in kommunikative Praxis überzugehen. Andere Freiheit zu vollziehen, to realize, sie – um mit Hermann Krings zu sprechen – zum Gehalt der eigenen Freiheit zu machen[7], das heißt, die Andersheit des anderen zu bejahen, anzu-

---

7 H. KRINGS, System und Freiheit. Gesammelte Aufsätze, Freiburg/ München 1980, insb. 118.

erkennen, sie zu respektieren, sich frei von anderer Freiheit bestimmen lassen, schlicht: zu kommunizieren. Freiheit ist also »ab ovo ein Kommunikationsbegriff«[8].

Das ist ein anspruchvoller Begriff von dem, was in einer theologischen Ontologie »Liebe« heissen kann: Frei wollen, daß andere Freiheit ist. Oder anders: Sich frei von anderer Freiheit bestimmen lassen. Das ist weder bloße Autonomie, noch bloße Heteronomie. Es meint, sich frei und von sich aus für den anderen verletzbar machen. Das also, Liebe in diesem Sinn scheint mir der normative Kern des kommunikativen Handelns zu sein. Dieser normative Kern ist durchaus »realistisch«, weil ohne diese Schonungslosigkeit sich selber gegenüber, ohne dieses Sichverletzbarmachen das alltägliche Zusammenleben überhaupt nicht geht. Gleichwohl ist dieses Gewöhnliche aber äusserst voraussetzungsvoll.

6. Das Wagnis, sich anderer Freiheit auszusetzen, für sie verletzbar zu sein, geht nur unter der Voraussetzung, daß die mögliche Negation der eigenen Existenz durch andere Freiheit begrenzt ist und nicht totale Vernichtung bedeuten kann. Dieses Wagnis geht nur unter der Voraussetzung, daß dann nicht keiner mehr ist, der mich will; daß vielmehr immer noch einer ist, der meine Freiheit bejaht, mich hält, mich eben liebt. Wir können Liebe, auch im Einzelfall, nur wagen unter der Voraussetzung, daß die Wirklichkeit im ganzen bestimmt ist durch eine vorausgehende und sie bergende Liebe. Das ist der Urbeschluß Gottes: vor aller Schöpfung, vor aller Geschichte, vor aller Sünde, und diese immer übergreifend, zu wollen, daß andere Freiheit ist, daß Mitliebende sind. Mit Dun Scotus möchte ich sagen: Gott hat geschaffen, aber dann auch versöhnt und erlöst, »quia vult habere alios condiligentes«, weil er Mitliebende, also gerade nicht nur Geliebte haben will.[9] Die erste und letzte Bestimmung aller Wirklichkeit ist diese reale Bestimmung aller Wirklichkeit durch Liebe und zur Liebe. Sie ist durch nichts ausser Kraft zu setzen und durch nichts zu überbieten. Das ist die Spitze und das Fundament der christlichen Wirklichkeitsauffassung. Diese umgreifende (universale, transzendentale) Bestimmung der Wirklichkeit durch die Liebe ist gerade angesichts des Todes, der herrschenden Ungerechtigkeit, angesichts von Auschwitz, Hieroshima, Tschernobyl, Srebreniza und Goma also kontrafaktisch zu behaupten. Eine formelle Folgerung ist sie also nicht. Sie muß geglaubt und gehofft werden. Vorallem wird sie gerade angesichts des

---

8 Ebd. 125.

9 Opus Oxoniense III d. 32 q. 1 n. 6; H. PEUKERT hat auf Bedeutung dieser Formulierung aufmerksam gemacht in: Kommunikative Freiheit und absolute befreiende Freiheit. Bemerkungen zu K. Rahners These über die Einheit von Nächsten- und Gottesliebe, in: H. VORGRIMLER, Wagnis Theologie. Erfahrungen mit der Theologie Karl Rahners, Freiburg/ Basel/ Wien 1979, 277.

Elends liebend vollzogen. Das ist der christliche Sinn von to realize. Der Glaube glaubt der Liebe. Die Hoffnung setzt auf sie. Christen sind Menschen, die der Liebe geglaubt haben (1 Joh 4).

7. Menschliches Handeln sowohl als Poiesis als auch als Praxis ist nach christlichem Verständnis von dieser transzendentalen Bestimmung der Wirklichkeit durch Liebe und zur Liebe bedingt. Damit sind die Kategorien philosophischer und soziologischer Handlungstheorien unter einen radikalen Vorbehalt gestellt. Der eschatologische Vorbehalt kennzeichnet alle Kategorien einer theologischen Ontologie, wie Zweck, Sinn, Intention und Konsens.

Das letzte Woraufhin allen geschichtlichen und biographischen Handelns ist nicht zureichend mit dem Begriff »Zweck« anzusprechen. Denn mit keinem dem Menschen zur Verfügung stehenden Mittel ist dieses letzte Woraufhin in Blick zu nehmen oder direkt anzuzielen. Die uns zur Verfügung stehenden Mittel sind für diesen »Zweck« nicht adäquat und dieser »Zweck« ist für die uns zur Verfügung stehenden Mittel nicht adäquat. Der Zweck der Geschichte ist unserem Handeln transzendent. Einen Übersichtsplan für die Geschichtsphasen, also eine Geschichtsphilosophie, oder eine Gesetzlichkeit biographischer Entwicklung gibt es so wenig wie einen Zeitplan oder ein Verzeichnis der dabei zu beanspruchbaren Resourcen.

Der Begriff »Sinn« mit der Bedeutung Lebenssinn oder Sinn der Geschichte ist für den Christen ebenfalls nicht ohne weiteres verwendbar.[10] Wir können unseren Lebenssituationen mit ihren Widersprüchen keinen eindeutigen und endgültigen Ort im Ganzen geben. Eine Einsicht in die Vernunft, die hoffentlich in der Wirklichkeit steckt und sie sinnvoll macht, bleibt uns entzogen.

Der Begriff »Intention« und mit ihm der Begriff »Interesse« ist nicht erst durch Freud in Mißkredit geraten. Die Undurchschaubarkeit unserer Absichten und Interessen, die Unfähigkeit, sie auseinanderzuhalten, und die Verwirrtheit unserer Vernunft und der Triebe hat die christliche Lehre seid Paulus nie ganz vergessen.

Der »Konsens« als Handlungsnorm begegnet in der geschichtlichen Erfahrung der Kirche einer nicht ungerechtfertigten Skepsis. Der freie und freigebende Konsens steht unter eschatologischem Vorbehalt. Von dorther behält das Gewissen gegen den Konsens eine eigene Legitimität. Auch von dorther ist Newman noch einmal aufzunehmen.

Auch die Frage nach dem Grund des Handelns ist der Vernunft nicht ohne weiteres, nicht bis zum Letzten und nicht voraussetzungslos beantwortbar. Die Vernunft ist auf den bezweifelbaren Grund des Glaubens an die Liebe verwiesen. Allein so findet humanes Handeln seinen zureichenden Grund.

---

10 Vgl. K. RAHNER, Die menschliche Sinnfrage vor dem absoluten Geheimnis, in: ders., Schriften zur Theologie. Bd. XIII. Zürich-Einsiedeln-Köln 1978, 111-128.

8. Liebe in besagter anspruchsvoller Bedeutung, als umgreifende Bestimmung aller Wirklichkeit und als Grund menschlichen Handelnkönnens ist in der allgemeinen Erfahrung anfechtbar. Sie entbehrt der Plausibilität und eines logischen Aufweises und insofern einer formellen Gewißheit. Aufgabe der Praktischen Theologie ist es, die kirchlichen Handlungen zu reflektieren, sofern sie die in den »Glaubenssätzen« liegende Behauptung der Bestimmung der Wirklichkeit durch Liebe artikulieren. Sie gilt es im kirchlichen Handeln und Reden zu explizieren, stark zu machen, im Leben der Menschen Gewißheit gewinnen und tragende Evidenz werden zu lassen. Dies geschieht sowohl durch die in der Glaubensperspektive geschehene Häufung von Wahrscheinlichkeiten und durch die darin gesammelten persönlichen Erfahrungen. Praktische Theologie hat den Hinweis auf den Grund allen liebenden Handelns der Menschen, nämlich auf die transzendentale Bestimmung aller Wirklichkeit durch Liebe und zur Liebe, scharf zu machen, in Deutlichkeit zu artikulieren: in den Sakramenten, in der Liturgie, in der Predigt, in der Erziehung, im Religionsunterricht: in allem Zeugnis, das der Kirche aufgegeben ist. Die Menschen sollen die gnadenhafte Bestimmung der Wirklichkeit realisieren, also der Liebe glauben können.

GÜNTER BIEMER

# A Vivified Church:
# Common Structures in the Ecclesiology of Johann Adam Möhler and John Henry Newman[1]

## 0 Introduction

To interpret the development of the Roman Catholic Church in Germany, France and England during the nineteenth century as a revival movement is certainly a view that can be questioned. Yet the biographies of Johann Sebastian Drey, Johann Adam Möhler, Johann Baptist Hirscher and others on the German side, of Hugo de La Mennais, Jean Baptiste Lacordaire, Frédérique Ozanam and others on the French side, and the life stories of converts from the Oxford movement in England show convergent criteria that indicate how the Roman Catholic Church emerged everywhere in Europe out of the dominion the Princes' absolutism had exercised over her up to 1848, when she seems to have come of age. Whether one judges the result of this historical process which is the definition of papal infallibility as a success of divine providence in salvation history or as tragic misunderstanding may depend on the first principles of the spectator. In any case there were two eminent schools of Catholic theology in the nineteenth century whose importance is still relevant in our day. To show how far their intentions have been realized or cut short in the decrees of the Second Vatican Council and in subsequent history is the purpose of this paper. We take Johann Adam Möhler as representative for this school of theology of Tübingen and John Henry Newman as the leader of the »catholic« Oxford movement and its most prominent convert to the Roman Catholic Church. Though their historical and local contexts are so different the way they understood Christianity and contributed to a vivification of the Catholic Church shows a significant number of common

---

1 This essay was contributed to a symposion on J.H. Newman and H.E. Manning in 1994 at the International Institute for the Advancement of Newman Research at Freiburg University in Germany (cf. V.A. MCCLELLAND, ed., By Whose Authority? Newman, Manning and the Magisterium, Downside Abbey, Bath, 1996). The shorter German version: Leben als *das* Kennzeichen der wahren Kirche Jesu Christi. Zur Ekklesiologie von J.A. Möhler und J.H. Newman, in: HARALD WAGNER, ed., Johann Adam Möhler – Kirchenvater der Neuzeit, Münster 1996, 71-98.

contents and structures. The main points of agreement can be said to be –
that the church is to be regarded as the people of God and not confined to the hierarchy;
– that »Christianity is a fact of life at all«[2] and consequently »life always precedes rules«[3];
– that subjectivism, especially liberalism, is a fundamental danger for a religion of revelation.

Möhler's and Newman's historical and systematic approaches to theology are not only a simultaneous break-through to a new and yet original type of understanding Christian faith and church in a more dynamic way. They contained also a sharp discretion of the spirits identifying rationalism and indifference as the common enemy of the church in a new era of church history.

## 1 J. A. Möhler's name and work was known to members of the Oxford movement and mentioned to Newman nearly continually for some twenty-seven years

During their voyage to the Mediterranean sea J. H. Newman and Richard Hurrell Froude staying at Rome in April 1833 made the acquaintance of Nicholas Wiseman, rector of the English College (since 1828). Newman declined Wiseman's suggestion of a second visit to Rome, saying »we have a work to do in England«[4]. There is no indication that Wiseman spoke about his hope for a catholic revival in Europe, as Wilfrid Ward indicates: »Wiseman had been following with full appreciation the intellectual work done by German catholics.«[5] Wiseman knew Möhler's book »On the Unity of the Church« (1825), as an enthusiastic confession to the church living through the power of Holy Spirit and his study of »Athanasius the Great« (1827). He did not hesitate to recommend Möhler to Newman in 1834 the year after their encounter in Rome. It was Thomas D. Acland (1809-1898) a friend of Newman and Gladstone who wrote on May 11th 1834 from Bologna to Newman: »Wiseman has desired me to draw your attention to a German work by Möhler, on Athanasius and his times. Very Roman Catholic, I belie-

---

2 J. A. MÖHLER, Die Einheit in der Kirche oder das Prinzip des Katholizismus, dargestellt im Geist der Kirchenväter der ersten drei Jahrhunderte, herausgegeben, eingeleitet und kommentiert von J. R. GEISELMANN, Darmstadt 1957 (cit.: »Einheit«), 328.
3 »Einheit«, 79.
4 AE (Ed. M. J. SVAGLIC, Oxford 1990), 43.
5 WILFRID WARD, The Life and Times of Cardinal Wiseman, 2 vols, London 1912 (1st ed. 1897) I, 138.

ve.«[6] Despite of his lifelong commitment to Athanasius Newman never mentioned the book which meant for Möhler the turning point in his evaluation of christology.

During the following year (1835) E. B. Pusey's friend Friedrich August Tholuck (1799-1877) visited Oriel College. In a conversation at table he talked about David Friedrich Strauß, Friedrich Wilhelm Hegel, Johann Adam Möhler, and other German theologians and philosophers.[7] Newman after twenty-six years remembers the scene when he answered William Wilberforce about Möhler's »Symbolik« (published in 1832): »As to Möhler's book it has a great reputation, and from the moment it came out. I recollect Tholuck at Pusey's table about the year 1836 speaking of it as a new work which (he implied though a protestant) was unanswerable to my great astonishment.«[8]

In 1836 Newman wrote a review of Nicholas Wiseman's sixteen »Lectures on the Principal Doctrines and Practises of the Catholic Church«[9] for the December edition of The British Critic[10]. In the Foreword Newman found the reference to Johann Adam Möhler of whom Wiseman says: »I must acknowledge my obligation to ... the ›Symbolik‹ of my learned friend Professor Möhler, the most profound work, if I may coin the phrase, on the philosophy of divinity«[11].

Since November 1834 Newman was engaged in a controversy with a Roman Catholic theologian, the Frenchman Jean Nicolas Jager, in the course of which he distinguished Tradition of christian faith in two main categories: apostolical resp. episcopal and prophetical. Newman maintained this dialectical distinction as a central element of his ecclesiology and made use of it in his theory of the »Via media« during the »Lectures on the Prophetical Office of the Church«. Hugh James Rose had reviewed Newman's »Lectures on the Prophetical Office of the Church« in the British Magazine (1837) criticising Newman's »allegation that the Church of England system is only a theory existing in writings of certain excellent Divines but never tried as a practical system.« Rose contradicted: »This appears not to be in harmony with history,

---

6 Letters and Correspondence of J. H. Newman during his Life in the English Church, ed. A. MOZLEY, 2 vols, London 1891, II, 40.
7 HENRY P. LIDDON, Life of Edward Bouverie Pusey, 4 vols, London 1893, I, 321-23.
8 LD XIX, 502.
9 NICHOLAS WISEMAN, Lectures on the Principal Doctrines and Practises of the Catholic Church Delivered at St. Mary's Moorfields, during Lent 1836, 2 vols, London 1836.
10 As regard the authorship cf. ESTHER RHOADS HOUGHTON, The British Critic and the Oxford Movement, in: Studies in Bibliography. Papers of the Bibliographical Society of the University of Virginia, 16, 1963, 119-137.
11 N. WISEMAN, Lectures on the Principal Doctrines (cf. n. 9) p. IX.

nor with facts known to all clergy.«[12] Samuel F. Wood wrote to Newman on May 29th saying that one could show how »*narrow* and *inadequate*« Rose's notions of church system are »by reviewing Möhler, if he treated of Church polity etc. instead of confining himself (as he does) to abstract and isolated dogmas«.[13]

In The British Critic of 1841, already under the editorship of Tom Mozley, William George Ward published a review of Thomas Arnold's sermons »Christian life, its Course, its Hindrances and its Help«[14]. Concerned with the defence of the Tractarian emphasis on the church as authority for the interpretation of scripture Ward argues against Arnold's basic statement that »we maintained sufficiency of private judgement in interpreting the scriptures in no other sense than that in which every sane man maintains its sufficiency in interpreting Thukydides and Aristoteles«.[15] Ward's answer comes from Newman's »Prophetical Office«: »I would not deny but rather maintain that a religious, wise and intellectually gifted man will succeed; but who answers to this description but the collective church?«[16] Ward is explaining with Newman: »Who then is the fit interpreter of scripture but ›the collective church, where what is wanting in one member is supplied by another, and the contrary errors of individuals eliminated by there combination‹.«[17] In this context Ward remarks that »Möhler's work ›On the Unity of the Church‹ (...) has just come to hand, as though for the very purpose of drawing out the full answer of such reasonings as Doctor Arnold's (...)«. Ward recommends from Möhler's book »The First two Chapters and Part of the Third« and gives a translation of several passages of the French edition: »This doctrine (the christian scheme) from the times of the Apostles downwards was far from perfectly understood by each one of their hearers; for since at first it developed itself but slowly in each individual, before it was perfectly known to them it might well appear defective and obscure under more than one point of view ... None of them lived apart from the rest, but *they considered each other as forming one whole* and they kept up the habit as long as possible of refering the solution to the whole community... Man has received from nature the craving which prompts him to address his fellows in order to rectify and strengthen his opinions and judgments; he is not easy till he reco-

---

12 Cf. The British Magazine, vol. XI, May 1837, 546f.
13 LD VI, 77 n. 2.
14 The subtitle says: »Sermons preached mostly in the Chapel of Rugby School«, London 1841. The review is in: British Critic 30, 1841, 298-364. For W. G. Ward's authorship cf.: W. WARD, William George Ward and the Oxford Movement, London 1889, 86f.
15 Brit. Crit. 30, 1841, 322, concerning T. Arnold, op. cit. p. 478.
16 VM I, 189f.
17 Ibidem 190, cf. Brit. Crit. 329.

gnizes them in others besides himself... But this craving is but an image... Under the christian scheme then it was the duty of everyone in regard to doctrine to conform himself simply to the *body of the faithful*... and all the faithful from the *times of the apostles* form one whole.«[18] – Certainly Newman has read these pages of The British Critic and met with Möhler's identical view of how to interpret the Scripture as a book of the church.

In 1842 Peter Le Page Renouf (1822-1897) told Newman about William Pitt Palmer's third edition of his Treatise on the Church of Christ in which the author had an appendix to his chapter »On the Roman Pontiff« (Chapter 8, Part 7): »Arguments of de Maistre and Moehler examined«[19]. Both authors according to Palmer show the papacy to be a lawful development of divine origin. Palmer quotes Möhler's thought-process of the pope being »›the personified reflection of the unity of the whole church‹; and as this ›unity‹ could not present itself as a personal image, before it has penetrated all the members of the church, the inference is, that the papacy could not have been developed till *the age of Cyprian*, when the principle of ecclesiastic unity, as it is alleged, was fully established«[20]. (Palmer tries to discredit the argument because it includes also the patriarchates as a result of this development). Though it is unknown, whether Newman has read Palmer's presentation and refutation of the development of papacy, it is certain that he has been informed about it and it is likely that his juxtaposition of those two names of a German theologian and a French writer of history in his »Essay on the Development of Christian Doctrine« three years later has its origin in Palmer's dealing with the two unequal authors under the one cheading of papacy[21].

In January 1843 a review in favour of Henry Edward Manning's »The Unity of the Church« of 1842 appeared in »The Christian Remembrancer«[22] comparing Manning's book with Johann Adam Möhler's »On Unity in the Church« of 1825. Edward B. Pusey's judgment of the German scene as being mainly Protestant, critical and liberal[23] furnishes the background information of the reviewer as he contrasts the readers of both books: »When Möhler

---

18 Brit. Crit. 30, 1841, 329f; translated from the french version of »Einheit«: L' Unité dans l'église ou le principe du catholicisme d'après l'esprit des Pères des trois premiers siècles de l'église, Paris 1825, p. 25f.
19 W. P. PALMER, Treatise on the Church of Christ designed chiefly for the use of students in theology, 2 vols, London ³1842: vol. II 440-51.
20 Ibidem 449; cf. L'Unité (cf. n. 18) p. 224.
21 Dev. 29; cf. O. CHADWICK, From Bousset to Newman. The idea of doctrinal development, Cambridge 1957, 119f.
22 The Christian Remembrancer, London, vol. 5, 1843, 1-15.
23 E. B. PUSEY, An Historical Enquiry into the Probable Causes of the Rationalist Character lately predominant in the Theology of Germany. To which is prefixed a letter from Prof. Sack upon J. H. Rose's »Discourses on German Protestantism«, 2 vols, London 1828/30.

entered upon his work in Germany he found the neological party full in possession of that ground, which, among ourselves, they are only labouring to occupy.« Therefore, according to the reviewer, Möhler had to begin proving »that the facts of Scripture cannot be apprehended except by divine aid,« a standard which Manning can take for granted. »Möhler enters more upon the principles of grace« and is »more mystical« while Manning is concerned with the »application« of those principles and is »more moral in his reasoning«. Maybe »the mysterious fullness of the one (is) satisfactory to the German, and the pregnant eloquence of the other to the English mind. Möhler has well sketched such a contrast as exhibited in the natural character even of two of the Lord's apostles«: St. John and St. Paul [24]. The reviewer sees a convergence to the appeal of Christian unity by both authors and says: »If we can be cleared from the guilt of division, we must not expect to escape from its disadvantages«. Although it may have been necessary to separate from Rome in those days of Reformation, »in the present day (we) can hardly be cleared of the guilt of schism«[25].

In a letter from Littlemore dated 8 March 1843 Newman answered Mary Holmes who had evidently asked him about Möhler: »Mohler's works are, I believe, very interesting – e.g. his Symbolique – (of course it is theological) – Essay on Unity – Athanasius –. And Hurder's (or some such name) Life of Innocent the Third«.[26]

In these years 1843-45 Mark Pattison (1813-84) during his stay at Littlemore notes in his journal under the 3rd October 1843 that he »began the book of Moehrer (sic!) on the unity, French translation«[27]. H. Tristram thought it

---

24 The Christian Remembrancer 5, 1843, 6.
25 Ibdidem 13.
26 Newman's unpublished letter, in: Newman Archive of the Birmingham Oratory (Courtesy of V.F. Blehl). For M. Holmes: cf. J. SUGG, Ever yours Affly. J.H. Newman and his female circle. Leominister 1996, p. 45f, 72-77, 267f.
27 MARK PATTISON, Memoirs, London 1885. – Pattison shows a sweet-sour relationship to Newman and religion in his Memoirs. About the time when he worked for the »Library of the Fathers« (1838/39), after he had become fellow of Lincoln College he confesses: »I became ... an Ultra-Puseyite, I moved entirely with the party« (p. 184). It is in this connection that he remarks in his diary under october 1 1843: »A stay of a fortnight with Newman in his Littlemore-retreat.« In his diary one can read the correct spelling »Began[?] Möhler On Unity, French translation« (Bodleian Library, MS Pattison f. 128), while the Memoirs shows the wrong spelling which Chadwick has already corrected (O. CHADWICK, op. cit. 118 and 230). Pattison celebrated his birthday during the stay at Littlemore: »10th oct. 30 years old today«, is his entry. And further on: »Felt so anxious for Newman's good opinion« (p. 207). And overlooking the whole situation Pattison judges: »I always felt there was some secret barrier between him and myself ... « (p. 209). Even many years later Pattison was still under the impression of Newman's authority when he met him in the train in 1860. He writes: »I was in terror as to who he would regard me in consequence of what I had written. My fears were quickly relieved ... He had no word of censure« (p. 315).

245

likely Newman to have drawn his attention to Möhler;[28] in any case he is said to have discussed Tradition and development of doctrine with Newman and other members of the Littlemore community.[29]

In 1844 W.G. Ward published »The Ideal of the Christian Church considered in Comparison with existing Practice«, a book in which he defended »certain articles« he had written »in the British Critic«[30]. Among them were several references to Johann Adam Möhler. Whether he was »steeped in Möhler, both the romanticism of Die Einheit der Kirche and the dogmatism of the Symbolik«, as David Newsome asserts may be difficult to prove.[31] Wilfrid Ward says in his second biography about his father: »Möhler's Symbolism on the shelves of a tutor's library after 1841 made him a marked man... «[32] Henry Tristram adds that W. G. Ward was the man, who »had no scruples to possess at least one of Möhler's works«[33], as one can prove from the passages of his own translation of »L'unité dans l'église«[34]. Not only in his remarks about development but also in the expectation of an Ideal Church to have Saints as the »external witness« and the goal of »individual sanctification and salvation« W. G. Ward appeals to Johann Adam Möhler's image of the true church of Jesus Christ.[35]

In March 1845 Newman began his »Essay on the development of Christian doctrine« of which Möhler's »Symbolik« has been called an anticipation, »without however evincing very much of (Newman's) originality or suggestiveness«[36]. Newman acknowledges his awareness of the very idea of de-

---

Perhaps one should interpret Pattison according to the pessimistic motto which he wrote on the first page of his diary: »Jahrelang schöpfen wir schon in das Sieb und drücken den Stein aus, aber der Stein wird nicht warm, aber das Sieb wird nicht voll« (BL MS Pattison 6 p. 1).

28  HENRY TRISTRAM, J. A. Moehler et J. H. Newman. La pensée allemande et la renaissance catholique en Angleterre, in: Revue des Sciences philosophique et theologique 27, Paris 1938, 184-204; cf. 183.
29  Cf. O. CHADWICK, From Bousset to Newman, l.c. 118; cf. H. Tristram op. cit. 194.
30  Cf. supra n. 13-17.
31  DAVID NEWSOME, The Parting of Friends. The Wilberforces and Henry Manning, London 1966 and: Grand Rapids 1993, 286. – The only reference I found mentioning the name in W. G. Ward's, The Ideal of the Christian Church, runs as follows: »An authority has expressed ... that I had spoken against Luther without knowing more of him than the extracts from his writing in Moehler's ›Symbolism‹ « (p. 168 c).
32  W. WARD, William George Ward and the Catholic Revival, London 1893, New Impression 1912, p. 83.
33  Cf. H. TRISTRAM, op. cit. 191f.
34  Cf. supra n. 18.
35  Cf. W. WARD, William George Ward and the Oxford Movement, l.c. p. 250, 259.
36  B. M. G. REARDON, From Coleridge to Gore. A Centenary of Religious Thought, London 1971, 146.

velopment in the contemporary Catholic Church in France and in Germany, when he mentions in the introductory chapter of the essay Joseph de Maistre and Johann Adam Möhler as witnesses »that the increase and expansion of the Christian Creed and ritual ... are the necessary attendants of any philosophy or polity which takes possession of the intellect and heart and has had any wide or expanded commission.... Time is necessary for the full comprehension and perfection of great ideas.«[37]

A year later, a few days before his departure to Rome, Newman in a letter to Lord Adare makes sure: »Moehler's Symbolique *is* translated« though he does not give a reference to the edition, from which he would quote later in his London lectures to the companions of the Oxford Movement.[38]

In 1847, when Newman tried to find out whether his view of a »Dogmatis catholici evolutio« was admitted as orthodox in Rome he had already a vivid imagination of who Johann Adam Möhler was and what the main thoughts of his theology were. He was certainly not surprised to hear Perrone's remark of Möhler having written »about this subjective sense (of tradition) very clearly in his Symbolik. It is called subjective in so far as it is received in the subject and becomes ours.«[39] It may not even have been surprising for Newman to find out that Möhler's theology of tradition was accepted in Rome, because he can have kown the passage in Perrone's »Praelectiones theologicae« where a footnote is added to the sensus communis fidelium saying: »ceterum Möhler in Symbolique ... apte hanc traditionem *subjectivam* appelat... «[40]. He gives Möhler's words in the French translation: »ce sentiment commun... , cette conscience de l'église est la tradition dans le sens subjectif du mot«.– During the same year 1847 Giovanni Perrone published his preparatory study about the doctrine of the Immaculate Conception. Describing the doctrine of the common sense of the people of God he refers again to Möhler. He speaks about development in the sense of those truths which have been implicitly contained in the revealed word of God and have been developed and made explicit by the Church.[41] Perrone dedicated a copy

---

37 Dev 29.
38 LD XI, 240, cf. also infra n. 42.
39 The Newman-Perrone Paper on development, ed. T. LYNCH, in: Gregorianum 14, 1935, 402-47; 405.
40 JOANNES PERRONE, Praelectiones theologicae quas in collegio romano S. J. habebat, vol. II pars II, Romae, editio 2nda 1842, p. 246; in later editions: vol. III 176. For further references to Möhler ibid. cf. vol. III p. 180 n. 29; p. 181 n. 33; p. 208 n. 143. – This seems a plausible source for Newman's terminology of »verbum obiectivum‹ resp. »subiectivum« in his paper for Perrone, i.e. it was inspired by Möhler.
41 J. PERRONE, De immaculato BVM conceptu an dogmatico decreto definiri potest. Disquisitio theologica, Romae 1847, p. 133: »Atque haec est illa dogmatum catholicorum explicationis ac veluti progressionis ratio, qua aliqua articulis fidei, non in se quidem spectatis,

of the book to Newman writing on the title page: »Doctissimo Newman piissime auctor«.

In his second lecture »addressed in 1850 to the Party of the Religious Movement of 1833« Newman quotes from J.B. Robertson's translation of Möhler's Symbolik. In order to show the incompatibility of Protestand and Catholikc principles in the true Church Newman refers to Möhler's argument that each nation resp. religious body would detext and expel »element(s) destructive to the vital principle of the whole ... as long as the community preserves its self-consciousness, as long as its peculiar genius yet lives and works within it.«[42]

During the 1850ies Newman mentions Johann Adam Möhler several times in his correspondance:

– In 1853 he writes to James Stephen who asked him about the Bull Unigenitus from 1713 against the Jansenists: »I fear neither Bossuet nor Fénélon, de Maistre nor Möhler have anything upon the subject«.[43]

– In 1855 he wrote to Robert Whitty on the occasion of the early death of his brother-in-law (Frederick Lucas): »It is remarkable, that like Donoso Cortés and others as Balmez, Möhler and other priests he should be an instance of premature death. Providence wishes to show us ... that He needs not man. The happier for those who are so taken.«[44]

– In June 1856, writing »To the Archbishops and the Bishops of Ireland« about the salaries to be paid at the Catholic University in Dublin Newman reports: »Möhler was offered at Bonn a chair of theology at 5000 dollars a year, more than £ 700«[45]

It seems that the name, the personal fate, the importance of the theologian Johann Adam Möhler were near to Newman's memory through all those years. He mentions easily details about him as exemplifications in his correspondence. It is therefore not astonishing at all that Newman when challenged to write on the specific topic of the importance which the Catholic laity has for the tradition of the Christian faith, in June 1859, he took recourse not

---

sed quoad nos facta, atque adhuc fieri potest accessio. Non quod Ecclesia ... novas veritatum revelationes habuisse ... censenda sit ... ; sed quod ea quae prius subobscure ac plexibus veluti quibusdam implicata in Verbo Dei relevato habebantur, evoluta atque explicata ab Ecclesia fuere atque uti expresse credenda proposita.« – Newman quotes from this volume in his article »On Consulting the Faithful in Matters of Doctrine«, ed. J. COULSON, Glasgow 1986, 65-68.

42 DA I, 54f (quotation from: J.A. Möhler, Symbolism: or, Exposition of the Doctrinal Differences between Catholics and Protestants, as evidenced by their symbolical writings, 2 vols. transl. J.B. ROBERTSON, London (Ch. Dolman), 1843: vol II p. 36-39.

43 Letter from July 17 1853, in: LD XV, 400.

44 Letter from November 5 1855, in: LD XVII, 35.

45 Letter from June 19 1856, in: LD XVII, 283.

only to Giovanni Perrone but also in his context to Johann Adam Möhler. Surely Newman wanted to refer his readers and especially his opponents to that prominent member of the Roman School of Theology who had for the recent dogmatisation (1854) made use of »consulting the faithful in matters of doctrine«. The consensus fidelium »as a sort of instinct, or $\varphi\rho o\nu\eta\mu\alpha$ deep in the bosom of the mystical body of Christ« is the special vein of Newman's Subjective Tradition for which he quoted Johann Adam Möhler in his essay of 1859.[46]

Two years later, in June 1861, writing to William Wilberforce Newman remembers what he had heard in the middle of the thirties »at Pusey's table«. He gives a summary of his own recollection and estimation of Möhler saying: »The author was a free thinking Catholic (I don't mean infidel), who gradually, thought out the truth, was a zealous priest, and died prematurely.«[47]

There were nearly three decades during which Newman had referred or had been reffered to Johann Adam Möhler. Though it has been contended with convincing arguments that Newman has never read Möhler himself the similarity or even identity of their thoughts are astonishing. It shall be shown in which sense this is the case and be asked what importance this has for the church at the present time.

## 2  Möhler's Image of the Church as a Pneumatocentric Unity (1825)

Johann Adam Möhler (1796-1838) born in Igersheim (near Mergentheim) was a student of Johann Sebastian Drey and Johann Baptist Hirscher. He studied at the Catholic seminary in Ellwangen, and since 1817 at the newly established Faculty of Catholic Theology at the University of Tübingen. His interests were not only with theology but also with Classical Literature, Greek, History, and Philosophy. After his ordination and several years in pastoral work as a curate the Faculty in Tübingen invited him to become lecturer on Church History. In 1822 he prepared himself for his new task travelling through Germany and visiting the leading Catholic and Protestant Church historians being impressed by Planck in Göttingen and especially by

---

46  On Consulting the Faithful, op. cit. (cf. above n. 41) 73f. – For Newman's concept of Subjective Tradition cf. my article »Newman on Tradition as a subjective Process«, in: V.A. MCCLELLAND, ed., By Whose Authority? Downside Abbey, Bath, 1996, 149-167.

47  Letter from June 3 1861, in: LD XIX, 502.

Neander in Berlin about whom he wrote enthusiasticaly that he would choose him as a pattern for his own concept and method of Church History.[48] Möhler began to lecture on canon law supplying for a colleague, a circumstance which forced him according to Joseph Rupert Geiselmann to consider the outward structure and human side of the Church.[49] Simultaneously he conducted seminars on the church fathers and prepared his first book »Die Einheit in der Kirche oder das Prinzip des Katholizismus«[50] which was published in 1825. In order to understand the importance of this publication for the Catholic revival in nineteenth century Germany, it seems necessary to understand its mystical one-sidedness or rather pneumatocentrism in the light of the author's further theological development. Only two years later in 1827, Möhler published a two-volume study on Athanasius der Große which shows that he has learned within a short time from Athansius that the incarnational principle was basic for the life and understanding of the Christian Church.[51] His investigations into the history of the church in the middle ages were published as a series of articles (in Tübinger Theologische Quartalschrift, 1827/28) and as a book on »Sankt Anselm von Canterbury«[52].

»Considerations about the state of the Church during the 15th and at the beginning of the 16th century« were the next object of Möhler's studies[53] before he followed the Protestant custom of his time in lecturing on the comparison of church symbols. Comparing the christian religious systems in the mirror of their creeds Möhler counterbalanced his apparently subjective and inductive image of the church in the Einheit in der Kirche emphasizing the objective and institutional elements; he also gave a sharp profile of the differences between the Protestant and Catholic understanding of the Christian faith. The contents of these lectures he published 1832 as »Symbolik oder Darstellung der dogmatischen Gegensätze der Katholiken und Protestanten nach ihren öffentlichen Bekenntnisschriften«, a book which went

---

48 H. KIHN, Prof. Dr. A. Möhler, Ernannter Domdekan von Würzburg. Ein Lebensbild, Würzburg 1885, 9.
49 Cf. »Einheit« (cf. supra n. 2) [13]-[91]; [52].
50 Cf. supra n. 49.
51 J. A. Möhler, Athanasius der Große und die Kirche seiner Zeit, besonders im Kampf mit dem Arianismus, 2 vols, Mainz 1827; french: Athanase le grand et l'église de son temps on lutte avec l'arianisme, 3 vols, Paris 1840 (trad. J. COHEN).
52 Johann Adam Möhler, Anselm, Erzbischof von Canterburry. Ein Beitrag zur Kenntnis des religiös-sittlichen, öffentlich-kirchlichen und wissenschaftlichen Lebens im 11. und 12. Jahrhundert, in: J. A. Möhlers gesammelte Schriften, ed. J. IGNAZ DÖLLINGER, vol. I, Regensburg 1839, 32-177.
53 J. A. Möhler, Betrachtungen über den Zustand der Kirche während des 15. und zu Beginn des 16. Jahrhunderts, in: J. A. Möhler, Gesammelte Schriften, vol. II, Regensburg 1840, 1-34.

through five editions in six years.[54] Möhler proved to pursue a rather unpopular yet plausible understanding of ecumenism in his time as he wrote in a letter: »To get Protestants moving is an approximation to Catholicism because it makes them leaving indifferentism; that Catholics answer, is an approximation to Protestantism, getting out of sloathness, the state of dying religiously and ecclesiastically. When two enemies talk again to each other a beautiful pace has been made toward reconciliation.«[55] Yet not all Protestant theologians saw Möhler's expostulation in a positive light. On the contrary, Ferdinand Christian Baur[56] of Tübingen answered Möhler's Symbolik with such hostility that Möhler found it difficult to continue living in Tübingen. That is why he accepted an offer of the Bavarian King to lecture at the University of München in 1835; he died two years later at the age of 42.

Möhler gave a new inspiration to the Church of his day, a new self-confidence based on profound studies of the patristical sources of the Church. He is said to have been an excellent teacher, attractive in his lectures, convincing as pious Christian, and a blameless priest, who defended celibacy on historical grounds against attacks from Catholic clergy at his time.[57] As an ecumenical figure Möhler began the dialogue between the Christian Churches in Germany from the starting point of understanding their difference in a positive way. His importance as a representative of a new school of theology grounded in church history is still felt not only in the systematic theology of Bishop Walter Kasper but also in modern practical theology.[58]

---

54 J. A. Möhler, Symbolik ... , Mainz 1832: Critical edition by J. R. GEISELMANN, 2 vols, Cologne 1958-61 (with a list of the translations: vol I [34]ff). (cit. »Symbolik«).
55 In a letter to an unknown correspondent: P. B. GAMS, ed., Möhlers Briefe und kleinere Schriften, in: Johann Adam Möhler. Ein Lebensbild von Balthasar Wörner, Regensburg 1866, 63.
56 (1792-1860), Der Gegensatz des Katholizismus und Protestantismus nach den Prinzipien und Hauptdogmen der beiden Lehrbegriffe, Tübingen 1834.
57 J. A. Möhler, Beleuchtung der Denkschrift für die Aufhebung des den katholischen Geistlichen vorgeschriebenen Cölibates, in: Gesammelte Schriften und Aufsätze, ed. J. I. DÖLLINGER, vol I, Regensburg 1839, 177-267.
58 Certainly the most competent expert on J. A. Möhler in the School of Tübingen was Josef Rupert Geiselmann who not only published a number of critical editions of Möhler's works but was his most fruitful interpreter so far. (cf. J. R. GEISELMANN, Lebendiger Glaube aus geheiligter Überlieferung. Der Grundgedanke der Theologie Johann Adam Möhlers und der katholischen Tübinger Schule, Freiburg 1942, ²1966; J. R. GEISELMANN, Die theologische Anthropologie Johann Adam Möhlers. Ihr geschichtlicher Wandel, Freiburg 1955). Cf. Bishop W. KASPER who was Geiselmann's pupil writing on the doctrine of »Tradition with J. A. Möhler and G. Perrone«, in his book Die Lehre von der Tradition in der Römischen Schule, Freiburg, Basel, Wien 1962, 135-43. To the bicentenary of his birth cf. HARALD WAGNER (Ed.), Johann Adam Möhler (1796-1838). Kirchenvater der Moderne. Paderborn 1996 (containing the German version of the present article).

## J.A. Möhler's Einheit in der Kirche

The following analysis is first of all concerned with and reduced to Möhler's understanding of *Tradition* in his concept of ecclesiology. In each of the three passages where Möhler is mentioned or quoted by J.H. Newman, the doctrinal context refers to the tradition of Christian doctrine:
– in the »Essay on development« (1845)
– in the Perrone-paper »Dogmatis catholici evolutio« (1847)
– in the article »On consulting the faithful in matters of doctrine« (1859)

We find Möhler on the way to his pneumatical concept of the Church already in 1823, when he writes in an article: »Why should this spirit that is the beginning, the middle and the end of history – why should he not be represented as he is objectively present?«[59] A year later he confesses: »I would rather know nothing of the whole of history than not believe in a permanent development from inside.«[60] In a first draft of the Einheit he requires: »We have to live in the time of (that) Christianity and it has to live in us since Christianity is a matter of life and Church history is the development of it.«[61]

Möhler describes the unity of the Church in the first part of his book as a spiritual reality and in the second part shows how this is physically realised in structure and government. »Unity in the Church« is understood as a unity of the Holy Spirit in four aspects: as a mystical and as an intelligible unity (chapters 1 and 2), as a unity in multiplicity respectively a multiplicity without unity (chapters 4 and 3).

The physical or visible unity is to be found in the bishops, the metropolitans, the whole episcopacy and the (papal) primate, because this hierarchical structure presupposes the unity in the spirit and is rather the exterior expression of the working of the spirit within the church.

Möhler starts his book Die Einheit in der Kirche with an explication of the basic principle for a mystical unity: the Holy Spirit as he was given to the church for the first time at Pentecost (§1). »The entirety of the faithful, the church, which he (scil. the Holy Spirit, G.B.) has formed is by the very fact that he inspires it an inexhaustible ever renewing and rejuvenating treasure; he is the principle of church life, the never exhausted source of nutrition for all.«[62] Whosoever is filled with him (scil. the Holy Spirit, G.B.) cannot

---

59 In: Tübinger Quartalschrift, vol. V, 1823, 501.
60 »Einheit« 327.
61 Ibidem 328.
62 Ibidem 8f.

withstand being attracted to others; he will have to enter into community sustaining the same spiritual life, as was the case with Paul«; consequently a movement towards separation would be a sign of the wrong spirit. Sacraments show the necessity of this communal structure: because nobody has administered baptism to himself or herself, nobody has layed on the hands upon himself, nor is holy communion to be celebrated in separation from others.[63]

It is a »peculiarity of Christianity to be unterstood as a matter of life, nay of community life« says Möhler refering to patristic sources for each of his assertions. Therefore the admission of pagans into the Church of Christ was never just a question of learning Christian terms, rather a pagan had »to receive Christianity into his life« and that was the reason why »Christian life was called the true and divine philosophy«.[64] – Möhler summarizes: »The Unity of the Christian Church consists in a life which is directly and always moved by the Divine Spirit and in a life which is kept in existence and being generated by the loving reciprocation of the faithful«.[65]

»Intelligible Unity« is the perspective of Möhler's second chapter about unity in the church. The gospel existed in Jesus Christ's consciousness before he started to proclaim it; the apostles kept the gospel in their consciousness before they wrote it down. »They had instituted teachers in each church who were so to speak their continuation and organs of the same Spirit, who would respect with faithfulness what had been entrusted to them (...). Thus Christian doctrine was handed on in the Living word in the first and second generation etc., the same everywhere.«[66] So the churches being the result of apostolic foundation preserved their apostolic origin which was their uniting bond. The adherence to and the exchange with the whole community was regarded as guarantee of Orthodoxy. »As each individual (Christian, G.B.) received the inner christian principle of life, and the inner strength of faith only of the whole community, and as this relationship of all faithful, beginning with the apostles, formed an unity of all ... , thus the true expression of the inner faith, the true doctrine can only be determined and preserved through the whole (church, G.B.); i.e. as regards the ... true doctrine the (indiviual, G.B.) Christian is referred to the whole communion of contemporary faithful as well as to all those of former times down to the apostles.«[67]

---

63 Ibidem 11f.
64 Ibidem § 5 p. 19f.
65 Ibidem § 7 p. 21.
66 Ibidem § 9 p. 27.
67 Ibidem § 10 p. 31.

While the dynamic of Orthodoxy is communial, *heresy* on the contrary is »an egoistic development«, it will be »finally refuted by tradition« which verifies it as a »novelty«; »the proof was given by the uninterrupted episcopal succession (beginning, G.B.) with the apostles«[68].

These basic structures of gospel and church, of orthodoxy and heresy, of bishops and the primate, show Möhler's concept of tradition which he sums up in the following definition: *Tradition* »is the complete ... living gospel proclaimed by the apostles ... being pronounced by one part of the faithful as a work of the spirit who lives in them, (and through this activity of the spirit, G.B.) faith is specially mediated in to the other parts. (This mediation, G.B.) . is the manifestation of ecclesiastical education ... Tradition then is *embodied in the symbols* of the church and in the writings of those who have written in uninterrupted continuation since (the time of G.B.) the apostles till today... – Tradition is the word of the Divine Spirit running through all the centuries. Tradition can as little be understood outside the Church as Scripture.«[69]

Referring to the influences from outside, Möhler assigns a special role to tradition as a *criterion of orthodoxy*. »Tradition shall refute those who bring foreign developments into the realm of the church... Referring rather to the inner side (tradition G.B.) proves the identity of the individual christian consciousness ... with the consciousness of the whole church«.[70]

Tradition does not only mark the identity of the indiviual Christian, but makes him or her the personal representation of the Christian community. This too is the work of the Spirit: »As the Divine Power acting in the Church and forming it, is the same from the beginning through all ages ... so that the whole church is the type of each of her members, thus each of them shall become conscious of being the ... image and impression of the whole ... «[71]

One of the concerns in Möhler's book on the unity of the Church is the inadequacy between the divine mystery and human language. It is not surprising that he bridges the gap in his pneumatic understanding of the church with *life as the essential mark* of the community of the baptised: »Christianity does not consist of expressions, formulas and sayings, it is inner life, a holy power; and all concepts of doctrine and dogmas have their value only in so far as they express what is interior ... The concept is always limited and does not encompass and exhaust the inexpressible life, but remains incomplete«.[72] To overcome a merely static and self-subsistent concept of the

---

68 Ibidem § 11 p. 33.
69 Ibidem § 12 p. 38.
70 Ibidem § 12 p. 39.
71 Ibidem § 12 p. 40.
72 Ibidem § 13 p. 43.

church, Möhler approached it with his understanding from the Spirit as her principle of life. This understanding implies a continual self-renewal, *a growth inside and outside which Möhler calls development.* »The principle of unity of the christian church ... consists in a life immediately moved through the Holy Spirit, maintained and continued through the loving communication of the faithful«[73].

The church viewed as an organism developing life in a dialectical way leads to ever new ways of unfolding the consciousness of the divine message. Christianity exists in each age as »a new divine life ... not as an additional notion: It is capable of development and formation«[74] while the inner unity of life has to be preserved – otherwise the christian church would not remain ever the same. – »The very consciousness, the very life develops more and more, becomes more defined, clearer to itself; the church grows into the maturity of the age of the Christian«.[75]

Möhler completes his chapter about »the Intelligible Unity«, dealing with the pre-eminence of tradition *compared with Scripture* for the process of handing on the faith. »The gospel as the complete doctrine of Christ had already for some time been proclaimed outside Palestine, and settled in the hearts of the faithful as Irenaeus says, before the different gospels were written down.«[76] Consequently: »all the writings of the New Testament ... have been given to those who were already believing, i.e. who had received the Christian Spirit already and therewith the evangelical doctrine from the community of the faithful, and you could not get the written Word without having known Christianity beforehand«.[77]

Finally here is a *summary of what Möhler calls tradition* in the church and for the church: (1) Tradition is the self-embodying expression of the Holy Spirit that vivifies the whole of the faithful, runs through all ages and is alive in every moment. (2) »... Scripture is the first link of written tradition« (3) »Scripture alone is – separated from our understanding (it – as a book of the church) nothing but a dead letter«.[78] (4) »It is to be asserted that tradition is necessary in a twofold understanding«: a. »a living proclamation and instruction in the church today«, i.e. according to Irenaeus' education; b. and written down as Holy Scripture. (5) »Scripture and tradition were living one in the other... «[79]. (6) »The Holy Spirit has proved that he had no need of the

---

73 Ibidem § 7 p. 21.
74 Ibidem § 13 p. 43f.
75 Ibidem.
76 Ibidem § 14 p. 44.
77 Ibidem § 14 p. 46.
78 Ibidem § 16 p. 51.
79 Ibidem p. 53.

letter, but the letter had.«[80] »If Christ had written a book or the apostles handed one over to everybody, everybody would have sat down for himself at his table... and no church, no communial life would have been generated«.[81]

In chapter three on »Multiplicity without Unity« Möhler explains the activity of *heresy as »egoistic« movements* which will sooner or later die out. In every kind of a »separated« Christianity life will get dry as a branch which cuts itself off from the tree, as in a brook which separated itself from the fountain.«[82] »In egoistic separation Christ cannot become clear to us«.[83]

In the fourth chapter on »The Unity in Multiplicity« Möhler is concerned with the *rights of the individual* in the church. »... each individual shall remain a *living* member in the whole body of the church. Life of the individual presupposes pecularities which must not get lost in the whole... It is but through the manifold pecularities of the individuals, through free development and unfading movement of them that it becomes a living organism ... «[84])

Möhler's pneumatic understanding of the Christian church as described in the first part of his book remained the basic structure for his later designs of the church. Even though Möhler himself emphasizes that he learned from Athanasius the incarnational principle being the center of Christianity – as can be read in his two volume study of »Athansius der Große« (1827) – and although Möhler later emphasized an objective profile of the Catholic Church in his »Symbolik« (1832), there remains in all his ecclesiological works a fundamental dynamism which is the sign of the Spirit of Christ.

## 3  John Henry Newman's understanding of the Church compared with Möhler's concept

The Christological foundation for the ecclesiology both of Möhler and Newman has its roots in their patristical studies. »The serious studies of the Fathers have excited much in me«, Möhler wrote: »In these I discovered first of all a living and full Christianity. Christ wanted me to read not without fruit those whom he had animated and aroused to his defence«[85], especially Athanasius.

---

80  Ibidem § 17 p. 55.
81  Ibidem.
82  Ibidem § 27 p. 86.
83  Ibidem.
84  Ibidem § 35 p. 114.
85  Ibidem, p.[16].

Newman went the same way. When in May 1827 he preached »On the Meditorial Kingdom of Christ« he used »freedom of language« with the Athanasian creed, so that Whately criticized him as Arian.[86] The same year he read Athanasius in John Bull's »Defensio fidei nicaenae« and preached about him.[87] With the following studies of the Arian controversy (1831/32) Athanasius became his most important »propugnator fidei catholicae«. In his sermon on »Personal Influence the Means of Propagating the Truth« in 1832 Newman says, that Athanasius »impressed an image on the church which ... shall not be effaced while time lasts«[88]. Finishing the manuscript of »The Arians« during the same year, Newman writes in the end: »We may rest in the confidence, that should the hand of satan press us asore, our Athanasius and Basil will be given us in their destined season, to break the bonds of the oppressor and let the captives go free.«[89] During the voyage in the Mediterranean sea Newman speaks in a poem of »royal hearted Athanasius«[90]. Impressed by his theological insight into the importance of the incarnation, not less by his resistance against the heresy of the Arians, Newman made Athanasius a living »first principle«, so to speak, of his practical theology. For both, Möhler and Newman, incarnation as the central principle of Christianity has been disclosed during their studies of Athanasius.

### 3.1 Common roots and identical approach in Christology

There are central parallels in the christological theory of Möhler and Newman which show that they had learned basic contents of their faith in Jesus Christ from the same source. In order to prove this assumption examples can be taken from their dealing with the earliest hymn on Jesus Christ. Newman observes in his »Treatises of St. Athanasius«: »A very long time Athanasius spends commenting on Phil 2,6ff the interpretation of which he has to develop because it explains the whole design of the work of redemption.«[91] Newman not only translated Athanasius' commentary on Philippians 2 from the »Discourses against Arians«[92], but in his greek glossary »συγκατάβασις«

---

86  S. GILLEY, Newman and his age, London 1990, 63.
87  Ae 46; LD XV 177.
88  OUS 97.
89  Ar 393f.
90  Lyra apostolica 121: NSt XI, 75.
91  Ath I, 185.
92  Ath I, 114-220.

signifies this specific term which sums up the contents of the christological hymn quoted as condescension[93].

Möhler emphasizes the same essentials from this Athanasian text: »The whole character of Christendom is indeed the condescension of the godhead«[94]; and he confirms in a second quotation from Athanasius: »He then is God in flesh, that we become men in spirit... He then the true Son of God from nature carries us all that we may all carry the One God.«[95] These statements of the divine presence in the human nature became for Möhler the principle for his doctrine that the church has her beginning and her head in Jesus Christ[96] and that she is the extension of Christ throughout human history.

For Newman too this »Divinum commercium« became a key concept. Interpreting the Athanasian understanding of incarnation against Bull[97] Newman wrote in his »Dissertatiunculae quaedam«: »Filius progrediens a Patre non factus est denuo Filius Patris, sed mundo Filius, ut scilicet condescensione sua mundus fieret quodammodo Patris filius, et in caelestem familiam adoptaretur«: »Therefore the son who proceeds from the Father is not anewly made Son of the Father, but Son for the world, so that through his condescension the world is made in a certain sense the Father's son and is being adopted into the heavenly family.«[98] – For Newman »Christian teaching on divinization ... under the influence of Athanasius (became) an integral part of his spirituality«, as he says himself in a sermon: »Men through brotherhood with Him might in the end become as gods«[99]. Roderick Strange who studied extensively the influence of Athanasius on Newman's incarnational concept says: »The Athanasian sources gave Newman's writings their christological cohesiveness«[100]. According to Strange Newman recognized in Athanasius »a kindred spirit«, someone who moved beyond the details of analysis to proclaim his vision of God and salvation.[101] Indeed after of his conversion of 1845 Athanasius was one of the main points of identification with the »one true Fold of Christ«. Newman took down from his book-shel-

---

93  Ath II, 345-476; 464f.
94  Ath I, 289.
95  Ibidem, I, 196.
96  Ibidem, I, 297.
97  Cf. above n. 87.
98  TTE 72.
99  PPS V, 118; (cf. R. STRANGE, Newman and Athanasius, in: NSt XII, 43ff; 46).
100 Ibd. 43.
101 Ibd. 51.

ves in Littlemore a volume of St. Athanasius to kiss it saying: »You are now mine and I am yours beyond mistake«[102].

The Greek-Orthodox Newman scholar George Dragas attests Newman to have been an existential link of the western church to the way in which Athanasius is understood in Orthodox theology; and he mentions in this context Johann Adam Möhler as the other Roman-Catholic scholar of the nineteenth century having had the same access to Athanasius[103]. Indeed the Athanasian studies mark the difference in Möhler's doctrine of the Church from the pneumatical approach of a self-developing spirit in the people of God to an objective and subjective tradition in a church that is believed in and understood as the extension of the incarnation of Christ in time.

### 3.2 Catechesis being an education to »divine philosophy«

In his study of the history of »The Arians of the Fourth century« Newman discovered »in the system of early catechetical schools« especially in the »School of Alexandria«, that catechumens underwent a »careful and systematic examination by which their growing in the faith was effected«[104]. Newman learned that the christian faith in the Church of the antiquity consisted not so much in a summary of doctrines but in the mediation of a »divine philosophy«[105], an existential learning objective which was achieved by those early catechumenical schools. Still 20 years later, as a Catholic, Newman mentions this importance of the early christian education saying: »In that early age, it was simply the living spirit of the myriads of the faithful, none of them known to fame who received from the disciples of our Lourd, and husbanded so well and circulated so widely and transmitted so faithfully generation after generation, the once delivered Apostolic faith; who held it with such sharpness of outline and explicitness of detail as enabled even the unlearned instinctively to discriminate between truth and error, spontaneously to reject the very shadow of heresy and to be proof against the fascination of the most brilliant intellects, when they would lead them out of the narrow way.«[106]

Möhler describes the same kind of phenomenon when he deals with the danger of heresy in his study on Athanasius: »Those who do not hold fast the

---

102   DA II, 3.
103   GEORGE DRAGAS, Conscience and Tradition: Newman and Atharasios in the Orthodox Church, in: NSt XI, 73-84; 76.
104   Ar 44.
105   Ibd. 43.
106   Future of the Ottomans, in: The Turks, 1853; in: HS I, 209f.

anchor of faith become shipwrecked«, as it happened to the Arians. »That is why Athanasius so often appeals to a basic sense (Grundgefühl) living in Christians which has been formed during their first education in the Church«[107]. Dealing with christian faith »as a matter of life, nay of community life« Möhler describes the goal of christian education as »the true and divine philosophy«[108].

### 3.3 Theory of a twofold tradition

In his most famous and mature work the *»Symbolik or Exposition of the doctrinal Differences between Catholics and Protestants as evidenced in their symbolical Writings«* (1832) Möhler describes the Church according to the christological elements of Chalcedon, as the living mystery of divine and human elements. »The divine Spirit to whom the guidance and life of the church is entrusted, in his unification with the human spirit becomes *a specific christian tact*, a deep securely guiding feeling which stands in the truth and leads toward the truth.– By way of confidentially following the ever enduring apostleship, by way of education in the church, by listening, learning and living in her, by accepting her ever fertilizing higher principle, *a deep inner sense* is being formed which is uniquely apt to hear and to accept the written word (of God, GB) because this sense coincides with the sense in which Holy Scriptures have been written.«[109] Josef Rupert Geiselmann called it a »sixth sense«, characteristic for what Möhler understood as subjective tradition[110]. – Here then, in the Symbolik we find the famous passage to which Perrone drew Newman's attention: »The Church is the body of the Lord. She as a whole is the visible form, His remaining presence as eternally rejuvenating mankind, His eternal revelation. In the whole He rests wholy; all His promises, all His gifts are bequeathed to the whole (Church), to no individual for himself after the time of the apostles. This collective understanding, this ecclesiastical consciousness is tradition in the subjective sense of the word. – What then is tradition? The peculiar christian sense present in the Church and reproducing itself through education. Tradition is the word always living in the hearts of the faithful. To this sense as universal sense the interpretation of the Scriptures is entrusted ... «[111].

---

107 Ath I, 124.
108 »Einheit« § 5 p. 19f.
109 »Symbolik« I, 413 (Italics mine).
110 »Symbolik« II, 715.
111 »Symbolik« I, 414f.

So Möhler favours the dynamic concept of tradition; since it expresses his pre-delection of life in the Church. He logically defines tradition in the objective understanding, as the result of what is being handed on and developed in the living faith of christians. »Tradition in the objective sense is the complete faith of the Church for all centuries present in the external historical testimonies: In this sense tradition is usually called the norm, the canon for the interpretation of Scriptures, the rule of faith«[112].

Möhler expressed his preference for a vivified church in a dialectical tradition consisting of the faith living in the people of God including Holy Scriptures and in the results of handing on this faith in symbols and dogmas. Newman came to the same results from a different approach. Only two years after the publication of the »Symbolik« Newman being involved in the controversy with Jean Nicolas Jager displayed for the first time his differentiation of a *prophetical* and apostolical respectively *episcopal* tradition. Newman used his letters to Jager as part of his manuscript for the »Lectures on the Prophetical Office of the Church« (1836/37). Basic for Newman is the written evidence of the symbols, which have their beginning already in the »ὑποτύπωσις«, or »outline of sound words«: »The creed is a collection of definite articles set apart from the first, passing from hand to hand, rehearsed and confessed at baptism, committed and received from bishop to bishop, forced upon the intention of each christian ... It is received on what may be fitly called, if it must have a distinctive name, episcopal tradition«[113]. But Newman in his controversy with Jager as well as in his simultaneous correspondence with R. H. Froude tries to cope with the dynamic and evolving part of the christian faith. This he calls prophetical tradition following the prophetical office of the early time in the church. »Their teaching is a vast system, not to be comprised in a few sentences, not to be embodied in one code or treatise, but consisting of a certain body of truth, pervading the Church like an atmosphere, irregular in its shape from its very profusion and exuberance ... This is that body of teaching which is offered to all christians even at the present day, though in various forms and measures of truth.«[114]

## 3.4 Development of Christian Faith

Both Möhler and Newman, emphasized the important role development plays in the handing on of the christian message yet their approaches to the

---

112 »Symbolik« I, 415f.
113 VM I, 249; Jager 375. Zu »ὑποτύπωσις« cf. G. BIEMER Überlieferung und Offenbarung, Freiburg 1961, 68; English: Newman on Tradition, New York, 1967, 40f.
114 VM I, 250.

same concept come from different motivations and backgrounds. Newman's main concern was to find out how and where orthodoxy is preserved, Möhler's how to vivify the Roman Catholic Church. Both saw that history, if taken seriously into account, does not admit of understanding tradition only in a static and objective way; there was also a continuous relation to a subjective and dynamic aspect of handing on the deposit of faith.

In 1834 Möhler wrote to his colleague Adam Gengler in Würzburg: »My whole pursuit is to lead back to the inner essence of catholicism, ... to reanimate and illuminate belief and to advance the truth and devotion in the church which so many either fail to appreciate or completely misunderstand ... The Catholics (today) are lacking boldness, self-confidence, wholeness, conscious trust in the inner excellence of (catholicism) ... It is the arousing of these things which I consider a great and holy assignment«[115].

Möhler's interpretation has to be considered within the philosophical framework of »insights drawn from romantic idealism ... thought out by theologies drawn from Church fathers«[116]. In the »Einheit« Möhler explains the church as a living organism which is in each age »full of new divine life ... capable of development and formation«[117]. Möhler explains: While the inner unity of life has to be preserved – otherwise the Christian Church would not remain ever the same – »the very consciousness, the very life develops more and more, becomes more defined, clearer to itself; the church grows into the maturity of the age of the Christian«[118]. After assuming the principle of incarnation as the central principle of the church Möhler distinguishes between internal or dynamic and external or static elements of tradition. It is the former which gives origin to development. He speaks of »... collective understanding, ... ecclesiastical consciousness (which, G.B) is tradition in the subjective sense of the word ... Tradition is the word always living in the hearts of the faithful«[119]. In complementary form Möhler sees the objective tradition as »the external historical testimonies« of the church's »complete faith through all centuries«[120].

The connection between objective and subjective tradition is to be seen in the consciousness of the church which Möhler calls »a specific Christian tact,

---

115 S. LÖSCH, Prof. Dr. Adam Gengler, 1799-1866. Die Beziehungen des Bamberger Theologen zu J. J. I.v. Döllinger und J. A. Möhler, Würzburg 1963, 134/35; quoted in: R. W. FRANKLIN, Nineteenth century Churches, New York/London 1987, 166.
116 THOMAS F. O'MEARA, Revelation and History: Schelling, Möhler and Congar, in: Irish theological Quarterly 53, 1987, 17-35; 27.
117 Cf. above n. 74.
118 Ibidem.
119 »Symbolik« I, 414f.
120 Ibidem I, 415.

a deep securely guiding feeling ... a deep inner sense being formed by ecclesiastical education«.[121]

Newman's approach to the idea of development is not the English equivalent of the German idea of life as seen in romanticism. His religious background as regards »Growth the only evidence of life« was rather evangelical; his motivation was to find a solution to the difficulty of additions to the Creed (in the Church of Rome). He understood the Catholic rule of Vincentius of Lerins as deficient because it causes as many problems as it solves. Newman's »Essay on the Development of Christian Doctrine« came from an empiricist philosophical background, in so far as Newman developed criteria for a legitimate development in contrast to corruption. As he stated two years afterwards in his »Dogmatis catholici evolutio« it is the process of appropriating and understanding the Word of God in head and heart which is the growing element, the verbum dei subjectivum.[122]

Although both theologians came from different philosophical-historical backgrounds and had different existential motivations, they both create the theological term of development of doctrine and both see the growing dynamic process in the appropriation of God's Word in the consciousness of the Church[123].

### 3.5 The role of the laity for the revival of the Catholic Church

»I have seen great wants which had to be supplied among catholics«, Newman wrote on January 8, 1860, »especially as regards education«[124]. Newman's aim was to encourage the Catholic laity in England as he told his audience in Birmingham in 1851 when he said: »What I desiderate in Catholics is the gift of bringing out what their religion is... You must not hide your talent in a napkin... I want an intelligent and well-instructed laity... I wish you to enlarge your knowledge, to cultivate your reason, to get an insight into the relation of truth to truth«. Newman did not only want to qualify his hearers for propagating the Catholic truth or for religious controversy; his intention was more basic: »One immediate effect... will be your gaining that

---

121 Ibidem I, 413.
122 Cf. above n. 40 and 46.
123 Differently from O. Chadwick. DIETER H. OSTHUS tries to take this difference into account: »A comparison of the idea of tradition in Möhler and Newman with special reference to Möhler's ›Einheit in der Kirche‹, 1825« and »Symbolik, 1832« and Newman's »An Essay on the Development of Christian Doctrine, 1845«, University of Wales 1977 (MS).
124 AWr 251.

proper confidence in self which is so necessary for you.«[125] Newman wanted and lived to witness to a »Second spring«[126] of the Roman Catholic church in England. Since the laity is so important for faith and life of the church Newman could say: »For myself I am accustomed to lay great stress on the consensus fidelium.«[127]

Möhler's intention was like Newman's to contribute to a revival of the church in his day, and he too thought that the laity needed encouragement. In 1834 he wrote in a letter: »The Catholics are lacking boldness, concious trust in the inner excellence of (Catholism)... It is the arousing of these things which I consider a great and holy assignment.«[128] In the »Einheit« Möhler emphasized: »The faithful altogether form an organic wholeness... Because it is the same (holy, G. B.) Spirit who reveals himself in all really faithful and who is the same in all times He creates only peace, joy and unity.«[129]

### 3.6 Against heresy and »liberalism«

As already indicated one of the tasks of a laity, well-educated in faith, is watchfulness against heresy and liberalism in the process of tradition of faith: »Where there is development of individualism which disturbs the peace of the whole there is no revelation or Holy Spirit but human error.«[130] Möhler even confirms: »Individualism is in its nature limiting; it is not spiritual; it is local, temporary, accidental, grounded in the material and transitory.«[131]

Newman too regarded individualism in the sense of personal wilfulness in matters of religion as dangerous and sinful.[132] Newman not only accepted from Athanasius »that he who speaks out of his private judgement speaks a ly«[133], in his »Lectures on the Prophetical Office of the Church« he establi

---

125 PresPos 390f.
126 SVO (London) 1857: Sermon X »The Second Spring« from July 13, 1852.
127 J. H. Newman, On consulting the Faithful in Matters of Doctrine, ed. JOHN COULSON, London 1961, 63. As regards the understanding of the sensus fidelium with Möhler, Perrone, and Newman cf. MARKO MISERDA, Subjekitvität im Glauben. Eine theologisch-methodische Untersuchung zur Diskussion über den ›Glaubens-Sinn‹ in der katholischen Theologie des 19. Jahrhunderts, Frankfurt a.M. u.a. 1996, 48-178; 250-407.
128 Cf. above n. 115.
129 »Einheit« 85.
130 Ibidem.
131 Ibidem 107.
132 Cf. J. H. Newman, Wilfulness, the Sin of Saul, in: OUS 156-75.
133 VM l.c. I, 325. Cf. my interpretation of the Tractarian rule: »Identität und Kommunität. Wie lernen Christen, wer sie werden sollen?« In: G. BIEMER, B.CASPER, J.MÜLLER, eds., Gemeinsam Kirche sein. Theorie und Praxis der Communio. FS Oskar Saier, Freiburg

shes rules which the Tractarians observed among themselves in order to overcome private judgement and to approach the quality of witnesses of faith. Newman and his followers saw this qualification in the laity of the Early church: »In that earliest age, it was simply the living spirit of the myriads of the faithful ... who ... transmitted so faithfully, generation after generation, the once delivered apostolic faith; who held it with such sharpness of outline and explicitness of detail, as enabled even the unlearned instinctively to discriminate between truth and error, spontaneously to reject the very shadow of heresy ... Here, then, is a luminous instance of what I mean by an energetic action from within.«[134]

## 4 Henry Edward Manning's »Unity of the Church« (1842) compared with Möhler's and Newman's designs of ecclesiology

It was in the situation after 1840, when Newman's ecclesiological theory of the Via Media »was absolutely pulverized« and his » ›Prophetical Office‹ had come to pieces«; when he was sore about the Spencer initiative »to get Anglicans... praying for Unity«[135] that H. E. Manning, Archdeacon of Chichester, wrote his book on »The Unity of the Church« (1842).

A reviewer of Manning's book compared it in »The Remembrancer« of 1843 with Johann Adam Möhler's »Die Einheit in der Kirche« (1825) saying that for both men it was »the first matured produce of... (their) pen(s)« and also that they »accord greatly« in their »general principles«[136]. – As the major difference he remarks: »While Möhler treats chiefly of the mystic communication... Manning (shows)... how the unity of the church is an object for the faith and a probation for the will... «[137]. Manning deals with his topic in three different perspectives:– What does unity mean?,– Why is it important?,– How is its reality? Manning's point of departure is the Creed: »A belief in the Unity of the Church ... expressed in words, was required in every candidate for christian baptism from the beginning of the gospel«[138]. »It

---

– Basel – Wien 1992, 399-409.
134  Cf. above n. 102.
135  Ae 117-124.
136  Review, in: »The Christian Remembrancer«, January 1843, p. 1-15; p.4.–cf. above n. 22 ff. The author could have been E. B. Pusey or H. J. Rose, since both knew German and the German situation of the time and were in the Oxford movement, so that they could have written one of the final sentences of the Review: »Why do we not implore our present rulers to exercise that power which they already possess; and by calling a body of suffragan bishops into existence give stability and life to our moral power?« (p. 15).
137  Ibidem, p. 10.
138  Manning, The Unity of the Church, 1842, p.

would seem that they (in the Church of the Fathers, G. B.) believed the one church to consist of the body of faithful of all nations and of all ages, gathered under Christ the Head; and that of this body there are two parts, one visible and one invisible... – the invisible part is perfect and admitted into the fellowship of angels – and the visible imperfect having in it a mixture of evil men... Its unity is twofold: organic in its origin and polity, and moral in peace and charity.«[139]

Organic or objective unity as Manning finally calls it is guaranteed by the structures of the office of bishops, priests, deacons. Unity »inheres in the one origin, the one succession, and the one College of Catholic Bishops«[140]. So far Manning's concept of Church unity may be compared with Newman's »episcopal tradition«, which preserves the unchangeable fundamentals of faith in handing on the apostolic symbol, and with Möhler's »objective sense of tradition«.

But where is Möhler's dynamic principle of the church and church unity, the Holy Spirit, the Spirit of Christ, continuing the mystery of the incarnation through the centuries in the history of mankind? And where is Newman's »Prophetical Office of the Church« emphasizing the dynamic component in the dialectical process of tradition between objective identity and subjective change necessary for the church in order to remain an identical living community? Perhaps it is legitimate to say that Manning is more concerned with *unity as stability*, while Möhler and Newman are looking more for unity as life, life however rooted in the incarnational mystery and displayed in the interplay between the Spirit of Christ and the faithful.

But does Manning's distinction between organic and moral unity not contain some of Möhler's and Newman's dialectical dynamism though in different terms? It may be shown that Manning shares a basic thought with Möhler about the reason and importance of unity: the symbolic or referential character of ecclesiastical unity to God. God is the »highest final cause of all, to whom everything is related«[141], Manning writes and he draws out the inference: »As from the unity of the world we know the unity of its first cause«, so from the unity of its operation »we know the unity of its Ruler«[142]. – »The unity of the Church witnesses to the unity of God« and consequently contributes to the restauration of the »true knowledge of God«[143]. Consequently

---

139  Ibidem, 67.
140  Ibidem, 155f.; cf. 292f.
141  Ibidem, 175.
142  Ibidem, 216.
143  Ibidem, 186-218; 193ff.

the »principle of moral cohesion« represented by the Church and spread in human history implies the restauration of »the image of God«[144].

Möhler, whose writings Manning studied in 1840 as Newsome asserts[145], displays the same thought process in the dimension of the theology of Romanticism. In Möhler's words: »As God the Father, Creator of the universe, can only be understood in the individual's becoming one with the whole, so Christ, the son of God, the new Creator, can be known only in the whole community of his faithful, only when the single individual comprehends himself as a member of the whole, a new creation.«[146]

Manning calls the »objective unity« of the Church a »great phenomenon... which the Holy Spirit works out in the moral nature of man as the purpose of the Divine Mind«[147] and Manning creates the impressive formula of Church unity being a »sacrament of the divine image«[148]. But instead of dealing then with the reality of divided christianity on an ecclesiological level the Anglican Manning individualizes the problem with his final statement: There are no other »true conditions of Catholic unity«[149] than that »the baptized man ... steadfastly beliefs his baptismal creed ... , partakes of the Holy Eucharist and watchfully lives in accordance with the rule of that holy mystery.«[150]

## 5 Summary

If one reduces the differences of the three great churchmen in their understanding the church of Jesus Christ to the essentials two profiles of seeing the Christian community are evident:

– *Manning's view* as a Catholic may be called a Mosaic *leadership model*, in so far as the infallibly Spirit of god ist given by the risen Lord to the Pope »flowing down to the bishops and the Church ... via the Roman Pontiff«.[151] Dealing with the guiding principle of infallibility and unity of the Church in his Pastoral Letter »The Centenary of St. Peter and the General Council« Manning points out: »The prerogatives of stability, perpetuity and indefectibility in the head became endowments of the body united to him.

---

144 Ibidem, 229.
145 D. NEWSOME, The Parting of Friends. The Wilberforces and Henry Manning, J. Murray, London 1966, and Eerdmans, Grand Rapids, 1993, 328.
146 Einheit 99 § 31.
147 Manning, Unity, L.c. 254.
148 Ibidem, 254.
149 Ibidem, 372f.
150 Ibidem.
151 G. BIEMER, Newman on Tradition as a Subjective Process, p. 161f: cf. above n. 46.

But they existed in Peter before they were communicated to the Church...«.[152]

– Newman's and Möhler's views of the Church can be called a *community model*. The Church is ( – not the incarnation of the Holy Spirit[153] but – ) the continuation of the Incarnation of Jesus Christ through the Holy Spirit producing God's people simultaneously through tradition, scripture, and sacraments, bringing about the hierarchy as well as the consensus fidelium. The Church has its fundamental and regulating principle in theology.[154] »It is ... the expression of the Prophetical Office, and, as being such, has created the Regal Office and the Sacerdotal. Theology is however not independent but linked up with (the expediency, the principle of) Church government.«

It is because both Möhler and Newman see
– the presence of the Mystery of Christ Incarnate in the Church and
– the realisation of faith, hope, and charity in the lives of the faithful
that they trust in the community structure of the Church of Christ for the infallibly handing on of revelation through the people of God. Newman describes the process of tradition: »No book can convey the special spirit and delicate peculiarities of its subjects ... which attend on the sympathy of mind with mind.«[155]

---

152 From 8 November 1867, in: H.E. Manning, Petri Privilegium, London 1871, p. 22ff. This may explain Manning's Ultramontanism as it is expressed in his encouragement to the English Catholics to be »Downright, masculine, and decided Catholics - more Roman than Rome, and more ultramontane than the Pope himself«, cit. J.DEREK HOLMES, More Roman than Rome. English Catholicism in the Nineteenth Century, London - Shepherdstown 1978, p. 225.
153 Cf. H.E. Manning, The Office of the Holy Ghost under the Gospel, 1857.
154 VM I, XLVIIf.
155 HS III, 8f. For the context cf. my article: »The sympathy of mind with mind«. J.H. Newman's Concept of Catholic University Education, in: V.A. McCLELLAND, Ed., The Catholic School and the European Context. Hull 1992, 62-67 (Aspects of Education. Journal of the Institute of Education. The University of Hull. Nr. 46).

# ABKÜRZUNGEN

Die Abkürzungen der Werke John Henry Cardinal Newmans richten sich nach: Artz, J., Newman–Lexikon. Zugleich Registerband zu den ausgewählten Werken von John Henry Kardinal Newman. Mainz 1975.

| | |
|---|---|
| A | Apologia pro vita sua. Geschichte meiner religiösen Überzeugungen. Übersetzt von M. Knoepfler. Mainz 1951 |
| AE | Apologia pro vita sua. 3. Aufl., London 1865 |
| Ar | The Arians of the Fourth Century. 3. Aufl., London 1871. |
| Ath I/II | Selected Treatises of St.Athanasius in Controversy with the Arians. Freeley translated by John Henry Cardinal Newman. Bd. I. 2. Aufl., London 1881; Bd. II Being an Appendix of Illustrations. 2. Aufl., London 1881 |
| AWr | John Henry Newman. Autobiographical Writings. Hg. H.TRISTRAM. London 1956 |
| B | Briefe und Tagebücher aus der katholischen Zeit seines Lebens. Übersetzt von M. Knoepfler. Mainz 1957 |
| DA | Discussion and Argument on Various Subjects. 4. Aufl., London 1882 |
| Dev | An Essay on the Development of Christian Doctrine. New Edition. 3. Aufl., London 1883 |
| DP I–XI | (Deutsche Predigtausgabe) Predigten. Gesamtausgabe. Stuttgart 1948–1962 (DP I–VIII: Pfarr–und Volkpredigten; DP IX: Predigten zu Tagesfragen; DP X: Predigten zu verschiedenen Anlässen; DP XI: Predigten vor Katholiken und Andersgläubigen) |
| E | Über die Entwicklung der Glaubenslehre. Durchgesehene Neuausgabe der Übersetzung von Th. Haecker besorgt, kommentiert und mit ergänzenden Dokumenten versehen von J. Artz. Mainz 1969 |
| ECH I/II | Essays Critical and Historical. London 1871 (New Impression 1907) |

| | |
|---|---|
| G | Zur Philosophie und Theologie des Glaubens. Oxforder Universitätspredigten. Mainz 1964 |
| HS I–III | Historical Sketches. Bd. I. 5. Aufl., London 1882; Bd. II. London 1881; Bd. III. London 1883 |
| LD | The Letters and Diaries of J.H.Newman. Vol. I–XXXI. Hg. CH.ST. DESSAIN, u.a. London / Oxford 1961ff |
| NL | Artz, J., Newman–Lexikon. Zugleich Registerband zu den ausgewählten Werken von John Henry Kardinal Newman. Mainz 1975 |
| NSt | (Internationale Cardinal-) Newman-Studien. Begründet von Heinrich Fries und Werner Becker. Hrsg. Heinrich Fries und Günter Biemer. Bd. I – XV. Nürnberg / Sigmaringendorf 1948-1996 |
| OUS | Fifteen Sermons preached before the University of Oxford between 1826 aund 1843, 3. Auf. 1871 |
| P | Polemische Schriften. Abhandlungen zu Fragen der Zeit und der Glaubenslehre. Übersetzt von M.E. Kawa und M. Hofmann. Mainz 1959 |
| PresPos | Lectures on the Present Position of Catholics in England. 3 Auflage. London 1857 (1. Aufl. 1851) |
| PPS | Parochial and Plain Sermons. London 1868 (1.Aufl. 1834-43) |
| SB | Selbstbiographie nach seinen Tagebüchern. Hg. H. Tristram. Stuttgart 1959 |
| TTE | Tracts, Theological and Ecclesiastical. London 1874 (Nachträge 1883) |
| U | Vom Wesen der Universität. Ihr Bildungsziel in Gehalt und Gestalt. Übersetzt von H. Bohlen. Mainz 1960 |
| VM I/II | The Via Media of the Anglican Church. Illustrated in Lectures, Letters and Tracts. Written between 1830 and 1841. Bd.I. Lectures on the Prophetical Office of the Church viewed relatively to Romanism and Popular Protestantism. London 1882; Bd. II. Occasional Letters and Tracts. London 1877 |
| Z | Entwurf einer Zustimmungslehre. Deutsche Neuausgabe der Übersetzung von Th. Haecker. Mainz 1961 |

# AUTOREN

GÜNTER BIEMER, em. Ordentl. Professor für Pädagogik und Katechetik an der Theologischen Fakultät der Universität Freiburg i. Brsg., Mitherausgeber der Newman-Studien, Pfarradministrator in Stegen-Eschbach im Schwarzwald, Mitherausgeber der 10-bändigen Reihe »Lernprozess Christen Juden«.

VINCENT F. BLEHL, SJ, vormals Professor an der Fordham University, New York, Postulator des Seligsprechungsprozesses von Kardinal Newman, Mitherausgeber der Letters and Diaries Bd. XIV und XV, Hrsg. des Bd. II von J. H. Newman. Sermons 1824 - 1843., Lehrbeauftragter am Institut für Praktische Theologie der Universität Freiburg i. Brsg.

VICTOR CONZEMIUS, Dr. theol., vormals Professor für Kirchengeschichte an der Theologischen Fakultät der Theologischen Hochschule in Luzern, Schweiz.

REINHARD FEITER, Dr. theol., Aachen, Hrsg. von Bischof Klaus Hemmerles »Ausgewählten Schriften«, 5 Bde.( Freiburg-Basel-Wien, 1995/96).

HEINRICH FRIES, Dr. theol., em. Ordentl. Professor für Fundamentaltheologie und Direktor des Instituts für ökumenische Theologie in der Katholisch-Theologischen Fakultät der Universität München, Mitbegründer und Herausgeber der Kardinal Newman Studien, Ehrenvorsitzender der Deutschen Newman-Gesellschaft.

SHERIDAN GILLEY, Dr., Professor für Kirchengeschichte an der Theologischen Fakultät der Universität Durham. Verfasser der Newman-Biographie »Newman and his Age«, London 1990.

WALTER KASPER, Dr. theol., vormals Ordentl Professor für Dogmatik an der Katholisch-Theologischen Fakultät der Universität Tübingen, Bischof von Rottenburg-Stuttgart.

LOTHAR KULD, Dr. theol., Professor für Katholische Theologie und ihre Didaktik an der Pädagogischen Hochschule in Karlsruhe, wissenschaftlicher Leiter der Newman-Konferenz von Weingarten/Oberschwaben im Oktober 1995.

GEOFFREY ROWELL, MA, PhD, ehemals Fellow und Chaplain am Keble College, Oxford, Bischof der Kirche von England in Basingstoke.

ROMAN SIEBENROCK, Dr. theol., Assistent am Institut für Fundamentaltheologie und am Karl-Rahner-Archiv der Universität Innsbruck, Verfasser des Bd. XV der Newman-Studien: »Wahrheit,. Gewissen und Geschichte. Eine systematisch-theologische Rekonstruktion desWirkens John Henry Kardinal Newmans« (1996).

HERMAN PIUS SILLER, em. Ordentl. Professor für Religionspädagogik am Fachbereich Katholische Theologie der Johann-Wolfgang-von-Goethe-Universität in Frankfurt/M., Mitbegründer des dortigen Projekts »Theologie interkulturell«.

NICOLAS THEIS (1911-1985), Dr. theol. h. c. (Freiburg i. Brsg.), Pfarrer von Blaschette, Luxemburg, Initiator der Internationalen Newman-Konferenzen in Luxembourg 1956 - 1981 (vgl. Newman-Studien, Bd. III, VI und IX).

BERND TROCHOLEPCZY, Dr. theol., vormals Akad. Rat am Institut für Praktische Theologie der Albert-Ludwigs-Universität Freiburg i. Brsg., Professor für Religionspädagogik an der Universität Hannover.

ROMAN SIEBENROCK

# Newman – Bibliographie Teil 16

Für die freundliche Bereitstellung einschlägiger Informationen sei dem »International Centre of Newman Friends« ausdrücklich gedankt

## I. Werke von John Henry Newman

*Neue Textausgaben (englisch):*

Anglican Difficulties. With an Introduction and Notes by STANLEY L. JAKI, Fraser, Michigan, Real-View-Books, 1994

Apologia Pro Vita Sua. IAN KER (Ed.), Penguin Books, New York/London 1995

Our Lady in the Gospel. Sermon preached at St. Chad's Cathedral, Birmingham on 26th March, 1848. With a foreword by VINZENT F. BLEHL S.J., Secretariat of the Cause of Cardinal Newman, Birmingham 1992

Selected Sermons. Introduction by IAN KER (Ed.), The Classics of Western Spirituality, New York, Paulist Press, 1994

The Letters and Diaries of John Henry Newman. Vol. VII. Editing the British Critic January 1839 – December 1840. GERARD TRACEY (Ed.), Oxford, Clarendon Press, 1995

Discourses to Mixed Congregations. Fort Collins, Roman Catholic Books, 1995

The Arians of the Fourth Century. Eugene, Wipf & Stock, 1996

Fifteen Sermons Preached before the University of Oxford between A.D. 1826 and 1843. Notre Dame, University of Notre Dame Press, 1996

The Idea of a University. FRANK M. TRUNER, (Ed.), Rethinking the Western Tradition Series. New Haven/London, Yale University Press, 1996

Idea of a University. Washington, Regnery, 1997

The Mystical Rose. Thoughts on the Blessed Virgin from the Writings of John Henry Newman. Princeton, Scepter, 1997

Roman Catholic Writings on Doctrinal Development. JAMES GAFFNEY (Ed.), Kansas City, Sheed & Ward, 1997

*Anthologien (engl.)*
A Newman Compendium for Sundays and Feastdays. JAMES TOLHURST (Ed.), Leominster, Gracewing 1995

The Heart of Newman. ERICH PRZYWARA (Ed.), San Franzisco, Ignatius Press, 1997 (Reprint)

Comfort in Sorrow. Words of Consolation from John Henry Newman. JAMES TOLHURST, (Ed.), Ridgefield, Morehouse, 1997

*Übersetzungen:*

*Deutsche Textausgaben (Anthologie):*
Dem Leben einen Sinn geben. Über den Weg, die Wahrheit und das Ziel. MANFRED BAUMOTTE (Hrsg.). Ausgewählt und übersetzt von OTTO KARRER. Düsseldorf, Benziger, 1997

*Französische Textausgaben:*

Cardinal Newman, Choix de lettres, Traduites par A. BILLIOQUE/J. CLAIS, Tequi. Paris 1990.

Sermons paroissiaux II: L'année chrétienne. Introduction, notices et coordination par PIERRE GAUTHIER. Paris, Edition du Cerf, 1994

Sermons paroissiaux III: La grâce chrétienne. Introduction, notices et coordination de la traduction par PIERRE GAUTHIER. Paris, Éditions du Cerf, 1995

L'Antichrist. Traduit de l'anglais par GENIAE CATALA et GRÉGORY SOLARI. Préface de Louis Bouyer. Genève, Ad Solem 1995

*Anthologien:*
Prier avec Newman. Traduction de Newman Prayer Book. VINZENT F. BLEHL (Ed.), Birmingham, The Newman Secretariat, The Oratory, 1995

# Newman-Bibliographie XVI

*Italienische Textausgaben:*

Che Cosa Ci Salva. Corso sulla Dottrina delle Giustificazione. A cura di FORTUNATO MORRONE. John Henry Newman: Opere. A cura di ONORATO GRASSI, LUCA OBERTELLO, GIOVANNI VELOCCI. Jaca Book, Milano 1994

Il cuore del mondo. Antologia degli scritti. A cura di ONORATC GRASSI. Biblioteca universale Rizzoli, Milano 1994

Apologia pro Vita Sua. Traduzione Margherita Guidacci, GIOVANNI VELOCCI. John Henry Newman, Opere. A cura di BRUNO GALLO, FORTUNATO MORRONE, LUCO OBERTELLO, GIOVANNI VELOCCI. Seconda Edizione. Milano, Jaca Book, 1995

*Spanische Textausgaben*

La fe y la razón. Qunice sermones predicados ante la Universidad de Oxford (1826-1843). Introducción, traducción y notas de AURELI BOIX.. Ensayos 73. Madrid, Encuentro Ediciones, 1993

Perder y Ganar (Loss and Gain). Traducción, introduccíon y notas de VÍCTOR GARCÍA RUIZ. Ediciones Encuentro, Madrid 1994

Via Media de la Iglesia Anglicana. Conferencias sobre la función profética de la Iglesia considerada en relación con el sistema romano y con el protestantismo popular. Introducción, Traducción y Notas de Aureli Boix. Bibliotheca Oecumenica Salmanticensis. Bd. 22. Salamanca 1995

*Katalanische Textausgaben:*

El Comiat del Amics (The Parting of Friends. Sermons Bearing on Subjects of the Day, XXV), in: Newman, idees-docments-estudis (València) 17 (November 1994), 9-18

*Ungarische Übersetzungen:*

Nagypéntek. Elmélkedések és imádságok (12. Meditations for Good Friday). Budapest, Uj Ember Kiadó, 1995

*Polnische Übersetzungen:*

Wydawnictwo Benedyktynów (The Benedictine Order). Übersetzt und herausgegeben von P. MROCZKOWSKI. Tyniac 1993

## II. Studien über Newman und damit verbundene Themen

*1. Bücher und Monograpien*

ACHTEN, R., First Principles and our Way to Faith. A Fundamental-Theological Study of John Henry Newman' s Notion of First Principles. European University Studies: Series 23; Theology, Vol. 539. Frankfurt/M., u.ö., Peter Lang, 1995

AMBERGER, O.: Modelle subjektiver Glaubenserkenntnis bei John Henry Newman und Joseph Kentenich: Darstellung und vergleichende Diskussion. Schönstatt-Sudien 9. Vallendar-Schönstatt, Patris, 1994

BERTRAM, J., The Oxford of Newman. A Guide for Pilgrims. The Places and Buildings associated with John Henry Newman during his years in Oxford 1816-1846. Oxford, Oxuniprint, 1995

BLEHL, V.F.: John Henry Newman. Eine Kurzbiographie. Herausgegeben von der Internationalen Deutschen Newman Gesellschaft. Mit einem Vorwort von Günter Biemer. Leutesdorf: Johannes, 1997
–, The White Stone. The Spiritual Theology of John Henry Newman. Petersham, St. Bede' s Publications, 1994

Newman for Everyone. 101 Questions answered imaginativeley by Newman. JULES BRADY (Ed.), New York/Staten Island, Alba House, 1996

CARR, TH.K., Newman and Gadamer. Toward a Hermeneutics of Religous Knowledge. AAR Reflection and Theory in the Study of Religion. Atlanta, Scholar Press, 1996

CLUTTERBUCK, I., Marginal Catholics. Anglo-Catholicism. A Further Chapter of Modern Church History. Herefordshire–Gracewing, Fowler Wright, 1993

CRUMB, L., The Oxford Movement and its Leaders. A Bibliography of Secondary and Lesser Primary Sources. Supplement. Amercian Theological Library Association Monograph 24. Metuchen, Scarecrow, 1993

DE VOGEL, C.J., Newmans gedachten over de rechtvaardiging. Hun zin en recht ten opzichte van Luther en her protestantsche Christendom. Utrecht, Opnieuwa uitgegeven door Boeckencentrum BV. Zoetermeer, 1994

DOLENC, B., »World« and the Christian Attitude to it according to the sermons of John Henry Card. Newman. Ljubljana 1995

EDGECOMBE, R.S., Two Poets of the Oxford Movement. John Keble and John Henry Newman. Cranbury, Fairleigh Dickinson University Press, 1995

ELWOOD, J.M., Kindly Light. An Introduction to the Life and Spirituality of John Henry Newman. Devon, Kilfenora, 1995

FRIESENHAGEN, A., » The Dream of Gerontius« von Edward Elgar. Das englische Oratorium an der Wende zum 20. Jahrhundert. Köln-Rheinkassel, Petra Dohr, 1994

GEISSLER, H., Gewissen und Wahrheit bei John Henry Kardinal Newman. Theologie im Übergang Bd. 12. 2. überarbeitete Auflage. Frankfurt/M. u.ö., Peter Lang, 1995

GIESE, V., John Henry Newman. Heart to Heart. New York/New Rochelle, New City Press, 1993

GOSLEE, D., Romanticism and the Anglican Newman. Athens, Ohio University Press, 1995

GRIFFIN, J.R., A Historical Commentary on the Major Catholic Works of Cardinal Newman. American University Studies, Series 9: History, Vol. 125. New York, Peter Lang, 1993

HODGE, R., What' s Conscience for? New York, State Mutual, 1994

HONORÉ, J., La pensée christologique de Newman. Paris, Desclée, 1996

KER, I., Newman and Conversion. Herndon, Books International, 1997

KULD, L., Glaube in Lebensgeschichten. Ein Beitrag zur theologischen Autobiographieforschung. Stuttgart – Berlin – Köln, Kohlhammer, 1996

LEDEK, R.: Conscience and its religious significance with a special reference to J.H. Newman. Bethesda, International Scholars Publication, 1996

MACERI, F., John Henry Newman. Pellegrino della verità. Cosenza, Editoriale Progetto 2000, 1993

MCGRATH, F.: John Henry Newman. Universal Revelation. Wellwood/ Tunbridge: Burns and Oates, 1997

MISERDA, M., Subjektivität im Glauben. Eine theologisch-methodologische Untersuchung zur Diskussion über den Glaubens-Sinn in der katholischen Theologie des 19. Jahrhunderts. (besonders: Newmans Interessen in der Sensus-Fidelium-Diskussion und deren theologische Hintergründe, 250-407). Europäische Hochschulschriften, Reihe 23: Theologie, Bd. 569. Frankfurt a.M. u.ö., Peter Lang, 1996.

MULVEY, B., St. Mary in the Valley. A History of Maryvale. Hinckley, Maryvale, 1994

NIXON, J.V., Gerard Manley Hopkins and his contemporaries: Liddon, Newman, Darwin and Pater. New York/London, Garland, 1994

NORRIS, TH.J., Only life gives life. Revelation, Theology and Christian Living acording to Cardinal Newman. Maynooth bicentenary series. Blackrock, Columba Press, 1996

OKWUDILI, O. O. IGWEGBE, I., Sacramental Theological Thinking in the African Symbolic Universe. Affinities with John Henry Newman. European University Studies: Series 23, Theology, Vol. 525. Frankfurt/M., u.ö., Peter Lang, 1995

PAGE, J.R., What will Dr. Newman do? John Henry Newman and Papal Infallibility, 1865-1875. Collegeville, Liturgical Press, 1994

PICKERING, K., The Parting of Friends. A Play about John Henry Newman. Colwall, Miller, 1994

ROTHBLATT, SH., the modern University and its discontents. The Fate of Newman's legacies in Britain and America. Cambridge, Cambridge University Press, 1997

ROVERSELLI, C., L' educazione negli scritti anglicani di John Henry Newman. Pubblicazioni dell' Università degli Studi di Perugia. Napoli, Edizione Scientifiche italiane, 1994

SCHUSTER, R., Das kirchliche Amt bei John Henry Newman. Eine historisch-systematische Untersuchung der Genese seines Priesterbildes im Kontext. Europäische Hochschulschriften, Reihe 23: Theologie, Bd. 526. Frankfurt a.M. u.ö., Peter Lang, 1995

SIEBENROCK, R., Wahrheit, Gewissen und Geschichte. Eine systematisch-theologische Rekonstruktion des Wirkens John Henry Kardinal Newmans. Internationale Cardinal-Newman-Studien Bd. XV. Mit einem Vorwort von Heinrich Fries und Günter Biemer. Sigmaringendorf, regio-Glock und Lutz, 1996

SUGG, J., Ever yours affly. John Henry Newman and his Female Circle. Leominster, Fowler Wright Books, 1996 (Ridgefield, Morehouse 1997)

SULLIVAN, E., Things old and new. An ecumenical reflection on the theology of John Henry Newman. Foreword by Mary Tanner. Middlegreen Slough, St. Pauls, 1993

TREVOR, M., Newman's Journey. London, Fount, 1996

WAINWRIGHT, W.J., Reason and the Heart. A Prolegomenon to a Critiaue of Pasional Reason. Studies in the Philosophy of Religon. Ithaka/New York, Cornell University Press, 1995

WHALEN, D.M., The Consolation of Rhetoric. John Henry Newman and the Realism of Personalist Thought. San Francisco/London, Catholic Scholars Press, 1994

YOUNG, P.M., Elgar, Newman and the Dream of Gerontius in the Tradition of English Catholicism. Aldershot, Scolar Press, 1995

## 2. *Aufsatzsammlungen, Zeitschriften (Themenhefte), Jahrbücher*
(Die einzelnen Beiträge der Sammlungen werden nach Möglichkeit unter dem Namen der Autoren in 3. aufgeführt).

Amigos de Newman en la Argentina (Ed.), Newmaniana (Tigre) 4 (Diciembre 1994)

English Literature and Language. Special Issue: » Newman and University Education« . Sophia University. Tokyo 1994.

Personality and Belief. Interdisciplinary Essays on John Henry Newman. GERARD MAGILL (Ed.), Lanham – New York – London, University Press of America, 1995.

Association Française des Amis de John Henry Newman (ed)., Etudes Newmaniennes No. 10 (November 1994)

Association Française des Amis de John Henry Newman (ed)., Etudes Newmaniennes No. 11 (November 1995)

Newman's Conversion and Development of Doctrine. SCHINDLER, D. L., (Ed.), , Communio (US) 22, 1995, 433-544

SUNDERMEIER, M. (Ed.), The Literary and educational Effects for the Thought of John Henry Newman. Roman Catholic Studies, Vol. 7. Lewiston/Lampeter, Edwin Mellen Press, 1995

By Whose Authority? Newman, Manning and the *Magisterium*. V. ALAN MCCLELLAND (Ed.), Bath, Downside Abbey, 1996

Association Française des Amis de John Henry Newman (ed.), Etudes Newmaniennes No. 12 (November 1996)

Newman: From Oxford to the People. Reconsidering Newman and the Oxford Movement. PAUL VAISS (Ed.), Leominster, Gracewing, 1996 (Ridgefield, Morehouse, 1997)

Association Française des Amis de John Henry Newman (ed.), Etudes Newmaniennes No. 13 (November 1997)

*3. Artikel*

AESCHLIMAN, M.D., The Prudence of John Henry Newman, in: First Things 45 (1994) 36-39

ARMOUR, L., Newman, Arnold, and the Problem of Particular Providence, In: Religious Studies 24 (1988) 173-187

BEAUMONT, K., Newman éducateur, in: Association Française des Amis de John Henry Newman (ed.), Etudes Newmaniennes No. 13, November 1997, 73-97

BENNIS, A.E., Newman' s Art of Preaching, in: Homiletic and Pastoral Review 96 (1996) 61-64

BIEMER, G., Newman' s Catechesis in a pluralistic Age, in: Personality and Belief. Interdisciplinary Essays on John Henry Newman. Gerard Magill (Ed.), Lanham – New York – London, University Press of America 1995, 109-125
–, Leben als das Kennzeichen der wahren Kirche Jesu Christi: Zur Ekklesiologie von Johann Adam Möhler und John Henry Newman, In: H. Wagner, Hrg., Johann Adam Möhler – Kirchenvater der Moderne. (Bonifatius) Paderborn 1996, 69 - 95
–, Newman on Tradition as a subjective Process, in: By Whose Authority? Newman, Manning and the *Magisterium*. V. Alan McClelland (Ed.). Bath, Downside Abbey, 1996, 149-167
–, Manning, Henry Edward, in: Lexikon für Theologie und Kirche. 3. Auflage. Walter Kasper u.a. (Hrsg.), Bd. 7 (1997), 1283

BILLIOQUE, A., Fiction et réalité dans *Loss and Gain*, in: Association Française des Amis de John Henry Newman (ed)., Etudes Newmaniennes No. 10, November 1994, 61-70

BLEHL, V.F., Zum Stand des Seligsprechungsverfahrens von John Henry Newman, in: Geist und Leben 68 (1995) 67-70
—, Newman and the Church of England, in: By Whose Authority? Newman, Manning and the *Magisterium*. V. Alan McClelland (Ed.). Bath, Downside Abbey,, 1996, 41-48
—, Newman' s Conversion of 1845: A fresh Approach, in: ebd., 123-135 (auch in: Milltown Studies 37 [1996] 18-31)
—, The Eirenics of John Henry Newman. In: Recusant History 23 (1996) 219-227
—, John Henry Newman and Orestes A. Brownson as educational philosophers, in: Recusant History 23 (1997) 408-417

BOUDENS, R., » Growth« . A Key Concept in Understanding Newman, in: Ephemeri des Theologicae Lovanienses 69 (1993) 335-354
—, Irony and Humor in Newman, in: Louvain Studies 20 (1995) 254-264

BOYCE, PH., Newman. Light amid the encircling gloom, in: Mount Carmel 43 (Darlington/England) (3/1995) 33-39
—, Newman' s Reception into the Catholic Church. Its Message and Relevance, in: Teresianum 46 (1995) 521-542

BOUYER, L., Newman como Maestro de Espiritualidad, in: Newmaniana (Tigre, Argentina), 4 (11/1994) 4-9

BRINKMAN, M., Newman' s Personal Principle at its Source, in: Personality and Belief. Interdisciplinary Essays on John Henry Newman. Gerard Magill (Ed.), Lanham – New York – London, University Press of America 1995, 75-87

BURKE, R.R., Newman. The Man behind the Cloud, in: Personality and Belief. Interdisciplinary Essays on John Henry Newman. Gerard Magill (Ed.), Lanham – New York – London, University Press of America 1995, 25-41

CARL, D.: Newman, God and the Academy, in: Theological Studies 55 (1994) 3-24

CASSAGNE DE, I., Newman en Argentine, in: Association Française des Amis de John Henry Newman (ed)., Etudes Newmaniennes No. 12, November 1996, 33-34

CERE, D., Newman, God and the Academy, in: Theological Studies 55 (1994) 3-23
—, Newman' s »Lesson of the marriage ring«. Celibacy and marriage in the thought of John Henry Newman, in: Louvain Studies 22 (1997) 59-84

CLAVEL, P., Présentation de Newman, in: Association Française des Amis de John Henry Newman (ed)., Etudes Newmaniennes No. 13, November 1997, 9-20
–, Traduire Newman. Allocution d' ouverture, in: ebd., 125-132
–, Les traduction française de Newman, in: ebd., 133-148

CLAIS, J., Traduire les lettres de Newman, in: Association Française des Amis de John Henry Newman (ed)., Etudes Newmaniennes No. 13, November 1997, 149-156

CONZEMIUS, V., John Henry Newman, Kirchenvater der Neuzeit, Wegbereiter konziliarer Öffnung. In: Renovatio. Zeitschrift für das interdisziplinäre Gespräch 52, 1996, 75-80

COSGROVE, B., »We cannot do without a View«. John Henry Newman, William James and the case against scepticism, in: The Irish Theological Quarterly 61 (1995) 32-43

COUPET, J., Newman écrivan de sermons, in: Association Française des Amis de John Henry Newman (Ed.), Etudes Newmaniennes No. 10, November 1994, 5-22
–, La pensée de Newman sur la liturgie, in: Association Française des Amis de John Henry Newman (ed)., Etudes Newmaniennes No. 13, November 1997, 99-123
–, Les traductions de Newman. À quels besoins répondentelles? Quels problèmes posent-elles?, in: ebd., 157-167

COX, R.D., Newman, Littlemore, and a Tractarian Attempt at Community, in: Anglican and Episcopal History 62 (1993) 343-376

DE BERRANGER, O., Des paradoxes au Mystère chez J.H. Newman et H. de Lubac, in: Revue des Sciences Philosophiques et Theologiques 78 (1994) 45-79

DE CASSAGNE, I., Los Colegios de Oxford desde el Medioevo hasta el tiempo de Newman y su Colegio de Littlemore, in: Newmaniana (Tigre, Argentina) 4 (11/1994) 17-30

DENIS, Y., La densité charnelle et spirituelle de Newman, in: Association Française des Amis de John Henry Newman (ed)., Etudes Newmaniennes No. 10 (November 1994) 23-33
–, La sprituralité de Newman, in: Association Française des Amis de John Henry Newman (ed)., Etudes Newmaniennes No. 13 (November 1997) 63-72
–, Comparution devant le traduit, in: ebd., 169-176

DURAND, M., Correspondance inédite concernant Newman et Manning conservée à l' Université Catholique de l' Ouest, à Angers. Établissment du texte, traduction et notesin; Association Française des Amis de John Henry Newman (ed.), Etudes Newmaniennes No. 12 (November 1996) 51-86
–, Les traductions française de *The Dream of Gerontius*, in: Association Française des Amis de John Henry Newman (ed.), Etudes Newmaniennes No. 13 (November 1997) 177-202

EGAN, PH.A., Londegan on Newman' s Conversion, in: The Heythrop Journal 37 (1996) 437-455

ENRIGHT, E.J., The Letters to Charles Newman as Background to the *Grammar*, in: Personality and Belief. Interdisciplinary Essays on John Henry Newman. Gerard Magill (Ed.), Lanham – New York – London, University Press of America 1995, 161-172

ERB, P. C., A Question of Sovereignty. The Politics of Manning' s Conversion. Thomas Aquinas Lecture, Atlanta, Pitt' s Theology Library 1996

ERDÖ, P.P., Cardinal John Henry Newman' s Theology of Canon Law, in: Studia Canonica 30 (1996) 117-132

FERRARI, P.M., La metodologia della ricerca e del dialogo nell' »Apologia pro vita sua« di Newman, in: Archivo teologico torinese 1 (1995) 21-36

FERREIRA, M.M., Leaps and Circles. Kierkegaard and Newman on Faith and Reason, in: Religious Studies 30 (1994) 379-397

GACKA, B.M., Metoda personacji Johna H. Newmana, in: Zestyty Naukowe Katolickiego Uniwersytetu Lubelskiego 36 (1993) 57-70

GARCIA RUIZ, V., Presentación de la traducción al espanol de la novela de Newman » Perder y Ganar« (Loss and Gain), in: Newmaniana 4 (12/1994) 25-36

GAUTHIER, P., Les citations de l' Escriture dans les Sermons paroissiaux de Newman, in: Association Française des Amis de John Henry Newman (ed.), Etudes Newmaniennes No. 10 (November 1994) 35-42
–, À quelle Église Newman s' est-il converti?, in: Association Française des Amis de John Henry Newman (ed.), Etudes Newmaniennes No. 13 (November 1997) 21-43

GEISSLER, H., Coscienza et verità nel dramma della storia delle salvezza secondo il pensiero di John Henry Newman, in: Folia Theologica 5 (1995) 115-136

GILLEY, S., Loss and Gain. Conversions to Catholicism in Britain, 1800-1994. Annual lecture to the Friends of Cardinal Newman, 1994, in: Friends of Cardinal Newman Newsletter (Christmas 1994) 4-10

–, New Light on an old Scandal. Purcell's Life of Cardinal Manning, in: D.A. Bellenger, (Ed.), Opening the Scrolls. Essay in Catholic History in honour of Godfrey Anstruther. Bath, Downside Abbey, 1997, 166-198

–, Epilogue. Newman: A Toast, in: Personality and Belief. Interdisciplinary Essays on John Henry Newman. Gerard Magill (Ed.), Lanham – New York – London, University Press of America, 1995, 185-196

–, Manning. The Catholic Writings, in: By Whose Authority? Newman, Manning and the *Magisterium*. V. Alan McClelland (Ed.). Bath, Downside Abbey, 1996, 244-258

GLEESON, G., When a good conscience errs, in: Pacifica. Australian Theological Studies 8 (1995) 53-73

HARSKAMP, VAN, A., Zoeken Naar gegeven eenheid. Academische vorming volgens John Henry Newman. In: Tijdschrift voor Theologie 35 (1995) 338-357

HOLLAHAN, E., Newman's Crisis-Trope in the *Apologia*, in: Personality and Belief. Interdisciplinary Essays on John Henry Newman. Gerard Magill (Ed.), Lanham – New York – London, University Press of America, 1995, 63-71

HONORÉ, J., La pensée de Newman et le dialogue inter-religieux, in: Association Française des Amis de John Henry Newman (ed)., Etudes Newmaniennes No. 13 (November 1997) 45-62

JAKI, ST.L., Angels, Brutes and the Light of Faith, in: Crisis (U.S.A.) (2/1995) 18-22
–, A Gentleman and original Sin, in: Downside Review 114 (1996) 192-215

JAMES, J.M.C., »Lead Kindly Light«. The Swansea Connection, in: Downside Review 112 (1994) 26-33
–, Newman and Moses, in: Downside Review 114 (1996) 215-220

JOHNSTONE, H.W., Locke and Whateley on the argumentum ad hominem, in: Argumentation (Dordrecht) 10 (1996) 89-97

KEATY, A.W., Newmans Account of the real Apprehension of God. The Need for a Subjective Context, in: Downside Review 114 (1996) 1-18

KER, I., The Greatness of Newman, in: Personality and Belief. Interdisciplinary Essays on John Henry Newman. Gerard Magill (Ed.), Lanham – New York – London, University Press of America, 1995, 3-24

–, The Idea of a Catholic University, in: Louvain Studies 21 (1996) 203-215

KERPNECK, H., Newman and Arnold. Liberalism tempered by Reflection, in: Personality and Belief. Interdisciplinary Essays on John Henry Newman. Gerard Magill (Ed.), Lanham – New York – London, University Press of America, 1995, 89-108

KOMONCHAK, J. A., Newman and his Age. In: Commenweal 119 (20/1992) 26-27

KULD, L., Geburtstag von John Henry Newman (1801-1890). In: Woran sie glaubten – Wofür sie lebten. Rudolf Englert (Hrg.), München, Kösel, 1993, 60
–, Evangelical Patterns of Conversion in Newman's Autobiographical Writings, in: By Whose Authority? Newman, Manning and the *Magisterium*. V. Alan McClelland (Ed.). Bath, Downside Abbey, 1996, 112-122

LÄPPLE, A., » Zuerst das Gewissen, dann erst der Papst!« ? Klärung eines Newman-Zitats als Standortbestimmung, in: Unio Apostolica (Trier) 36 (1995), 4-12

LAMONT, J.R., Newman and Faith and Rationality, in: International Journal for Philosophy and Religion 40 (1996) 63-84

LITVACK, L., »We all have something to hide«. Muriel Spark, Autobiography, and the influence of Newman on the Career of a Novelist, in: Durham University Journal 89 (1994) 281-291

LÜLSDORFF, R., Zwei Vordenker der Rezeptionstheologie: John Henry Newman und Matthias Joseph Scheeben, in: KNA - Ökumenische Information (Bonn) vom 7.3.1995, 5-12

MACMANNUNS, L., Newman's » Great Anxiety« , in: Catholic Historical Review 80 (1994) 457-475

MAGILL, G., Introduction. Newman's Sense of Personal Belief, in: Personality and Belief. Interdisciplinary Essays on John Henry Newman. Gerard Magill (Ed.), Lanham – New York – London, University Press of America, 1995, XI-XVIII

MANDLE, W.F., » Witnesses in Sackcloth« . Newman at Littlemore, in: Journal of Religious History 18 (1994) 159-173

MANN, J., »Zurückhaltung« und »Ökonomie« im Sprechen von Gott und den Geheimnissen des Glaubens nach J. H. Newman. In: Von Gott reden in säkularer Gesellschaft. Festschrift K. Feiereis. Emerich Coreth - Wilhelm Ernst, Eberhard

Tiefensee (Hrg.). Erfurter Theologische Studien 74, Leipzig, St. Benno, 1996, 163-174.
–, John Henry Newmans »Vorlesungen über die Lehre von der Rechtfertigung«. Ein Beitrag zum ökumenischen Gespräch, in: Unterwegs zum einen Glauben. FS Lothar Ullrich. Beinert Wolfgang – Konrad Feiereis – Hermann J. Röhrig. Erfurter Theologische Studien 74. Leipzig, St. Benno, 501-510

MARTIN, M., Enlargement of Mind and Religious Judgment in *Loss and Gain*, in: Personality and Belief. Interdisciplinary Essays on John Henry Newman. Gerard Magill (Ed.), Lanham – New York – London, University Press of America 1995, 147-160

MAS, R., Parole et silence chez Newman, in: Association Française des Amis de John Henry Newman (ed)., Etudes Newmaniennes No. 10 (November 1994) 43-52
–, Traduire Newman. Perspective espagnolein; Association Française des Amis de John Henry Newman (ed)., Etudes Newmaniennes No. 12 (November 1996) 21-32

McCLELLAND, V.A., » A Stranger and dark unto himself« . Mannings Second »Con version« 1844-47, in: By Whose Authority? Newman, Manning and the *Magisterium*. V. Alan McClelland (Ed.). Bath, Downside Abbey, 1996, 187-203
–, » The most turbulent Priest of the Oxford Diocese« . Thomas William Alies and the Quest for Authority 1837-1850, in: ebd., 273-290

McCLOSKEY, C.J., Laity, Priests and Holiness. 150 Years after his conversion to Roman Catholicism. The prophetic witness of John Henry Newman ist more powerful than ever, in: The Catholic World Report (U.S.A.) 2 (1995) 54-61 (auch: Newman: Laicado, sacerdocio y santidad, in: Scripta theologica 28 [1996] 147-159)

MERRIGAN, T., Newman' s Catholic Synthesis, in: Irish Theological Quarterly 60 (1994) 39-48

MILWARD, P., Newman' s Idea of Literature, in: English Literature and Language (Tokyo 1994) 3-10

MORALES, J., Experiencia religiosa. La contribución de J.H. Newman, in: Scripta Theologica 27 (1995) 69-91

MORALES, M., La personalidad de John Newman en su teología, in: Newmaniana 4 (12/1994) 6-13

–, La conciencia cristiana en la concepción ética y religiosa newmaniana, in: Newmaniana 4 (12/1994) 14-24

MORALES MARIN, J., Newman y los Padres de la Iglesia, in: Newmaniana 4 (12/1994) 37-42
–, Newman y la idea de una Universidad, in: Newmaniana 4 (12/1994) 43-48

MULLER, J., John Henry Newman and the Education of Stephen Dedalus. In: James Joyce Quarterly 33 (1996) 593-605

MURRAY, P., Newman et le langage de la prière, in: Association Française des Amis de John Henry Newman (ed)., Etudes Newmaniennes No. 10 (November 1994) 53-60

NAGAKURA, R., L' accueil de Newman au Japon. Un bref aperçu, in: Association Française des Amis de John Henry Newman (ed)., Etudes Newmaniennes No. 12 (November 1996) 35-50

NAULTY, R., Empiricizing Newman on Conscience, in: The Australasian Catholic Record 71 (1994) 203-207

NEUMANN, M., The Meaning of Tradition in the Theology of John Henry Newman, in: Unum Omnes in Christo. In Unitatis Servitio. Mixcellanea Gerardo J. Békés OSB octogenario dedicata. Vol. I. Pannonhalma 1995, 270-302

NEWMAN, J., Newman' s Advice to Victims of Anti-Catholic Prejudice, in: Persona lity and Belief. Interdisciplinary Essays on John Henry Newman. Gerard Magill (Ed.), Lanham – New York – London, University Press of America, 1995, 127-143

NOCKLES, P.B.: Recent Studies of John Henry Newman, in: Anglican and Episcopal History 63 (1994) 73ff
–, Sources of English Conversions to Roman Catholicism in the Era of the Oxford Movement, in: By Whose Authority? Newman. Manning and the *Magisterium*. V. Alan McClelland (Ed.). Bath, Downside Abbey, 1996, 1-40
–, Newman and early Tractarian Politics, in: ebd., 79-111
–, David Newsome. The convert Cardinals. A review article, in: Anglican and Episcopal History 66 (1997) 100-106

O' LEARY, J.S., Newman on Education and Original Sin, in: English Literature and Language (Tokyo 1994) 11-46

O' REGAN, C., Newman and Balthasar. The Christological contexting of the Numinous, in: Église et théologie 26 (1995) 165-202

O' SULLIVAN, W.M., Henry Nutcombe Oxenham. Enfant terrible of the liberal Catholic Movement in Mid-Victorian England, in: The Catholic historical Review 82 (1996) 637-660

PARKINSON, F., La influencia de John Henry Newman en la eclesiología acutal, in: Dialogo ecumenico 31 (1996) 211-231

PEARCE, C.D., Lord Brougham' s Neo-Paganism, in: Journal of the History of Ideas 55 (1994) 651-670

PEREIRO, J., The mystical Body of Christ: Manning' s Ecclesiology in his late Anglican Period, in: By Whose Authority? Newman, Manning and the *Magisterium*. V. Alan McClelland (Ed.). Bath, Downside Abbey, 1996, 168-186
–, Crossed Visions. The Anglican Manning' s Opinion of Rome and the Catholic Manning' s Thoughts on Canterbury, in: ebd., 204-243

PETERBURS, M., Newman and the Development of Doctrine, in: By Whose Authority? Newman, Manning and the *Magisterium*. V. Alan McClelland (Ed.). Bath, Downside Abbey, 1996, 49-78

PREMOLI, F.G., El Cardinal Newman y la educación. The Idea of a University. Fines que se persiguen en la educación, in: Acción Católica Argentina. Revista del Profesional (Argentina) 19 (1995) 13-18

PRICKETT, ST., Le langage philosophique de Newman, in: Association Française des Amis de John Henry Newman (ed.)., Etudes Newmaniennes No. 10 (November 1994) 107-116

ROWELL, G., Christ and the Church in Robert Isaac Wilberforce' s *Doctrine of the Incarnation*, in: By Whose Authority? Newman, Manning and the *Magisterium*. V. Alan McClelland (Ed.). Bath, Downside Abbey, 1996, 259-272
–, John Keble. A Speaking Life. In: Ch. R. Henery, Hrg., A Speaking Life. The Legacy of J. Keble (Gracewing), Leominster 1995, 1-66

RUTLER, G., Heart to Heart. Newman on the Laity, in: Crisis (U.S.A.; July/August 1995) 16-19

RUTT, TH., Verehrung der Gottesmutter gemäß ihrer Würde, in: Mariologisches (Kevelaer) 28 (1993) 18-21

SCHEFFECZYK, L., Die wahre Kirche. Zur Motivation der Konversion J.H. Newmans, in: Forum Katholische Theologie 12 (1996) 163-172

SIEBENROCK, R., L' influence des écrits de Newman dans les pays germanophones, in: Association Française des Amis de John Henry Newman (Ed.), Etudes Newmaniennes No. 12 (November 1996) 5-19

–, »Konversionen der Kirche« bei J.H. Newman und K. Rahner. Auszug aus: Vortrag am 22. 10. 1995 auf dem Kongress der Internationalen Deutschen Newman-Gesellschaft und der Akademie der Diözese Rottenburg-Stuttgart zum Thema: »Konversion, Gewissen, Bekehrung in ökumenischer Sicht. Zum 150. Jahrestag der Konversion John Henry Newmans«. In: Chronik '95. Hrsg. Akademie der Diözese Rottenburg-Stuttgart. Stuttgart 1996, 101-102

–, Keble, John, in: Lexikon für Theologie und Kirche. 3. Auflage. Walter Kasper u.a. (Hrsg.), Bd. 5 (1996), 1382

SLUSSER, M., Does Newman' s » On Consulting the Faithful in Matters of Doctrine« rest upon a mistake?, in: Horizons (Villanova, Pennsylvania) 20 (1993) 234-240

STERN, J., Ecumenismo e conversione secondo John Henry Newman, in: Euntes Docete 49 (1996) 189-210

STREETER, C.M., The Lonergan Connection with Newman' s Grammar, in: Persona lity and Belief. Interdisciplinary Essays on John Henry Newman. Gerard Magill (Ed.), Lanham – New York – London, University Press of America, 1995, 173-183

SUGG, J., Newman poète malgré lui, in: Association Française des Amis de John Henry Newman (ed)., Etudes Newmaniennes No. 10 (November 1994) 71-81

–, Newman and the Intellectual Advancement of Women, in: Personality and Belief. Interdisciplinary Essays on John Henry Newman. Gerard Magill (Ed.), Lanham – New York – London, University Press of America, 1995, 53-62

SYS, J., Ecriture philosophique et poésie de l' assentiment chez Newman, in: Association Française des Amis de John Henry Newman (ed)., Etudes Newmaniennes No. 10 (November 1994) 117-134

TAKAYANAGI, S., On Christian Doctrine (Japanischer Beitrag), in: English Literature and Language (Tokyo 1994) 47-59

TERCIC, H., Doordenken is door-denken. Newmans visie op de dynamiek van de ontwikkeling van het dogma als uiting van de vitaliteit van de Kerk, in: Collationes 25 (1995) 387-410

TESTA, M., Newman and Preaching, in: Homiletic and pastoral Review 96, 1996, 507-562
–, John Henry Newman on the Human Person and the Gift of Faith, in: The Churchman 109 (1995) 361-373

THOMAS, ST., Newman: identité et textualité, in: Association Française des Amis de John Henry Newman (ed.)., Etudes Newmaniennes No. 10 (November 1994) 95-106

TIRUMALESH, K.V., Autobiography' s Search for Truth. Newman and Gandhi, in: The Centennial Review 40 (1996) 99-123

TOLHURST, J., La religión de las turbas. Un aspecto de la eclesiología de J.H. Newman, in: Salmanticensis (Salamanca) 40 (1993) 57-67
–, A Blessed and Everenduring Fellowship. The Development of John Henry Newman' s Thought on death and the life beyond, in: Recusant History 23 (1995) 424-457

TROCHOLEPCZY, B., Newman' s Concept of »*Realizing*«, in: By Whose Authority? Newman, Manning and the *Magisterium*. V. Alan McClelland (Ed.). Bath, Downside Abbey, 1996, 136-148

VAISS, P., Art de la persuasion et rhétorique chez Newman, in: Association Française des Amis de John Henry Newman (ed.), Etudes Newmaniennes No. 10 (November 1994) 83-94

VELOCCI, G., John Henry Newman and Alessandro Manzoni, in: Ricerche teologiche 7 (1996) 205-220

WESSLING, J.J., The androgynous Ideal. Newman' s Callista, in: Personality and Belief. Interdisciplinary Essays on John Henry Newman. Gerard Magill (Ed.), Lanham – New York – London, University Press of America 1995, 43-52

WILES, M., Faith and Historical Judgement in British Arian Scholarship. The Nineteenth Century: Newman and Gwatkin. In: Ders., Archetypal Heresy. Arianism Through the Centuries, Oxford 1996, 165-176

YOUNG, N., The Anglican Origins of Newman' s Celibacy, in: Church History 65 (1996) 15-27

ZUNZUNEGUI, J.M., John Henry Newman 1801-1890. Honest to God, in: Scriptorum Victoriense (Victoria) 40 (1993) 511-526

## 4. Zeitungsartikel, Kommentare, populäre Veröffentlichungen (Auswahl)

Anonym, So fern und doch so nah. Die Bekehrungen des John Henry Newman, in: Christ in Welt (Freiburg i.Br.) 45 (1995) 371f

BARRY, P., Newman, Commitment and the Age we live, in: The Friends of Cardinal Newman Newsletter (Christmas 1995) 4-5, 8

CRISTALDI, G., La conversione die John Henry Newman. A 150 anni della decisione che scosse l' Inghilterra, in: Osservatore Romano vom 5. Mai 1995, 7

CROSBY, J.F., The Mystery of Newman, in: Lay Witness (Steubenville, Ohio) 16/9 (1995) 1, 16-18

DAIX, G., Les sermons de Newman sur l' Antichrist, in: L' Homme Nouveau (Paris) vom 15. Oktober 1995, 14

DICK, K., Tröstende und mahnende Briefe an die Pfarrkinder, in: Kirchenzeitung für das Erzbistum Köln 47 (1995) 14

FÜZÉR, J., Elakadt szenttéavatások. Newman bíboros és Prohászka Ottokár, in: Magyar Vetés 5 (13. Március 1994) 14

GEISSLER, H., John Henry Newman' s spiritual growth, in: Bulletin Associated Christian Press (Christian Information Center, Jerusalem), 387 (1995) 4

HELL, C., Zuerst das Gewissen, dann der Papst. In: Präsent Nr. 15 vom 11.4. 1996, 6

HONORÉ, J., La conversion de Newman, in: Famille chrétienne (Paris) vom 5. 10. 1995, 22-23

HUANG, D.P., The Spiritual Exercises and the Conversion of John Henry Newman, in: America vom 29.7.1995, 25-27

MARX, R., Einübung in die Zustimmung, in: Unitas (München, 1994) 56

NEUSCH, M., John Henry Newman, sous l' emprise de Dieu, in: La Croix (18.4.1994) 12

PLATE, M., Das Gewissen der Papst: Newmans Theologie und die Religionspädagogik heute, in: Christ in der Gegenwart 46, 1994, 363f

SPAETH, R. L., Was Newman a Failure? In: Commenweal, vol. 119, 1992, 31-32.

STERN, J., 150 anni dalla conversione di John Henry Newman, in: Urbaniana 22 (1/1995) 8f

VAN DEN BUSSCHE, J., Newman's overgang naar Rom Oktober 1845, in: Het teken (Wezembeeck-Oppem, Belgien) 68 (1995) 106-109, 134-138

VAN BURREN, M., John Henry Newman. Mijn favoriete heilige, in: Getuigenis van Gods Liefde, Katholiek Magazine 9/4 (1994) 36-37

VELOCCI, G., Newman, punto di riferimento per i suoi contemporanei cattolici, in: L'Osservatore Romano Nr. 181 vom 7.8.1994, 4

WINTERTON, G., Homily for the Mass for Newman's Beatification, August 11th 1994 (Newman and Mark Pattison), in: Friends of Cardinal Newmans Newsletter (Autumn 1994) 3
–, Sermon preached at Littlemore, October 8th 1994 (The Garden), in: Friends of Cardinal Newman Newsletter (Christmas 1994) 3

## 5. Dissertationen und Manuskripte (ungedruckt)

ANGER, S., Victorian Hermeneutics and Literary Interpretation (George Eliot, Oscar Wilde, Thomas Carlyle, John Henry Newman. PhD. University of Washington, 1994

DENG, SHIH-AN, Ideas of the Church in an Age of Reform. The Ecclesiological Thoughts of John Nelson Darby and John Henry Newman 1824-1850. PHD, University of Minnesota, 1994

ELLISON, R.H., Orality-Literacy Theory and the Victorian Sermon. PhD, University of North Texas, 1995

GODFREY, K.M., The Imagination in the Religious Epistemology of John Henry Newman. A Basis for his phenomenology of Belief. PhD., Saint Louis University, 1996

HODGSON, P., Newman and Science. Corpus Christi College, Oxford 1995

HUANG, D.P.L., »Private Judgment« in Anglican Writings of John Henry Newman (1824-1845). STD, The Catholic University of America, 1996

KIRWAN, J.A., Form Magdalen Bridge Top the Oratory. John Henry Newman and the Return of Auricular Confession (Edward Pusey). PhD, University of California, Riverside, 1995

KRELLER, P.D.W., The rhetoric of Christian Argument and Faith. A comparative Study of John Henry Newman and T.S. Eliot. PhD, University of Waterloo (Canada), 1995

LAMADRID, L., Befriending the Past. A Study cf the Idea of Tradition in the Theology of John Henry Newman and Nicholas Lash. PhD., Duke University, 1996

MORGAN, D.PH., Conscience in the Writings of John Henry Newman. A Test Case for the Possibility of a distinctiveley Christian Ethic. PhD. Duquesne University, 1997

PETERBURS, M., Divine Revelation and the Infallible Church. Newman, Vatican II and ARCIC. Durham 1994 (Diss. theol. MS).

PHIPPS, D.J., John Henry Newman's Anglican Ecclesiology. Its Origins, Development and Culmination. University of Exeter (England) 1993

ONDRAKO, E.J., Freedom within the Chruch. The Controversy between William Ewart Gladstone and John Henry Newman in 1874-1875 and its Shadows and Images over Vatican II. PHD, Syracuse University (New York). 1994

SANDWEG, M.J.D., The Idea of a University. A comparative View of John Henry Cardinal Newman and John Lancaster Spalding. PhD. Saint Louis University, 1995

SCHELLENBERG, A.M., Prize the doubt. The Life and Work of Franzcis William Newman. University of Durham 1994

SCHMIDT, P.H., Newman and Post-Modernism. A Study of Newman's Prose and its Relation to Poststructuralistic Literary Theory. Ph.Diss., University of Minnesota, St. Paul. 1985

SIA, R.L., Christian Holiness in the World and Spirituality cf the Lay Faithfuhl according to J.H. Newman. Roman Athenaeum of the Holy Cross 1994

TERRIL, ST., A Study of Newman's epistemological Thought in Light of a Model of Conception. PhD Graduate Theological Union, 1995

TROCHOLEPCZY, B., Realizing: Newmans inkarnatorisches Prinzip als Beitrag zum Theorie-Praxis-Verständnis in der Praktischen Theologie. Habil. – Ms. Freiburg i.Br. 1996

# THE INTERNATIONAL INSTITUTE FOR THE ADVANCEMENT OF NEWMAN-RESEARCH

## Members

Teresa Berger (Durham/NC), Günter Biemer (Freiburg i. Br.), Vincent F. Blehl SJ (Birmingham/Freiburg), Victor Conzemius (Luzern/Luxembourg), Jacques Coupet OP (London), Heinrich Fries (München), Pierre Gauthier (Strasbourg), José Luis Illanes (Pamplona), John Kent (Bristol), Ian Ker (Portsmouth), Josef Mann (Berlin), Paul Misner (Milwaukee), José Morales (Pamplona), Placid Murray OSB (Murroe), Geoffrey Rowell (Basingstoke), Philip Rule SJ (Worcester, Mass.), Roderick Strange (Hyde, Cheshire), Joyce Sugg (Birmingham), Toyohiko Tatsumi (Tokyo).

## Address

St. Jakobus
Mitteltal 23
D - 79252 Stegen-Eschbach
Tel. / Fax: 0049 - (0)7661 - 1402

# INTERNATIONALE CARDINAL-NEWMAN-STUDIEN

## Herausgeber

Prof. Dr. Heinrich Fries, München
Prof. Dr. Günter Biemer, Freiburg i. Br.

Bezug: St. Jakobus; Mitteltal 23, D - 79252 Stegen-Eschbach;
Tel. / Fax: 0049 - (0)7661 - 1402

# INTERNATIONALE CARDINAL-NEWMAN-STUDIEN

## FOLGE XIII.

LOTHAR KULD

LERNTHEORIE DES GLAUBENS.
Religiöses Lehren und Lernen nach J.H. Newmans
Phänomenologie des Glaubensakts.

Der Autor interpretiert J. H. Newmans »Entwurf einer Zustimmungslehre« (1870) als eine Phänomenologie des Glaubensakts und versucht, Newmans Einsichten in die Natur des Glaubens, näherhin die Art religiöser Vorstellungen und Folgerungsprozesse, die Voraussetzungen und den Ort der Glaubenserkenntnis für eine Theorie religiöser Lehr-Lernprozesse furchtbar zu machen.
Sie kommt zu einem Begriff religiösen Lernens, der die »Wirklichkeitshaltigkeit« zum Kriterium nicht erst des Glaubens, sondern bereits auch der darauf gerichteten Lernwege macht. Wie solche Lernwege des Glaubens, auf denen die Wirklichkeit des zu Lernenden selbst immer schon mit im Spiel ist, angelegt sein müssen, ist an Newmans Phänomenologie ablesbar. Im Licht dieser Theorie erweisen sich dann Newmans autobiographische Schriften – exemplarisch seine »Apologie pro vita sua« – als Beispiele glaubensbiographischer Artikulation, welche Newmans eigene Glaubensgeschichte als eine Lerngeschichte des Glaubens verstehen lassen.

1989

REGIO - GLOCK UND LUTZ

# INTERNATIONALE CARDINAL-NEWMAN-STUDIEN

## FOLGE XIV.

Arthur Hilary Jenkins (Ed.)

John Henry Newman and Modernism

In dieser Folge werden zwölf Referate der Internationalen Newman-Konferenz 1983 in Birmingham/England veröffentlicht.
Die Beiträge untersuchen die Verbindungslinien zwischen Newman und den Modernisten. Für die Standortbestimmung von christlichem Glauben und katholischer Kirche in der Moderne ist diese Verbindung von großer theologischer und historischer Bedeutung. Die hier aufgearbeiteten Probleme haben an Aktualität nichts eingebüßt.
Die Referate sind in englischer Sprache gedruckt.

1990

REGIO - GLOCK UND LUTZ

# INTERNATIONALE CARDINAL-NEWMAN-STUDIEN

## FOLGE XV.

Roman Siebenrock

## Wahrheit, Gewissen und Geschichte
Eine systematisch-theologische Rekonstruktion
des Wirkens John Henry Newmans

In diesem Band werden diejenigen Werke Newmans auf ihr theologisch-philosophisches Grundkonzept hin untersucht, die der Kardinal selbst als Schlüsselwerke seines Lebens bezeichnet hat. Es gelingt dem Autor ein neuer quantitativer und qualitativer Zugang zu Newmans Œuvre.
Der Autor zeigt auf, daß es sich lohnt, Newmans spezifisch eigene Grundstruktur des theologischen Denkens in all seinen Hauptwerken aufzuspüren und ihr den Rang eines eigenen theologischen Konzepts zu geben: auf dem »Weg zu einer induktiv-illativen Theologie«. Mit der in diesem Band veröffentlichten Arbeit könnte durch die Retrospektive auf das Eigene und Eigentliche des Newmanschen Denkens auch eine kritische Revision der bisherigen Newman-Konzeption unter deutschen Denkern einsetzen.

1996

REGIO – GLOCK UND LUTZ

**INTERNATIONALE CARDINAL-NEWMAN-STUDIEN**

Herausgegeben von Günter Biemer und Heinrich Fries
Begründet von Heinrich Fries und Werner Becker

Band 1-15 sind im Verlag Regio / Glock & Lutz erschienen. Die Bücher sind auch von dort zu beziehen.

Band 16  Günter Biemer / Lothar Kuld / Roman Siebenrock (Hrsg.): Sinnsuche und Lebenswenden. Gewissen als Praxis nach John Henry Newman. 1998.

GENERAL THEOLOGICAL SEMINARY
NEW YORK